"博学而笃志,切问而近思。"

(《论语》)

博晓古今,可立一家之说;
学贯中西,或成经国之才。

复旦博学・复旦博学・复旦博学・复旦博学・复旦博学・复旦博学

作者简介

陈建安，男，1956年7月生。1982年毕业于复旦大学研究生院世界经济专业，经济学硕士，1994年获博士学位。1990年破格提升为副教授，1995年破格提升为教授及博士生导师，现为复旦大学经济学院教授、世界经济专业博士生导师。主要研究方向为国际经济、国际直接投资与跨国公司、东亚经济等，撰写及参编的著作共有16部，在国内外专业杂志上发表论文一百多篇，研究成果曾先后获得中国社会科学院、上海市哲学社会科学、孙平化学术奖励基金的优秀科研成果奖。培养硕士研究生100余名、博士研究生近50名，指导博士后10余名。曾先后被上海市人民政府记功奖励（1987年），并获上海市优秀青年教师（1996年）、复旦大学优秀教师（1999—2001年度）及优秀研究生导师（2009年）等称号。

博学·经济学系列
ECONOMICS SERIES

国际直接投资与
跨国公司的全球经营

陈建安　编著

复旦大学出版社

ECONOMICS SERIES

内容提要

本书运用经济学、管理学、国际政治学、国际法学等多学科相结合的方法,不仅描述和揭示二战后国际直接投资及跨国公司的发展历程和主要特征,分析其对世界经济及民族国家经济社会发展的影响,介绍和评述相关的经典及前沿理论,并探讨如何对跨国公司实施全球治理,而且深入跨国公司内部,从跨国公司的国际投资战略与所有权政策的选择、跨国组织结构的构建及其管理、转让定价与国际财务管理、技术战略及其管理、跨文化管理等方面,详细考察跨国公司的投资动机、投资战略、经营策略及其国际竞争力的源泉。本书对于进一步提高我国吸收国外直接投资的质量,推进中国企业"走出去"参与全球竞争将提供有益的借鉴。因此,本书不仅可以作为高等院校经济管理、国际政治及法学等专业本科生及研究生相关课程的教材,也是对外经济贸易领域的研究者和决策者以及企业界人士等必备的参考文献。

目　　录

第一章　导　论 ··· 1
　　第一节　研究对象与目的 ······································ 1
　　第二节　主要研究方法 ·· 2
　　第三节　主要研究内容 ·· 5
　　关键词 ··· 7
　　思考题 ··· 7

第二章　国际直接投资与跨国公司概述 ··························· 8
　　第一节　国际直接投资 ·· 8
　　　一、国际直接投资的概念、特征与类型 ······················· 8
　　　二、国际直接投资的发展历史 ······························· 10
　　　三、第二次世界大战后国际直接投资迅速增长的特点及促进
　　　　　因素 ··· 18
　　第二节　跨国公司 ··· 32
　　　一、跨国公司的名称与定义 ································· 32
　　　二、企业跨国化的动机及跨国公司的基本特征 ················· 37
　　　三、跨国公司的发展现状、基本类型及最新特点 ··············· 42
　　关键词 ·· 48
　　思考题 ·· 48

第三章　国际直接投资及跨国公司的主要理论 ····················· 49
　　第一节　发达国家对外直接投资及跨国公司的主要理论 ············ 49
　　　一、垄断优势理论 ··· 49
　　　二、产品生命周期理论 ····································· 51
　　　三、内部化理论 ··· 55
　　　四、国际生产折衷理论 ····································· 57
　　　五、边际产业扩张理论 ····································· 63

第二节 发展中国家对外直接投资及跨国公司的主要理论 …… 65
  一、小规模技术理论 …… 65
  二、技术地方化理论 …… 67
  三、技术创新产业升级理论 …… 69
  四、一体化国际投资发展理论 …… 71
第三节 对外直接投资及跨国公司理论的新拓展 …… 73
  一、竞争战略及竞争优势理论 …… 73
  二、跨国组织管理理论 …… 79
关键词 …… 85
思考题 …… 86

第四章 国际直接投资、跨国公司与世界经济及民族国家 …… 87
第一节 国际直接投资、跨国公司与世界经济 …… 87
  一、世界经济发展中国际直接投资及跨国公司的作用 …… 87
  二、国际直接投资和跨国公司对国际贸易的影响 …… 90
  三、国际直接投资、跨国公司与国际技术转移 …… 94
第二节 国际直接投资、跨国公司与民族国家 …… 98
  一、国际直接投资、跨国公司与母国的利益 …… 98
  二、国际直接投资、跨国公司与东道国的利益 …… 102
  三、对国际直接投资和跨国公司的全球治理 …… 107
第三节 国际直接投资、跨国公司与发展中国家 …… 114
  一、国际直接投资、跨国公司的积极作用 …… 114
  二、国际直接投资、跨国公司的负面影响 …… 117
  三、探索低成本的外资政策 …… 120
关键词 …… 123
思考题 …… 123

第五章 跨国公司的国际投资战略与所有权政策 …… 124
第一节 跨国公司的国际投资战略选择 …… 124
  一、国际投资战略和主要投资方式 …… 124
  二、不同国际投资方式的比较 …… 127
  三、国际经营环境的变化与投资方式的选择 …… 130
第二节 跨国公司的所有权政策选择 …… 135

一、国外子公司的所有权结构与特征 …………………… 135
　　二、经营战略与所有权政策 …………………………… 139
　　三、所有权政策的主要内容 …………………………… 145
　第三节　跨国公司的所有权政策与控制权模式 ………… 150
　　一、所有权与经营控制权的关系 ……………………… 150
　　二、所有权政策引发的冲突及解决方案 ……………… 152
　　三、所有权政策的未来取向与经营本土化 …………… 156
　关键词 ………………………………………………………… 159
　思考题 ………………………………………………………… 159

第六章　跨国公司的国际战略联盟与跨国并购 ………… 161
　第一节　跨国公司的国际战略联盟 ……………………… 161
　　一、国际战略联盟及其发展 …………………………… 161
　　二、建立国际战略联盟的动机 ………………………… 166
　　三、国际战略联盟的主要类型 ………………………… 170
　　四、国际战略联盟的控制与管理 ……………………… 174
　第二节　跨国并购与经营整合 …………………………… 179
　　一、跨国并购及其发展 ………………………………… 179
　　二、跨国并购的主要类型和方式 ……………………… 186
　　三、跨国并购的主要动机与风险 ……………………… 188
　　四、跨国并购的管理 …………………………………… 193
　　五、跨国并购的决策法则 ……………………………… 198
　关键词 ………………………………………………………… 204
　思考题 ………………………………………………………… 205

第七章　跨国公司的组织结构及其管理 …………………… 206
　第一节　经营国际化与企业的组织结构 ………………… 206
　　一、企业的组织目标与组织结构 ……………………… 206
　　二、经营国际化与组织结构的变迁 …………………… 210
　第二节　经营全球化与组织结构的选择 ………………… 214
　　一、企业类型与组织结构 ……………………………… 214
　　二、经营环境的变化与组织结构的演进 ……………… 219
　第三节　跨国组织模式及其管理 ………………………… 226

一、传统的组织模式及其缺陷 …………………………………… 226
　　二、跨国组织模式的构建与管理 ………………………………… 232
　关键词 …………………………………………………………………… 244
　思考题 …………………………………………………………………… 244
第八章　跨国公司的国际财务管理 ………………………………………… 246
　第一节　跨国公司的国际财务战略与管理体制 ……………………… 246
　　一、国际财务管理的战略特征 …………………………………… 246
　　二、国际财务的管理体制 ………………………………………… 249
　第二节　跨国公司的筹资决策 ………………………………………… 252
　　一、筹资来源的选择 ……………………………………………… 252
　　二、筹资结构的选择 ……………………………………………… 258
　第三节　跨国公司的资金管理与转让定价 …………………………… 263
　　一、资金管理的目标和方法 ……………………………………… 263
　　二、转让定价及其机制 …………………………………………… 268
　　三、对转让定价的治理 …………………………………………… 273
　第四节　跨国公司的财务风险管理 …………………………………… 278
　　一、财务风险的主要类型 ………………………………………… 278
　　二、财务风险的管理 ……………………………………………… 282
　关键词 …………………………………………………………………… 285
　思考题 …………………………………………………………………… 285
第九章　跨国公司的技术战略及其管理 …………………………………… 286
　第一节　跨国公司的技术战略 ………………………………………… 286
　　一、跨国经营中的技术及其作用 ………………………………… 286
　　二、技术战略的目标与主要内容 ………………………………… 289
　第二节　跨国公司的技术战略管理 …………………………………… 296
　　一、全球技术研发的管理与控制 ………………………………… 296
　　二、全球研发成果的管理与控制 ………………………………… 302
　第三节　跨国公司的国际技术转移 …………………………………… 308
　　一、国际技术转移及其主要方式 ………………………………… 308
　　二、国际技术转移的动机及其影响因素 ………………………… 314
　　三、国际技术转移的战略选择 …………………………………… 318

关键词 …………………………………………………… 323
　　思考题 …………………………………………………… 323
第十章　跨国公司的跨文化管理 ………………………… 324
　第一节　跨国经营中的文化因素 ………………………… 324
　　一、文化的含义及其特性 ………………………………… 324
　　二、经营国际化的发展与文化 …………………………… 328
　第二节　跨国经营中的文化差异与跨文化冲突 ………… 331
　　一、文化差异及其表现形式 ……………………………… 331
　　二、跨文化冲突及其原因 ………………………………… 340
　第三节　跨国经营中的跨文化管理 ……………………… 347
　　一、跨国经营与跨文化冲突 ……………………………… 347
　　二、协调跨文化冲突的策略与目标 ……………………… 350
　　三、跨文化管理的主要内容 ……………………………… 355
　　关键词 …………………………………………………… 364
　　思考题 …………………………………………………… 364

参考文献 ………………………………………………………… 365

第一章
导　论

第一节　研究对象与目的

1. 研究对象

第二次世界大战后至 20 世纪 80 年代,经济国际化迅速发展,主要表现为国际直接投资迅速增长推动的资本国际化、主要发达国家产业转移促进的生产国际化,以及产业内国际分工深化带动的要素配置国际化。可见,经济国际化是一国经济发展超越国界,与其他经济体的相互联系及相互渗透不断扩大和深化的过程,它是与第二次世界大战后工业技术革命的发展相适应的,是关税与贸易总协定(GATT)及国际货币基金组织(IMF)等相关国际经济机构积极推进贸易及金融自由化的产物,也是在国家主权行为下各经济体的市场参与者密切贸易及投资往来的客观结果。

20 世纪 90 年代以来,经济全球化(economic globalization)空前发展,它是全球范围内资本、技术、信息及人员等生产要素频繁流动、商品和服务贸易迅速扩大,从而使各国经济的相互依赖性不断增强,世界经济日益形成有机整体的过程。经济全球化在很大程度上是以信息技术革命的发展为基础,由跨国公司的全球经营活动所推动的。跨国公司的全球经营活动进一步推进了资本流动的全球化,企业内及产品内国际分工的深化进一步带动了生产经营、技术研发及要素配置的全球化,从而进一步促进了国际贸易和国际直接投资的发展。于是,跨国公司的经营活动就有可能在一定程度上突破国家和体制的界限,使各国(地区)经济自愿或非自愿地逐渐卷入全球化的浪潮之中,在享受经济全球化带来的利益的同时,承受全球化造成的各种负面冲击。

可见,缺乏对国际直接投资和跨国公司全球经营的深入研究,就难以深刻理解经济国际化和全球化的本质,也就无法准确把握作为21世纪世界经济重要特征之一的全球化的发展趋势。为此,本书把国际直接投资和跨国公司的全球经营作为研究对象,主要从理论和实践两方面研究第二次世界大战后国际直接投资的发展状况、跨国公司的主要经营战略及其对世界经济及民族国家经济社会发展的影响。

2. 研究目的

本书不是停留在一般描述第二次世界大战后国际直接投资及跨国公司的发展历程、介绍和评述相关经典理论,并分析其对世界经济及民族国家经济社会发展的影响上,而是深入跨国公司内部,从跨国公司的国际投资战略与所有权政策的选择、跨国组织结构的构建及其管理、转让定价与国际财务管理、技术战略及其管理、跨文化管理等方面,详细考察跨国公司的投资动机、投资战略、经营策略及其国际竞争力的源泉。

因为,本书的研究目的不仅在于揭示国际直接投资及跨国公司全球经营的主要特征,究明其对世界经济及民族国家经济社会正反两方面的影响,以及探讨如何对跨国公司实施全球治理,而且还在于通过研究跨国公司如何采取有效的经营战略去能动地适应全球经营环境的变化、最大限度地降低跨国经营风险以及确立长久竞争优势的经验与教训,来为我国企业"走出去"参与全球竞争提供有益的借鉴。

第二节 主要研究方法

1. 跨领域的研究对象

综上可见,本书的研究对象涉及多个领域,具有跨领域和跨学科的特点,它们之间既相互交叉又相对独立,构成了一个独特的研究领域。

一是宏观与微观的交叉。国际直接投资与跨国公司的全球经营活动深化了国际产业分工,密切了世界各国之间的相互联系,构筑了相互依存的宏观国际经济结构。然而,国际间的贸易、投资、技术转让等经济活动有不少是在跨国公司之间或通过跨国公司内部的交易来进行的。因此,为了深刻认识作为宏观层面的世界经济和国际分工格局,就有必要深入研究作为微观主体的跨国公司的行为方式。

二是经济与政治的交织。国际直接投资本质上是跨国公司基于自身经营资源的优势,为实现全球利润最大化的目标而采取的经济行为。然而,跨国公司的经济行为有时常常与母国及东道国的政治交织在一起,不仅客观上涉足本国政治或代表母国利益参与国际政治事务,而且还直接介入东道国的政治领域和社会生活。可见,要全面了解跨国公司的全球经营活动,就有必要分析其对母国及东道国的政治影响力。

三是国家与超国家的交错。一方面,跨国公司在海外的经营风险规避、实际利益保护、注册管理归属等方面依然无法改变其国家化、政治化及民族化的实质;另一方面,跨国公司的所有权难以界定,国籍边界变得模糊,时而会违反国际的基本准则,甚至背离母国的政策目标,越来越带有超国家的性质。因此,要弄清跨国公司与民族国家的关系,并找到对其实施全球治理的有效方式,就有必要从国家及超国家的层面来进行研究。

四是经济与管理的交集。随着跨国公司全球经营的展开,用传统经济学的研究方法已很难全面解析其对外直接投资的动机、实现全球利润最大化的方式与路径等,需要借助于管理学的研究方法,深入分析其投资战略的选择、所有权政策的安排、组织结构的构建、国际财务的控制及技术战略的实施等经营管理层面上的行为特征,这样才能准确把握跨国公司的本质及其对经济全球化和民族国家经济社会的影响。

五是文化与经营的交联。跨国公司在全球许多国家直接经营企业时,一定会面临民族、国家、企业及员工等层面上的文化差异,以及由此而引发的各种矛盾与冲突。毫无疑问,跨文化冲突是导致跨国经营失败的重要原因;但在一定条件下,也是跨国公司在激烈的全球竞争中发现新的发展空间和解决问题的方法、增强组织的柔软性、包容性和创造性的重要途径。因此,需要从跨国公司跨文化管理的角度,研究其组织结构及管理模式的选择。

2. 多学科的研究方法

正因为本书的研究对象具有跨领域及跨学科的特点,所以要达到预定的研究目的,就需要同时运用不同学科的研究方法,并在此基础上创建一个各学科相互联系的独立的综合性研究体系(参见图1-1)。

第一是经济学分析法。主要包括研究企业行为及市场结构等的微观经

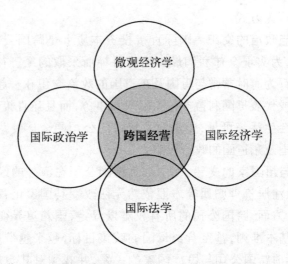

图1-1 国际直接投资与跨国公司全球经营的主要研究范畴

济学、研究企业对外直接投资动机及竞争优势等的国际直接投资理论、研究国际分工以及产品内贸易和企业内贸易等的国际贸易理论、研究汇率制度及外汇市场等的国际金融理论,或将国际贸易、国际直接投资及国际金融整合为一门学科的国际经济学等分析方法。

第二是管理学分析法。主要包括研究企业组织结构及计划与控制等的管理学理论,研究市场结构、厂商行为及经济绩效之间关系、产业内部分工协作等的产业组织理论,研究资金筹集、资产运作及合理避税等的国际财务理论,研究国际技术研发及成果管理等的国际技术转移理论,研究跨国经营与跨文化冲突等的跨文化管理理论等分析方法。

第三是政治学分析法。主要包括研究国家权力、国家特征和政府政策等的国家理论,研究国际社会中各主权国家、国际组织以及各种政治力量相互之间关系等的国际政治理论,研究国家之间外交事务和各种关系、地区安全、国际合作、各类国际组织、区域一体化等的国际关系理论等分析方法。

第四是法学分析法。主要包括研究市场竞争秩序、行业行为规范、劳动者权益保护、财政税收运行、资源环境规制等的经济法,研究适用主权国家之间以及其他具有国际人格的实体之间的法律规则,或调整国家间关系的有法律拘束力的原则、规则、条约、规章制度等的国际法等分析方法。

第五是历史与现状分析法。随着经济国际化与全球化的发展,国际直接投资的动机及跨国公司的经营战略发生了深刻的变化。运用历史分析法的目的在于全面了解第二次世界大战后国际直接投资和跨国公司发展的整个过程,揭示它们与国际环境变化之间的内在联系,以利于深刻理解当今跨国公司全球经营的行为特征,并对其未来发展有一个基本准确的预期。

第六是理论与案例分析法。国际直接投资与跨国公司的全球经营是一个实践性很强的研究领域,只有通过对相关典型案例的分析,才能全面深刻理解国际直接投资的动机,扩大对跨国公司全球经营战略的认知度,提高对其在世界经济及民族国家经济社会发展中正反两方面影响的判断力,并进一步上升到理论研究层面,在此基础上构建完整的研究体系。

第三节 主要研究内容

1. 第一部分

按照研究领域及其内容,本书可分为两大部分。第一部分共由四章构成,除了本章导论外,其他各章主要内容如下。

第二章"国际直接投资与跨国公司概述"共分两节:第一节主要介绍国际直接投资的基本概念、特征与类型,回顾国际直接投资的发展历史,分析第二次世界大战后国际直接投资迅速增长的特点及促进因素;第二节主要介绍跨国公司的名称与定义,分析企业跨国化的动机及跨国公司的基本特征,介绍跨国公司的发展现状、基本类型及最新特点。

第三章"国际直接投资及跨国公司的主要理论"共分三节:第一节介绍及评述垄断优势理论、产品生命周期理论、内部化理论、国际生产折衷理论、边际产业扩张理论等发达国家对外直接投资及跨国公司的主要理论;第二节介绍及评述小规模技术理论、技术地方化理论、技术创新产业升级理论、一体化国际投资发展理论等发展中国家对外直接投资及跨国公司的主要理论;第三节主要从国际经营环境变化及理论最新拓展的角度,介绍竞争战略及竞争优势理论、跨国组织管理理论。

第四章"国际直接投资、跨国公司与世界经济及民族国家"共分三节:第一节主要分析世界经济发展中国际直接投资及跨国公司的作用、国际直接投资和跨国公司对国际贸易及国际技术转移的影响;第二节主要分析国际直接投资、跨国公司与母国及东道国之间的关系,并论述对其实施全球治理的问题;第三节主要分析国际直接投资、跨国公司对发展中国家正反两方面的影响,并探索发展中国家低成本的外资政策。

2. 第二部分

第二部分也可称为专题研究,共由六章构成,各章主要内容如下。

第五章"跨国公司的国际投资战略与所有权政策"共分三节:第一节主要分析国际投资战略及主要投资方式、不同国际经营环境下投资方式的选择与比较;第二节主要分析跨国公司国外子公司的所有权结构与特征、经营战略与所有权政策的选择;第三节主要分析跨国公司的所有权政策与控制权模式、所有权政策的未来取向与经营本土化战略。

第六章"跨国公司的国际战略联盟与跨国并购"共分两节:第一节主要分析国际战略联盟的基本特征和主要类型、建立国际战略联盟的动机、国际战略联盟的控制与管理;第二节主要分析跨国并购的最新特点、主要方式及基本类型、选择跨国并购的主要动机及风险、并购对象的选择及其经营整合。

第七章"跨国公司的组织结构及其管理"共分三节:第一节主要分析企业组织目标与组织结构的关系、经营国际化过程中企业组织结构的变迁;第二节主要介绍经营全球化中各类企业的组织结构、分析经营环境的变化与跨国公司组织结构的演进;第三节主要从跨国组织理论的角度分析传统组织模式的缺陷、跨国组织模式的构建与管理。

第八章"跨国公司的国际财务管理"共分四节:第一节主要分析国际财务管理的战略特征、跨国公司国际财务的管理体制;第二节主要分析跨国公司的筹资来源及筹资结构的选择;第三节主要分析跨国公司资金管理的目标和方法、转让定价及其机制以及对转让定价的治理;第四节主要分析跨国公司的财务风险及其管理。

第九章"跨国公司的技术战略及其管理"共分三节:第一节主要分析跨国经营中技术的作用、技术战略的目标与主要内容;第二节主要分析跨国公司全球技术研发资源及成果的管理与控制;第三节主要分析跨国公司国际技术转移的动机、主要方式及其转移内容和定价等战略选择。

第十章"跨国公司的跨文化管理"共分三节:第一节主要介绍文化的含义及其特性、分析经营国际化的发展与文化的关系;第二节主要分析跨国经营中文化差异及其表现形式、跨文化冲突及其原因;第三节主要分析跨国经营与跨文化冲突、协调跨文化冲突的策略与目标以及跨文化管理的主要内容等。

关 键 词

经济全球化　生产国际化　国际分工　跨国经营　跨学科研究

思 考 题

1. 经济全球化的本质及其主要推动因素。
2. 本书的主要研究对象与研究目的。
3. 本书的主要研究范畴与研究方法。

第二章
国际直接投资与跨国公司概述

第一节 国际直接投资

一、国际直接投资的概念、特征与类型

1. 国际直接投资的相关概念

国际投资(international investment)分为国际间接投资(foreign portfolio investment, FPI)和国际直接投资(foreign direct investment, FDI)两种方式。其中,国际间接投资一般是指不以控制企业经营权为目的的国际证券投资及中长期的国际资本借贷,是货币资本国际转移的一种形式。

国际直接投资又称为对外直接投资(foreign direct investment, FDI)、外商直接投资或海外直接投资(overseas direct investment, ODI),是指一国的投资者以控制企业的经营管理权为核心、以实现整体利润最大化为目的、在国外创建持久性企业或分支机构的投资行为,其过程是通过企业经营资源的国际转移和运用,有效地控制世界市场和全球资源,以获取新的国际竞争优势。

2. 国际直接投资的主要特征

国际直接投资具有以下三个基本的特征:

第一,国际直接投资在国际间转移的不仅仅是资本这一单一生产要素,而是资本、劳动、生产技术、经营技能、企业家能力等经营资源的组合,其中生产技术和经营技能不是伴随资本流动的附属要素,而是企业国际经营资源转移的核心要素;

第二,投资者对所投资的企业不仅拥有部分或全部所有权,而且拥有有

效的经营控制权,可支配该企业的生产、营销、财务、研发等所有的经营活动;

第三,即使是采取许可证贸易(licensing)、合同安排(contrate arrangement)等非股权投资的方式,也是尽可能地利用和控制对方企业的经营资源。

3. 国际直接投资的基本类型

(1) 新建投资和跨国并购。

按照投资主体进入国外市场的方式,国际直接投资可分为新建投资和跨国并购两种类型。

① 新建投资

新建投资又称绿地投资(green-field investment),是指外国投资者在东道国境内依照东道国的相关法律,出资新建全部或部分资产所有权为外国投资者所有的企业的投资行为。新建投资是国际直接投资中获得实物资产的重要方式,早期的国际直接投资基本上都采用这种方式。新建投资一般有两种形式:一是建立独资企业,包括国外分公司(branch)、国外子公司(subsidiary)和国外避税地公司(tax heaven corporation);二是建立合资企业,包括股权式合资企业和契约式合资企业。

② 跨国并购

跨国并购(cross-border mergers & acquisitions, M&A)是跨国兼并和跨国收购的简称,指外国投资者通过一定的法律程序取得东道国某企业(目标企业)全部或部分所有权的投资行为。其中,跨国兼并是指在东道国将当地或国外企业的资产及经营业务并入一家新的法人实体或现存企业;跨国收购是指外国企业在东道国收购当地或国外企业的资产或股权、从而获取经营控制权的投资行为。从法律形式上,跨国兼并的结果是两个或两个以上的法人合并为一个法人,而跨国收购的结果不是改变法人的数量,仅仅改变被收购企业的产权归属或经营权归属。20世纪90年代中后期起,跨国并购成为国际直接投资的重要形式。

(2) 独资、合资及非股权经营。

按照投资主体对国外子公司拥有所有权比率的程度,国际直接投资可分为独资经营、合资经营及非股权经营或非股权投资(non-equity investment)等类型。

① 独资经营

独资经营是指外国投资者根据东道国的法律和政策,经批准在东道国境内建立全部资本为外国投资者所有的企业经营方式。独资经营企业拥有企业的全部股权,因此享有企业的全部所有权和全部经营收益,并独立承担企业经营的全部责任和风险。独资经营曾经是外国投资者对外直接投资的首选方式,随着 20 世纪 70 年代以后国际经营环境的变化,合资经营及非股权经营等方式受到青睐,但尽可能掌握企业所有权以实现对经营权的控制仍然是外国投资者的基本原则。

② 合资经营

合资经营是指外国投资者与东道国投资者及其他外国投资者依照东道国法律,在东道国境内共同出资建立企业,实行共同经营、共担风险、共负盈亏的企业经营方式。各投资方依照各自的出资比率行使经营管理权,并承担相应的经营风险和享有相应的经营收益。出资比率通常由投资各方商定,外国投资者的出资比率一般可分为"多数所有"(50%以上)、"对等所有"(50%)及"少数所有"(50%以下)。此外,合资经营企业又通常分为股份有限公司和有限责任公司两种形式。

③ 非股权经营

非股权经营是指外国投资者依照东道国法律和政策,为东道国企业提供与股权没有直接联系的生产技术、管理咨询、资金融通、销售渠道等,并从中获取相应利益的企业经营方式。非股权经营的具体形式众多,主要有技术授权、合同安排、合作经营、合作开发、技术咨询等。20 世纪 70 年代以后,非股权经营方式被外国投资者逐渐采用,尤其是 20 世纪 90 年代以来,该经营方式成为许多发展中国家吸引发达国家直接投资的一种快捷有效的形式。

二、国际直接投资的发展历史

1. **第二次世界大战前的国际直接投资**

(1) 17 世纪至 18 世纪末。

在资本主义发展初期的 17 世纪至 18 世纪末,作为当时资本主义列强的英、荷、法等欧洲国家,向国外进行经济扩张的方式主要是间接投资,即通过采取借贷资本输出的形式,购买外国政府发行或担保的铁路建设债券及政府公债等。

然而,随着新航线及新大陆的相继发现,国际贸易加快发展,加上殖民主义势力的不断扩大,资本主义列强的大型贸易公司逐渐壮大,并开始进行对外直接投资。例如,17世纪初在英国出现了东印度公司(East India Company)、弗吉尼亚公司(Virginia Company)及马萨诸塞湾公司(Massachusetts Bay Company)等巨大的殖民地企业,它们从王室获得贸易特权,主要从事与国外殖民地的贸易及航运业务。其中东印度公司通过投资建立的国外贸易子公司,几乎垄断了印度及远东地区香料、棉织品、丝绸的生产和出口以及中国茶叶的出口;在1613—1621年的八年中,直接投资的年收益率高达11%[1]。

(2) 19世纪至第一次世界大战。

18世纪中叶至19世纪中叶,欧美发达资本主义国家相继完成了工业革命的第一阶段,并开始逐渐进入第二阶段。工业革命加快了新技术的开发和运用,促进了专业化分工和生产力的发展,增加了对国外自然资源的需求和对世界市场的控制。于是,欧美发达资本主义国家以资源开发和市场导向的对外直接投资迅速增加。例如,1870年英、法、德、美等主要资本主义国家的对外投资(包括间接投资)只有50亿美元左右,1914年增加到440亿美元;其中,英国为183亿美元,法国为87亿美元,德国为56亿美元,美国为35亿美元(直接投资26亿美元、间接投资9亿美元),比利时、荷兰及瑞士三国为55亿美元;国外子公司数达433家[2]。

这一时期世界对外直接投资具有如下几个特点:

第一,实施对外直接投资的主要是英、法、德、美等少数几个资本主义列强;

第二,尽管投资方式仍以间接投资为主,但直接投资的比率逐渐提高;

第三,投资对象主要是殖民地、半殖民地及其他经济落后的国家;

第四,投资的动机主要是将母国的工业产品输出到落后的国家,并从殖民地和落后国家输入初级产品;

第五,在当时为数不多的制造业直接投资企业中,出现了至今仍活跃于世界的诸如德国拜耳化学(Bayer)、美国胜家缝纫机(Singer)、美国通用电气(General Electric, GE)、德国西门子电气(Siemens)、瑞士雀巢(Nestle)等著名的跨国公司。

---

[1] Colebrook, P. *Going International: A Handbook of British Direct Investment Overseas*, McGraw-Hill, 1972, p. 11.
[2] Wilkins, M. *The Emergence of Multinational Enterprise: American Business Abroad from Colonial Era to 1914*, Harvard University Press, 1970, p. 201.

(3) 两次世界大战期间(1914—1945年)。

在1914—1945年的两次世界大战期间,由于主要资本主义国家卷入战争及经历三次严重的经济危机,其对外直接投资的增长相对比较缓慢。据统计,世界对外直接投资由1914年的143亿美元增加到1938年的264亿美元,年均增长率约为2.7%[1]。

这一时期世界对外直接投资呈现出如下特点:

第一,从各主要投资国家所占比重来看,尽管英国仍是世界最大的投资国,但所占比重从1914年的45.5%下降到1938年的39.8%,而美国同期所占比重则从18.5%迅速上升为27.7%;

第二,从主要受资国来看,虽然直接投资大部分仍然流入发展中国家,但对发达国家的投资开始增加,尤其是美国迅速扩大对欧洲及加拿大的投资;

第三,从投资行业来看,初级产品生产部门和公共设施部门仍然是投资的重点,但对制造业投资的增长较快,所占比重明显上升,尤其是美国对其他发达国家投资中制造业的比重逐年提高;

第四,从制造业的投资动机来看,避开发达国家的关税壁垒是主要动机之一,如美国通用及福特汽车公司向欧洲的扩张就是为此;

第五,从子公司的国外活动来看,为了有效地控制世界市场,国外子公司数迅速增加,如美国187家制造业大企业在国外的子公司数从1913年的116家分别增加到1919年180家、1929年的467家及1939年的715家[2]。

2. 第二次世界大战后的国际直接投资

(1) 第二次世界大战后至20世纪70年代初。

第二次世界大战后至70年代初,如下国际政治及经济因素促成了世界经济的快速发展和国际直接投资的迅速扩大。

第一,第二次世界大战使美国获得了政治及经济霸权,它通过对西欧、日本等国经济援助,使这些国家和地区迅速从战争破坏中恢复过来,为吸收美国直接投资创造了条件;

第二,以美元为中心的国际货币体系(布雷顿森林体系)的建立提供了相对稳定的国际金融秩序,在关税与贸易总协定框架下展开的一系列贸易自由

---

[1] William Woodruff, *Impact of Western Man*, London: Macmillan, 1966, p. 150.
[2] Vernon, R. *Sovereignty at Bay: The Multinational Spread of U. S. Enterprises*, Basic Books, 1971, p. 62.

化谈判,使各成员国相继制定了自由开放的外资政策;

第三,各发达国家采取补贴资助、利润减税、投资保护等各种措施,鼓励企业扩大对外直接投资;

第四,一批殖民地、附属国相继获得了政治独立,为发展民族经济,对外国直接投资采取了积极欢迎的态度;

第五,新的科技革命带来的交通、通讯的现代化,为投资者进行大规模的国际直接投资提供了可能。

据联合国跨国公司中心的统计,世界对外直接投资总额从1945年的200亿美元,迅速扩大为1972年的1 469亿美元;其中,美国对外直接投资的增长更加显著,其存量从1946年的72亿美元迅速增加到1973年的1 013亿美元,占世界对外直接投资总额的51.0%[①]。从美国对外直接投资的国(地区)别来看,20世纪50年代中期以前主要集中在加拿大及拉美各国,之后,投资重心开始转向西欧各国,尤其是转向1958年1月建立的欧洲经济共同体(EEC)成员国。从美国对外直接投资的行业来看,20世纪50年代中期以前主要集中在石油业及制造业,之后,对石油业的投资比重相对下降,对制造业的投资比重迅速上升。

(2) 20世纪70年代初至80年代中期。

20世纪70年代初至80年代中期,尽管整个世界经济剧烈动荡,但国际直接投资在前一时期快速发展的基础上,又出现了较快的增长。其主要的促进因素有:

第一,从70年代初开始,主要发达国家经济相继陷入停滞膨胀状态,贸易保护主义势力抬头,为了继续维持已有的市场份额,发达国家政府竭力推动本国企业的对外直接投资;

第二,世界经济区域化及集团化迅速发展,尤其是1967年7月欧洲共同体(EC)成立后,其一体化进程进一步加快,这一方面加快了区域内各成员国之间的直接投资,同时也促进了其他国家对该区域的直接投资;

第三,布雷顿森林体系的崩溃(1971年8月美元停兑黄金、1973年实施浮动汇率)导致马克、日元等世界主要货币对美元大幅度升值,由此刺激原西

---

① United Nations, *Transnational Corporations in World Development: A Re-Examination*, New York, 1978, p. 235.

德及日本等国的对外直接投资;

第四,20世纪70年代中期以后,欧美等发达国家已处于工业化后期,需要通过对外直接投资加快衰退产业的国际转移;

第五,经济国际化进一步加快,国际分工愈益深化,发达国家的企业更多地从产品内分工的角度来配置生产,将部分生产过程转移到成本更低的国家,由此推动对外直接投资的迅速发展。

据联合国贸易与发展会议(United Nations Conference on Trade and Development,UNCTAD)统计,世界对外直接投资(流量)1971年为144.4亿美元,1984年增为501.2亿美元,其存量同期从1 736.7亿美元增加到6 457.0亿美元;世界吸收直接投资(流量)1971年为142.8亿美元,1984年增为568.4亿美元,其存量同期从3 683.1亿美元增加到8 691.9亿美元;从对外直接投资(流量)的国(地区)别比重来看,1971年发达国家所占比重高达99.6%,其中美国占55.9%、欧洲共同体占40.2%、日本占2.5%,发展中国家仅占0.4%,1984年发达国家所占比重降为95.3%,其中美国降为33.4%、欧洲共同体占43.6%、日本升至11.9%,发展中国家增至4.7%[①]。

(3) 20世纪80年代中期至90年代末。

20世纪80年代中期至90年代末,国际直接投资出现了前所未有的高速增长,其增长速度甚至超过国际贸易的增长,成为世界经济发展中的重要因素。其主要成因有:

第一,世界经济自80年代中期逐渐复苏后,增长势头强劲,尤其是IT革命促进了美国经济的持续强劲增长,从而加速了国际直接投资的增长;

第二,由发达国家所推动的全球化进程加快,国际分工进一步深化,尤其是产品内分工日趋细化,全球生产网络逐渐形成;

第三,在经济全球化向纵深发展的同时,经济区域化的趋势也日益显现,1993年11月起欧洲共同体开始向一体化更高层次的欧洲联盟(EU)过渡、1994年1月北美自由贸易区(NAFTA)的建立,大大促进了区域内成员国之间及区域外国家对这些区域的直接投资;

第四,在国际金融领域,1985年9月主要发达国家签订"广场协议"后,日元及原西德马克兑美元大幅度升值,为了减轻本币升值带来的经营压力,这

---

① UNCTAD, *World Investment Report*, 各年数据。

些国家的企业纷纷扩大对外直接投资；

第五，进入90年代以后，随着发展中国家的经济发展、产业竞争能力的提高及国际经济环境的变化，它们开始逐渐增加对外直接投资。

如图2-1和表2-1所示，20世纪80年代中期至90年代末，对外直接投资及吸收外国直接投资出现了一次新的高潮，世界年平均对外直接投资额（流量）80年代为1 118亿美元，90年代增为5 179亿美元，其存量从1985年的7 501亿美元增加到2000年的61 482亿美元。从国（地区）别年平均对外直接投资额（流量）来看，同期发达国家从1 050亿美元增为4 594亿美元，其中美国从233亿美元增为1 150亿美元，欧盟（欧洲共同体）从559亿美元增为2 954亿美元，日本从186亿美元增为231亿美元；发展中国家从68亿美元增为570亿美元，其中亚洲国家和地区从53亿美元增为402亿美元；由于发展中国家对外直接投资增长迅速，其在世界对外直接投资流量中所占比重从80年代的6.1%上升为11.0%，发达国家所占比重同期从93.9%降为88.7%。从世界对外直接投资的行业分布来看，1990年第一产业占8.8%，第二产业占43.5%，第三产业占47.4%；其中发达国家分别为8.8%、43.6%和47.4%，发展中国家分别为12.8%、35.5%和48.2%（参见表2-3）。

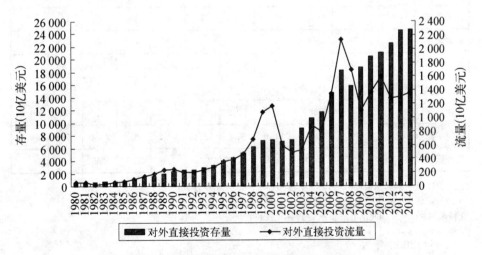

图2-1　世界对外直接投资的流量与存量

资料来源：联合国贸易与发展会议（UNCTAD）《世界投资报告》，各年资料。

表 2-1 世界各国(区域)的对外直接投资(流量)

(单位：亿美元,%)

区域/国	1971—1980年	1981—1990年	1991—2000年	2002年	2004年	2006年	2008年	2010年	2012年	2014年
发达国家	314	1 050	4 594	4 832	7 860	10 872	13 595	9 632	8 729	8 228
欧洲	140	602	3 166	2 799	4 022	7 369	8 049	5 659	3 764	3 159
欧盟(欧共体)	139	559	2 954	2 656	368	6 405	7 434	4 594	3 167	2 801
日本	2	186	231	323	310	503	1 280	563	1 225	1 136
美国	152	233	1 150	1 349	2 949	2 217	3 083	2 778	3 113	3 369
其他发达国家	20	29	61	362	580	784	1 670	848	1 312	1 173
发展中国家	6	68	570	496	120	2 123	2 752	3 409	3 572	4 681
非洲	2	4	20	3	20	78	100	93	124	131
拉丁美洲和加勒比	2	11	148	121	280	633	382	469	438	233
亚洲	2	53	402	372	89.9	1 411	2 258	2 841	2 994	4 316
东亚	0	41	315	276	62.9	823	1 341	1 945	2 155	3 025
中国	—	4	23	25	5.5	212	559	688	878	1 160
东南亚	1	7	80	47	170	222	322	555	507	801
大洋洲	0	0	0	0	1	0	11	7	16	2
转型国家	—	—	15	46	141	237	592	620	536	631
世界	320	1 118	5 179	5 374	9 202	13 232	16 939	13 661	12 837	13 540
占世界对外直接投资流量的比例(%)										
发达国家	98.1	93.9	88.7	89.9	85.4	82.2	80.3	70.5	68	60.8
发展中国家	1.9	6.1	11.0	9.2	13.0	16.0	16.2	25.0	27.8	34.6
转型国家	0.0	0.0	0.3	0.9	1.5	1.8	3.5	4.5	4.2	4.7

注：1) 1971—1980年、1981—1990年、1991—2000年为年平均。
　　2) 转型国家：包括地处亚洲及欧洲的转型经济国家。
资料来源：UNCTAD《世界投资报告》，各年资料。

(4) 2000年至今。

进入21世纪以后，国际直接投资出现了一次低潮，投资额从2000年的11 661.5亿美元下降为2001年的5 840.2亿美元和2002年的4 913.9亿美

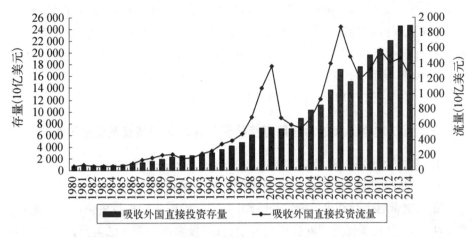

图2-2 世界吸收外国直接投资的流量与存量

资料来源：UNCTAD《世界投资报告》，各年资料。

元(参见图2-2)。其主要原因有：

第一，美国经济陷入衰退，其他发达国家也不同程度地出现了经济下滑的现象，导致企业对外直接投资能力下降；

第二，受安然等大公司假账丑闻影响，美国新经济热浪急剧降温，大量高科技企业股票价格不断下跌，投资者信心深受打击；

第三，受"9·11"恐怖袭击事件的影响，主要发达国家的投资者对海外直接投资持谨慎的态度；

第四，20世纪90年代中后期起时兴的全球跨国并购产生了以垄断限制竞争，进而使消费者利益受损的负面作用，这引起国际组织和各国政府的广泛关注，全球反垄断力量的增强，对跨国并购活动产生了抑制作用；

第五，面对国内外环境的变化，企业纷纷调整对外投资战略，从过去追求外部扩张向加强内部整合转变，采取"少而精"及相对集聚的全球发展战略。

从2003年起，随着世界经济的复苏及企业赢利状况的改善，国际直接投资开始逐渐恢复和增长，2006年超过2000年为13 445.8亿美元，2007年高达21 296.2亿美元(参见图2-1)。然而，2008年美国"次贷"危机引发的全球金融及经济危机使国际直接投资再度受挫，2009年世界对外直接投资及吸收外国直接投资分别降为11 013.4亿美元及11 865.1亿美元，比2007年分别下降 48.3%及 36.6%①。联合国贸易与发展会议 2009 年的《世界投资报告》认为,导致国际直接投资持续下降的原因有二:一是企业不断撤资以降低成本及进行企业重组,二是受全球金融及经济危机的影响,跨国并购大幅度减少。2010 年以后,随着世界经济的复苏,国际直接投资逐渐回升,2011 年为 15 876.0 亿美元,2014 年为 13 543.4 亿美元②。

三、第二次世界大战后国际直接投资迅速增长的特点及促进因素

1. 第二次世界大战后国际直接投资迅速增长的特点

(1) 私人企业对外直接投资成为国际投资的主要形式。

第二次世界大战结束后的较长时期内,国际投资中间接投资仍占主导地位。如 1945 年 510 亿美元的国际投资总额中,直接投资额为 200 亿美元,占 39.2%;1972 年 3 450 美元的国际投资总额中,直接投资额为 1 469 亿美元,占 42.6%;1975 年 5 800 美元的国际投资总额中,直接投资额为 2 590 亿美元,占 44.7%③。直到 1976 年,对外直接投资才超过对外间接投资,成为国际投资的主要形式。

此外,政府对外投资是第二次世界大战后一段时期内国际投资的另一种形式。如为了抗衡苏联和共产主义势力在欧洲的进一步渗透和扩张,美国于 1947 年 7 月实施了"马歇尔计划"(The Marshall Plan)或称欧洲复兴计划(European Recovery Program),凭借其第二次世界大战后的雄厚经济实力帮助欧洲盟国恢复因战争破坏而濒临崩溃的经济。该计划持续了 4 年之久,共向西欧国家提供了包括金融、技术、设备等各种形式的援助合计 130 亿美元。没有"马歇尔计划"等政府援助,就不可能出现 20 世纪 50 年代美国私人企业对欧洲直接投资的高潮。可见,第二次世界大战后发达国家政府的对外投资为私人企业的对外直接投资奠定了基础,起到了保驾护航的作用,从而大大促进了私人企业的对外直接投资。

(2) 发达国家仍是对外直接投资和吸收国外直接投资的主体。

第二次世界大战后,发达国家为了控制全球资源和世界市场,依然凭借其强大的竞争优势扩大对外直接投资。统计显示,发达国家年平均对外直接

---

① UNCTAD, *World Investment Report*, 2009.
② UNCTAD, *World Investment Report*, 2015.
③ United Nations, *Transnational Corporations in World Development: A Re-Examination*, New York, 1978, p.235.

投资额占世界对外直接投资总额的比率1971—1980年为98.1%,1981—1990年为93.9%,1991—2000年为88.7%,之后尽管比率略有下降,但仍然维持在60%以上,表明发达国家仍是全球对外直接投资的主体(参见表2-1)。不过,发达国家对外直接投资的结构发生了较大的变化,表现为欧盟(1993年前为欧洲共同体)成员国及日本在发达国家对外直接投资总额中所占比率一段时期迅速上升,美国所占比率相对下降。如欧洲共同体及日本所占比率分别从1971—1980年平均的44.3%和0.6%上升为1981—1990年平均的53.2%和17.7%,美国所占比率分别从1971—1980年平均的48.4%下降为1981—1990年平均的22.2%;20世纪90年代,欧盟所占比率有所上升,而日本所占比率则有较大幅度的下降,美国所占比率也有小幅下降。2014年三者分别为34.0%、13.8%和40.9%(参见表2-1)。

同时,随着发达国家经济的发展和收入的提高,产业内水平国际分工进一步深化,相互之间的需求迅速增加。为了尽快抢占对方的市场,企业纷纷采取直接投资的进入方式,从而使发达国家成为吸收外国直接投资的主体。统计显示,发达国家年平均吸收外国直接投资额占世界吸收外国直接投资总额的比率1971—1980年为75.7%,1981—1990年为78.3%,1991—2000年为72.1%,之后尽管比率略有下降,但仍然维持在40%以上。其中,欧盟(1993年前为欧洲共同体)成员国及美国是吸收外国直接投资的主要国家,如欧盟在发达国家吸收外国直接投资总额中所占比率1971—1980年平均为53.5%,1981—1990年平均为43.3%,1991—2000年平均为58.7%,2014年为51.6%;同期美国在发达国家吸收外国直接投资总额中所占比率分别为38.2%、48.2%、35.2%和18.5%(参见表2-2)。

表2-2 世界各国(区域)吸收的外国直接投资(流量)

(单位:亿美元,%)

区域/国	1971—1980年	1981—1990年	1991—2000年	2002年	2004年	2006年	2008年	2010年	2012年	2014年
发达国家	217	846	3 757	4 429	4 037	9 409	7 878	6 732	6 787	4 988
欧洲	119	387	2 297	3 166	2 187	5 993	3 343	4 048	4 007	2 888
欧盟(欧共体)	116	366	2 207	3 094	2 143	5 624	3 078	3 586	3 648	2 576
美国	83	408	1 322	745	1 358	2 367	3 064	1 980	1 697	924
日本	1	3	33	92	78	−65	244	−13	17	21

(续表)

区域/国	1971—1980年	1981—1990年	1991—2000年	2002年	2004年	2006年	2008年	2010年	2012年	2014年
其他发达国家	14	48	105	426	413	1 113	855	419	691	637
发展中国家	63	234	1 403	1 710	2 836	4 130	5 856	5 799	6 390	6 814
非洲	10	25	73	146	180	458	578	441	564	539
拉丁美洲和加勒比	33	68	509	578	944	929	1 377	1 317	1 780	1 594
亚洲	19	139	817	985	1 703	2 729	3 878	4 019	4 008	4 653
东亚	5	54	528	677	1 063	1 319	1 867	2 018	2 124	2 482
中国	0	20	328	527	606	727	1 083	1 147	1 211	1 285
东南亚	14	51	231	181	352	512	503	1 052	1 081	1 329
大洋洲	1	2	4	1	9	14	24	22	37	28
转型国家	0	0	51	113	304	572	1 162	750	851	481
世 界	280	1 080	5 211	6 252	7 177	14 110	14 896	13 281	14 029	12 283
占世界吸收外国直接投资流量的比例(%)										
发达国家	77.5	78.3	72.1	70.8	56.2	66.7	52.9	50.7	48.4	40.6
发展中国家	22.5	21.7	26.9	27.4	39.5	29.3	39.3	43.7	45.6	55.5
转型国家	0.0	0.0	1.0	1.8	4.2	4.0	7.8	5.6	6.1	3.9

注:1) 1971—1980年、1981—1990年及1991—2000年为年平均;2008年以后的数据做过汇率调整。
2) 转型国家:包括地处亚洲及欧洲的转型经济国家。
资料来源:UNCTAD《世界投资报告》,各年资料。

(3) 发展中国家对外直接投资及吸收国外直接投资增长迅速。

20世纪60年代以前,发展中国家的工业化程度很低,对外直接投资只是偶然的特例。之后,随着工业化的进展,发展中国家的企业开始尝试通过对外直接投资拓展国外市场,尤其是周边的发展中国家市场。进入80年代后,发展中国家的对外直接投资出现了一次新的高潮,其增长势头一直持续到90年代末;21世纪初的头几年曾一度下降,但2005年后又迅速增加。统计显示,发展中国家年平均对外直接投资额1971—1980年只有6亿美元,1981—1990年增至68亿美元,1991—2000年进一步升至570亿美元,2014年高达4 681亿美元;同期,在世界对外直接投资总额中所占比率从1.9%升至6.1%、11.0%和34.6%(参见表2-1)。从对外直接投资的国(地区)别来看,早期主要集中在亚洲新兴工业化国家(地区)及部分拉美国家,现已扩大到包括转型国家在内的几乎所有的地区,甚至一些低收入国家也开始积极参与。直接投资对象在80年代以前主要集中在与其相邻或经济发展水平相近或较低的国家和地区,80年代中后期曾出现超过60%的资金投向发达国家的情况,但90年代以后,发展中国家对外直接投资又重新回归到发展中国家。统计显示,发展中国家之间的直接投资额从1985的20亿美元增长到2004年的598亿美元,所占比重从52.6%上升到98.4%[①]。

此外,从20世纪60年代起,不少发展中国家先后调整外资政策,旨在通过大力引进外国直接投资来推进本国工业化,尤其是促进出口导向型工业化的实现。统计显示,发展中国家年平均吸收外国直接投资额从1971—1980年的63亿美元增加到1981—1990年的234亿美元和1991—2000年的1 403亿美元,2014年高达6 814亿美元;占同期世界吸收外国直接投资总额的比率分别为22.5%、21.7%、26.9%和55.5%。其中,东亚地区尤其是中国引进外国直接投资的增速更快,在世界吸收外国直接投资总额中所占比率迅速提高;转型国家吸收外国直接投资也出现加速的态势(参见表2-2)。

(4) 对外直接投资及吸收外国直接投资中服务业迅速增长。

直至第二次世界大战结束,尽管世界对外直接投资总额中石油及矿产等资源性行业所占比率持续下降,但仍占到50%左右。第二次世界大战后,发展中国家纷纷获得了政治独立,对资源性行业的经济民族主义倾向日益强烈,不少国家从西方列强手中夺回了天然资源的开采权,并禁止外国资本进入相关行业。因此,发达国家不得不减少对发展中国家资源性行业的投资,而扩大制造业的对外直接投资,从而使世界对外直接投资及吸收外国直接投资出现了新的行业特征。以美国为例,其对外直接投资总额(存量)中石油及矿产等第一产业所占比率从1950年38.3%下降为1980年的25.0%,制造业所占比率从32.5%上升为41.7%[②]。同期,其他发达国家的对外直接投资也出现了同样的行业结构变化。

20世纪80年代以后,随着发展中国家工业化的进展和世界经济服务化的发展,世界对外直接投资行业结构发生了如下变化:首先,第一产业所占比率继续下降,从1990年的8.8%下降为2006年的7.4%;其次,第二产业在

[①] UNCTAD, *World Investment Report*, 2006, p. 118.
[②] Obie G. Whichard, "Trends in the U. S." Direct Investment Position Abroad, Survey of Current Business, Feb. 1981, p. 41.

经过20世纪70—80年代的迅速发展后,所占比率从1990年的43.5%下降为2006年的26.4%;再次,服务业有了飞速的发展,所占比率从1990年的47.4%迅速提高为2006年的64.1%(参见表2-3)。

表2-3 世界对外直接投资存量的产业流向和比重

(单位:亿美元,%)

产业/行业	1990年				2006年			
	发达国家	发展中国家	世界	比重	发达国家	发展中国家	世界	比重
产业总计	17 649	203	17 853	100.0	113 556	13 984	127 561	100.0
第一产业	1 546	26	1 572	8.8	9 008	476	9 476	7.4
农业、狩猎、林业和渔业	34	3	37	0.2	54	19	76	0.1
采矿、采石和石油	1 512	23	1 535	8.6	8 953	456	9 400	7.4
第二产业	7 693	72	7 766	43.5	32 336	1 319	33 670	26.4
食品、饮料和烟草	731	3	734	4.1	3 446	36	3 485	2.7
纺织、服装和皮革	189	10	199	1.1	492	40	531	0.4
木材和木材产品	224	9	234	1.3	872	22	895	0.7
出版印刷	22	1	22	0.1	257	1	258	0.2
焦炭、石油和核燃料	380	0	381	2.1	359	1	360	0.3
化学品及化学产品	1 631	2	1 632	9.1	8 088	42	8 136	6.4
橡胶和塑料产品	141	9	150	0.8	478	30	508	0.4
非金属矿物制品	127	3	130	0.7	412	10	424	0.3
金属和金属制品	726	0	726	4.1	2 296	19	2 317	1.8
机械及设备	407	0	407	2.3	1 435	6	1 441	1.1
电器和电子设备	1 022	1	1 023	5.7	3 044	109	3 153	2.5
精密仪器	131	—	131	0.7	556	0	556	0.4
机动车辆和其他运输设备	583	0	583	3.3	5 107	12	5 119	4.0
其他制造业	500	1	501	2.8	1 852	11	1 863	1.5
未分类第二产业	879	33	912	5.1	3 643	981	4 624	3.6
服务业	8 365	98	8 464	47.4	70 021	11 700	81 732	64.1
电力、天然气和水	93	—	93	0.5	1 351	93	1 449	1.1
建设	176	1	178	1.0	726	102	822	0.6

(续表)

产业/行业	1990年 发达国家	1990年 发展中国家	1990年 世界	比重	2006年 发达国家	2006年 发展中国家	2006年 世界	比重
贸易	1 378	17	1 395	7.8	7 911	1 236	9 149	7.2
宾馆和饭店	69	—	69	0.4	926	93	1 019	0.8
运输、仓库及通讯	385	5	389	2.2	5 433	628	6 061	4.8
金融	4 164	61	4 226	23.7	25 398	2 183	27 587	21.6
商务活动	817	13	830	4.6	21 096	7 246	28 350	22.2
公共行政和国防	—	—	—	—	76	0	76	0.1
教育服务	4	—	4	0.0	5	0	5	0.0
卫生和社会服务	8	—	8	0.0	11	1	12	0.0
社区、社会及个人服务活动	33	—	33	0.2	284	17	300	0.2
其他服务	1 089	2	1 091	6.1	2 619	100	2 719	2.1
未分类第三产业	147	0	147	0.8	4 183	—	4 183	3.3
未分类	36	7	42	0.2	2 173	489	2 665	2.1

资料来源：UNCTAD《世界投资报告》，各年资料。

从发达国家来看，其对外直接投资总额中第一产业所占比率从1990年8.8%下降为2006年7.9%，其中采矿、采石和石油业同期从8.6%下降为7.9%；第二产业所占比率从1990年的43.6%下降为2006年的28.5%，其中机动车辆及其他运输设备、化学品及化学产品和食品、饮料及烟草等行业所占比率有不同程度的相对上升外，其他行业都有一定程度的下降；第三产业所占比率则从1990年的47.4%上升为2006年的61.7%（参见表2-3）。

从发展中国家来看，其对外直接投资总额中第一产业所占比率从1990年12.8%下降为2006年3.4%；第二产业所占比率从1990年的35.5%大幅下降为2006年的9.4%，其中电器及电子设备、金属及金属制品、化学品及化学产品、机动车辆及其他运输设备等行业所占比率有一定程度的相对上升外，其他行业都有较大幅度的下降；第三产业所占比率则从1990年的48.3%快速上升为2006年的83.7%，其中商务活动所占比率大幅度提高，即与贸易及信息等相关的对外直接投资增长迅速（参见表2-3）。

在吸收外国直接投资的行业特征方面，发达国家的第一产业所占比率从

1990年的9.6%降为2006年的7.6%,第二产业同期从40.6%降为29.1%,第三产业同期从49.3%升至62.1%,其主要集中在金融、商务活动及贸易等部门;发展中国家的第一产业所占比率从1990年的8.4%降为2006年的8.2%,第二产业同期从43.1%降为25.7%,第三产业同期从47.1%升至63.8%,其主要分布在商务活动、金融及贸易等领域(参见表2-4)。

表2-4 世界各产业吸收外国直接投资的存量和比重

(单位:亿美元,%)

产业/行业	1990年				2006年			
	发达国家	发展中国家	世界	比重	发达国家	发展中国家	世界	比重
产业总计	15 827	3 585	19 413	100.0	94 056	27 989	124 153	100.0
第一产业	1 518	302	1 820	9.4	7 178	2 296	9 887	8.0
农业、狩猎、林业和渔业	35	43	78	0.4	96	95	208	0.2
采矿、采石和石油	1 483	238	1 721	8.9	7 082	2 060	9 539	7.7
未分类第一产业	—	20	20	0.1	—	141	141	0.1
第二产业	6 419	1 546	7 965	41.0	27 413	7 184	35 206	28.4
食品、饮料和烟草	701	97	798	4.1	2 996	389	3 485	2.8
纺织、服装和皮革	233	54	287	1.5	656	114	775	0.6
木材和木材产品	201	48	249	1.3	849	149	1 025	0.8
出版印刷	151	6	157	0.8	590	3	593	0.5
焦炭、石油和核燃料	546	32	578	3.0	380	227	681	0.5
化学品及化学产品	1 245	469	1 714	8.8	6 329	958	7 352	5.9
橡胶和塑料产品	130	19	149	0.8	598	73	681	0.5
非金属矿物制品	169	27	197	1.0	873	143	1 054	0.8
金属和金属制品	522	152	974	5.0	2 557	314	2 804	2.3
机械及设备	532	89	622	3.2	1 782	280	2 082	1.7
电器和电子设备	712	183	895	4.6	2 701	783	3 496	2.8
精密仪器	118	5	123	0.6	692	22	715	0.6
机动车辆和其他运输设备	471	82	553	2.8	2 900	407	3 319	2.7
其他制造业	192	31	223	1.1	1 052	103	1 157	0.9
未分类第二产业	494	251	746	3.8	2 759	3 221	5 985	4.8

(续表)

产业/行业	1990年				2006年			
	发达国家	发展中国家	世界	比重	发达国家	发展中国家	世界	比重
服务业	7 801	1 688	9 489	48.9	58 387	17 846	77 200	62.2
电力、天然气和水	71	31	102	0.5	1 830	578	2 428	2.0
建设	167	54	221	1.1	707	243	980	0.8
贸易	2 028	256	2 283	11.8	11 174	2 092	13 395	10.8
宾馆和饭店	212	47	259	1.3	657	239	913	0.7
运输、仓库及通讯	163	133	296	1.5	5 827	1 788	7 724	6.2
金融	2 893	953	3 847	19.8	19 703	4 327	24 346	19.6
商务活动	1 229	165	1 394	7.2	12 300	7 921	20 555	16.6
公共行政和国防	—	1	1	0.0	209	3	212	0.2
教育服务	1	—	1	0.0	1	1	4	0.0
卫生和社会服务	10	—	10	0.1	119	16	135	0.1
社区、社会及个人服务活动	134	0	134	0.7	370	104	482	0.4
其他服务	716	30	745	3.8	1 589	205	1 794	1.4
未分类第三产业	178	18	196	1.0	3 901	329	4 230	3.4
未分类	90	50	140	0.7	1 037	663	1 818	1.5

资料来源:UNCTAD《世界投资报告》,各年资料。

近年来世界对外直接(绿地)投资额的产业流向如表2-5所示。

表2-5 世界对外直接(绿地)投资额的产业流向

(单位:亿美元)

产业/行业	2003年	2005年	2007年	2009年	2011年	2012年	2013年	2014年
产业总计	7 365	6 769	8 451	9 737	8 794	6 308	7 074	6 956
第一产业	1 377	1 246	609	1 218	756	271	299	424
农业、狩猎、林业和渔业	4	2	1	1	1	0	26	0
采矿、采石和石油	1 373	1 245	608	1 217	755	271	273	424
制造业	3 839	3 124	3 709	3 776	4 483	2 856	2 749	3 124
食品、饮料和烟草	191	121	158	345	280	219	194	213
纺织、服装和皮革	84	84	124	193	180	145	242	283

(续表)

产业/行业	2003年	2005年	2007年	2009年	2011年	2012年	2013年	2014年
木材和木材产品	176	130	148	50	137	42	48	60
出版印刷	4	1	4	2	2	2	1	0
焦炭、石油和核燃料	866	492	486	703	625	191	198	317
化学品及化学产品	583	327	426	516	702	476	428	402
橡胶和塑料产品	133	121	129	139	239	129	160	118
非金属矿物制品	83	131	193	110	164	77	126	91
金属和金属制品	281	486	561	230	490	283	175	214
机械及设备	59	92	95	144	178	122	106	136
电器和电子设备	585	499	559	491	503	267	295	328
精密仪器	19	24	19	45	26	30	28	33
机动车辆和其他运输设备	731	572	716	689	871	762	614	809
其他制造业	43	44	91	117	86	111	135	121
服务业	2 149	2 399	4 134	4 743	3 555	3 180	4 026	3 408
电力、天然气和水	239	285	796	1 345	903	655	936	651
建设	207	259	825	867	364	574	385	633
贸易	274	238	254	320	259	194	266	238
宾馆和饭店	333	250	377	356	186	138	208	90
运输、仓库及通讯	489	531	478	573	564	424	659	605
金融	217	281	493	435	486	444	363	361
商务活动	275	446	791	734	673	589	1 123	727
教育服务	2	7	7	18	16	17	9	9
卫生和社会服务	5	8	13	16	13	20	4	23
社区、社会及个人服务活动	78	91	90	66	63	109	62	66
其他服务	28	3	9	14	28	15	12	6

注：不包括加勒比海地区金融中心的投资额。
资料来源：UNCTAD《世界投资报告》，各年资料。

(5) 跨国并购成为对外直接投资的重要形式。

新建投资(绿地投资)尽管所需投入的资源量较大，前期的准备时间较长，但对外部资源的依存度较低，易于通过掌握所有权而获得企业的控制权，所以一直是国际直接投资的主要形式。然而,20世纪90年代以来,随着经济国际化及全球化的发展,如何有效地利用外部资源,迅速扩大生产规模,提高市场占有率,或尽快进入新的经营领域,实现产业和产品的多样化经营,便是企业国际竞争力的主要来源。于是,作为企业全球竞争战略的重要一环,跨国并购逐渐成为对外直接投资的重要形式。

如图2-3所示,进入20世纪90年代以后,全球跨国并购的交易额从1991年的588.9亿美元迅速上升为1998年的3 497.3亿美元和2000年的9 596.8亿美元;由于全球性的跨国并购产生了垄断,侵害了消费者的权益,因此引起了国际社会的广泛关注和全球反垄断力量的增强,这对跨国并购活动产生了抑制作用,导致全球跨国并购一度下降;但2005年以后,全球跨国并购再度出现高潮,交易额在2007年进一步上升为10 326.9亿美元;受世界金融危机的影响,2008年以后交易额一直徘徊不前。

不仅发达国家对外直接投资采取跨国并购的方式,发展中国家对外直接投资也越来越多地采用跨国并购的方式,交易额已从1991年的43.6亿美元增加到2007年的1 369.4亿美元和2014年的1 521.1亿美元,占全球跨国并购交易额的比率同期已从7.4%上升为13.3%和38.1%(参见图2-3)。

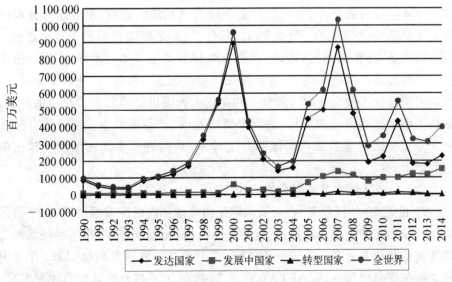

图2-3　全球跨国并购的交易额(买方)

资料来源:UNCTAD跨国并购数据库(www.unctad.org/fdistatistics)。

2. 第二次世界大战后国际直接投资迅速增长的促进因素

(1) 经济国际化及全球化的发展。

从20世纪50年代起,主要发达国家引领的世界经济的迅速发展,大大推动了各国经济国际化的步伐,其中一个显著的特征是产业内国际分工(intra-industry specialization)的深化和产业内国际贸易的增长。即各国(地区)根据自身的比较成本和竞争优势,在同一产业内按不同的生产工序或产品附加值进行分工,生产和交换相关的中间产品及附加值不同的最终产品。产业内国际分工和国际贸易的发展为国际直接投资提供了更加广阔的产业空间,而国际直接投资的扩展又进一步促进了产业内国际分工的深化和产业内国际贸易的增长。

20世纪80年代中期以来,随着以信息技术为核心的新技术革命的迅猛发展,商品、资本、技术、知识等要素在全球范围内的流动速度大大加快,世界各国及各地区之间在经济上的相互依存关系空前紧密,世界经济日益融合成为一个有机的统一体。经济全球化便是上述经济国际化过程的深化和发展,具体表现在产业内国际分工进一步拓展、产品内国际分工(intra-product specialization)迅速形成、企业内国际分工(intra-firm specialization)日益细化等方面。产品内国际分工的基本内涵是指技术革新使产品生产过程包含的不同工序或区段可以细分,并可配置到不同国家和地区进行,形成跨国或跨区域的生产链或生产体系。而企业内国际分工,即是跨国公司利用其经营资源方面的优势,并根据各国(地区)要素禀赋和劳动生产率的差异,在世界范围内寻找最合适的生产基地,以实现最优的生产配置。可见,产业内国际分工、产品内国际分工及企业内国际分工的深化大大促进了国际直接投资的扩大,加快了整个世界贸易的发展,进而形成产业内、产品内及企业内垂直分工及水平分工交错的多重结构的国际分工体系,从而进一步加速经济全球化的进程。

(2) 经济区域化及集团化的形成。

20世纪50年代以来,在经济国际化与全球化向纵深发展的同时,经济区域化及集团化的进展也在加速,尤其是在欧洲、北美及东亚地区,经济区域化的发展趋势更为显著。无论是1967年7月成立的欧洲共同体,1992年1月设立的东盟自由贸易区(AFTA),还是1994年1月建立的北美自由贸易区,其基本宗旨是在区域内降低及逐渐取消关税和非关税壁垒、推进服务贸易自由化、实现直接投资的自由化。从20世纪60年代初起,欧洲共同体的投资自由化已不限于直接投资,还适用于不动产投资、上市和非上市企业证券投资等几乎所有的投资领域;此外,从1994年起,不仅成员国之间,而且成员国与非成员国之间的资本转移及支付的限制也被逐渐取消。北美自由贸易区关于投资自由化的适用范围限于除金融服务业以外的行业(设立子公司、取得股权、向子公司贷款、购买不动产及有形及无形资产等),各成员国必须对来自其他成员国的投资给予国民待遇及最惠国待遇。1998年通过的《东盟投资地区(AIA)框架协议》规定,至2010年对来自东盟区域内的直接投资(证券投资及服务贸易有关协定暂时限制的领域除外)、至2020年对来自东盟区域外的直接投资给予最惠国待遇及国民待遇。经济区域化的进展及区域内投资自由化的实现,有力地促进了区域内成员国之间及区域外国家对这些区域的直接投资。

从生产力的角度来看,区域内各国经济发展水平相似或各具比较优势,容易通过直接投资开展产业内、产品内及企业内的国际分工,并扩大区域内的国际贸易。从地域的角度来看,地理上相近的国家发展直接投资和对外贸易,能在一定程度上降低交易成本,实现资源的有效配置。从各国的对外经济政策来看,各国积极地签订区域性的贸易协定和投资协定,相互降低关税和非关税壁垒,能从政策方面支持区域内外的直接投资。

(3) 各国(地区)政府的鼓励。

作为经济政策及产业政策的实施对象,对外直接投资一直是许多国家,尤其是发达国家政府所积极推动的。

第一,当国内生产能力与国内市场发生尖锐矛盾,导致经济危机发生时,政府会通过税收及融资等优惠政策,积极推动企业对外直接投资,进一步拓展国际市场;

第二,当国内部分产业的竞争优势逐渐丧失时,政府会把鼓励企业对外直接投资作为产业结构调整的重要手段,将低附加值的产业转移到发展中国家,提升国内产业结构的层次;

第三,作为国家综合安全战略之一,政府会支持企业通过直接投资的方式控制世界的资源产业,以确保能源及原材料的稳定供应;

第四,当一国出现巨额的贸易顺差及经常收支顺差,由此将加剧对外经济贸易摩擦时,政府会引导企业扩大对外直接投资,增加国外生产比率,以此

来缓解对外经济贸易摩擦;

第五,当一国货币大幅度升值,导致企业的出口环境及经营条件恶化时,政府会帮助企业增加对外直接投资,减少货币升值带来的负面效应。

第二次世界大战后,除了20世纪60年代至70年代前半期因美国企业的对外直接投资扰乱了美国政府的国内外政策,导致政府对其进行一定程度的限制外,发达国家政府在应对上述国内外经济环境变化的过程中,一般对本国企业的对外直接投资都采取支持和鼓励的政策。此外,20世纪90年代以来,发展中国家出于对获取国外先进技术、进入国际市场及促进经济增长等方面的考虑,也积极鼓励和引导本国企业对外直接投资。

(4) 关税及非关税壁垒的存在。

尽管1948年正式生效的关税与贸易总协定(General Agreement on Tariffs and Trade, GATT)及1994年成立的世界贸易组织(World Trade Organization, WTO)高举自由(将贸易限制措施转为关税以及降低关税税率)、无差别(最惠国待遇、国民待遇)及多元化的大旗,并通过多次全球性贸易谈判,旨在实现关税减让、降低非关税壁垒、实现货物贸易及服务贸易的自由化、通过实施最惠国待遇达成贸易非歧视性原则及对发展中国家的优惠待遇,以及建立通过协商解决贸易争端的机制等目标,但是由于GATT和WTO的体制及机制存在很大的局限性,各种利益集团的利益难以协调,导致多边贸易自由化迟迟不能进展。尤其是当世界经济进入衰退阶段,贸易保护主义盛行,就连信奉自由贸易的发达国家也常常挥舞贸易保护主义的大棒,高筑关税及非关税壁垒。

关税(进口税、进口附加税、出口税、过境税、反倾销税、反补贴税)及非关税壁垒(配额、出口补贴、倾销与反倾销、自愿出口限制、歧视性公共采购、对外贸易的国家垄断、技术及卫生检疫标准等)在阻碍国际贸易健康发展的同时,客观上诱发了国际直接投资的产生,因为对外直接投资可以跨越关税及非关税壁垒,直接进入东道国或区域市场,在当地进行生产和销售。例如,1968年欧洲共同体建立关税同盟(成员国之间取消关税及限额,对外实行统一的关税率)后,美国产品进入欧洲共同体市场变得困难,由此加速美国企业对欧共体成员国的直接投资。

(5) 企业经营战略的调整。

经济国际化、全球化及区域化的发展,产业内及产品内国际分工的深化,迫使企业不断地调整经营战略,通过多元化配置其生产和经营,以适应国内外经营环境的变化。

第一,为了实现全球利润的最大化的经营目标,企业必须根据各国(地区)的要素禀赋及价格、市场规模及成熟度、竞争结构及规范性、税收制度及政策等因素,通过直接投资有效地配置生产和经营环节,以最大限度地降低生产和经营成本;

第二,随着产业内国际分工、产品内国际分工及企业内国际分工的深化,为了实现生产过程的稳定,企业有必要通过直接投资和当地生产,确保原材料及中间产品的投入;

第三,当技术竞争成为国际化及全球化时代企业主要的竞争形态时,通过直接投资接近或进入技术先进国家的相关领域,就成为企业有效的国际竞争方式;

第四,为了最大限度地降低经营风险,通过直接投资将部分生产转移到各类风险较低的国家(地区),由此分散可能产生的经营风险;

第五,为了应对日益激化的全球竞争,有一定竞争力的企业纷纷采取全球竞争战略,包括先声夺人地进入东道国的有关行业、率先控制当地市场的"领先战略",紧跟国内外竞争者投资于东道国的相关领域、分享当地市场利益的"跟随战略"(band wagon effect)。

(6) 新技术革命的推动。

20世纪50年代以后兴起的新技术革命(也被称为第三次科技革命)大大促进了社会生产力的发展,使产业结构及产品结构发生重大变化。20世纪90年代以来信息技术革命的发展,在提升产业结构及产品结构的同时,深刻地改变着产品的生产方式及生产过程。信息技术革命带来了通信技术、网络技术及交通工具的现代化和高效化,使产品生产的工序及过程可以进一步细分,并能有效地配置在不同的国家和地区,从而在全球范围内形成整个附加值生产链。

第二次世界大战后国际直接投资的迅速扩大,得益于上述新技术革命,尤其是信息技术革命的飞速发展。产业技术革命加速了产业内分工和产品内分工的深化,信息技术革命进一步细化了产品内分工和企业内分工,促进了通讯及交通运输的现代化,从而为大规模的国际直接投资和生产的国际化及全球化提供了可能。

第二节 跨国公司

一、跨国公司的名称与定义

1. 跨国公司的名称

跨国公司(transnational corporation, TNC)作为一种特殊的企业组织形态,它最早出现于 19 世纪 60 年代中期。在这之后很长的时期内,人们惊叹它在全球的迅速扩张,观察其组织结构的演化,分析其盈利模式的变化,但一直没有给予恰如其分的名称和科学合理的定义。

据说美国学者李连塞尔(D. E. Lilienthal)教授 1960 年 4 月在卡内基技术大学(Carnegie Institute of Technology)的研讨会上,首次使用多国企业(multinational enterprise, MNE)这一名称。之后,出现过诸如多国公司(multinational corporation, MNC)、国际公司或国际企业(international corporation or enterprise)、跨国公司或跨国企业(transnational corporation or enterprise, TNC or TNE)、世界公司或世界企业(world corporation or enterprise)、全球公司或全球企业(global corporation or enterprise)、超国家公司或超国家企业(Super-national corporation or enterprise)及宇宙公司(cosmocorp)等多种名称。其中,使用最为普遍的是多国公司(multinational corporation),如在 1973 年联合国经济与社会理事会提交的报告《世界发展中多国公司》中也使用"multinational corporation"这一名称。

然而,由于当时"多国公司"在拉美国家特指安第斯条约组织(The Andean Group)成员国共同创办和经营的多国联营公司,因此,拉美国家认为那些主要以一国为基地,从事跨国生产经营活动的公司应称为"跨国公司"。联合国经济与社会理事会采纳了拉美国家的建议,决定将各种名称统一为"跨国公司"(transnational corporation, TNC),并在联合国的有关文件与出版物中都统一使用这一名称。此外,联合国还设立政府间的跨国公司委员会和跨国公司中心,加强对跨国公司的研究及国际间的协调。

2. 跨国公司的定义

长期以来,国际学术界、各国政府及国际机构各自从经济、政治、法律等不同的角度去理解跨国公司,尤其是从不同的立场出发去看待对跨国公司的治理,因此出现过多种关于跨国公司的定义标准,其中具有代表性的有以下几种。

(1) 联合国的定义。

出于对跨国公司的经营活动进行国际协调的考虑,联合国在1973年对跨国公司作了比较宽泛的定义,即:"凡是在两个或两个以上国家控制工厂、矿山、销售机构及其他资产的所有企业"[1]。显然,该定义仅仅着眼于跨国公司在地理概念上的特征,而无法说明跨国公司的本质及其多样化的经营活动。

之后,经过十多年的研究和争论,联合国在1986年最终定稿的《跨国公司行为守则》中对跨国公司作了如下的定义:"本守则中使用的'跨国公司'一词是指由在两个或更多国家的实体所组成的公营、私营或混合所有制企业,不论这些实体的法律形式和活动领域如何;该企业在一个决策体系下运营,以便通过一个或更多决策中心制定协调的政策和共同的战略;该企业中各个实体通过所有权或其他方式结合在一起,从而其中一个或更多的实体能够对其他实体的活动施加有效的影响,特别是与其他实体分享知识、资源和责任"[2]。

根据上述定义,判断跨国公司的标准有以下三个基本要素:

第一,必须在两个或两个以上国家经营企业的实体,而不管这些实体采取何种法律形式及在哪些领域经营;

第二,有一个统一的决策体系,并能通过一个或几个决策中心采取一致的政策和共同的战略;

第三,各个实体通过股权或其他方式结合在一起,分享知识、资源并分担责任,其中一个或几个实体有可能对别的实体施加重大影响。

可见,上述定义不仅着眼于跨国公司在地理上的跨国性,而且还涉及跨国公司的所有权形式、决策体系、运营机制及控制能力等本质特征,因而得到国际社会的广泛认同。

(2) 哈佛大学的定义。

以维农(Raymond Vernon)教授为代表的美国哈佛大学跨国公司研究项

---

[1] United Nations, "Multinational Corporations in World Development", New York, 1973, p.5.
[2] United Nations, "Code of Conduct on Transnational Corporations", New York, 1986.

目用以下三个指标对跨国公司作了如下的定义：

第一，《财富》杂志世界排名前 500 家的工矿业企业；

第二，在 6 个国家以上拥有国外制造子公司的企业；

第三，在国外子公司所拥有的股权(出资比率)至少达到 25% 以上①。

按照上述定义，所谓跨国公司必须符合以下条件：首先，应该是具有相当经营规模和实力的大企业，当时主要是美国、欧洲及少量日本的制造业企业；其次，在 6 个国家以下拥有国外制造子公司的企业不在其列，由此突出企业的跨国性；再次，必须满足 25% 以上的股权比例标准，以保证母公司对国外子公司的经营控制权。可见，上述定义不仅注重定量标准，而且指标设定得较高，因而使符合该标准的跨国公司的总量大大减少。然而，仅有这些定量指标，一般也很难理解跨国公司经营职能的变化及其本质特征，也无法说明非制造业企业的跨国经营活动。

(3) 罗尔夫的定义。

美国经济学家罗尔夫(S. E. Rolfe)用以下两个指标来定义跨国公司：

第一，在美国以外 6 个以上国家从事制造的企业，根据他 1969 年的调查，《财富》杂志世界排名中美国最大 100 家企业中有 62 家符合此标准，其他国家最大 100 家企业中有 49 家满足此条件；

第二，在国外的销售、投资、生产及雇用人数的比率在 25% 以上②。

可见，罗尔夫的定义也偏重定量指标，其中 6 个以上国家和 25% 比率的选定也有一定的任意性，在理论上缺乏应有的依据。尽管他强调国外业务的比率，但该比率与企业的管理组织及经营方式之间存在何种关系，他没有作进一步深入的分析。

(4) 帕尔穆特的定义。

美国宾夕法尼亚大学的帕尔穆特(Howard V. Perlmutter)教授综合吸收了上述及其他定义的合理内容，并关注企业管理组织及经营者行为特征的变化，从组织结构标准、经营业绩标准及经营者行为特征标准三方面对跨国公司作了如下定义(参见图 2-4)。

---

① Vernon, R. *Sovereignty at Bay*, London: Longman, 1971, p. 4.
② Rolfe, S. E. and Damn, W. ed., *The Multinational Corporation in the World Economy*, Praeger, New York, 1970.

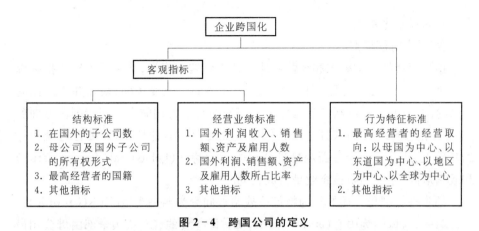

图2-4 跨国公司的定义

资料来源：Heenan, D. A., and H. V. Perlmutter, *Multinational Organization Development*, Addison-Wesley Publishing Company, Inc., 1979, p. 16.

① 结构标准。

结构标准(structural criterion)包括跨国公司在国外的子公司数、母公司及国外子公司的所有权形式及最高经营者的国籍等指标。首先,认为跨国公司应有相当广泛的地理分布,国外子公司数较少、总体经营规模不大的企业通常不具备跨国公司应有的基本特征;其次,拥有国外子公司一定比率的所有权是跨国公司实施有效控制的基础,在这方面哈佛大学的指标得到广泛的认同,经济合作与发展组织(OECD)、国际货币基金组织(IMF)等国际机构也认为跨国公司拥有国外子公司所有权的比率不应低于25%;再次,跨国公司的拥有者和最高经营者的国籍也是所有权形式的重要指标。

② 经营业绩标准。

经营业绩标准(performance characteristics criterion)包括跨国公司的国外利润收入、销售额、资产及雇用人数及其在企业总利润收入、总销售额、总资产及总雇用人数中所占比率等指标。传统的经营业绩标准注重企业的总销售额,如早年设定的标准认为作为跨国公司,其总销售额应超过1亿美元(Raymond Vernon),1993年联合国贸发会议又将此调高到10亿美元以上。而帕尔穆特的跨国经营业绩标准则注重上述比率,认为作为跨国公司,其国外利润收入、销售额、资产及雇用人数所占比率应高于25%。此外,1991年以来,联合国贸发会议用跨国指数(transnationality index, TNI)来衡量企业的跨国化程度。TNI=国外资产/总资产、国外销售额/总销售额、国外雇用人数/总雇用人数三个比率的算术平均数。

③ 行为特征标准。

帕尔穆特把结构标准和经营业绩标准看作客观指标,认为尽管这些指标都从一个侧面测度了企业跨国化的程度,但并不满足充要条件,因而并不能由此定义跨国公司,也难以断定在国外 7 个国家拥有子公司的企业在跨国化方面就一定比在国外 10 个国家拥有子公司的企业要落后。他认为,需要在客观指标的基础上,从以下四个方面观察母公司的行为特征(behavioral characteristics)和战略取向,才能判断该企业是否成长为跨国公司。

帕尔穆特把母公司的行为特征或战略取向分为四种类型(EPRG profile):

第一,以母国为中心(ethnocentric, E),即主要的经营决策全部由母公司最高经营层决定,国外子公司没有多大的权限,采取以母国为主的经营方式;

第二,以东道国为中心(polycentric, P),即将日常经营活动的决策权下放给国外子公司,子公司的主要职位大部分也由当地人担任,但财务、研发等重要的决策由母公司控制;

第三,以地区为中心(regiocentric, R),即不是从个别市场或国家,而是从整个地区的角度来考虑生产区位、营销策略及人才配置等;

第四,以全球为中心(geocentric, G),即母公司与子公司在有机结合的基础上开展全球经营活动,超越国家和地区的概念,在全球范围内进行战略决策,有效配置技术、人员、信息等重要经营资源。

帕尔穆特认为,大多数跨国公司一般都是循着 E→P→R→G 的路径实现跨国化的,从严格意义上来说,只有当该企业从全球角度制定和实施经营战略,才能成为真正的跨国公司;但也有不少企业的跨国化并不是按上述路径,而是跳跃式地发展,甚至有的企业的发展路径是相反的,它们因为拥有全球化视野的经营者而先实现了以全球为中心(G),而后才向 R、P 及 E 发展,所以,跨国化的路径是多种多样的,必须综合观察上述三个标准来衡量跨国公司①。

(5) 综合定义。

根据上述各种定义,结合跨国公司近年来的发展,至少可以从以下几个角度来认识和理解跨国公司。

---

① Heenan, D. A., and H. V. Perlmutter, *Multinational Organization Development*, Addison-Wesley Publishing Company, Inc., 1979, p.17.

① 从企业结构变化的角度。

跨国公司是通过对外直接投资在国外经营各类企业的实体,是在母公司统一的所有权支配下、在母公司统一的战略下展开跨国经营的,因此,它与仅在国内经营的企业有不同的组织结构(详见第五章及第七章)。

② 从经营者行为特征变化的角度。

随着国际化及全球化的发展、国际分工的深化,跨国公司最高经营者的经营视角及行为特征逐渐从母国扩展到东道国、国外子公司集中的地区乃至整个世界,经营战略的重点逐渐从进出口转移到直接投资及跨国经营(详见第七章及第九章)。

③ 从企业经营活动量的变化的角度。

企业跨国化的进程是国外子公司及其所在国家不断增加,国外投资、生产、销售及雇用人数的比率不断提高,企业生产规模、全球市场占有率不断扩大的过程,由此形成的跨国公司进一步推动了生产和经营的国际化和全球化。

④ 从企业经营内容质的变化的角度。

当企业跨国化达到一定阶段后,其追求利润的形式将发生深刻的变化,从过去在单一国家追求单个企业利润的最大化逐渐转变为有效地利用本国与子公司所在国的税率、利率、汇率及政策方面的差异,追求全球利润的最大化(详见第八章)。

⑤ 从企业竞争优势变化的角度。

企业的对外直接投资依赖于其已有的国际竞争优势,而当它的跨国经营达到一定程度后,国外子公司将能动地从东道国或所在地区学习和吸收当地的知识和技术,并在跨国组织成员中分享这些知识和技术,从而形成新的全球竞争优势(详见第七章)。

二、企业跨国化的动机及跨国公司的基本特征

1. 企业跨国化的动机

企业依据它所处的经营环境、所拥有的经营资源及国际化经验,在跨国化的动机方面存在一定的差异。然而,在全球利润最大化的目标下,它们在市场动机、生产动机、财务动机及战略动机等方面有着许多共同之处。

(1) 市场动机。

在扩大市场占有率、降低营销成本等经营目标下,企业实施跨国化战略的

市场动机主要表现在以下几方面:

第一,为了避免东道国的关税及非关税壁垒,以当地生产替代原来的出口;

第二,通过向东道国直接投资,采取当地生产及当地销售的方式,以缓和因贸易不平衡而产生的与东道国的贸易摩擦;

第三,通过建立和强化销售子公司保护原有的出口市场,并通过开发适合东道国的产品以拓展新的国外市场;

第四,如果产品出口的运输及仓储费用较高,通过当地生产及当地销售,可以节省相关的销售成本;

第五,通过在消费地生产,能更好地掌握市场信息,并提供各种市场服务。

(2) 生产动机。

在充分利用国外资源、最大限度降低生产成本的经营目标下,企业实施跨国化战略的生产动机主要表现在以下几方面:

第一,为保证原材料的稳定供应,通过控制东道国的资源开发,实现前向及后向的垂直一体化生产;

第二,充分利用发展中国家劳动力成本低的优势,将劳动密集型的生产工序配置在这些国家;

第三,充分享用东道国政府对外资实施的优惠政策,最大限度降低生产建设费用;

第四,有效利用东道国的生产设备、成熟技术和人才资源,作为企业跨国经营的一个补充;

第五,选择零部件等中间产品加工企业比较集中的国家和地区,有效利用产业的集聚效应。

(3) 财务动机。

在税收最小化、利润最大化的目标下,企业实施跨国化战略的财务动机主要表现在以下几方面:

第一,利用东道国较低的税率及其他税收优惠,减少税收负担;

第二,通过从母公司借入短期流动资金及支付高利息的方式,从东道国抽逃利润;

第三,充分利用东道国当地的资金,以减少母公司的资金风险,迅速扩大经营规模;

第四,利用母公司与国外子公司的全球财务网络,通过制定转让定价

避税、转移利润及调配资金,实现税收最小化,并增加整个企业资金流动的弹性;

第五,有效利用各国通货膨胀的差异及货币汇率的变动,实现资产保值及规避外汇风险。

(4) 战略动机。

经济全球化及区域化的发展,使企业越来越从竞争战略的角度去考虑如何分散经营风险和实现全球发展,其战略动机主要表现在以下几方面:

第一,通过市场的多元化配置,避免市场过于集中产生的风险,以获得稳定的收益;

第二,选择有发展潜力的国家,保持与东道国政府、供应商的良好关系,提高消费者对企业及产品的认知度,以便逐渐渗透该市场;

第三,接近和利用国外的先进技术和信息,促进技术的研究和开发;

第四,及时捕捉国外市场需求的变化趋势,以便在全球各市场迅速调整生产及产品结构;

第五,实施全球发展战略,在各个方面采取先发制人的策略,以取得最佳的经营效果。

2. 跨国公司的基本特征

如上所述,企业跨国化的过程就是其经营规模逐渐扩大、竞争优势不断强化、经营活动日益国际化和多样化、管理体制愈益完善、对世界市场的控制能力迅速增强的过程。因此,跨国公司的基本特征充分体现在经营规模、竞争优势、经营活动、管理体制、控制能力等方面。

(1) 拥有相当庞大的经营规模。

跨国公司一般都是由一国实力雄厚的大企业为主体,通过对外直接投资或收购东道国企业的方式,在许多国家和地区拥有子公司或分公司,从而形成的规模庞大的经济体。首先,其总资产及在国外的资产规模巨大,如 2006 年世界最大一百家跨国公司的总资产高达 138 470 亿美元,其中国外资产为 82 660 亿美元,国外资产比率高达 60%;其次,其总销售额及在国外的销售额大,国外市场占有率高,如 2014 年世界最大一百家跨国公司的总销售额高达 92 330 亿美元,其中国外销售额达 61 320 亿美元,国外销售额比率高达 66%(参见表 2-6)。往往,一家大型跨国公司的总资产、总销售额及营业收入要超过不少国家的 GDP 总额,对世界经济的影响力巨大。

表2-6 世界最大一百家跨国公司情况

(单位:十亿美元,千人,%)

指标	2003年	2004年	2005年	2006年	2011年	2012年	2013年	2014年
资产								
国外资产	3 993	4 728	4 732	5 245	7 634	7 888	8 249	8 266
总资产	8 023	8 852	8 683	9 239	12 531	13 323	14 008	13 847
国外资产比率(%)	49.8	53.4	54.5	56.8	61.0	59.0	59.0	60.0
销售额								
国外销售额	3 003	3 407	3 742	4 078	5 783	5 900	6 053	6 132
总销售额	5 551	6 102	6 623	7 088	8 827	8 955	9 316	9 233
国外销售额比率(%)	54.1	55.8	56.5	57.5	66.0	66.0	65.0	66.0
雇用人数								
国外雇用人数	7 242	7 379	8 025	8 582	9 911	9 821	9 562	9 599
总雇用人数	14 626	14 850	15 107	15 388	16 496	16 946	16 697	16 810
国外雇用人数比率(%)	49.5	49.7	53.1	55.8	60.0	58.0	57.0	57.0

资料来源:UNCTAD《世界投资报告》,各年资料。

(2) 具有很强的技术竞争优势。

跨国公司一般都拥有先进的生产技术及管理技术,所实现的经营效率足以抵消跨国经营所产生的成本,由此具有很强的国际竞争优势。跨国公司不仅花费巨额的研发投资开发新技术和新产品,并仰仗其已有的技术竞争优势进行对外直接投资,在企业内从事国际间的技术转移,以实现全球利润的最大化,而且充分利用国际上的研究开发资源,推进整个企业的技术革新,并通过国外子公司有效地学习和吸收当地的特有技术,进而形成新的竞争优势。从整个生产过程来看,由于加工组装技术的标准化和成熟化,跨国公司母公司通常将这些技术转让给国外子公司,而牢牢控制与技术开发及产品开发相关的上游技术及与营销和售后服务相关的下游技术,由此进一步强化了其技术竞争优势。

(3) 从国际及全球战略角度安排经营活动。

跨国公司一般都从国际及全球战略的角度出发安排其经营活动,它们充分利用其经营资源方面的优势,并根据各国要素禀赋和劳动生产率的差异,在世界范围内寻找最合适的生产场所，以实现最优的生产配置，由此形成企业内垂直分工及水平分工等多重结构交错的国际分工体系，进而能降低整个生产过程的成本，实现全球利润的最大化。而跨国公司的技术优势以及在此基础上实现的生产过程的细分，为跨国公司开展全球价值链的生产和经营提供了进一步的可能。同时，有些跨国公司凭借其各种优势，将经营活动扩展到其他行业，并通过跨国并购或结成跨国战略联盟，充分利用不同国家（地区）的区位优势，向综合型多种经营发展，不断扩大自己的市场范围，构筑更高层次的竞争优势。

(4) 拥有一体化的组织管理体制。

跨国公司遍布全球的经营活动，决定了其必须要有一个重大决策集权化、一般管理分权化的一体化的组织管理体制。诸如投资计划、国际财务、技术及产品开发、生产配置、市场分布、利润分配等实行集权化管理，而诸如日常的生产计划、资源分配、当地营销、人事劳务等实行分权化管理，当然国外子公司必须要服从母公司整体的战略目标。此外，在统一的全球战略目标下，母公司与国外子公司之间已不是简单的控制与服从的关系，让国外子公司能动地吸收、开发和整合国别及区域性的知识资源及战略资产，并在跨国组织内部传播和运用，已是跨国公司一体化组织管理体制的重要部分。国外子公司之间在组织上也形成相互依存的紧密关系，实行资源共享及责任共担的原则，以提高组织管理体制的整体效率。同时，在统一的所有权支配下，跨国公司尽可能将交易内部化，以降低交易成本。

(5) 以控制全球资源及世界市场作为战略目标。

跨国公司自它诞生之日起，就带有支配性、扩张性和垄断性的特征，也被称为全球经营的垄断资本。具体表现在：

第一，为了实现控制全球石油及其他天然资源的开采、加工及运输等基本战略目标，资源开发型跨国公司往往通过合法或不合法的扩张性投资方式获取在东道国的资源开采权，有时不惜动用国家机器来确保它们的权益，如在20世纪70年代初，世界最大10家跨国公司中仍有4家是石油公司（埃克森、英荷壳牌、莫比尔及德士古），它们控制着全球近一半的石油开采；

第二，跨国公司不仅通过直接投资在国外设立子公司或分公司的方式渗透到世界各个产业领域，还通过其技术能力控制产品生产中技术密集度或附加值较高的环节，达到有效控制全球生产的目的；

第三,在上述基础上,跨国公司还利用其较强的营销技术,提高在国际市场上占有率,实现控制世界市场的战略目标。

(6) 具有实际控制人所在国的国籍属性。

20世纪80年代以来,跨国公司的经营活动出现了"无国籍化"的现象:

首先,由于现有跨国公司通过交叉持股结成战略联盟,或共同出资建立新的企业,使得跨国公司的所有权难以界定,国籍边界变得模糊,以至于被称为"无国籍企业";

其次,经营活动日益国际化及全球化,整个生产及经营过程被细分为似乎毫无关联的单体,只是通过跨国公司的全球经营网络才形成整体,以至于被称为"无国界经营";

再次,由于产品内国际分工的迅速发展,原材料及中间产品作为生产投入在国际间被多次贸易和加工,最终在跨国公司的全球价值链中才成为完整的产品,其价值构成日趋国际化和全球化,"国民性产品"正在转化为"国际性产品"。

然而,上述现象无法从根本上掩盖跨国公司在国家风险规避、实际利益保护、注册管理归属及企业文化沟通上的国家化、政治化及民族化的实质,即跨国公司的全球利益还有赖于特定国家从民族利益出发,动用政治、外交、军事等手段来加以保护。因此,作为全球化发展中重要载体的跨国公司,依然具有实际控制人(ownership)所在国的国籍属性。

三、跨国公司的发展现状、基本类型及最新特点

1. 跨国公司的发展现状

如上所述,最早的跨国公司形成于19世纪中叶至第一次世界大战期间,尽管用现在的定义和标准去衡量,它们并不属于严格意义上的跨国公司,但在当时的资源开发及制造业领域,出现了一些至今仍活跃于世界的著名跨国公司。此外,两次世界大战期间跨国公司的发展相对缓慢,只是美国利用其特有的政治和经济地位,为第二次世界大战后美国跨国公司的发展奠定了雄厚的基础。

第二次世界大战后,跨国公司得到了空前的发展,据联合国跨国公司中心的资料显示,截至1969年,主要发达国家的跨国公司共有7 276家,其国外子公司达27 300家;而到1978年,主要发达国家的跨国公司的数目发展到

10 727 家,子公司达 82 266 家。20 世纪 80 年代以后,全球跨国公司的发展进一步加快,如表 2-7 所示,全球跨国公司(母公司)从 1997 年的 44 508 家迅速增加到 2005 年的 69 727 家,国外分支机构(子公司及分公司等)同期从 276 659 家扩大到 690 391 家,其中,发达国家的跨国公司同期从 36 380 家增加到 50 520 家,国外分支机构从 93 628 家扩大到 247 241 家,发展中国家的跨国公司从 7 932 家增加到 18 029 家,国外分支机构从 129 771 家扩大到 335 338 家。

表 2-7 全球跨国公司的母公司及其外国分支机构　　（单位：家）

区域/国家	1997 年统计		2005 年统计	
	母公司	国外分支机构	母公司	国外分支机构
发达国家	36 380	93 628	50 520	247 241
欧洲	26 161	61 902	41 461	209 788
欧盟	22 111	54 862	36 003	199 303
美国	3 470	18 608	2 418	24 607
日本	3 967	3 405	4 149	4 710
发展中国家	7 932	129 771	18 029	335 338
拉美和加勒比地区	1 099	24 267	2 914	35 617
南亚、东亚和东南亚	6 242	99 522	13 127	282 439
中欧和东欧	196	53 260	1 178	107 812
世界	44 508	276 659	69 727	690 391

注：母公司：以该区域/国家为注册地的母公司。
资料来源：UNCTAD《世界投资报告》,1997 年及 2005 年。

随着跨国公司国外分支机构的增加,它们在国外的经营活动迅速扩大。如表 2-8 所示,1982—2007 年全球跨国公司国外分支机构的总资产、总产出、销售额、出口额及雇用人数大幅度增长。按照国民经济统计计算的生产总值及固定资本形成也迅速增加,在世界经济中所占比重进一步提高。同时,特许权使用费及牌照费等收入也迅速增加。

特别应该指出的是,20 世纪 80 年代以后,发展中国家企业的跨国化发展迅速,不仅母公司及国外分支机构的数量迅速增加,而且总资产及国外资产、总销售额及国外销售额、总雇用人数及国外雇用人数也迅速扩大,国外资产比率、国外销售比率及国外雇用人数比率迅速提高。如 2013 年发展中国家最大一百家跨国公司的总资产及国外资产分别为 60 340 亿美元和 16 320 亿美元,总销售额及国外销售额分别达 42 210 亿美元和 18 060 亿美元,总雇用人数及国外雇用人数分别为 1 091.4 万人和 422.6 万人,国外资产比率、国外销售比率及国外雇用人数比率均已接近或超过 30%(参见表 2-9)。

表 2-8 全球跨国公司国外分支机构的相关经营指标

(单位:十亿美元、千人、%)

指标	以现值计算的金额				年均增长率					
	1982年	1990年	2006年	2007年	1986—1990年	1991—1995年	1996—2000年	2004年	2006年	2007年
总资产	2 206	6 036	55 818	68 716	17.7	13.7	19.3	-1.0	18.6	23.1
总产出	676	1 501	5 049	6 029	17.0	6.7	7.3	15.9	21.2	19.4
销售额	2 741	6 126	25 844	31 197	19.3	8.8	8.4	15.0	22.2	20.7
出口额	688	1 523	4 950	5 714	21.7	8.4	3.9	21.2	15.2	15.4
雇用人数	21 524	25 103	70 003	81 615	5.3	5.5	11.5	3.7	21.6	16.6
GDP(现价)	12 083	22 163	48 925	54 568	9.4	3.1	12.6	8.3	11.5
固定资本形成	2 798	5 102	10 922	12 356	10.0	5.4	1.1	15.2	10.9	13.1
特许权使用费及牌照费	9	29	142	164	21.1	14.6	8.1	23.7	10.5	15.4
产品和非要素服务出口	2 395	4 417	14 848	17 138	11.6	7.9	3.8	21.2	15.2	15.4

资料来源:UNCTAD《世界投资报告》,2008 年。

表 2-9 发展中国家最大一百家跨国公司情况

(单位:十亿美元,千人,%)

指标	2003年	2004年	2005年	2006年	2010年	2011年	2013年
资产							
国外资产	249	337	471	571	1 104	1 321	1 632
总资产	711	1 073	1 441	1 694	4 311	4 882	6 034
国外资产比率(%)	35.0	31.4	32.7	33.7	26	27	27
销售额							
国外销售额	204	323	477	605	1 220	1 650	1 806
总销售额	513	738	1 102	1 304	2 918	3 481	4 221
国外销售比重(%)	39.8	43.8	43.3	46.4	42	47	43

(续表)

指标	2003年	2004年	2005年	2006年	2010年	2011年	2013年
雇用人数							
国外雇用人数	1 077	1 109	1 920	2 151	3 561	3 979	4 226
总雇用人数	3 097	3 364	4 884	5 246	9 044	10 197	10 914
国外雇用人数比率(%)	34.8	33.0	39.3	41.0	39	39	39

资料来源：UNCTAD《世界投资报告》，各年资料。

2. 跨国公司的主要类型

根据跨国公司所在的行业及所实施的经营战略，大体可将其分为以下六种类型。

(1) 实施全球资源开发战略的企业。

这类跨国公司主要从事石油及其他天然资源的开采及加工，通过控制在东道国的资源开采权及上下游生产，最终达到垄断全球供应、控制销售价格及实现超额垄断利润的目的。2009年《财富》杂志评出的世界五百强企业排名榜的前十名中有六家属于这类企业，它们是：皇家壳牌石油(荷兰，炼油)、埃克森美孚(美国，炼油)、英国石油(英国，炼油)、雪佛龙(美国，炼油)、道达尔(法国，炼油)、康菲(美国，炼油)。

(2) 实施国际营销战略的企业。

这类跨国公司主要在世界上许多国家从事特定专业领域的差异化产品的生产和销售，如可口可乐(Coca-Cola)、麦当劳(McDonalds)、香奈儿(Chanel)等清凉饮料、快餐连锁及化妆品企业，它们为了降低营销成本，需要在全世界控制生产和销售渠道，并采用统一的标准化的营销方式。

(3) 实施国际研发战略的企业。

这类跨国公司主要从事技术及产品的研究与开发，如国际商业机器公司(IBM)、微软(Microsoft)等。它们为了尽早回收高昂的研发成本和保护技术垄断优势，需要在一定时期通过对外直接投资的方式在国外设立独资子公司，并把开发的技术及产品部分转让给国外子公司，在跨国经营中实现垄断利润最大化的目标。

(4) 实施产品内国际分工战略的企业。

这类跨国公司主要分布在汽车、电子等行业，它们为了最大限度地扩大生产规模及降低生产成本,积极推进产品内国际分工,并将生产过程细分且配置在世界上许多国家,形成全球价值链生产。对这类跨国公司来说,其跨国经营中的重要一环是如何确保中间产品的稳定供应及降低国际物流成本。

(5) 实施国际物流与供应链管理战略的企业。

这类跨国公司主要集中在零售业,如沃尔玛(Wal-Mart)、家乐福(Carrefour)等零售企业。为了向消费者提供超一流服务,实现价格最便宜的承诺,这类跨国公司除了引进"一站式"购物、细分市场全面覆盖等经营方式外,更加重视国际物流与供应链管理,通过全球高效的物流配送系统及与供货商"零售对接"的方法,最大限度降低销售价格中物流成本所占比率。

(6) 实施全球服务战略的企业。

这类跨国公司主要分布在各类服务业领域,诸如跨国银行、咨询公司、会计及律师事务所等。它们进入国外市场主要有两种模式:一是客户跟随型(client following),即跟随母国客户进入国外市场,并在当地为它们提供相应的服务;二是市场寻求型(market seeking),即为开拓国外市场进入东道国,并主要为东道国客户提供相应服务。

3. 跨国公司的最新特点

(1) 投资战略的变化。

为了应对经济国际化及全球化的发展,20世纪90年代以来,跨国公司的投资战略出现了如下新的变化:

第一,将跨国并购作为企业全球竞争战略的重要形式,通过相同行业部门的横向并购、上下游部门的纵向并购及综合并购,更有效地利用外部战略资源,以迅速进入新的经营领域,或扩大生产规模和提高市场占有率;

第二,将建立国际战略联盟作为跨国经营的重要方式,合作领域从生产及销售扩展到研发及营销,通过实现联盟双方经营资源的互补,以加快技术开发及减轻新技术开发的风险,或尽快开拓新的商务领域和新的市场,避免双方过度的竞争;

第三,在所有权政策的选择方面,根据企业的经营内容及经营战略,多样化地选择独资("完全所有")、合资("多数所有""少数所有")及非股权经营等方式,其中技术授权、合同安排、技术咨询等非股权经营方式成为跨国公司控制国外经营资源、实施全球化经营的有效形式(详见第五章和第六章)。

(2) 组织结构的创新。

为了适应经济全球化及以信息技术为核心的新技术革命的发展带来的外部经营环境的变化,20世纪90年代以来,跨国公司从以下几方面着手调整其组织结构:

第一,从决策由母公司统一制订、实施自上而下分层控制的科层式组织结构向注重协调各子公司的经营活动、发挥子公司的自主性、实施分权经营的扁平化组织结构转化,即通过在企业内各部门间配置权利和责任,构建内部有效的决策及控制体系;

第二,探索构建跨国组织(trans-national organization)结构,将整个企业的经营资源和组织能力合理配置到全世界,在母公司与子公司及子公司之间相互依存的前提下,实施双向的全球调整,以同时实现全球成本效率、适应当地环境、革新与学习等多重经营战略目标;

第三,将国外子公司的作用差异化,根据其所处市场的战略重要性及其所拥有的经营资源和组织能力水平,赋予其不同的职责和发挥其相应的作用,让子公司把在当地学习及获取的专有知识和技术在跨国组织中进行传播和运用,以进一步形成跨国组织整体的竞争优势(详见第七章)。

(3) 经营方式的调整。

面对20世纪90年代以来经济全球化和区域化的发展趋势,跨国公司始终面临如何通过经营一体化以实现全球化带来的经济效益,如何提高经营适应性以实现本土化(区域化)带来的经营效率这两难的跨国经营问题。为此,跨国公司正在通过调整经营方式,解决跨国经营中的两难问题:

第一,在经营模式的选择方面,力图超越传统的本国主导型(ethnocentric)、当地主导型(polycentric)、地区主导型(region centric)及全球主导型(geocentric)四则其一的模式(EPRG模式),选择"全球-本土化经营"(glocal management)模式,即同时考虑全球效率性及当地适应性,并保持两者之间的平衡,如在追求全球效率的同时,适当转让技术、提高当地国产化比率及向东道国企业提供人力资源培训等。

第二,在集权与分权的实施方面,对国外子公司的部分业务(生产、销售、人事等)实施分权管理,保证其拥有必要的灵活性和自律性,以提高对当地环境的适应性,最大限度地避免经营摩擦产生的成本。同时为了降低与追求全球效率的母公司的集权管理发生冲突,在研发、财务等领域强化母公司的协调能力,增进母公司与子公司的相互依存关系。

第三,在管理方式的融合方面,加强跨文化的合作和管理,充分利用跨国经营中文化多样性的优势,增强组织的柔软性和创造性,并在充分认识不同文化之间的共通性和差异性的基础上,强化跨文化的沟通及采取有效的应对方式,最大限度地避免企业由异质文化引发的管理冲突,促进不同管理方式的融合变化(acculturation),从而进一步增强在全球的竞争优势(详见第八章、第九章和第十章)。

关　键　词

国际直接投资　经营资源转移　跨国公司　对外投资动机　国际经营战略

思　考　题

1. 国际直接投资的主要特征与基本类型。
2. 第二次世界大战后国际直接投资迅速增长的特点及促进因素。
3. 关于跨国公司定义的基本构成内容。
4. 企业跨国化的主要动机。
5. 跨国公司的基本特征与最新特点。

第三章
国际直接投资及跨国公司的主要理论

第一节 发达国家对外直接投资及跨国公司的主要理论

一、垄断优势理论

1. 理论基础

垄断优势理论(theory of monopolistic advantage)是美国经济学家海默(Stephen H. Hymer)1960年在博士学位论文《国内企业的国际经营：对外直接投资研究》中首先提出的,他试图从市场的不完全竞争导致的垄断来解释企业的对外直接投资行为[1]。不完全竞争是指产品在生产和销售过程中存在的垄断因素,或市场本身存在的某些障碍。海默认为,市场不完全至少存在四种类型：第一,产品和生产要素市场不完全,即有少数卖主或买主能够凭借其控制产量或购买量来影响市场价格的决定；第二,由规模经济引起的市场不完全,即某些企业随着产量的增加,可以得到规模收益递增的效果；第三,由于政府的介入,市场机制的作用会受到妨碍；第四,由征收关税导致市场不完全。

2. 垄断优势的形成

海默认为,由于市场不完全,大企业可以形成两种垄断优势：一种是包括

---

[1] Hymer, S. H. *The International Operations of National Firms: A Study of Direct Investment*, Cambridge Mass MIT, Press 1976.

生产技术、管理与组织技能及销售技能等一切无形资产在内的知识资产优势;另一种是由于企业规模扩大而产生的规模经济优势。一个企业之所以能对外直接投资,是因为它与东道国同类企业相比,在生产及管理技术、资本实力、生产规模、营销能力等方面有更强的垄断优势。因为,东道国企业很难得到跨国公司所拥有的知识资产优势,或者要拥有这种优势必须花费很大的成本,这样跨国公司就可以凭借自己的垄断优势,补偿跨国经营所产生的附加成本,进而获取垄断利润;同时,由于跨国公司将生产扩展到国外,可使企业生产达到最适度的规模,以最大限度降低生产成本,从而获得垄断竞争优势。

海默比较了美国和其他国家跨国公司的发展过程,证明从事对外直接投资的企业一般是技术先进的大企业,投资重点也是那些市场高度集中的部门,这些大企业本身就是国外市场的主要垄断者。因此,海默认为,对外直接投资是企业的一种扩张性活动,是与寡头垄断市场相联系的现象,是具有某种优势的垄断企业为控制不完全市场而采取的行为方式。一旦某大企业率先向他国直接投资,其他竞争企业为维持原有的市场占有率,也会相继跟进,以此作为一种防御性的战略。

3. 理论的发展与完善

之后,不少西方学者在海默的理论框架下,进一步补充和充实了垄断优势理论。金德尔伯格(Charles P. Kindleberger)补充了海默的理论,认为跨国公司的竞争优势主要来自产品市场的不完全(产品差异及营销技巧)和要素市场的不完全(技术、管理及融资能力)、内外经济规模差异以及政府对生产水平或市场进入的限制[①]。经金德尔伯格补充发展后的垄断优势理论也被称为"海默-金德尔伯格传统"。约翰逊(H. G. Johnson)认为,跨国公司进行对外直接投资的垄断优势,主要来自对知识资产的占有和使用。他认为,知识资产的生产成本很高,但通过直接投资来利用这些知识资产的成本却很低,而东道国要开发同样的知识则需付出很高的成本,这样东道国企业就无法与跨国公司竞争。凯夫士(R. E. Caves)认为,跨国公司所具有的垄断优势还体现在它能够使产品发生差异化的能力方面,即它能根据

---

① Kindleberger, C. P. *American Business Abroad: Six Essays on Direct Investment*, New Haven: Yale University Press, 1969.

不同层次和不同地区的消费偏好,设计并生产适合不同消费者的产品,并能运用销售技巧使产品满足消费者嗜好,跨国公司正是凭借这种优势来发展对外直接投资的①。

4. 简要评述

可见,垄断优势理论突破了此前用国际贸易理论中稀缺资源可移动程度与国际分工来解释跨国公司对外直接投资的局限性,首次从市场不完全的角度考察跨国公司的对外直接投资,把对资本国际流动的研究从流通领域转入生产领域,并将研究重点转向跨国公司的产业组织特征方面,使得理论假设更贴近现实,解释能力更强。

然而,该理论存在如下局限性:

第一,没有充分说明企业的垄断优势是如何形成的?企业的优势积累到何种程度,才构成对外直接投资的垄断优势?

第二,无法解释为什么拥有垄断技术优势的企业一定要对外直接投资,而不是通过出口或技术许可证的转让来获取利益;

第三,无法解释 20 世纪 60 年代后期以来,日益增多的发达国家一些并无垄断优势的中小企业及发展中国家企业的对外直接投资活动;

第四,该理论采用静态的分析方法,没有研究跨国公司垄断优势的发展变化,也没阐明对外直接投资对企业垄断优势的形成是否具有影响等一系列问题。

二、产品生命周期理论

1. 理论核心

产品生命周期理论(product life cycle theory)是 1966 年由美国哈佛大学教授维农(Raymond Vernon)在《产品周期中的国际投资和国际贸易》一文中提出的②。该理论从产品生命周期和产品技术垄断的角度,分析了企业对外直接投资的原因以及国际贸易和对外直接投资之间的关系。维农把产品的整个生命周期分为三个阶段,即新产品阶段、产品成熟阶段和产品标准化阶

---

① Caves, R. "International corporations and the industrial economics of foreign investment", *Economica*, Feb. 1971.

② Vernon, R. "International Investment and International Trade in the Product Cycle", *Quarterly Journal of Economics*, May 1966.

段,认为在产品生命周期的不同阶段,企业将采取不同的国际贸易和对外直接投资战略(参见图3-1)。

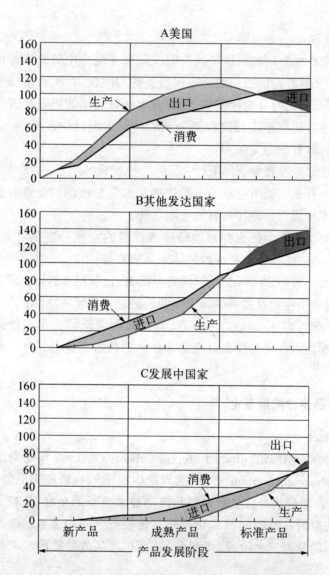

图3-1 产品生命周期与企业的国际贸易及对外直接投资

资料来源:Vernon, Raymond. "International Investment and International Trade in the Product Cycle", *Quarterly Journal of Economics*, May 1966, pp.190-207.

2. 产品生命周期模型

在新产品阶段,由于创新企业垄断着新产品的生产技术,并且国内尚未出现竞争者,产品的消费者主要限于高收入群体,市场需求的价格弹性很小,创新企业可以通过维持垄断高价吸收前期高研发投入和高生产成本。所以,在此阶段,创新企业一般是在本国组织生产,在占领国内市场的同时适当向高收入国家出口,以获取高额垄断利润。维农认为,研究与开发资金较多的发达国家,一般最有可能开发新产品,因此新产品的创新企业一般在发达国家,尤其是在美国。

在产品成熟阶段,由于产品生产的技术扩散,竞争的不确定性减弱,对高度熟练劳动的需求减少,市场上出现了仿制者和竞争者,价格对于需求的影响程度增大,降低成本成了竞争的关键。当边际生产成本与边际运输成本之和逐渐超过产品在国外生产的平均成本时,创新企业便开始对外直接投资,在国外建立子公司进行当地生产。同时,在国外也开始出现竞争者,一些厂商仿制这些产品,并直接威胁创新企业的技术优势。为了维持原有市场份额,阻止外国竞争者的进入,创新企业往往通过直接投资的方式来保护自己的竞争优势。一般来说,在这一阶段,创新企业总是先到具有一定的收入水平和生产技术水平、需求类型与母国相近,且劳动力成本相对低于母国的其他发达国家投资建立国外子公司。

在产品标准化阶段,产品的生产技术已经普及,技术因素已退居次要地位,生产已实现批量化,国内外企业都能进行同类产品的生产,竞争的重心已从技术竞争转向成本和价格竞争。于是,创新企业及其他发达国家的相关企业便选择劳动力成本更低的发展中国家投资建厂,以确保价格竞争优势,并将部分产品返销到本国市场。

3. 环境变化与理论修正

20世纪60年代以后,随着跨国公司国内外经营环境的变化,产品生命周期理论的局限性日益显露。首先,技术创新的过程加速,新产品阶段到标准化阶段所需的时间大大缩短,尤其是电子、汽车等行业,创新企业从一开始就把新产品的生产安排在国外子公司,而且地区结构的分布也不是从发达国家到发展中国家;其次,由于战后日本和(原)西德经济的迅速崛起,美国的技术优势日益削弱,因此创新企业并不一定在美国,日本和(原)西德的企业通过工序革新和产品差异化,可以率先投资到包括美国在内的发达国家。

维农意识到上述国际经济领域的最新变化,并在20世纪70年代部分修改了产品生命周期论的理论体系。他引用美国学者尼克博克(Frederick T. Knickerbocker)在1973年提出的寡占反应理论①,将产品生命周期重新划分为"创新寡占阶段""成熟寡占阶段""衰老寡占阶段",并指出在不同的阶段,跨国公司将会采取相应的市场策略来建立和维持自己的垄断地位②。

在"创新寡占阶段",跨国公司的竞争重点主要在国内市场,基于母国的要素禀赋条件和市场特点从事技术研发和产品开发,形成各国跨国公司不同的垄断优势,并为了保持基于创新的垄断竞争优势,适度将部分生产移至其他发达国家。在"成熟寡占阶段",面对技术及产品逐渐成熟造成的竞争加剧,跨国公司为了继续维持已有的市场份额,采取对主要竞争者的行为及时作出反应的战略,一是在主要竞争者的市场投资设厂的相互牵制战略;二是追随主要竞争者在相同国家或地区进行直接投资的投资跟进战略。在"衰老寡占阶段",由于产品已标准化及原有的技术优势逐渐丧失,跨国公司的战略重点转向在全球寻找成本最低的生产区位,利用各国(地区)的成本差异配置生产,以增强和维持价格竞争优势。

4. 简要评述

产品生命周期理论从技术及产品垄断的角度,动态地解释了美国跨国公司对外直接投资的动因及其产品和区位的选择,在论述企业国际化过程中成功地将国际贸易与直接投资理论有机地结合在一起。

然而,该理论存在一定的局限性,仍不能有效地解释以下现象:

第一,产品生产中经常出现的工序革新会改变产品特性及其生命周期,一些实现了产品工序革新的跨国公司选择多元化的直接投资战略;

第二,一些非标准化的产品早早地在国外生产,以及一些为当地市场而细分的产品在国外生产;

第三,相对于先出口后投资的国外市场开拓战略,更多跨国公司选择战略导向型的投资战略,直接投资于有潜力的国外市场;

第四,在日益复杂的国际经济环境中,发达国家之间水平一体化直接投

---

① 寡占反应理论认为,当一家寡头企业在某东道国或地区进行直接投资时,与之相竞争的其他寡头企业便会采取跟进战略,也在该东道国或地区从事直接投资。

② Vernon, R. "The Product Cycle Hypothesis in a New International Environment", *Oxford Bulletin of Economics and Statistics*, Nov. 1979, pp. 255-267.

资,跨国公司在产业内国际贸易中的作用。

三、内部化理论

1. 理论核心

内部化理论(the theory of internalization)是英国经济学家巴克雷(Peter J. Buckley)和卡森(M. Casson)在1976年首先系统提出的[①],加拿大经济学家拉格曼(A. M. Rugman)在1981年出版的著作中进一步发展了这一理论[②]。该理论的基本思想来源于科斯1937年提出的关于交易成本及交易内部化的论述,旨在阐明市场不完全,尤其是中间产品市场不完全的条件下,跨国公司如何将外部市场内部化,从而最大限度地降低交易成本和市场风险。

2. 中间产品市场不完全的表现

内部化理论认为,与最终产品市场相比,中间产品(主要包括原材料、零部件、总成件、协作配套件以及与中间产品和最终产品生产密切相关的各种技术、知识和信息)市场的不完全更为显著。它们具体表现在:

第一,在寡头垄断的情况下,买卖双方比较集中,很难进行议价交易,而且真实价格难以确定,双方讨价还价的"谈判成本"很高;

第二,不存在期货市场时,买卖双方难以签订期限长短不同的期货合同,经营风险由此增大;

第三,不存在可供中间产品按不同地区、不同消费者实行差别定价的市场,知识产品的"自然垄断"性质也决定了差别定价不可能;

第四,中间产品的特性决定了其价格缺乏可比性,外部市场一般也没有价格参照,所以交易双方难以定价成交;

第五,新技术和新产品从研究开发到实际运用于生产和销售,所需时间较长,为了回收研究开发成本,一般定价较高,而这是交易对象难以接受的;

第六,各种技术、知识和信息产品的边际扩散成本很小,出售者对购买者的机会主义行为的控制需要较高的监督成本。

3. 内部化的过程及决定因素

可见,若企业将所拥有的技术、知识和信息等"中间产品"通过外部市场

---

① Buckley, P. J. and Casson, M. *The Future of the Multinational Enterprise*, London: Macmillan, 1976.
② Rugman, A. M. *Inside the Multinationals*, Croom Helm, 1981.

(arm's length)来进行交易,则交易成本高,经营风险大,难以确保获得最大限度的利润。因此,跨国公司就有必要通过对外直接投资建立国外子公司,并将交易活动改在母公司与子公司或子公司之间进行,即以企业的内部市场取代外部市场,这样就可以克服中间产品市场的不完全,从而实现利润的最大化。尤其是在进行跨国经营活动中,由于存在关税、配额、税收、汇款限制、汇率政策和政府干预等市场障碍,跨国公司要实现全球利润最大化,就必须将"中间产品"的交易置于共同的所有权的控制之下,在企业内部进行转让,以内部市场来替代原来的外部市场。其中,确定母公司与子公司之间、子公司相互之间的交易价格——"转让价格"(transfer price),是保证企业内部市场有效运行的重要手段。跨国公司根据各国税率上的差别、进出口关税的高低、对外汇管制的程度、相关子公司的资金需求以及所面临的外汇风险等,利用转让定价灵活地转移利润,实现税负收支出最小化和利润最大化的目标。

综上所述,所谓市场内部化,就是指跨国公司通过转让定价在内部成员间形成中间产品供需关系的过程,它是跨国公司克服中间产品市场不完全、实现全球利润最大化的重要途径。内部化理论认为,市场内部化的过程取决于四个因素:

第一,产业特定因素,它与产品的特性、外部市场的结构、规模经济等有关;

第二,企业特定因素,如不同企业组织内部市场的管理能力等;

第三,地区特定因素,如地理上的距离、文化差异、社会特点等;

第四,国家特定因素,即有关国家的政治与财政制度等。

内部化理论把分析的重点放在产业特定因素和企业特定因素上,认为从产品特性来看,如果整个生产过程可以分为若干个生产工序,企业就容易实行跨国生产。由于交易是在企业内部进行,交易双方对中间产品的质量和定价都有准确的认识,因而可以大大减少外部市场交易的风险。并且,如果企业具有组织和管理内部化的能力,它就能利用转让定价实现全球利润的最大化。总之,内部化理论认为,是内部化的动机促使企业进行对外直接投资,而通过直接投资建立的跨国公司可以取得内部化的优势。

4. 简要评述

内部化理论是西方较有影响的跨国公司对外直接投资理论,它较好地解释了对外直接投资与中间产品市场不完全的关系、外部市场交易与企业内部交易机制的关系以及国际分工与跨国经营的关系,并认为对外直接投资是基于所有权之上的企业管理与控制权的扩张,其结果是企业管理机制替代市场机制来协调企业各项活动和进行资源配置,从而较好地解释了第二次世界大战以后跨国公司的迅速扩展以及发达国家之间的相互投资行为。

然而,内部化理论也存在以下的缺陷:

第一,仅仅从微观层面解释了跨国公司对外直接投资的动机和基础,忽略了对国际经济环境和宏观经济影响因素的分析;

第二,没有说明企业对外直接投资的时机、方向及其母公司与子公司在跨国经营中的不同作用;

第三,只能解释纵向一体化的跨国投资行为,而对横向一体化及经营多样化的跨国投资行为则缺乏解释力;

第四,没有像垄断优势理论和产品生命周期理论那样,充分解释跨国公司组织和管理内部化的能力来源。

四、国际生产折衷理论

1. 理论核心

国际生产折衷理论(the eclectic theory of international production)是由英国里丁大学教授邓宁(John. H. Dunning)在1977年提出的[①],它是在借鉴垄断优势理论、内部化理论和工业区位理论等理论的基础上折衷而成的。邓宁认为,一国的商品贸易、资源转移、国际直接投资的总和构成其国际经济活动;然而,20世纪50年代以来的各种国际直接投资理论只是孤立地对国际直接投资做出部分的解释,没有形成一整套将国际贸易、资源转移和国际直接投资等对外经济关系有机结合在一起的一般理论。邓宁指出,企业之所以能对外直接投资,是因为它同时拥有所有权特定优势(ownership specific advantages;O)、内部化优势(internalization incentive advantages;I)和区位优势(location specific advantages;L)。所以,该理论也被称为OLI范式,它在一定程度上阐明了企业对外直接投资的必要条件和充分条件,以及进入国际市场的方式选择。

---

① Dunning J. H. "Explaining Changing Patterns of International Production: In Defense of the Eclectic Theory", *Oxford Bulletin of Economics and Statistics*, 41(Nov. 1979), pp. 269 - 296.

2. 跨国公司的三种优势

(1) 所有权优势。

所有权优势(或称企业特定优势)是指一国企业拥有或能够得到别的国家企业没有或难以得到的各种优势,邓宁将其分为三类。

第一类是企业在跨国化之前就已存在的优势,主要有:企业规模、产品和工序的多样化、利用分工和专业化优势的能力、垄断市场的能力、获得资源的能力、作为所有权的技术和商标、生产管理、组织及营销体系、研究开发能力、人力资本的积累、排他性地获得劳动力、自然资源、金融、信息及接近产品市场的能力、政府的保护等。

第二类是现有国外子公司相对于新建企业所拥有的优势,如能以有利的价格获得母公司的中间产品、管理经验、销售渠道及研究开发成果等。

第三类是企业跨国化所产生的优势,包括:第一,各子公司能以更有利的条件在全世界获得经营资源,并利用各国要素禀赋差异带来的经济效益;第二,同一产品各国生产函数不同时,跨国生产活动有助于实现成本最小化;第三,企业内部各部门可用低廉成本和便捷方式获得信息和知识,又有利于保护知识产权,防止信息扩散给竞争对手而贬值;第四,在全球范围内调配一些流动性较强的资源,可以提高资源的产出效率;第五,能在不同的货币区域内分散外汇风险等。邓宁认为,所有权优势是企业从事跨国生产的基础,这一优势必须足以补偿企业在跨国经营中产生的附加成本。

(2) 内部化优势。

内部化优势是指企业为了避免市场的不完全,在内部配置、转移和有效利用所有权优势而产生的优势。邓宁认为,市场不完全不仅存在于中间产品市场,而且也存在于最终产品市场;市场不完全可分为结构性市场不完全和知识性市场不完全两类,前者是指由于竞争壁垒、外部市场交易成本高而导致的市场不完全,后者是指由于不容易获得或需要支付较高代价才能获得生产与销售的有关信息所导致的市场不完全;因此,将市场内部化可以消除买卖双方的不确定性,节约交易成本及行使所有权时产生的其他成本。同时,邓宁认为,买卖双方为了确保产品质量、得到相互依赖进行经济活动的共同利益、弥补期货市场的缺陷、避免或利用政府的干预(进口数量限制、关税、价格差别、税率等国别差异)、控制技术等中间产品的供给和销售条件、作为竞争或反竞争的手段而制订转让价格以及企业成员间相互提供援助,这些都只有在市场内部化的条件下,在一个共同所有的企业内部进行供给与需求之间的交易,用企业自己的程序在国际范围内来配置资源,这样才能使企业的垄断优势发挥最大的效用。

(3) 区位优势。

区位优势是指东道国优良的投资环境,企业在该国直接投资可以进一步获得所有权优势和内部化优势。区位优势的主要变量包括:

第一,要素禀赋、地理位置、基础设施及市场容量;

第二,劳动力、能源、原材料、零部件及半成品的价格;

第三,生产质量及劳动生产率、运输成本和通信成本;

第四,该国的经济制度、经济政策、贸易政策、金融状况及相关税率;

第五,该国的政治稳定性、语言、文化、交易惯例等;

第六,研究开发、专业集群、生产营销等方面的效率等。

一般而言,资源丰富、劳动力成本较低,市场需求量大且多样化程度高,基础设施健全、政府实施投资鼓励政策,没有政策性或政治性风险的国家或地区具有区位优势。邓宁认为,区位优势不仅决定企业对外直接投资的区位选择,而且决定对外直接投资的部门结构及国际生产的类型。

3. 三种优势的组合及进入方式的选择

邓宁认为,所有权优势和内部化优势是对外直接投资的必要条件,而区位优势则是对外直接投资的充分条件,这三个优势的组合才能准确地解释企业的对外直接投资活动。即企业可以根据自身所拥有的所有权优势、内部化优势和区位优势,在许可证贸易(技术转让)、出口贸易、对外直接投资这三种主要的国际市场进入方式之间进行选择(参见表 3-1)。当某企业只拥有所有权优势而不同时拥有内部化优势和区位优势时,表明该企业没有组织和管理国外生产的能力,也不能充分利用东道国的区位优势,所以合理的选择应是从事许可证贸易,通过向其他国家转让技术来获取所有权优势的利益。当某企业拥有所有权优势和内部化优势但不同时具有区位优势时,说明东道国不能向该企业提供对外直接投资所需要的各种条件,所以合理的选择应是从事出口贸易,充分利用自身的技术优势和控制世界市场的能力,通过出口贸易获得规模经济的利益。当某企业同时拥有所有权优势、内部化优势和区位优势时,便可选择对外直接投资,并可决定向哪个国家和地区投资以及进入哪个行业。

表3-1 OLI范式与国际市场进入方式的选择

进入方式 \ 优势	所有权优势	内部化优势	区位优势
技术转让	是	否	否
出口贸易	是	是	否
对外直接投资	是	是	是

资料来源:Dunning J. H. "Explaining Outward Direct Investment of Developing Countries: In Support of the Eclectic Theory of International Production", in Kumar, K. and McLeod, M. G. (ed.), *Multinationals from Developing Countries*, Lexington, 1981.

4. OLI范式的动态化——投资发展周期理论

20世纪80年代初,邓宁对国际生产折衷理论作了动态化发展,他分析了67个国家1967—1978年直接投资与经济发展阶段之间的相互联系,提出了一个国家对外直接投资的净额取决于该国经济发展水平的命题[1],即投资发展周期理论(theory of investment development path, IDP)。

邓宁按国民生产总值的高低,把67个国家分成四组。第一组国家人均国民生产总值在400美元以下,由于较为贫穷,对外资的吸引力很小,因而很少接受外国直接投资,更谈不上对外直接投资,所以对外投资净额为较小的负数。第二组国家人均国民生产总值在400—2 000美元,该组国家对外资的吸引力明显增加,因而外资大量进入,尽管有些国家可能略有对外直接投资,但资金流入大于流出,所以对外投资净额有较大的负值。第三组国家人均国民生产总值为2 000—4 750美元,尽管对外直接投资稳定增加,但外资还在不断流入,所以对外净投资仍是负值。第四组国家是人均国民生产总值在5 000美元以上的发达国家,这些国家对外直接投资的增长速度快于外资的流入速度,因此对外净投资额为正值。

邓宁认为,用国际生产折衷理论也能解释上述直接投资发展周期的各个阶段。在经济发展的第一阶段,该国几乎没有企业特定优势和内部化优势,更无法利用外国的区位优势,同时该国的区位优势对外国投资者的吸引力也很小,所以在此阶段该国的对外投资基本没有,外国对该国的直接投资也甚

---

[1] Dunning, J. H. *International Production and the Multinational Enterprise*, London: Allen and Unwin, 1981.

少。在第二阶段,一国通过改善投资环境、健全法律制度,逐渐创造了区位优势,所以直接投资的流入开始增加;同时为取得外国先进技术和接近外国市场,该国也出现少量的对外直接投资。在第三阶段,企业特定优势不断发展,利用外国区位优势的能力逐渐增强,于是在那些区位优势相对较强、企业特定优势相对较弱的部门吸引外国直接投资,而在那些企业特定优势相对较强、区位优势相对较弱的部门发展对外直接投资。在第四阶段,外资流入明显少于该国的对外投资,这反映了该国拥有较强的企业特定优势和通过内部化利用这些优势的能力,并且试图最大限度地利用其他国家的区位优势。

5. 国际生产折衷理论的发展

国际生产折衷理论(OLI范式)提出后,尤其是随着跨国公司发展中出现的重大变化,国际学术界对该理论的分析框架及适用性等提出了不少批评。批评主要集中在以下几个方面:第一,OLI范式没有说明所有权优势、内部化优势和区位优势之间是否存在自相关及因果关系;第二,OLI范式只能分析企业的微观经济活动,不能分析宏观环境变化对企业战略决策的影响;第三,OLI范式偏向均衡状态分析,忽视变化的动态过程,即只适用于静态分析,不适用于动态分析;第四,OLI范式强调如何利用企业自身已有的优势,忽视在跨国经营活动中如何利用新的优势的机会和创造交易价值;第五,OLI范式更多适合于分析发达国家企业而不适合分析发展中国家企业。

对此,邓宁自20世纪80年代后半期起,主要从以下几个方面进一步完善了国际生产折衷理论,以更有效地解释在经济全球化条件下跨国公司行为方式的变化[①]。

首先,细分了所有权优势的两个来源:第一,资产优势(Oa),它在从事跨国经营之前已经存在;第二,交易优势(Ot),它是从事对外直接投资后由内部化优势派生并强化的资产优势。这种划分方法很大程度上减少了OLI范式各变量之间的自相关,并能在一定程度上解释跨国公司战略行为的变化。

---

① Dunning, J. H. "The Electric Paradigm of International Production: a Restatement and Some Possible Extensions", *Journal of International Business Studies*, (Spring), 1988; "Location and Multinational Enterprise: A Neglected Factor", *Journal of International Business Studies*, 1998, 29(1): 45-66.

其次,承认不同行业及生产类型的企业,其对外直接投资决策时对三种优势条件的要求存在差异,在此基础上提出了四种对外直接投资的动机,即资源寻求型(resource-seeking)、市场寻求型(market-seeking)和效率寻求型(efficient-seeking)及战略性资产寻求型(strategic assets-seeking),认为跨国公司对外投资动机的最显著的变化就是战略性资产寻求型直接投资迅速增长,此时跨国公司强调的主要不是利用既有的所有权特定优势,而是更加关注通过全球化战略以获取技术等关键资产,以扩展自身优势及提高国际竞争力。

再次,在企业跨国联盟及全球网络的背景下,对OLI范式各变量进行扩充或作出新的解释。关于企业所有权优势,同时考虑来自企业之间互动关系和交易的成本收益,尤其是企业的战略联盟和全球网络给跨国公司带来的竞争优势;关于内部化优势,更加强调来自企业全球网络治理结构的影响,并对市场寻求型、效率寻求型及战略性资产寻求型跨国公司的内部化动因及主要优势进行更加细致的分析;关于区位优势,重点考察不可移动资产的区域专有性、关联企业的空间集聚、地方行政力量对当地子公司绩效和地位方面的影响。

6. 简要评述

综上所述,国际生产折衷理论吸收了多种相关理论,构建了一个涉及多方面的庞大的理论体系,所以该理论不仅能够解释不同层面的国际商务活动,还能给跨国公司选择进入国际市场的方式提供决策参考,相对于其他传统理论,是理论性及应用性很强的学说。尤其是20世纪80年代后半期起邓宁对原有理论作了拓展后,对跨国公司国际生产活动的解释力和预测性进一步提高。

然而,经济全球化的发展和跨国公司全球经营活动复杂性的增加,国际生产折衷理论内涵式扩展的局限性日益显现,以至于面对复杂的跨国经营活动而丧失部分的解释力。首先,该理论无法充分解释并不同时具备三种优势阶段的发展中国家迅速发展的对外直接投资行为,特别是向发达国家的直接投资活动;其次,该理论还是局限在微观层面对企业跨国行为的分析上,缺乏从国家利益的宏观角度来分析不同国家企业对外直接投资的动机;再次,该理论侧重于成本分析而忽略收入分析,其实企业在选择国际市场进入方式时,必须同时考虑技术转让、出口贸易及对外直接投资三种进入方式的收入差异。因此,增加OLI范式的变量,将各变量动态化,并引进宏观分析及收入分析法，以实现理论的外延式拓展，这也许是国际生产折衷理论未来的发展方向。

五、边际产业扩张理论

1. 理论核心

边际产业扩张理论(the theory of marginal industry expansion)也称为比较优势投资理论(the theory of comparative advantage to investment)，它是由日本的小岛清(K. Kojima)教授在20世纪70年代中期提出的[①]。该理论运用国际贸易理论中的比较优势原理，考察了20世纪50—70年代日本对外直接投资的产业分布、地区结构及与进出口的关系，并与美国对外直接投资进行了比较，提出了对外直接投资应从本国(投资国)已经处于或即将陷于比较劣势的行业、即边际产业开始依次进行的命题，并得出直接投资可以扩大投资国与受资国的比较成本差异，通过更合理的生产要素组合，创造出新的比较成本优势，从而可以带来贸易创造效应，扩大两国的贸易等结论。

2. 日美两国对外直接投资的比较

小岛清在分析了日本的对外直接投资主要集中在资源开发行业和制造业，并且制造业直接投资主要集中在日本的比较优势逐渐丧失的劳动密集型行业(如纺织品、零部件等标准化的劳动密集型行业)、投资地区主要分布在东南亚发展中国家这些特点后认为，这种"日本式对外直接投资"与制造业直接投资主要集中在国内尚有优势的资本和技术密集型行业的"美国式对外直接投资"相比有如下优点：其一，逐渐丧失比较优势的劳动密集型行业，尤其是中小企业的对外直接投资与受资国的要素禀赋结构及技术水平更相符合，有利于传播技术和扩大就业；其二，将边际产业向国外转移，可以促进本国的产业升级，使国内的产业结构更加合理，从而获得动态的比较竞争优势；其三，边际产业的对外直接投资将促进日本有比较优势的生产资料(机械设备、零部件等中间产品)的出口，同时也将促进发展中国家向日本和第三国出口劳动密集型产品，即日本式直接投资将促进双方比较优势结构的提高，是贸易创造型的，将会促进发达国家与发展中国家间贸易的扩大。

[①] 小岛清：《世界贸易与跨国公司》，日本创文社出版，1973年；《日本的海外直接投资》，日本文真堂出版，1985年。

小岛清指出,与"日本式对外直接投资"相比,"美国式对外直接投资"存在以下缺点:

其一,美国对外直接投资的企业很多是国内具有比较优势的大企业,主要集中在汽车、电子计算机、化学产品、医药产品等资本和技术密集型产业,由于这些企业竞相到国外投资,抹杀了国内的比较优势,使国民经济过早出现空心化;

其二,美国对外直接投资是贸易替代型的,由于一些行业对外直接投资的增加而减少了本国同类产品的出口,丧失了就业机会,使国际收支恶化;

其三,美国资本及技术密集型行业的投资对发展中国家国民经济的均衡发展不利,因为尖端产品只满足一部分高收入的特权阶层,对大众消费品和基础生产资料的生产不利,还会排挤当地民族企业,对传播技术、扩大就业的波及效应很小。

3. 政策主张

小岛清在比较了日本式直接投资和美国式直接投资的优劣后,提出了一个基本的政策主张,即为了提升国内产业结构而又避免产业空心化,使直接投资与出口贸易实现互补,对外直接投资应选择本国(投资国)已经丧失或即将丧失比较优势,而在东道国具有潜在比较优势的产业部门依次进行。在所有权方式的选择方面,该理论不主张采取独资的股权方式,而主张采取与东道国企业合资的方式。

同时,该理论又提出了对发展中国家直接投资的具体政策主张:

第一,应根据发展中国家的比较成本及其变化,从与发达国家的技术差距较小,相关技术容易转让的行业依次进行;

第二,应根据发展中国家的需要,依次移植新的工业部门和转让新的技术,以振兴东道国的比较优势产业,分阶段地促进其经济发展,即起到教师的作用;

第三,必须传授和普及技术及经营技能,以提高当地企业的劳动生产率,使其掌握新的生产方法;

第四,当教师的作用完成后,投资企业应逐渐从发展中国家撤退(fade-out),即分阶段地向当地企业转让所有权。

4. 简要评述

边际产业扩张理论至少在以下几方面拓展了20世纪60年代以来占主流

地位的直接投资理论：首先，该理论一改以往从"市场不完全竞争"的角度研究企业"垄断优势"的方法，而是运用比较优势理论，从国际分工的宏观角度研究企业跨国经营的主要动因；其次，该理论超越了以企业作为研究对象的微观分析法，它以产业作为研究对象，论证投资国与受资国同一产业的企业具有不同的生产函数，正是由于双方的生产要素存在差异，就可以通过直接投资形成更合理的要素组合，发挥各自的比较优势；再次，从"边际产业"的对外直接投资和"边际生产"的对外转移的角度，论证了对外直接投资与国际贸易存在互补关系，由此对直接投资与国际贸易存在替代关系的传统理论提出了挑战。同时，在实践方面，该理论较好地分析了20世纪60—70年代日美两国对外直接投资的不同特点，并在一定程度上解释了美国产生对外贸易逆差的原因。

然而，边际产业扩张理论明显存在以下的局限性：首先，尽管该理论能较好地反映日本在20世纪60—70年代对外直接投资的特点，但不能有效地解释20世纪80年代以后日本对主要发达国家直接投资的动因；其次，无法解释要素禀赋相似的发达国家之间的直接投资，更不能说明日益发展的发展中国家企业对发达国家的直接投资动机；再次，所提出的政策主张不仅与现实中跨国公司的全球战略之间有很大不一致性，而且对发展中国家直接投资的具体政策主张过于理想化。

第二节 发展中国家对外直接投资及跨国公司的主要理论

一、小规模技术理论

1. 核心思想

美国哈佛大学教授威尔斯(Louis T. Wells)在其1983年出版的代表作《第三世界跨国公司》中，提出了发展中国家对外直接投资的"小规模技术理论"(small-scale technology theory)。该理论把发展中国家对外直接投资竞争优势的产生与这些国家自身的市场特征结合起来，主要从发展中国家的技术特性的角度，研究其企业对外直接投资的比较优势，并试图回答发展中国家跨国公司与发达国家跨国公司之间存在什么差别，那些差别如何影响它们的跨国经营活动。该理论认为,把竞争优势绝对化是传统国际直接投资理论的最大缺陷,不仅适应于大规模生产的现代化技术具有竞争优势,而且适合于小规模生产的技术也同样可以获得比较优势,这种比较优势主要来自生产的低成本,而低成本又与该国的市场特征紧密相关,从而可以形成发展中国家企业进行对外直接投资的竞争优势[1]。

2. 发展中国家对外直接投资的比较优势

威尔斯认为,尽管发展中国家跨国公司没有像发达国家跨国公司那样雄厚的技术及资金实力,但它们仍然可以从三个方面拥有相对优势:

第一,拥有为小市场需求提供服务的小规模生产技术,以迎合低收入国家制成品市场需求量有限的要求。低收入国家制成品市场的一个普遍特征是需求量有限,发达国家的大规模生产技术导致企业规模过大而与当地市场不匹配,也无法从这种小市场需求中获得规模效益,而这种市场空缺正好被发展中国家企业所利用,它们为此开发的适合小批量生产的技术能获得对外直接投资的竞争优势。

第二,发展中国家不少企业的对外直接投资是为了满足国外同一族群团体的需求,特别是当国外移民数量较大时,这类以生产民族产品的对外直接投资更具优势。如在一些接受移民较多的国家,对相关民族的食品加工、餐饮、生活消费品等方面有一定的需求,从而带动有关发展中国家企业的对外直接投资。

第三,由于市场的多元化,多层次,即便技术不先进,生产经营不大的企业,由于具有明显的低成本优势,仍然会有较强的国际竞争力。发展中国家对外直接投资企业往往寻求工资水平比本国更低的国家和地区,并尽可能减少推销产品的广告费用,以便降低产品成本,提高市场占有率。

3. 简要评述

威尔斯的小规模技术理论被认为是专门研究发展中国家对外直接投资的开创性理论,它结合发展中国家的市场特征研究其跨国公司对外直接投资的比较优势,为深化该领域的研究提供了广阔的空间。该理论不仅可以解释发展中国家对发展中国家的直接投资行为,也在一定程度上可以解释发展中

---

[1] Wells Louis T. *Third World Multinationals: The Rise of Foreign Investment from Developing Countries*, Cambridge: The MIT Press, 1983.

国家对发达国家直接投资的动因。

然而,该理论认为发展中国家只能利用"次级技术"生产在发达国家早已成熟的"边际产品",在技术方面的创新活动也仅限于对现有技术的改良和使用,这些并不能充分解释 20 世纪 90 年代以来发展中国家对外直接投资的新趋势。因为,不少发展中国家的对外直接投资已超出小规模的范畴,达到了规模经济,并通过"学习效应"实现了技术创新,高技术企业的对外直接投资不断增加。

二、技术地方化理论

1. 核心思想

英国牛津大学教授拉奥(Sanjaya Lall)并不完全同意威尔斯的观点,他对印度、巴西、阿根廷和中国香港的跨国公司对外直接投资的竞争优势和投资动机进行了深入研究后,在其 1983 年出版的专著《新跨国公司——第三世界跨国公司的兴起》中提出了"技术地方化理论"(the theory of localized technological change)。拉奥认为,"小规模技术"并不代表发展中国家跨国公司的技术边界,它们真正的比较优势可能并不源于此,其中可能包含着独特的创新活动;不但生产技术的原创性研究可以使企业具有优势,而且根据企业自身具有的生产环境对技术进行相应的改进也可以使企业具有竞争优势[1]。发展中国家企业在引进技术后又进行适当的消化、改进和创新,更加符合当地的要素结构、产品质量、品质要求、消费品位、价格和购买力,因而比发达国家的产品更具有竞争优势。

2. 实证研究

拉奥分别对来自印度、巴西、阿根廷和中国香港的跨国公司进行了研究,发现它们并不是以采用劳动密集型的所谓"小规模技术"为主。印度的跨国公司在 20 世纪 80 年代初就已经向技术密集的方向迈进,与其他发展中国家的企业相比,它们在某些产业(如软件业)的生产经验和研发能力上有较强的技术优势。其主要技术力量是通过引进发达国家技术,并在特定情况下对此进行改进获取的。巴西的跨国公司则集中于建筑和能源开发等行业,这些企

---

[1] Lall, S. *The New Multinationals: The Spread of Third World Enterprises*, New York: John Wiley & Sons, 1983.

业在与发达国家竞争中也未处于劣势,并没有像威尔斯所预测的那样,进行"小规模生产"和集中于"劳动力成本低廉"的制造业。而阿根廷的跨国公司很多具有研发实力,同时也与发达国家一些相同部门的大型跨国公司在技术上有密切的合作关系。中国香港的跨国公司大都是出口导向型的,这些企业致力于产品的设计和改进,在降低劳动密集度方面投入了很大精力。

3. 发展中国家跨国公司的特定优势

通过以上的实证研究,拉奥认为发达国家跨国公司的竞争优势来源于前沿性技术创新及高超的市场营销技能,而发展中国家跨国公司的特定优势则是利用广泛扩散的标准化技术,对非差异化产品的某一方面的营销能力或是某一特殊领域的管理技能以及对某一种产品生产加工技术的调整与改善(参见表3-2)。并且,从以下几个方面具体分析发展中国家跨国公司的特定优势(proprietary advantage):

表3-2 发展中国家跨国公司竞争优势的来源

发达国家跨国公司	发展中国家跨国公司
1. 企业/集团规模大	1. 企业集团
2. 靠近资本市场	2. 技术适合于第三世界供求条件
3. 拥有专利或非专利技术	3. 有时的产品差异
4. 产品差异	4. 营销技术
5. 营销技巧	5. 适合当地条件的管理技术
6. 管理技术和组织优势	6. 低成本投入(特别是管理和技术人员)
7. 低成本投入	7. "血缘"优势
8. 对生产要素和产品市场的纵向控制	8. 东道国政府的支持
9. 东道国政府的支持	

资料来源:Lall, S. *The New Multinationals: The Spread of Third World Enterprises*, New York: John Wiley & Sons, 1983, p.5.

第一,技术知识的本土化是在不同的环境下进行的,各国不同的环境往往与该国的要素价格、供给条件及产品质量相联系,对技术的适应性改良是一种创新活动,而不是单纯地模仿,它是发展中国家跨国公司特定优势形成的基础;

第二,各国的消费者收入水平不同,对产品的需求偏好并不一致,只要发展中国家跨国公司对产品进行一定的改良,以更好地适应东道国的经济条件和市场需求,这种创新活动就可以形成竞争优势;

第三,竞争优势不仅来自其生产过程及产品与东道国的供给条件和需求

条件紧密结合,而且还来自创新活动中所产生的适应性技术更能满足东道国在小规模生产条件下的技术需求,并具有更高的经济效益;

第四,当东道国的国内市场较大、经济发展不平衡、消费者的品位及购买能力有很大差别时,发展中国家跨国公司能开发出与发达国家技术先进企业不同的产品,由此能在东道国市场上占有一席之地,并且具有一定的竞争能力;

第五,假如投资国与受资国在语言、文化、习俗等方面相近,上述几种特定优势还会进一步得到加强。

4. 简要评述

技术地方化理论以发展中国家企业引进发达国家的先进技术为前提,强调根据市场环境对引进技术进行适应性改造的创新过程,这种创新往往受当地的生产供给、需求条件和企业特殊的学习活动的直接影响,正是这种创新活动给企业带来新的竞争优势,从而较好地解释了发展中国家跨国公司的特定优势。该理论强调发展中国家跨国公司具有的竞争优势不是绝对优势而是相对优势,这种相对优势体现在两方面:一是相对于发达国家的跨国公司,发展中国家的跨国公司拥有更加适合东道国市场条件的生产技术,因而在同类发展中国家市场具有竞争优势;二是相对于欠发达国家,许多发展中国家的跨国公司又有相对先进的生产技术,从而具备了竞争优势。

然而,正如拉奥也承认的,技术地方化理论"只抓住了一个复杂而动态的现象的表面",还没有掌握发展中国家跨国公司技术发展在微观层面的本质,因而没能就发展中国家跨国公司的特定优势给出一个确切的答案。总之,技术地方化理论对企业技术创新活动的描述是粗线条的,它仍然没能精确地说明发展中国家跨国公司如何以其特定优势参与国际竞争。

三、技术创新产业升级理论

1. 核心思想

英国里丁大学坎特威尔(John A. Cantwell)教授和托兰惕诺(Paz Estrella E. Tolentino)博士考察了20世纪80年代中期以后发展中国家、特别是新兴工业化国家和地区对发达国家的对外直接投资活动,发现发展中国家企业从事对外直接投资,是在引进国外直接投资及先进技术以及积累经验的基础上,利用自身的生产要素创造某些优势,从而提高竞争力和综合优势来实现的。在此基础上,他们提出了"技术创新产业升级理论"(也被称为"技术累积及技术改变理论"),主要从技术积累的角度解释发展中国家的对外直接投资行为,认为发展中国家技术能力的提高与其对外直接投资的增长直接相关,现有技术能力水平是其国际生产活动模式和增长的重要决定因素,从而试图把对发展中国家对外直接投资的研究动态化和阶段化[1]。

2. 主要内容

技术创新产业升级理论提出了两个基本命题:

第一,发展中国家企业技术能力的提高是一个不断积累的结果,技术能力的提高和扩大推动了发展中国家产业结构的升级。

坎特威尔和托兰惕诺认为,从历史上看,技术积累始终是促进一国经济发展的重要因素,是一国的产业和企业发展的根本动力。但发展中国家和发达国家技术创新表现出不同的特性,发达国家企业技术创新主要通过大量的研发投入,开发尖端技术,引导技术发展潮流,而发展中国家企业的技术创新依据有限的研究和开发能力,利用特有的"学习经验"和组织能力,对现有技术进行掌握和开发。

第二,发展中国家企业技术能力的提高是与它们对外直接投资的增长直接相关的,现有的技术水平是影响其国际生产活动的决定因素,同时也决定其对外直接投资的形式和增加速度。

坎特威尔和托兰惕诺认为,发展中国家跨国公司对外直接投资很大程度上受其国内产业结构和内生技术创新能力的影响,在跨国生产中有较强竞争优势的产品,如纺织、服装、鞋帽、玩具以及电子产品,它们的生产技术最初来自国外技术的引进,并通过对技术的吸收、消化带来的技术创新及生产经验的积累,使引进的技术适合东道国的市场需求。发展中国家跨国公司的这种技术创新优势,又随着其经营管理水平、市场营销水平的提高而得到加强,并表现为对外直接投资的增加和国际竞争优势的提高。

在以上两个基本命题的基础上,技术创新产业升级理论所得出的基本结论是,发展中国家对外直接投资的产业分布和地理分布是随着时间的推移而逐渐变化的,并且是可预测的。

---

[1] Cantwell, John & Tolentino, Paz Estrella E. "Technological Accumulation and Third World Multinationals", Discussion Paper in International Investment and Business Studies, 1990, No. 139, University of Reading.

坎特威尔和托兰惕诺认为,发展中国家对外直接投资产业受其国内产业结构和技术创新能力的影响,在产业分布上一般首先从以自然资源开发为主的纵向一体化生产活动开始,然后向以进口替代和出口导向为主的横向一体化生产发展,并逐步从传统产业扩展到高科技领域。从地理分布来看,由于受到"心理距离"的影响及经验积累的制约,发展中国家一般先向种族联系密切的周边国家投资,积累国外投资经验后向其他发展中国家投资,最后在经验积累的基础上为获得更加复杂的技术开始向发达国家投资。

3. 简要评述

技术创新产业升级理论比较全面地解释了20世纪80年代中期以后发展中国家、特别是亚洲新兴工业化国家和地区对外直接投资的现象,论证了通过掌握和开发现有的生产技术、不断提升产业结构和进行技术积累,发展中国家跨国公司也能逐渐参与高技术领域的直接投资,并与发达国家跨国公司进行竞争。因此,该理论具有一定的普遍意义,受到国际学术界的推崇。

然而,该理论只是论证了发展中国家跨国公司如何运用已积累的优势,但没有深入分析其在直接投资及跨国经营中如何获取竞争优势,因而也就不能很好地解释20世纪90年代以来亚洲新兴工业化国家和地区的跨国公司在半导体、计算机、生物工程、电子信息等高科技领域对发达国家直接投资表现出来的较强竞争力。

四、一体化国际投资发展理论

1. 核心思想

自从20世纪80年代初邓宁对国际生产折衷理论作了动态化发展,提出投资发展周期理论之后,国际学术界对国际直接投资发展理论作了多方面的拓展,其中最具代表性的是美国科罗拉多州立大学教授小泽辉智(Terutomo Ozawa)。他在开放经济条件下,从分析世界经济的结构特征出发,将发展中国家的对外直接投资与其工业化战略结合起来,从经济发展、比较优势和对外直接投资互相作用的角度,分析发展中国家对外直接投资各阶段的模式选择和实现步骤等问题,提出了"一体化国际投资发展理论"(也称为"动态比较优势投资理论")。该理论试图用一体化理论解释当经济发展到一定阶段时,发展中国家如何通过对外直接投资去促进经济转型,以及这一过程的实现机制。其核心思想是,发展中国家的对外直接投资及其模式选择应根据比较优势的动态变化,并与工业化战略相结合,最大限度地发挥现有比较优势,以及尽可能激发潜在的比较优势①。

2. 主要内容

一体化国际投资发展理论首先强调世界经济具有如下的结构特征:第一,每个经济实体内部的供给方和需求方之间存在差异;第二,企业是各种无形资产的创造者和交易者;第三,各国经济发展水平和实力存在明显的层次差异;第四,各国经济发展和产业结构升级具有相应的阶段性和继起性;第五,各国的相关政策有从内向型向外向型转变的趋势。其中,第三和第四最重要,前者说明经济发展水平的差异决定了吸引外资和对外投资的形式和速度,后者则说明一国的产业结构升级是一个循序渐进的过程,这一过程是吸引外资和对外投资经验的积累过程。正是由于各国经济发展水平具有阶梯形的等级结构,为发达国家创造了转移知识和技术的机会,也为发展中国家提供了赶超机会。

其次,该理论认为,国际直接投资是与世界经济的结构特征及其结构变动相应的资本有序流动。具体表现为:其一,在经济发展处于要素(资源与劳动力)驱动阶段的国家,一般是在资源导向型或劳动力导向型行业引进外国直接投资;其二,当一国处于劳动力驱动阶段向投资驱动阶段过渡时期,一般是在资本品和中间产品生产领域吸收外资,而劳动密集型制造业会开始向劳动力成本更低的国家直接投资;其三,从投资驱动阶段向创新驱动阶段过渡时期,一国将会在技术密集型行业吸引外国直接投资,而在中间产品部门会出现对外直接投资。

在此基础上,该理论认为,发展中国家经济的发展要从吸引外资中提高本国的比较优势开始,并通过对外直接投资不断激发自身的潜在比较优势。即该理论把提高经济竞争力看作是发展中国家从吸引外资逐渐转向国外投资的基本动因,并把这种转换过程分为四个阶段:第一是吸引外国直接投资的阶段;第二是在吸引外资的同时开始向国外投资转型的阶段;第三是从劳动力导向及贸易支持型的对外投资向技术支持型的对外投资的过渡阶段;第

---

① Ozawa, Terutomo, "International Investment and Industrial Structure: New Theoretical Implications form the Japanese Experience," *Oxford Economic Papers*, 31 March. 1979, pp. 72 - 92; "Foreign Direct Investment and Structural Transformation: Japan as a Recycler of Market and Industry." *Business and the Contemporary World*, 1993, 5: 2, pp. 129 - 150.

四是资本密集型的资金流入和资本导向型对外投资交叉发展阶段。

3. 简要评述

一体化国际投资发展理论是继投资发展周期论、边际产业扩张理论之后,从宏观角度讨论世界经济结构、经济发展阶段对发展中国家引进外国直接投资及对外直接投资模式选择等问题的具有代表性的理论。该理论把对发展中国家对外直接投资的研究放在世界经济结构变化的开放环境下,并将发展中国家的对外直接投资与其工业化战略相结合,重点研究经济发展、比较优势的变化及对外直接投资的相互作用关系,在研究方法上作了进一步的拓展。该理论不仅强调发展中国家在不同发展阶段以不同模式参与对外投资的必要性,而且还提出了模式选择的原则和实现的步骤,即要以比较优势的动态变化为基础,以出口导向为条件,并根据本国工业化的不同阶段,选择相关行业引进外资及对外投资,以此增强本国产业的竞争力和实现经济结构的转型,从而进一步丰富了国际直接投资理论。

然而,该理论只是从宏观角度解释了发展中国家如何通过引进外国直接投资增强本国的比较优势和促进经济发展,并在经济发展到一定阶段选择有一定竞争力的行业对外投资,由此进一步激发本国潜在的比较优势,加速经济的结构升级,并没有从微观角度具体解释发展中国家的企业如何寻找既有的比较优势和潜在优势,并通过对外直接投资在跨国经营中获得比较优势。

第三节 对外直接投资及跨国公司理论的新拓展

一、竞争战略及竞争优势理论

1. 理论的新拓展

20世纪80年代以后,随着以信息技术为核心的新技术革命的迅猛发展和国际化及全球化的不断深化,跨国公司的国际经营环境发生了深刻的变化。由于国际竞争环境的变化加快,使得跨国公司对外部动态竞争环境的分析与掌握日趋重要,在此基础上进行经营战略及组织结构调整的必要性也日益凸显。在理论方面,除了对上述的国际直接投资理论进行局部修正外,更多的研究集中在跨国公司的竞争环境、经营战略和组织结构的动态调整方面。其中,关于竞争环境和经营战略的动态调整问题,美国哈佛大学商学院教授迈克尔·波特(Michael E. Porter)提出的竞争战略及竞争优势理论在跨国经营的实践中得到了广泛的运用[①]。

2. 波特的"五力竞争模型"

波特将产业部门视为基本的竞争环境,并用进入威胁、替代威胁、客户价格谈判能力、供应商的价格谈判能力和现有竞争对手的竞争这五种竞争作用力(competitive force),即"五力竞争模型"来分析企业制定经营战略的环境因素(参见图3-2)。

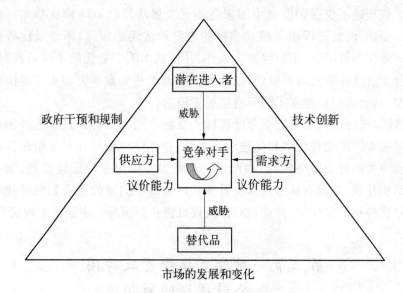

图3-2 制定经营战略的环境因素

资料来源:Day, G. S. and D. Reibstein, *Wharton on Dynamic Competitive Strategy*, Joho Wiley & Sons, 1997, p.34.

进入威胁是指当某一行业存在可观的利润而诱发其他投资者进入时,会导致该行业产量增加、价格回落及利润率下降,并冲击现有企业的市场份额。进入威胁的大小通常取决于两个因素:一是进入壁垒的高低;二是现有企业的报复手段。如果该行业的进入壁垒较高,或潜在进入者预期在位者会进行

---

① Michael E. Porter *Competitive Strategy: Techniques for Analyzing Industries and Competitors*, The Free Press 1980; *Competitive Advantage: Creating and Sustaining Superior Performance*, The Free Press 1985; *The Competitive Advantage of Nations*, The Free Press, 1990.

激烈的报复,那么进入威胁就会相对较小。

替代威胁是指与现有产品具有相同功能的替代品的出现,会影响行业的总需求弹性,对现有产品造成了定价上的限制,进而限制行业的潜在收益。即如果替代品能够提供比现有产品更高的价值/价格比,且购买替代品并不增加购买成本,那么这种替代品就会对现有产品构成巨大威胁。

客户价格谈判能力是指作为该企业产品的需求方,其对交易价格的控制及议价能力。客户的价格谈判能力主要由以下几方面决定:客户的规模及所需购买的量;客户从该企业所购产品占其总成本或购买总额的比例;所购产品的标准化程度及其替代性;客户改变供货商的转移成本;客户采取后向一体化的战略能力;所购产品对客户产品质量的影响程度;客户对该行业信息的掌握程度等。

供应商价格谈判能力是指作为该企业所需原料及中间产品的供应方,其对交易价格的控制及议价能力。供应商的价格谈判能力与以下几个因素有关:供应商所属行业的集中度;供应商产品的替代性;供应商产品在该企业成本组成中的重要性;供应商进行前向一体化的能力等。

现有竞争对手的竞争是指同行业竞争者之间争夺市场的竞争,其激烈程度主要是由以下因素决定的:所属产业的发展水平及市场竞争结构;产业的市场容量和市场增长率;各企业产品的差异化程度;竞争对手的复杂程度;退出壁垒的高低等。如果该行业竞争程度高,市场已趋于饱和,产品的差异化程度小,过剩产能转移困难(退出壁垒较高),那么就可能导致激烈的竞争。

3. 波特的竞争战略理论

波特的竞争战略理论主要包括以下几个方面:

第一,提出了三种基本战略。波特认为,面对上述五种竞争作用力,企业要获得相对竞争优势,就必须根据战略实施的基础条件,在总成本领先战略(overall cost leadership)、差异化战略(differentiation)及目标集聚战略(focus)这三种基本战略中作出明确的选择,战略选择的真正意义就是解决权衡取舍的难题。总成本领先战略是通过扩大经营规模和市场份额,最大限度地降低生产成本,利用价格优势战胜竞争者。差异化战略是通过产品及服务的差异化,形成客户对本企业产品的忠诚,实现较高的利润率,以此对竞争对手构筑排他性的进入壁垒。目标集聚战略是通过市场细分,为特定的客户提供更为有效的服务,并在这个特定领域取得市场份额或利润率的优势。波特指出,由于这三种基本战略的实施条件及其风险不同,三种基本战略不能简单地组合,尤其是总成本领先战略和差异化战略之间存在相互排斥,同时实施这两种战略会降低企业的竞争优势乃至出现经营失败,因为每一种战略都意味着要投入不同的资源,采取不同的营销手段和组织安排。

第二,阐明了内部协调及多元关联与持久竞争优势的关系。波特认为,现代信息技术的发展,大大改变了企业竞争的性质,单项技术的创新只能给企业带来暂时的竞争优势,因为某一单项技术,很容易被其他企业模仿,而真正能够给企业带来持久竞争优势的是企业各项活动的协调或"关联",即企业创造出独特的"关联",比某一单项技术的创新更为关键。企业的"关联"包括生产关联、产品关联、营销关联、技术开发关联、基础设施关联等。企业管理的本质是协调,如能通过协调有效地整合企业的各种"关联",那么,就能形成竞争对手难以复制的竞争优势。

第三,讨论了企业外部环境的变化与如何获取竞争优势的战略问题。波特所述的企业外部环境主要指产业环境,产业环境既包括产业结构、产业细分,又包括产业发展变化和产业集群。在产业结构中竞争对手极其重要,"好"的竞争对手能够与本企业共同维持良好的产业竞争秩序,有利于竞争优势的获取。此外,实力强大的供应商、挑剔的客户等多方面共同作用带来的竞争优势,是其他企业短期内难以复制的。对所属产业进行细分是企业获取竞争优势的另一个前提,通过将竞争对手标志在产业细分矩阵上,企业可以发现新的细分市场,如企业有相应的资源进行这方面的投资,那么"抢先进入"战略很可能给企业带来竞争优势。

第四,分析了产业发展阶段对企业长期战略决策的影响。波特认为,所属产业的发展阶段是企业进行长期战略决策的重要因素,对企业确立和保持竞争优势具有长期影响。如企业所属的产业是新兴产业,则可以根据自己的优势,参与新的产业标准的建立,同时增加产品的差异性,加大客户的转移壁垒,增强客户的忠诚度。处在成熟产业中的企业面临更加残酷的竞争,因而对国际化有着更大的动力,在国际上寻找更为便宜的原材料和更为廉价的劳动力,往往会成为在竞争中获胜的关键。当企业断定某一产业处于或即将进入衰退阶段时,通常面临着三种选择:尽早退出该产业;获取该产业的领导地位;采取收割战略(逐步减少对该产业的投资,仅着眼于最大限度地从该产业获取收益)。

第五,论证了"产业集群"影响企业竞争优势的路径。波特认为,国家和地区的社会环境中的"产业集群"是企业面临的重要外部环境,它以如下几种方式影响着企业的竞争优势:其一,由于企业处于一个产业集群中,能更加接近原材料产地、信息源、零部件供应商,这对企业提高生产效率、确立竞争优势至关重要;其二,产业集群内相距不远的企业之间的竞争,会给企业造成持续的创新压力,企业只有通过不断创新,才能在激烈的竞争中保持优势;其三,产业集群内大量科研机构的技术发明促进企业采用多元化战略,而企业的多元化发展又会反过来促进产业集群的进一步拓展及集群效应的进一步提高。

4. 波特的价值链理论

波特的价值链(value chain)理论把企业的价值创造活动分为两部分,一部分为直接创造价值的基本活动,另一部分为保证基本活动运行的辅助活动。

基本活动包括以下五个方面:第一,与原材料的采购、存储和分配等相关联的"内部后勤"活动;第二,产品的加工、包装、设备维护、检测等"生产作业"活动;第三,成品的库存管理、运输、订单处理、送货等"外部后勤"活动;第四,广告、促销、销售渠道选择、销售队伍管理及定价等"市场营销"活动;第五,产品的安装、使用培训、维修、零部件供应,根据客户需要进行产品调整等"售后服务"活动。

辅助活动包括以下四个方面:第一,保证价值生产活动正常运行的所有"采购"活动;第二,所有改进工艺和提高产品性能的"技术开发"活动;第三,所有人员的招聘、培训、报酬、管理、开发等方面的"人力资源管理"活动;第四,企业的工作场所、企业的总体管理、计划、财务、法律支援、质量管理及对外公关等"基础设施"的运营活动。

波特认为,上述五种基本活动和四种辅助活动构成企业的价值链,不同活动之间的"关联点"对企业竞争优势的形成有着至关重要的作用,因为由价值链的内部联系可以通过整体优化和多元协调带来竞争优势。其中,为了协调基本活动之间的关系,以最大限度地降低纵向协调成本,企业可以选择前后向的纵向一体化战略;如纵向协调成本难以降低,则可选择将相关业务进行外包。同时,为了协调辅助活动和基本活动之间的关系,获取多元化带来的利益,企业可以选择多元化经营战略。总之,波特所提出的价值链分析,就是从结构上和流程上分析企业创造价值的战略性活动,再将其整合为一个完整的体系,进而从结构和流程的相关性角度确定企业的竞争战略。

波特的价值链理论作为企业竞争优势的一种系统分析工具,力图阐明以下几个核心问题。第一,价值链活动是竞争优势的来源,企业之间的竞争是整个价值链的竞争,整个价值链的综合竞争力决定企业的竞争力;第二,价值链可以进行分解与整合,即从企业自身的比较优势出发,保留和培育有核心竞争力的增值环节,而将其他生产环节交给合作伙伴完成,并可将独立出来的增值环节整合到其他相关的价值链中,形成新的价值链;第三,价值链可以在国际间进行转移,使不同国家或地区的企业在同一产业价值链上不同环节间形成有效的协作和分工,从而会导致国际间产业结构的变化;第四,价值链的分解、整合及国际转移促进了企业内部、产业内部及国际间生产和经营的网络化,它是企业竞争优势的源泉,因为它使得其他竞争者更难模仿或复制,也进一步提高了新进入的壁垒。

5. 简要评述

波特的竞争战略及竞争优势理论尽管并不专门研究跨国公司的经营环境及经营战略,但该理论开创了企业经营战略研究的崭新领域,具有强烈的实践导向性,并在跨国经营的实践中得到广泛的运用,对全球企业发展和管理理论研究的深化作出了重要的贡献。

首先,波特的"五力竞争模型"和竞争战略理论多角度地分析了跨国公司面临的内外经营环境的变化,并提出了跨国公司应采取的经营战略。当世界市场上出现新进入者的威胁时,跨国公司应采取的战略是通过降低成本、实现产品差异化及确保流通渠道等来构筑进入壁垒;当世界市场上供应商数量少且较特殊,其价格谈判能力较强时,跨国公司为了减少交易成本,应采取的策略是实施垂直一体化战略或与供应商签订长期的供应协定;当与现有竞争对手的竞争过分激烈,并有可能导致两败俱伤时,跨国公司可以考虑采取的战略是进一步实施产品差异化或与竞争对手建立战略联盟。

其次,波特的"产业集群"理论突破了传统国际贸易及国际直接投资理论关于区位竞争优势主要源于要素禀赋差异及交通便利所形成的成本优势基础之上的论断,首次系统地提出了产业集群在提升企业生产效率、孕育创新企业的诞生、促进企业多元化发展及增强企业竞争优势方面的积极作用。正是这种根植于国家和地区社会环境中产业特性，成为跨国公司全球竞争的区位优势来源。

再次，波特的价值链理论中关于价值链可以分解、整合及转移的论述，为企业在跨国经营中有效地实施国际产业分工及网络化经营进一步提供了理论依据。将具有不同竞争力的增值环节配置在不同的国家和地区，并通过实施相应的经营战略，在全球有效地协调价值链的各个环节，就可以获得新的战略优势。

然而，波特的竞争战略及竞争优势理论也存在一定的缺陷，尤其是三种基本战略中关于总成本领先战略与差异化战略相冲突的观点以及它们与目标集聚战略之间的关系，明显缺乏逻辑上的严谨性，因此受到国际学术界的批评。尽管如此，波特奠定了竞争战略及竞争优势研究的一个新的里程碑，这或许是谁都无法否认的。

二、跨国组织管理理论

1. 理论背景

20世纪80年代以后，跨国公司的国际经营环境发生的深刻变化还表现在：第一，随着现代科学技术的迅速发展，知识逐渐取代资本和一般的自然资源，成为跨国公司获取竞争优势的关键要素；第二，跨国公司全球竞争优势的形成，已不仅仅取决于母公司能否向国外子公司有效地转移所有权优势，而且在很大程度上取决于跨国公司能否在被投资国及地区获取可应用于全球经营的区域性知识资源和战略性资产；第三，跨国经营能否成功，已不仅仅取决于国外子公司能否在有效地运用母公司所有权优势的基础上，去灵活地适应东道国经营本土化的要求，而且在很大程度上取决于子公司能否能动地吸收、获取、开发和整合新的区位优势，并在跨国组织内部传播和运用这些新的区位优势。

上述国际经营的环境变化对跨国公司的组织建构及组织调整提出了新的要求：首先，为了发挥国外子公司吸收和获取区位知识的主观能动性，必须对各子公司的作用进行重新定位，并根据其在全球战略中的重要性，赋予其不同的职责；其次，为了让从全球各个区位获取的知识在整个组织内进行交流、传播与分享，以形成跨国组织特有的竞争优势，必须构筑一个组织学习的平台和网络；再次，为了充分发挥跨国公司组织内部集权和分权相结合的优势,必须进行全面的组织创新,建立有效的组织协调机制。于是,关于跨国组织管理的相关理论便应运而生①。

2. 国外子公司地位和作用的差异化

邓宁的国际生产折衷理论在论述对外直接投资所需的三种优势(所有权优势、内部化优势和区位优势)时暗含的假设是:第一,跨国公司母公司有无限可供的所有权优势;第二,有以母公司为中心的内部协调能力;第三,国外经营环境有相当的稳定性。然而,20世纪80年代以后,国际经营环境发生了深刻的变化,国际生产折衷理论的假设前提已不复存在。在科学技术迅速发展、经济全球化及国(地区)别回应要求不断增大的多变环境中,跨国公司的全球竞争优势很大程度上依赖其国外子公司将国别性或区位性特有知识(site-specific knowledge)和资源传递给母公司或相关子公司,在全球组织网络中进行融合和积累,在此基础上创造可适用于全球经营的新的知识。跨国公司全球经营的实践也表明,国外子公司正成为新知识的创造者、战略制定的参与者、战略实施的领导者和跨国经营的贡献者。

美国哈佛大学商学院教授克里斯托弗·巴特利特(Christopher A. Bartlett)和英国伦敦商学院教授苏曼特拉·戈沙尔(Sumantra Ghoshal)根据国外子公司经营资源和组织能力的水平及其所在市场的战略重要性,区分了国外子公司在跨国组织中的不同地位及其所应起的作用(参见图3-3)。

作为战略领导者(strategic leader)的国外子公司,位居战略上重要的市场,有充分的经营资源和组织能力,不仅能在东道国当地发挥作用,而且还能在全球组织中承担起学习和创新的重任。作为贡献者(contributor)的国外子公司,主要在战略重要性较低的市场活动,尽管有较充分的经营资源和组织能力,但当地环境缺乏挑战,所以难以成为战略领导者。作为黑洞(black hole)的国外子公司,虽然位居战略上重要的市场,能起到监视市场动向和竞争对手的作用,但由于缺乏相应的经营资源和组织能力,创新和学习能力不足。作为执行者(implementer)的国外子公司,所在市场缺乏潜在性,经营资源及组织能力也不足,但通过在当地市场从事经营活动,能对跨国公司全球战略所需的"规模经济"及"范围经济"的实现作贡献。

---

① Bartlett, C. A. and S. Ghoshal, *Managing Across Borders: The Transnational Solution*, Harvard Business School Press, 1989.

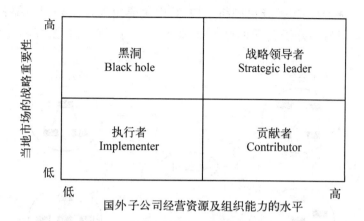

图 3-3 国外子公司作用的差异化

资料来源：Bartlett, C. A. and S. Ghoshal, *Managing Across Borders: The Transnational Solution*, Harvard Business School Press, 1989.

可见，通过把国外子公司的地位和作用差异化，并要求其承担相应的职责，就能够更有效地发挥国外子公司在全球竞争中的作用。例如，作为贡献者的国外子公司因为拥有过剩的经营资源和组织能力，所以如果人为去削弱它，那么，该子公司的士气就可能下降，人才也会流失；但如果放任自流，那么，过剩的经营资源和组织能力就有可能浪费或被滥用；而如果在跨国组织中赋予其全球性的作用，使它把过剩的经营资源和组织能力用于整个企业，就能有效地整合组织内部的资源。尤其是作为战略领导者的国外子公司，不仅有充分的经营资源和组织能力，又受到当地环境的挑战，所以能产生学习和创新的动力，并能将学习和创新的成果传递给母公司及全球其他子公司，扩大企业在全球的竞争优势。

3. 跨国差异化网络结构

戈沙尔等关注跨国公司的资源在地理上的分散性及经营职能在企业内部差异化问题，提出了差异化网络（differentiated network）的概念。因为，跨国公司置身于与母国不同的经济、社会及文化环境中，其资源在地理上是分散的，而且还根据国（地区）别环境，将不同的经营职能和经营内容在企业内进行差异化配置，所以国外子公司所拥有的资源及内部职能也各不相同。这种资源在地理上的分散性与内部职能的差异化，使得跨国公司各据点之间的关系中，包含着不同类型的相互依存性。这种由不同资源和职能构成的跨国组织形态被称为跨国差异化网络结构,其中主要由国外子公司内部各部门的联系、母公司与国外子公司的联系及国外子公司之间的联系等构成(参见图3-4)。

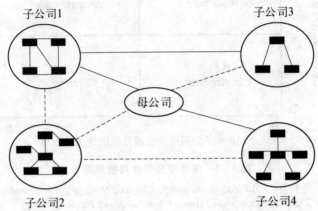

注:圆圈内为各国外子公司的差异化结构;实线和虚线为母公司与国外子公司及国外子公司之间不同方式的联系。

图3-4 跨国公司的差异化网络结构

资料来源:N. Nohria and S. Ghoshal, *The Differentiated Network: Organizing Multinational Corporations for Value Creation*, Jossey-Bass Publishers, 1997.

在差异化网络组织中,一方面,由于资源在地理上的分散性及其作用的差异性,使得母公司与各国外子公司的联系方式各不相同;另一方面,各国外子公司拥有的资源不同,内部结构各异,在全球组织中的作用也存在差异,所以,国外子公司之间的联系方式也各不相同。鉴此,戈沙尔等认为,对国外子公司不能实施划一式的管理,而应该根据该子公司所拥有的资源、内部结构、经营职能及其在跨国网络结构中的作用,分门别类地实施差异化管理。

同时,跨国公司国外子公司还置身于由当地供应商、客户、竞争企业、科研机构、东道国政府及国际机构等构成的外部网络中,其经营活动很大程度上受到它们的影响。由于语言及社会文化距离的存在,国外子公司如果能主动地适应当地环境,那么就能在一定程度上避免经营摩擦产生的成本;如果能灵活地嵌入到当地的网络中,与上述外部网络成员建立组织之间的网络关系,那么就能接近、学习及获取当地的知识和技术,并能通过内部网络在成员(母公司、其他国外子公司)中分享这种知识和技术,从而进一步增强其在全球的竞争优势。因此,戈沙尔等认为,跨国公司必须通过分权的方式扩大子公司的经营自主权,建立一种有效管理和协调内部网络及外部网络的组织体制,以替代传统的以纵向控制为主的科层管理结构,使国外子公司围绕企业全球战略,在世界各地发现知识和获取知识的基础上创新知识,然后在组织内进行推广和应用,充分发挥跨国公司这种组织形式所特有的竞争优势。

总之,跨国差异化网络结构是跨国公司为适应外部经营环境的变化所进行的组织革命和组织创新,由此会使全球各网络间产生协同效应,从而大大提高其全球的组织效率,而信息和网络技术革命也为这种组织创新提供了技术支持。

4. 国外子公司的协调机制

跨国公司通过国外子公司的差异化,尽管能够灵活地应对多样化的经营环境,但由此也增加了组织的复杂性。如何协调和整合因差异化而变得复杂的组织,是跨国公司有效运行的重要问题。

在现实的跨国经营中,世界主要跨国公司分别采用以下三种方式协调母公司与国外子公司的关系。

第一,母公司控制(HQ-control)。即母公司的管理层直接参与国外子公司的决策过程,或控制母公司组织和管理的资源。母公司控制的优点在于决策迅速和实施便捷,并可减少母公司与国外子公司的扯皮现象。母公司控制的前提是国外子公司规模或复杂性要较小,母公司不至于陷入信息超负荷的状态。如果国外子公司规模或复杂性较大,超过母公司的信息处理能力,那么,母公司将派遣管理人员及技术人员,这样就会增加运营成本。一般认为,日本的跨国公司通常采用母公司控制。

第二,制度与程序化(system and procedure)。即用制度与程序规定其国外子公司的决策,是一种既减少母公司的集权,也限制其国外子公司权利的协调方法,通过将决策过程置于一个制度与程序的框架内,提高决策及执行的效率。要建立这样的协调机制需要初期投资,但这种协调机制一旦形成后,其运营成本将低于母公司控制和社会化的协调方式。然而,普遍认为这种协调机制缺乏弹性,不适用于长期的重大决策,而最适合于日常的决策。一般认为,美国的跨国公司通常采用这种协调方式。

第三,社会化(socialization)。即让国外子公司服从于母公司的目标和价值,给国外子公司的决策确定方向。这种协调方式可以在一定程度上克服母公司控制产生的信息超负荷及制度与程序化导致的协调机制缺乏弹性等问题,它通过强化母公司与国外子公司的相互作用而使协调机制富有弹性,有利于全球范围内的资源和能力的整合。但要统一整个企业的目标及价值,则需要较高的投资成本(如教育成本等)。一般认为,欧洲的跨国公司一般采用这种协调方式。

巴特利特和戈沙尔认为,对于差异化定位的国外子公司,必须采取不同的协调控制方式。对于作为"战略领导者"的国外子公司,一般适用于社会化的协调方式。一方面,为了充分发挥它们的战略积极性,母公司必须让渡更多的权限,并给予最大限度的支持;另一方面,通过对信息及其他资源的有效控制,让它们服从母公司的目标和价值。对于作为"黑洞"及"贡献者"的国外子公司,一般适用于母公司控制。因为,作为"黑洞"的国外子公司缺乏相应的经营资源和组织能力,难以在重要的战略市场上作出正确的决策,需要母公司提供必要的帮助;而作为"贡献者"的国外子公司所拥有的经营资源和组织能力超过当地市场的需要,可以通过母公司控制的方式在全球组织内进行重新配置。对于作为执行者的国外子公司,无法期待它们在信息及技术方面做出贡献,母公司也不会投入更多的经营资源,故可以通过制度与程序化的协调方式,规定其决策和执行的程序及守则,以避免这类子公司的经营活动出现偏差。

作为战略领导者的国外子公司,其经营者能否服从整个企业的目标和价值,能否对其他国外子公司进行必要的协调,将决定整个企业的效率。由于跨国公司组织的差异化,国外子公司的经营者有可能把特定部门的利益优先于整个企业的利益,由此将会导致整个组织效率的下降。巴特利特和戈沙尔认为,为了避免这些问题的产生,有效地整合复杂的差异化组织,必须从以下几方面着手:第一,明确整个企业的目标和价值,并要求作为战略领导者的国外子公司服从;第二,通过在母公司和国外子公司之间的职务轮岗,培养能理解和接受整个企业目标和价值的人才;第三,通过让国外子公司的经营者参与全球经营,进一步理解和服从整个企业的目标和价值。

此外,根据国外子公司不同的生产过程及其所需要的经营资源,可以采取不同的协调方式。如对于原材料、零部件及成品等产品流程,采取制度与程序化的协调方式也许是最合适的,因为产品的流程相对稳定及可预测。对于资金、人才及技术等流程,应该采取母公司控制的协调机制,因为这些经营资源具有战略重要性,需要母公司集权管理。对于信息及知识等流程,适合采取社会化的协调方式,因为信息及知识内容复杂且体量较大,制度与程序化及母公司控制的协调方式都不适合,而需要让国外子公司在服从母公司的目标和价值的前提下,将信息及知识用于制订具体的经营战略。

5. 简要评述

跨国组织管理理论通过将研究视角从母公司扩展到外海子公司、从跨国组织中的科层结构转变为网络结构、从管理的垂直控制深化到多维协调,较好地解释了20世纪80年代以后国际经营环境的变化、跨国公司的组织建构和调整及其国际竞争优势的源泉。

首先,通过把国外子公司地位和作用的差异化,能够更有效地发挥国外子公司在全球竞争中的作用,并通过它们学习、积累和传递国别性或区位性特有知识和资源,在跨国组织网络中创造可适用于全球经营的新的知识,在此基础上形成新的竞争优势。

其次,通过解析跨国差异化网络结构,提出应根据国外子公司所拥有的资源、内部结构及其在跨国网络结构中的作用,实施横向的差异化管理。同时,积极地嵌入到当地的外部网络中去,从中学习、吸收和获取当地的知识和技术,提高当地回应能力,并通过跨国网络组织让其他成员分享这种知识和技术,整合分散的资源和能力,取得集中化及一体化组织的利益。

再次,通过构建母公司控制、制度与程序化及社会化三种国外子公司的协调方式,主张对不同类型的国外子公司及不同生产过程所需的经营资源实施不同的协调方式,旨在协调和整合因差异化而变得十分复杂的组织,解决跨国网络组织的有效运行问题。

然而,巴特利特和戈沙尔的跨国组织管理理论主要基于对有限的样本企业分析的基础之上,尽管其所提出的国外子公司地位和作用的差异化、跨国差异化网络结构的构建及国外子公司的协调机制等具有一定的说服力,但在现实中的具体运用尚有相当的难度,还需要通过进一步的实践来检验。

关 键 词

垄断优势　内部化　OLI范式　发展中国家企业的特定优势　跨国组织

思 考 题

1. 内部化理论的主要内容。
2. 国际生产折衷理论的主要内容。
3. 发展中国家对外直接投资及跨国公司理论的核心内容。
4. 价值链的分解、整合及国际转移与核心竞争优势。
5. 跨国组织管理理论产生的背景及主要内容。

第四章
国际直接投资、跨国公司与世界经济及民族国家

第一节 国际直接投资、跨国公司与世界经济

一、世界经济发展中国际直接投资及跨国公司的作用

1. 推动经济国际化和全球化的发展

第二次世界大战后国际直接投资及跨国公司的迅速发展是经济国际化和全球化的强大推动力,尤其是作为当今世界经济活动主要组织者的跨国公司,其跨国经营活动大大加快了资本、技术、知识等经营要素在全球范围内自由流动的速度,使世界各国要素市场一体化的程度日益提高,世界各国及各地区之间在经济上的相互依存关系更加紧密,世界经济日益融合成为一个有机的统一体。因此,应当更多地从国际直接投资及跨国公司的国际及全球经营活动这一微观层面,来把握经济国际化和全球化的进程及其本质特征。

首先,国际直接投资及跨国公司的发展促进了资本的国际化和全球化。在第二次世界大战后逐渐成熟的经济国际化时期,资本为追逐高利润在国际上的投资行为,加速了资本的国际流动和跨国公司的发展,而跨国公司不断扩展的国际经营活动,又进一步促进了资本的国际化,并带动生产的国际化和国际商品贸易的发展。20世纪80年代末兴起的信息和网络技术革命,大大推进了经济全球化的发展,不仅表现为资本的跨国流动进一步加速,并带动技术、信息及人力资本等其他经营资源的跨国流动,由此大大提高了资金的全球配置效率,而且还表现为跨国公司的经营活动扩展到世界经济几乎所

有的领域,尤其是跨国并购成为跨国公司对外直接投资的重要形式,使资本的跨国一体化程度大大提高,资源的整合速度大大加快,从而进一步促进了世界经济的发展。

其次,国际直接投资及跨国公司的发展促进了生产和经营的国际化和全球化。在经济国际化时期,国际直接投资及跨国公司的经营活动更多地表现为对生产国际化的推动,即企业按照产品的特性及其生产过程中对各类要素的需求度,将整个生产过程细分为若干个工序,并根据其自身经营资源方面的优势及各国(地区)要素禀赋和劳动生产率的差异,把不同的生产工序配置在世界上最适合其生产的地方,以实现最高的生产效率及最低的生产成本。而在经济全球化时期,跨国公司将其经营活动进一步拓展到研发、生产、销售、服务等社会再生产的所有环节,并通过国外子公司将其所拥有的经营资源及竞争优势进一步扩散到全世界,同时通过国外子公司积极地吸收和积累世界各地的专有技术及知识,再将其有效地运用于全球化生产和经营中,从而大大提高了全球的要素生产率,进而也推动了经济全球化的进程。

再次,国际直接投资及跨国公司的发展促进了技术的国际化和全球化。国际直接投资及跨国公司的经营活动通常伴随着生产技术和经营技术的国际转移,但在经济国际化时期,这一过程更多地体现为跨国公司的母公司集中和垄断研发资源,集权从事技术的研究与开发,并通过对外直接投资适时地将技术转让给国外子公司,在跨国公司内部有效地利用技术,以实现技术优势带来的超额利润。而在经济全球化时期,跨国公司在技术研发方面是尽可能地利用全球的研发资源,通过把国外最优秀的人才召集到母公司的研究部门,或在有优秀研发资源的国家从事研发,并对研发成果进行集中管理,或通过与其他企业结成国际战略联盟,展开技术研发的跨国合作;在技术利用方面是尽可能地保持技术垄断优势,通过适时的技术转让实现技术垄断利益的国际最大化,或与其他国家企业开发的先进技术进行交换。研发资源及先进技术的大规模跨国转移成为经济全球化的基本特征,也是世界经济发展的重要源泉。

2. 促进国际分工的深化

传统的国际贸易理论(Heckscher-Ohlin-Samuelson 模型)认为,由于各国的要素禀赋不同,因而会产生比较优势,拥有不同比较优势的国家通过国际贸易,相互交换各自有比较优势的产品,就能得到相应的贸易利益。然而,第二次世界大战后迅速发展的国际贸易并不完全是传统国际贸易理论所论证的比较优势产业间的国际贸易,而更多的是同一产业内、同一产品内或同一企业内的国际贸易,它是收益递增的产业或企业为追求规模经济效应,或是为了有效地利用国外的比较优势,跨越国境从事经营活动的结果。可见,国际直接投资及跨国公司的发展是国际分工深化的重要促进因素,也是在经济全球化的进程中,各国(地区)能在一定程度上摆脱要素禀赋的约束,通过有效地利用外部资源,实现对外贸易和经济发展的重要途径。

首先,国际直接投资及跨国公司的发展促进了企业内国际分工(intra-firm specialization)的深化。跨国公司为了降低外部市场交易的不确定性、克服中间产品市场的不完全性及防止技术优势的扩散和丧失,通过对外直接投资在全球配置生产工序的行为,大大促进了企业内国际分工的发展。其中,为了充分利用世界上其他国家的要素禀赋优势、最大限度地降低生产成本,在世界上不同的国家和地区从事整个产品价值生产的部分工序,并在跨国公司内部形成全球价值链的经营活动,大大深化了企业内垂直国际分工;为了实现全球规模经济效应、最大限度地占领相关的世界市场,按产品附加值的高低在世界上不同的国家和地区从事相关产品的生产和销售,在母公司与国外子公司之间或国外子公司之间形成相互供给和需求,大大促进了企业内水平国际分工的不断深化。

其次,国际直接投资及跨国公司的发展促进了产品内国际分工(intra-product specialization)的深化。产品内国际分工表现为产品生产过程在时间和空间上的垂直分离和整体重构,即生产过程的不同工序或区段被配置到不同的国家和地区,多个国家和地区从事产品生产过程中不同工序或区段的加工和生产,并在全球范围内形成整体的分工形态。它是专业化国际分工进一步发展的产物,也是当代经济全球化最重要的特征。从产品的技术特性来看,产品生产过程的不同工序或区段既存在要素投入比例的差异,也存在规模经济的差异。因此,不同国家和地区在要素投入上的比较优势及有效规模上的比较优势,便是产品内国际分工形成和发展的基础,同时也决定了产品内国际分工的国(地区)别结构。显然,现代科学技术的发展、交通工具及通信技术的发达大大降低了产品内国际分工和国际贸易的交易成本,是产品内国际分工不断深化的前提条件,而国际直接投资及跨国公司则是推动产品内国际分工的微观基础和组织依托。产品内国际分工的发展一方面有赖于国际直接投资的扩大和企业内国际分工的细化,同时又进一步促进了跨国公司的对外直接投资及企业内国际分工的深化。

再次,国际直接投资及跨国公司的发展促进了产业内国际分工(intra-industry specialization)的深化。产业内国际分工可分为产业内垂直国际分工(vertical intra-industry specialization)和产业内水平国际分工(horizontal intra-industry specialization)。前者是指参与产业内国际分工的国家(地区)在经济发展上存在较大的差距,根据各自的比较优势,经济较落后的国家(地区)主要生产同一产业内质量较差、附加值较低的中间产品,经济较发达的国家(地区)则主要从事质量较高、附加值较大的最终产品的生产及研发工作。后者是指由于产品的异质性,收入水平相近的国家和地区(尤其是发达国家),对质量相同的异质产品需求量较大,因而参与产业内国际分工的国家(地区)分别从事异质产品的生产和进出口。其中,产业内垂直国际分工是由跨国公司的企业内国际分工及产品内国际分工所直接推动的。由于产品生产技术的高度发展使各生产工序在世界各国(地区)进行分工成为可能,因而进一步推动跨国公司根据各国(地区)要素禀赋的不同,在全球范围内安排生产活动,以最大限度地降低生产成本,使得处于跨国公司全球生产链中不同水平的国家和地区间的垂直产业内分工日趋深化。

二、国际直接投资和跨国公司对国际贸易的影响

1. 企业内国际贸易的发展

第二次世界大战后跨国公司对外直接投资的迅速发展,并没有像早期理论所认为的将会对国际贸易产生消极影响,即跨国公司当地生产的扩大将会替代原有的对外贸易,而是促成了国际直接投资与国际贸易的同步增长。由于产业内、产品内及企业内国际分工的深化大大促进了产业内、产品内及企业内国际贸易的发展,尤其是随着跨国公司对外直接投资和当地生产的增加,企业内有关原材料、零部件等中间产品及最终产品的国际贸易迅速扩大,因而带动了整个世界贸易的飞速发展。可以说,第二次世界大战后世界贸易的迅速发展,很大程度上是由跨国公司的全球经营活动,尤其是企业内国际贸易所推动的。

所谓企业内国际贸易,是指跨国公司母公司与国外子公司之间以及国

外子公司之间的贸易关系,它是跨国公司为降低外部市场交易的不确定性、防止技术优势的扩散和丧失而采取的一种战略。据联合国贸易与发展会议(UNCTAD)估计,2001年跨国公司的企业内贸易占世界贸易总额的30%,跨国公司单方面参与的国际贸易占世界贸易总额的60%[①]。可见,跨国公司的对外直接投资及企业内贸易是推动国际贸易和世界经济发展的重要力量。

另据美国商务部统计,1983年美国的企业内出口比率为33.7%,企业内进口比率为35.7%,2003年分别为33.9%和37.9%,显示20年内美国的企业内贸易比率没有太大的变化;而跨国公司相关出口比率则从1983年的86.6%下降为2003年的68.8%,跨国公司相关进口比率从1983年的64.7.0%下降为2003年的58.0%,表明20年内非跨国公司的相关进出口比率有较大幅度的提高(参见表4-1)。

表4-1 美国的企业内贸易及跨国公司相关贸易比率

(单位:%)

	1983年	1985年	1990年	1995年	2000年	2001年	2002年	2003年
企业内出口比率	33.7	39.1	34.0	37.7	35.1	35.4	33.8	33.9
跨国公司相关出口比率	86.6	91.3	71.3	75.4	69.6	69.3	68.7	68.8
企业内进口比率	35.7	36.9	42.0	41.8	39.5	39.9	38.4	37.9
跨国公司相关进口比率	64.7	62.9	66.1	62.4	59.7	60.9	58.7	58.0

注:1)企业内贸易包括:美国母公司与国外子公司之间的贸易、外国在美子公司与其母公司之间的贸易、外国在美子公司与其国外子公司之间的贸易。

2)跨国公司相关贸易:除注1的企业内贸易外,还包括美国母公司与国外子公司以外企业之间的贸易、美国母公司以外的在美企业与美国企业在国外子公司之间的贸易。

资料来源:Financial and Operating Data of Direct Investment, U.S. Economic Accounts, Bureau of Economic Analysis, U.S. Department of Commerce, 2005.

从企业内国际贸易的国(地区)别特征来看,企业内国际贸易比率与贸易参与国的收入水平有一定的相关性,即发达国家之间的国际贸易中企业内贸易比率较高。据美国商务部统计,2003年美国对发达国家的企业内出口比率为52.0%,企业内进口比率为68.1%,而对发展中国家的企业内出口比率为22.0%,企业内进口比率为18.0%;此外,2003年美国跨国公司的企业内出

---

① UNCTAD, *World Investment Report*, 2001.

口及进口中发达国家分别占64.5%和60.2%,发展中国家分别占35.0%和39.8%[1]。这一趋势与第二次世界大战后发达国家是对外直接投资和吸收国外直接投资的主体、世界贸易总额中发达国家之间的贸易占有较高的比重等特征相一致,表明发达国家之间的对外直接投资和企业内贸易是促进国际贸易发展的重要因素。

2. 企业内国际贸易的特点及其影响

企业内国际贸易是跨国公司将外部市场内部化的一种交易方式,其发展具有如下的特点,并正在对国际贸易结构产生深刻的影响。

第一,企业内国际贸易与研究开发支出呈现一定的相关性,研究与开发支出越大的企业,其企业内贸易比率就越高。这是因为,跨国公司在国外从事经营活动,它所面临的经营环境比国内要复杂得多,风险要大得多,它必须通过确立生产技术、管理技术和营销技术方面的优势,克服各种经营上的不利因素。因此,跨国公司每年要花费巨额的研究与开发费用,以维持技术上的优势,而为了防止技术被模仿和扩散,跨国公司又选择企业内贸易的方式。尤其是在技术贸易领域,跨国公司的企业内技术贸易比率远高于企业内商品贸易比率,表明跨国公司主要是在企业内部转让技术。如2003年美国跨国公司从国外净收入的专利使用费及许可证使用费(royalties and license fees)共计282亿美元,其中69.1%(195亿美元)来自其在国外的子公司[2]。

第二,企业内国际贸易与产品的技术密集度有一定的相关性,即技术密集型产品的企业内贸易比率较高。有限可得的统计数据显示,美国按产品分类的企业内国际贸易比率的高低顺序依次是:汽车及其零部件(企业内出口比率为59.9%、企业内进口比率为79.9%,下同),通信仪器及其他电子产品(40.6%、60.0%),化工产品(46.0%、54.3%),办公机械及计算机(44.7%、40.1%),产业机械(27.1%、32.6%),食品,饮料及香烟(23.5%、24.4%),其他运输机械(10.6%、27.8%),其他制造业产品(19.1%、16.6%)。而且,各类产品的企业内出口比率和企业内进口比率之间也有一定相关性[3]。可

---

[1] Financial and Operating Data of Direct Investment, U.S. Economic Accounts, Bureau of Economic Analysis, U.S. Department of Commerce, 2005.

[2] U.S. Department of Commerce, Survey of Current Business, various issues, 2004.

[3] 企业内国际贸易比率中,美国母公司与国外子公司之间的贸易为1999年数据,外国在美子公司与其母公司之间的贸易为2002年数据(Financial and Operating Data of Direct Investment, U.S. Economic Accounts, Bureau of Economic Analysis, U.S. Department of Commerce, 2005)。

见,企业内国际贸易比率较高的汽车、电子等产品的技术密集度较高,产品内及企业内国际分工较细,所以跨国公司更多地选择企业内国际贸易。

第三,企业内国际贸易与中间产品贸易(intermediate products trade)比率的上升有一定的关联性,即20世纪80年代以来世界贸易中中间产品贸易比率的迅速提高是企业内国际贸易扩大的直接结果。尽管美国商务部1977年的调查结果显示,美国制造业企业内出口贸易中最终产品占63.1%,资本设备占2.8%,而中间产品占34.1%,似乎与一般所接受的事实相反[①]。但是,基于20世纪80年代以来产品内国际分工及企业内国际分工的细化、世界贸易中中间产品贸易所占比重的提高等事实,可以基本判断跨国公司企业内国际贸易中中间产品贸易所占比率有了较快的提高。据统计,世界贸易总额中中间产品贸易所占比率从1980年的39.8%上升为2005年的45.9%,东亚、欧洲及北美的区域内贸易中中间产品贸易所占比率同期从46.0%上升为52.3%,尤其是东亚区域内该比率高达60%以上[②]。如果把中间产品不仅理解为传统意义上的半成品、零部件等,更重要的是指信息、技术、管理能力以及研究与开发能力,那么,跨国公司企业内国际贸易中中间产品贸易所占比率将更高。

第四,企业内国际贸易采用转让定价(transfer pricing)的方式,即企业内国际贸易中的价格不是由国际市场上供求关系决定的市场价格,而是由跨国公司的最高经营层从本企业的经营战略和全球利润最大化的原则出发人为制定的价格(转让价格)。它时而可以大大高于国际市场价格,时而可以大大低于国际市场价格。转让价格的制定出自企业的高层,整个过程不为外人所知,所以,很难知道转让价格偏离国际市场价格的程度,加上国际市场上同类产品差别甚大,商标各异,因此很难对转让价格和国际市场价格进行量化比较,因而也就无法对转让价格使用的范围和程度进行统计上的证实。然而,转让价格确已成为企业内国际贸易的价格体系,跨国公司正利用转让价格逃避税收、确保资金来源和避免各种风险,使之在国际竞争中处于有利的地位(详见第八章)。

[①] U. S. Department of Commerce, *U. S. Direct Investment Abroad* (1977), 1981, pp. 342-398;陈建安:"跨国公司内贸易及其对国际贸易体系的影响",复旦大学《世界经济文汇》,1986年5月。
[②] RIETI-TID2006.

三、国际直接投资、跨国公司与国际技术转移

1. 国际技术转移的现状

根据世界知识产权组织(WIPO)及联合国贸发会议(UNCTAD)等国际机构的定义,国际技术转移(international transfer of technology)的主要内容包括:第一,发明专利、实用专利、设计专利、商标专利等产权技术;第二,专有技术、技术诀窍等非产权技术;第三,提供各种技术服务等技术指导。国际技术转移的主要形式有:签订技术许可贸易协议、向国外子公司转让技术、合作从事研究与开发、承包"交钥匙"工程、资本品的进出口、技术咨询与服务、技术交流与培训等。

20世纪80年代以来,国际技术转移的速度加快,规模不断扩大,领域逐渐拓宽,其中国际技术贸易额的增速远高于一般的商品贸易,金额已接近世界贸易总额的二分之一。如2007年美国的技术出口额为859.2亿美元,技术进口额为489.6亿美元,技术贸易净收入高达369.6亿美元;德国的技术出口额为427.4亿美元,技术进口额为383.5亿美元,技术贸易净收入为43.9亿美元;英国的技术出口额为346.2亿美元,技术进口额为178.2亿美元,技术贸易净收入达168.0亿美元(参见表4-2)。同时,国际技术转移的结构正在升级,转移内容正趋向软件化,即专利、专有技术、技术信息、技术咨询与服务等所占比率上升,资本品等硬件技术所占比率下降。同时,转移方式从梯度式转移发展到跳跃式转移,即分段式的较高端技术的国际转移开始增加。

表4-2 主要发达国家的技术贸易 (单位:百万美元)

	技 术 出 口 额			技 术 进 口 额		
	2005年	2006年	2007年	2005年	2006年	2007年
美 国	74 826.0	75 094.0	85 919.0	31 851.0	43 780.0	48 957.0
德 国	34 307.1	36 669.8	42 739.4	29 755.5	32 836.1	38 350.0
英 国	30 676.5	32 068.8	34 621.8	14 867.3	15 630.5	17 816.1
爱尔兰	21 517.9	25 045.5	31 708.8	24 777.4	27 791.8	30 849.8
瑞 典	9 750.4	11 554.8	16 554.5	7 243.5	10 802.3	10 970.7
瑞 士	9 798.7	9 088.9	10 316.8	10 900.1	12 538.3	14 668.8
比利时	6 907.3	8 329.3	7 854.8	5 653.0	6 364.2	8 714.3
日 本	18 402.5	20 448.8	21 080.8	6 384.7	6 065.9	6 033.8

资料来源:OECD, *Main Science and Technology Indicators*, Volume 2009/1.

统计资料显示,发达国家掌握着全球80%左右的研发资源和专利权,基本上垄断了国际技术贸易,其中发达国家之间技术贸易额占世界技术贸易总额的80%以上,发达国家与发展中国家之间的技术贸易额仅占世界技术贸易总额的10%,而发展中国家之间的技术贸易量则不足10%[①]。

跨国公司以其雄厚的资金和强大的技术力量,成为世界先进技术的主要发明者、国际技术转移的主要组织者和推动者,是当今国际技术转移中最活跃、最有影响的力量。据统计,目前跨国公司掌握着世界上80%左右的专利权,垄断着世界技术市场,其中大约有90%的生产技术和75%的技术贸易被全球最大的500家跨国公司所控制。

迅速发展的国际技术转移表现为先进技术和研发能力的大规模跨国界转移、跨国界合作研发的广泛存在以及各国研发资源在全球范围内的优化配置。国际技术转移已成为推动世界经济发展的重要动力,技术贸易及高技术产品贸易正成为世界贸易发展的主导力量。同时,跨国公司国际技术转移的溢出效应正在对东道国劳动生产率的提高和产业结构的改善产生积极的作用,并推动东道国经济的发展。

2. 国际技术转移的特点

(1) 内部化。

由于技术,尤其是非产权技术自身的特性,其交易市场存在如下的不完全性:其一,交易双方存在信息压缩,难以确定技术的真实价格,双方的"谈判成本"较高;其二,技术的边际扩散成本较小,而转让方监督和控制接受方机会主义行为的成本则较高;其三,技术有较强的"资产专用性",要寻找合适的接受方需要支付搜寻成本。因此,为了确保技术优势、降低交易成本,以实现全球利润的最大化,跨国公司在实施国际技术转移时,一般都依据国外子公司的竞争地位及所拥有的所有权比率,选择不同层次的技术,采取在企业内部转移的方式。

首先,母公司在向国外独资子公司进行技术转移时,为了确保其在东道国或所在地区的竞争力或垄断力,也许会转移一些关键性的系统技术,让其充分享用母公司的技术优势;其次,母公司在向其拥有多数所有权(100%以下、50%以上)的国外子公司转移技术时,也许会选择部分关键技术,但保留

---

① OECD, *Main Science and Technology Indicators*, Volume 2009/1.

对其他关键技术的控制,以保持对这些国外子公司的经营控制权;再次,母公司在向其拥有少数所有权(50%以下)的国外子公司转移技术时,一般会选择一些外围技术或标准化技术,在继续维持其技术优势的同时,还能获取可观的技术使用费(详见第九章)。

根据有限可得的数据统计,2001年美国的技术出口额中,母公司对国外子公司的出口比率达61%[①];2008年日本的技术出口额中,母公司对国外子公司的出口比率高达70.6%,而在技术进口额中,母公司从国外子公司的进口比率仅为14.6%[②]。可见,技术作为跨国公司主要的国际经营资源和所有权优势的重要组成部分,通过企业内部国际间的转移,能进一步增强跨国公司的全球竞争优势。

(2)国际战略联盟。

20世纪90年代以后,国际上技术研发的竞争加剧,国际技术转移中的保护主义增强,跨国公司开始采用建立国际战略联盟(strategic alliances of transnational corporation)的方式相互转移技术,即两家或两家以上的跨国公司建立技术研发的合作关系,在相互转让部分关联技术的基础上,共同开发某项相关的新技术。

跨国公司采取这种方式实施国际技术转移的动机在于:其一,通过技术上的互补,缩短技术研发的周期;其二,分摊新技术研发的成本,减轻技术研发的投入和风险;其三,通过双方技术优势的互补,尽快开拓新的市场和新的业务领域;其四,通过合作研发排挤其他竞争者,避免过度的竞争;其五,共同确立新的技术标准,以获取技术上的垄断优势和控制行业的发展。

从行业特征来看,像生物医药等新产品的研发周期长且研发投入大的行业、电子等产品更新换代快且生产分工细的行业、汽车等零部件所涉及的领域宽且消费多样化程度高的行业,跨国公司通过建立国际战略联盟合作从事技术研发的案例较多。从参与方的特征来看,发达国家跨国公司之间结成的国际战略联盟及世界主要跨国公司之间的强强联合居多,显示出跨国公司在新技术研发领域既竞争又合作的战略取向。

(3)"技术锁定"。

为了应对国际技术研发领域的激烈竞争,确立其在全球竞争中的技术优

---

① U. S. Department of Commerce, *Survey of Current Business*, October/2002.
② 日本总务省统计局,《科学技术研究调查报告》,2009年版。

势,跨国公司在国际技术转移中通常实施"技术锁定"(technology lock-in)策略。所谓"技术锁定"是指拥有先进技术的跨国公司利用其技术垄断优势和内部化优势,在技术应用、产品设计、生产工艺等关键部分设置一些难以破解的诀窍或障碍,以严密控制国际技术转移过程中先进技术的扩散,最大限度地获取先进技术带来的垄断利润。

跨国公司实施的"技术锁定"策略加大了广大发展中东道国对其技术的依赖,也增加了发展中东道国使用这些技术的成本。同时,由于得不到发达国家的核心技术,跨国公司转移的外围技术或标准化技术难以使发展中东道国提升其技术及产业层次,因此,"技术锁定"策略进一步固化甚至扩大了发展中国家与发达国家的技术差距。此外,作为"技术锁定"策略的制度保障,有些发达国家滥用知识产权保护,这在客观上阻碍了发展中东道国有效地学习、消化和吸收所引进的先进技术,也妨碍了跨国公司正常的国际技术转移。

3. 国际技术转移的溢出效应

尽管如此,跨国公司的国际技术转移,无论采取上述哪种形式,客观上都会产生一定的技术溢出效应(technology spillover effect),即跨国公司的国际技术转移可能以非自愿的形式,对东道国的技术进步、劳动生产率的提高、产业结构的改善及经济增长产生积极的影响(外部经济),并对技术在国际上的传播起到一定的作用。其具体表现在以下几方面:

第一,跨国公司的技术转移可能与东道国的其他生产要素相结合,改善东道国资源配置的效率,促进东道国全要素生产率的提高。

第二,跨国公司对东道国的技术转移可能产生示范效应和学习效应,刺激当地企业学习、模仿和研发技术的积极性,从而推动东道国的技术进步。

第三,跨国公司对东道国的技术转移可能产生竞争效应,即促进当地企业与外资企业及当地企业之间的竞争,消除行业的进入壁垒和垄断扭曲,从而改善东道国的市场竞争结构。

第四,跨国公司对东道国的技术转移可能产生联系效应,即跨国公司子公司与当地企业会建立起中间产品及最终产品的供需关系(前后向联系),从而促进东道国相关产业的发展。

第五,为了使国外子公司的员工能有效地使用母公司转移的技术,跨国公司一般要在当地进行技术培训,因而有利于当地员工技能的提高,而当这些员工在国内行业内流动时,就能将技能传授给其他企业的员工。

当然,东道国能在多大程度上获取跨国公司国际技术转移的溢出效应,最终将取决于其技术吸收能力、市场竞争结构、相关产业基础、人力资本积累等因素。如东道国的技术吸收能力较强、市场结构较具竞争性、产业基础较好、人力资本较丰富,那么,东道国就能在跨国公司的国际技术转移中获得较大的技术溢出效应,就能使非努力性技术溢出效应更多地转化为努力性技术溢出效应,从而就将能动地推进东道国的技术进步和国民经济的发展(详见第九章)。

第二节 国际直接投资、跨国公司与民族国家

一、国际直接投资、跨国公司与母国的利益

1. 利益的一致性

正因为国际直接投资及跨国公司能给母国带来巨大的经济和政治利益,所以,母国政府通常会运用政治、经济及外交等手段来保护其在国外的投资利益。两者利益的一致性具体体现在以下几方面:

第一,国际直接投资及跨国公司有利于母国扩大有效需求。一国工业化的结果通常会激化日益扩张的生产力和国内市场有限性之间的矛盾,尤其是实现了工业化之后的发达国家始终面临着这一矛盾。扩大出口曾经是解决国内有效需求不足的重要手段,但不断增加的出口会遭遇其他国家的关税及非关税壁垒,而促进对外直接投资、扩大跨国公司的全球经营,便成为许多国家跨越贸易保护主义的屏障、占领国际市场、增加国外需求以及维持国内经济增长的重要对策。为此,许多国家的政府甚至站在第一线,通过实施优惠政策鼓励企业的对外直接投资,并通过与东道国签订投资保护协定来确保跨国公司的全球利益。只是在一些特殊时期,当跨国公司的全球活动扰乱了母国的国内外政策时,母国政府才会动用政策工具对其行为进行一定的限制。如下所述,20世纪60年代至70年代前半期,因美国企业的跨国经营活动导致美国出现严重的对外不平衡,才迫使美国政府对其实施必要的限制和监管。

第二,国际直接投资及跨国公司有利于母国控制世界资源。实施全球资

源开发战略的跨国公司自它诞生之日起,就把垄断和控制世界天然资源的生产和供应作为其重要的战略目标,它们凭借母国的政治、经济和军事实力,在资源拥有国大肆收购资源的开采权,或入股当地企业以控制生产和流通,最终实现对全球资源的控制。跨国公司的这种全球资源战略恰好与母国的经济发展战略相吻合,因为它能为母国经济发展提供稳定的资源,缓解经济发展中的资源瓶颈,并能确保母国在世界上的战略地位。因此,从历史上看,母国(尤其是发达国家)政府总是给这类跨国公司提供各种便利,或是政府出资直接参与国外的资源开发,或是通过外交手段帮助跨国公司获取在当地的开采权,甚至不惜动用武力来保护跨国公司在全球的利益。分别于1973年、1978年及1990年爆发的三次"石油危机",与相同时期发生的第四次中东战争、两伊战争及海湾战争有着互为因果的关系,显示出在控制世界石油和天然气资源方面母国与跨国公司利益的一致性。

第三,国际直接投资及跨国公司有利于母国调整产业结构。处在工业化中后期的国家,由于国内生产成本的提高和国际竞争力的下降,大都面临国内产业结构调整的问题,尤其是发达国家面对后发国家的激烈竞争,承受着国内产业结构调整的重大压力。从理论角度来看,此时如果企业马上把现有的专用性资产(技术设备等)转移至其他行业,那就必须进行巨额投资以重塑另类专用性资产,同时必须放弃其原来已获得的技能、经验及价值创造;而通过生产要素的跨国转移,就能在国际间重新配置现有的资源,克服资产专用性的约束。因此,工业化国家一般是鼓励企业对外直接投资,把产业的国际转移作为国内产业结构调整的重要手段。尤其是20世纪50年代以后发达国家的对外直接投资,以及80年代以后新兴工业化国家和地区的对外直接投资,都与产业结构的调整联系在一起,政府都采用融资和税收优惠及提供服务等方式,支持企业通过对外直接投资进行产业的国际转移。

第四,国际直接投资及跨国公司有利于母国缓解对外经济摩擦。当一国对外贸易出现巨额顺差时,政府会鼓励企业扩大对外直接投资及增加国外生产比率,来减少贸易顺差和缓解对外经济摩擦。通常,企业为了防止逆差国贸易保护主义的抬头,也会积极地配合国家调整对外贸易政策。当一国本币大幅度升值导致生产成本提高及国际竞争力下降时,企业会选择增加对外直接投资和提高国外生产比率来克服生产成本的上升,政府也会采取相应的措施积极帮助企业扩大对外直接投资。20世纪70年代以后原西德及日本企业大幅度扩大对外直接投资和增加国外生产,就是为了缓解对外贸易摩擦,克服本币大幅度升值导致的经营困难。可见,在缓解对外经济摩擦、改善国际经营环境、确保微观及宏观经济发展等问题上,母国政府与跨国公司容易找到共同的利益所在。

第五,国际直接投资及跨国公司有利于母国政府实施外交政策。第二次世界大战后的历史表明,国际直接投资及跨国公司的全球活动常常服务于母国的外交政策,成为母国实现其外交政策目标的有力手段。因为,国际直接投资及跨国公司的经营活动能在一定程度上影响东道国政府、商界、社会及一般民众,为母国实施其外交政策营造理想的环境,母国政府还能借助跨国公司的影响力直接介入东道国的政治领域,影响其政策制定的全过程。第二次世界大战后初期,美国实施的欧洲复兴计划("马歇尔计划")带动了美国跨国公司对欧洲的直接投资,在相当程度上影响了欧洲国家当时的政策取向,为美国及西方阵营抗衡苏联和共产主义势力在欧洲的进一步渗透和扩张起到了积极的作用。

2. 利益的矛盾性

关于跨国公司与母国之间的关系,以往的研究过于强调它们之间利益一致性的一面。其实,作为超国家存在的跨国公司,有其特定的战略目标和独特的行为方式,它与作为权力象征的国家之间,从一开始就充满着矛盾并进行不断的博弈。其矛盾的焦点主要表现在以下几方面:

第一,跨国公司的全球利润最大化原则与国家发展目标之间的矛盾。当企业的经营活动从一国扩展到国际范围后,企业的经营目标发生了根本性的变化,即从企业个体利润最大化转变为全球范围内企业整体和长期利润的最大化。或者说,它并不意味着每个子公司的利润最大化,也不是国家统计意义上的母公司的利润最大化。

为了实现这一目标,跨国公司可以暂时牺牲某国外子公司的利益,或者扶植某国外子公司的发展。它们常用的手法是将各类经营资源的交易内部化,通过转让价格,合法和非法地在全球范围内减少税收支出,以最大限度地降低总的经营成本。而国家的目标是促进国民经济的发展,扩大国内的就业,维持国际收支的平衡,并通过税收对国民收入进行再分配,以保证整个社会的公平。可见,跨国公司的终极目标及行为方式与国家的发展目标及政策取向有很大的不同,两者时常处于尖锐的对立之中。

第二，跨国公司的财务战略与政府经济政策之间的矛盾。跨国公司财务战略的目标主要有：一是最大限度地减轻税收负担；二是制订转让价格；三是加速资金转移；四是把企业内部的资金转移控制在最小范围内；五是创造更容易筹集外部资金的条件；六是减轻外汇风险。为了实现上述财务目标，跨国公司灵活地利用外部资金，把企业的财务活动控制在最佳规模；同时，根据财务上的需要，通过企业内的财务网络，在国际间自由自在地调拨企业内部及外部的资金，以减少外汇风险和政治风险。

跨国公司的财务战略有时会使母国政府的财政和金融政策变得苍白无力：当政府要紧缩财政、增加税收时，跨国公司会将利润转移到国外，使政府的税收难以增加；当政府要扩大财政支出、减免税收时，跨国公司则会利用其垄断优势，最大限度地享受政府扩大财政支出和减税的好处，并将所得的利润投资于国外，从而大大削弱政府财政政策的作用；当政府为了抑制经济过热和通货膨胀，采取金融紧缩政策时，跨国公司可以从全球调集大量资金，使国内货币供应量增加，从而削弱金融紧缩政策的作用；当政府为了刺激经济而降低利率、放松银根时，跨国公司又可以把资金转移到国外，由此延缓母国经济的复苏；而当各国政府为了稳定国际金融市场采取协调政策时，跨国公司则可能把大量资金用于投机，从而进一步加剧国际金融市场的动荡。

第三，跨国公司的全球战略与国民经济均衡发展之间的矛盾。跨国公司的全球战略充分体现在其根据全球利润最大化原则，利用自身的所有权优势、内部化优势及区位优势，在全球有效地配置经营资源，在企业内部形成跨国或跨区域的价值生产链，以实现最优的生产和经营配置。为此，跨国公司甚至可以把本企业最具竞争优势的部门转移到国外，从而削弱母国相关行业的国际竞争力。

可见，跨国公司全球战略的宗旨是实现企业内经营资源的最优配置，而全然不顾国家宏观经济的平衡，它与母国国民经济均衡发展之间的矛盾具体表现在：一是大量的对外直接投资导致逆向进口大幅度增加，并可能使贸易收支和国际收支出现巨额逆差；二是大规模的国际产业转移导致母国出现产业空心化，并有可能瓦解国民经济发展的基础；三是国内产业空心化将导致就业减少，从而引发深刻的经济和社会问题。

第四，跨国公司的内部化战略与政府反垄断政策之间的矛盾。跨国公司的垄断特征不仅表现为加速国际生产集中，而且还表现为通过市场的内部化来开展非价格的寡头竞争和否定市场机制。目前,跨国公司母公司与子公司或子公司之间的企业内贸易占了相当大的比重,所涉及的产品主要有原材料、中间产品、技术等。企业内贸易不通过外部市场,而是把市场本身纳入企业内部;而且交易不是根据市场价格,而是人为地制订转让价格。这种非价格的寡头竞争,使跨国公司可以为了稳定长期利润而制定短期的和特定的经营目标,那就是维持和扩大市场占有率。如母公司为了加强特定市场上子公司的竞争力,可以通过转让价格等各种手段,向该子公司提供技术、资金、市场等各种经营资源,或指示其他子公司相互提供,以确保其在竞争中获胜。

企业内贸易和转让定价是对市场的社会化作用的否定,它们必然加速垄断行为的泛滥,使没有能力将市场内部化的大部分企业在市场竞争中处于不利的地位,而使部分具有垄断优势的跨国公司可以充分享受垄断利益。同时,通过企业内贸易,跨国公司把国内垄断扩展为国际垄断,而且手法更加隐蔽,天地更加广阔,使以国内为基点的各国反垄断政策名存实亡,更使没有相关法律的发展中国家深受其害。

第五,跨国公司的全球活动与国家外交政策之间的矛盾。跨国公司追求全球范围内企业整体和长期利润最大化的冲动,导致它可以不顾东道国的法律,采取非法牟利的手段。如跨国公司可以毫无顾忌地收购东道国的核心企业,不择手段地向东道国政府官员行贿,或偷税漏税侵害东道国的利益。有的跨国公司甚至介入东道国的政治领域,为了自己的利益支持或反对东道国的某一政党或政治集团,卷入颠覆东道国现政权的政治活动。它们的这些所作所为,有时常常与母国外交政策相悖,甚至破坏母国与东道国的友好关系。

可见,跨国公司与母国政府各自追求不同的目标,两者之间有时会产生尖锐的矛盾。于是,跨国公司与母国政府为了确立自己的相对优势便展开博弈,博弈的结果往往是由双方的力量对比所决定的。跨国公司的优势主要来自其对全球经营资源的拥有,国家的优势则主要来自其对法律及公共产品的控制,双方最终会朝着各自所确立的目标,采取妥协和让步的政策。

二、国际直接投资、跨国公司与东道国的利益

1. 跨国公司与东道国的不同目标与利益冲突

正因为跨国公司的直接投资能给东道国带来一定的溢出效应和经济利

益,所以东道国政府一般会给予其相应的政策优惠和经营保护,而跨国公司为了获取东道国政府的政策优惠,通常也会采取客观上对东道国经济社会发展有利的战略。然而,与跨国公司和母国的利益关系不同,跨国公司与东道国之间在目标、动机及战略方面自始至终存在着本质的差异,其利益关系更多地表现为双方通过博弈来确定各自的利益分配。

首先,跨国公司对外直接投资的动机和目标与东道国吸收跨国公司直接投资的动机和目标有着本质的不同。跨国公司对东道国直接投资的动机在于:一是为了避开东道国的关税和非关税壁垒,通过直接进入东道国市场的方式,迅速扩大其市场份额;二是为了充分利用东道国廉价的天然资源、劳动力等经营资源,通过当地生产的方式,以最大限度地降低生产成本;三是最有效地利用东道国的劳动力优势,当出现工资成本上升时,或用资本代替劳动,或适时撤出东道国;四是为了在全球最有效地配置生产,通过把东道国纳入其全球生产网络,以充分利用东道国的区位优势;五是为了获取国别及区域性战略资产,通过经营本土化,灵活地嵌入到东道国的生产体系内部。跨国公司的以上动机都是为了增强竞争优势,以实现全球利润的最大化。而东道国引进跨国公司直接投资的动机在于:一是为了促进本国的出口,需要充分利用跨国公司的生产能力和销售渠道;二是为了引进本国稀缺的经营资源,尤其是先进的生产技术和管理技术,需要采取引进外国直接投资的方式;三是通过引进劳动密集型项目扩大本国就业,解决国内劳动力就业问题;四是为了有效地参与国际分工,需要最大限度地借助跨国公司的全球经营力量;五是为了实现国内各产业的均衡发展,需要将跨国公司有效地纳入国民经济体系。东道国的以上动机都是为了实现促进经济发展、改善本国福利的政策目标(参见表4-3)。

表4-3 跨国公司与东道国政府的目标与利益冲突

跨 国 公 司	东 道 国 政 府
目标:增强全球竞争力,实现全球利润最大化	目标:促进经济发展,改善本国福利
动机:进入东道国市场 　　　利用东道国的经营资源 　　　最有效地利用人力资本 　　　把东道国纳入其全球生产网络 　　　获取国别及区域性战略资产	目的:利用FDI促进出口 　　　引进本国稀缺的经营资源 　　　扩大本国的就业 　　　有效地参与国际分工 　　　将跨国公司纳入国民经济体系

(续表)

跨国公司	东道国政府
战略：偏好跨国并购等的投资方式	政策：希望跨国公司的绿地投资
偏好独资及多数所有的方式	希望合资方式的 FDI 项目
允许子公司采用标准化的成熟技术	希望得到高新技术
凭借知识产权条款维持技术垄断	希望得到各种技术扩散或技术溢出
偏好高利润行业或金融保险等服务业	希望投资于基础产业或基础设施
由母公司提供关键零部件和设备	希望增加当地采购以强化产业关联
把人才培训控制在最低限度	希望加快人力资本的积累
更想把利润汇出东道国	希望子公司的利润多用于再投资

其次，基于跨国公司与东道国不同的动机和目标，它们所实施的具体战略和政策也迥然不同。在投资方式的选择上，跨国公司为了迅速而有效地获取战略性资产，一般偏好跨国并购等投资方式，而东道国政府为了保护本国的核心企业，通常希望跨国公司采取绿地投资的方式。在所有权政策的选择上，跨国公司为了尽可能地控制企业的经营权，一般偏好独资或多数所有，而东道国政府为了本国企业的发展或掌握一定的经营权，通常希望采用合资的方式。在技术转让方面，跨国公司为了保持技术垄断优势，一般只向子公司转让标准化的成熟技术，而东道国政府为了提高本国的技术能力，希望跨国公司转让高新技术。在知识产权保护方面，跨国公司通常凭借知识产权条款维持技术垄断，而东道国政府则希望得到各种技术扩散或技术溢出。在投资行业的选择上，跨国公司为了充分利用其竞争优势，一般偏好投资于高利润行业或其更有竞争力的金融保险等服务业，而东道国政府为了建立完整的国民经济体系，希望跨国公司投资于基础行业或基础设施。在产业发展的取向上，跨国公司为了确保行业的主导权，一般倾向于由母公司向子公司提供关键零部件和设备，而东道国政府为了促进国内相关行业的发展，通常希望跨国公司增加零部件生产和当地采购，以强化与国内的产业关联。在人才培养的问题上，跨国公司为了防止技术扩散和保持垄断优势，一般把人才培训控制在最低限度，而东道国政府为了加快人力资本的积累，通常希望跨国公司加强对当地人才的培训。在所得利润的运用方面，跨国公司为了确保企业内部的流动性和防止各类资金风险，通常不是把利润长时间留在东道国，而是在全球灵活地调配，甚至用转让定价的方式从东道国抽逃利润，但东道国政府为了本国的经济发展，更希望跨国公司子公司的利润能多用于在本国的再投资(参见表 4-3)。

可见,由于跨国公司与东道国政府对直接投资有着不同的目标和动机,进而通过实施不同的战略和政策追求各自期望的利益,因此,双方必然会产生严重的利益冲突,而且这种利益冲突的尖锐程度远远要超过跨国公司与母国的矛盾。

2. 跨国公司与东道国的博弈

如上所述,在东道国这一平台上,跨国公司与东道国围绕自身利益最大化展开动态博弈。在双方的博弈过程中,跨国公司凭借的是所有权特殊优势,东道国依据的是区位特殊优势,两者优势的强弱将最终决定各自所能得到的利益份额。

跨国公司的所有权特殊优势主要包括生产及管理技术优势、研究开发能力、获取各种经营资源的能力、垄断市场的能力、企业内部的整合能力、规避各类风险的能力等。如果跨国公司所有权特殊优势中的某些因素较弱的话,便成为所有权特殊制约因素。在给定的所有权特殊优势及所有权特殊制约因素的条件下,跨国公司通过实施各种战略,如市场进入战略、所有权战略、国际技术战略、国际生产战略、国际营销战略、国际财务战略、组织管理战略等,以实现全球利润最大化的目标。

东道国的区位特殊优势主要包括要素禀赋及价格优势、地理及基础设施优势、市场规模优势、生产质量及效率优势、人力资本优势、政策制度优势等。如果东道国区位特殊优势中的某些因素较弱,那么就成为区位特殊制约因素。在给定的区位特殊优势及区位特殊制约因素的条件下,东道国通过采取各种优惠政策,如特别市场准入政策、税收优惠政策、土地优惠政策、特殊补贴政策等,引导跨国公司投资于东道国国民经济的重要部门,以实现促进经济发展和提高本国福利的目标(参见图4-1)。

于是,跨国公司与东道国政府通过运用各自的优势、实施相关的战略和政策,为实现各自的目标而进行的博弈。其中,跨国公司的所有权特殊优势、东道国的区位特殊优势以及世界的环境变化这三个因素,将决定跨国公司与东道国政府的谈判(bargaining)能力、谈判过程中的行为方式以及所能得到的利益份额。跨国公司的所有权特殊优势越强,则其谈判能力也就越强,东道国政府就会采取更加合作和优惠的政策;相反,东道国的区位特殊优势越强,其在谈判中就越占优势,也能从跨国公司那里获取更多的利益。同时,经济发展水平相似的东道国越多,跨国公司的区位可选性就越大,东道国就必须

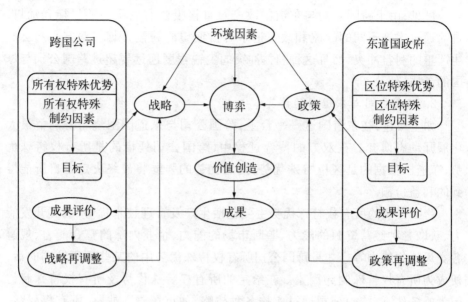

图 4-1 跨国公司与东道国的博弈

资料来源：Dunning, J. H. Multinational Enterprises and the Global Economy, Addison-Wesley, 1993, p.550.

强化自身的区位特殊优势，或增加政策的优惠力度；当东道国面对类似的跨国公司越多，则其越有谈判的筹码，跨国公司就必须增强自身的所有权特殊优势，或采取更加有利于东道国利益的战略。此外，当跨国公司在对东道国直接投资中遇到当地众多竞争者时，东道国政府将会有较强的谈判能力。而当跨国公司进入东道国市场，并确定了自己的地位后，谈判能力将转向跨国公司；相反，在对开发风险较大的天然资源行业进行直接投资时，东道国政府将会给跨国公司较多的优惠，此时谈判的主动权掌握在跨国公司手中，而当开发成功后，跨国公司的谈判能力将会相对减弱。不过，尽管发展中东道国拥有国家主权和经济民族主义的手段，但面对发达国家跨国公司的所有权特殊优势，它们的谈判能力一般总是显得软弱无力。

经过一个阶段的博弈后，跨国公司和东道国都会对所获得的成果进行评价，如果双方都认为达到了预期的目标，就会采取协调和合作的态度，并将保持一定时期的平衡。相反，当跨国公司认为东道国政府的政策有损于它的利益时，跨国公司就会调整其战略，而当东道国政府认为跨国公司的战略侵害到它的利益时，东道国政府也会调整其政策，于是经过再次博弈而达到新的利益平衡点。

3. 跨国公司与东道国关系的最新变化

近年来,跨国公司与东道国,尤其与发展中东道国的关系发生了如下新的变化:

第一,随着越来越多的发展中国家改变外资政策、积极引进外资,各国在吸引外资方面展开了激烈的竞争,所以在跨国公司与东道国的博弈框架中出现了东道国之间的竞争关系,从而增加了跨国公司的区位可选性,并提高了它们的谈判能力。

第二,由于发展中东道国的要素价格上升、产业政策及外资政策趋同等原因,它们曾有的区位特殊优势正在逐渐弱化,谈判能力也趋于下降,而跨国公司的所有权特殊优势相对加强,在与发展中东道国博弈中更占有优势。

第三,由于跨国公司全球价值链生产体系的形成,使得作为东道国谈判能力源泉的区位特殊优势,在不少东道国其实并不是由政府实施相关政策的结果,而更多的是由跨国公司在东道国展开全球价值链生产活动所构筑的,所以这种区位特殊优势具有一定的虚拟性和脆弱性。

第四,中国等部分发展中东道国的经济发展迅速,国内市场不断扩大,区位特殊优势逐渐增强,使得围绕进入这些发展中东道国的市场,跨国公司之间的竞争正在加剧,从而增加了这部分发展中东道国对跨国公司的可选性,也在很大程度上提高了它们的谈判能力。

第五,多个国家通过国际协调来改善相关国家的贸易和投资环境,如通过签订自由贸易协定(free trade agreement, FTA)或建立自由贸易区(free trade area)等,在区域内成员国之间实现贸易和直接投资的自由化,从而增强及提高了该区域成员国的区位特殊优势及谈判能力,这明显对区域外跨国公司进入该区域市场产生不利的影响①。

三、对国际直接投资和跨国公司的全球治理

1. 国际直接投资和跨国公司引发的问题

综上所述,国际直接投资和跨国公司的全球经营活动在国际上及东道国

---

① 据WTO统计,截至2009年底,全球的地区贸易协定已达180个,其中FTA155个,关税同盟7个,其他18个(www.wto.org)。

引发了以下一系列问题：

第一，世界财富的集中和相对贫困的增加。为了实现全球利润最大化的目标，跨国公司充分利用其所有权优势垄断世界天然资源的生产和供应、控制国际市场，并通过转让定价逃避税收和转移利润，使得世界财富越来越集中到部分跨国公司及发达国家，造成一些发展中国家国民财富的流出及相对贫困化。

第二，加大全球金融风险和引发国际金融危机。跨国公司为了规避自身的资金风险而在世界上大规模地转移资金，不仅使母国及东道国政府不易对其实施有效的监控，相关国家的货币政策和外汇政策难以奏效，而且客观上也加大了全球的金融风险，并有可能引发国际金融危机和整个世界经济的剧烈动荡。

第三，通过污染行业的国际转移破坏他国的环境。由于发达国家对企业的环境标准越来越严格，迫使部分跨国公司将污染严重的生产转移到国外，尤其转移到环境标准较低的发展中国家，导致部分发展中国家的环境严重污染。

第四，剥削劳动和侵害人权。为了最大限度地降低生产成本，部分跨国公司通常压低东道国工人的工资，延长劳动时间，降低劳动条件标准，或减少必要的福利支出，甚至在东道国雇用童工，严重侵害劳动者的基本权利[①]。

第五，阻碍东道国民族产业的发展。跨国公司经营资源的配置日益全球化，它在东道国的生产通常只是其全球价值链生产的一个环节，它与东道国民族产业之间的前向联系(forward linkage)和后向联系(backward linkage)效应较弱，或根本没有产业关联关系，甚至利用其竞争优势垄断市场，从而严重阻碍东道国民族产业的发展。

第六，削弱东道国的经济及政治主权。在经济方面，跨国公司通过垄断东道国的天然资源、重要产业及国内市场，控制东道国的经济命脉，并迫使东道国政府实施有利于外资的优惠政策；在政治方面，有些跨国公司借助于母

---

① Sethi, S. Prakash. *Setting Global Standards: Guidelines for Creating Codes of Conduct in Multinational Corporations*, John Wiley & Sons, Inc., 2003, pp. 15–42. (S. P. Sethi通过整理新闻报道发现，发生跨国公司剥削劳动和侵害人权问题最多的国家是中国、印尼和墨西哥等发展中国家，行业主要集中在是运动鞋、服装等制造业和零售业。)

国的政治势力和自身的垄断优势,介入东道国的政治领域,幕后支持或贿赂某些政治集团,从而影响东道国的政治程序及其走向。

2. 对国际直接投资和跨国公司的国际规制

国际直接投资及跨国公司的全球经营活动使得某一国政府很难通过国内法及相关政策来规制(regulation)它们的经营行为,而必须借助于国际机构、政府间协议、非政府组织(NGO)等国际规制手段。因此,从 20 世纪 70 年代起,国际组织、各国政府、社会团体等就发表过许多有关国际规制的重要文件,并制定了具体的规则。它们共同的宗旨是通过制订国际准则来规制跨国公司的经营行为,使其承担起必要的社会责任(corporate social responsibility, CSR)。

面对第二次世界大战后国际直接投资及跨国公司国际经营活动引发的一系列问题,联合国先后在 1973 年和 1974 年发表了《世界发展中的跨国公司》和《跨国公司对发展过程及国际关系的影响》两份报告,指出当时跨国公司存在诸如垄断、贿赂、非法支付、限制性商业措施、转让定价等"有问题的"商业行径,认为跨国公司不受约束的行为潜在地损害东道国的利益,并在 1975 年设立跨国公司委员会和跨国公司研究中心,具体处理跨国公司的相关问题及向发展中国家提供咨询服务[1]。

联合国在 1986 年最终定稿的《跨国公司行为守则》总则中,对跨国公司的行为准则作了如下规定:尊重国家主权,遵守国内法律、法规和行政惯例,经营活动应符合所在国家制定的发展方针、目标和优先考虑事项,遵循社会文化目标和价值观念,尊重人权和基本自由,不干涉东道国内部事务,不干涉政府间事务,杜绝贿赂贪污行为。同时,还就雇佣条件和劳资关系、国际收支与资金筹措、转让定价、税收、竞争与限制性商业措施、技术转让、消费者保护及环境保护等提出跨国公司应遵循的行为守则[2]。

1999 年 1 月联合国秘书长安南在瑞士达沃斯举行的世界经济论坛的演讲中,号召各国企业承诺遵守国际行为准则,使经济活动兼顾社会公益,承担相关的社会责任。在此基础上,联合国于 2000 年 7 月正式启动由各国政府、企业工会及非政府组织代表参加的"全球契约"(global compact)。"全球契

---

[1] United Nations, *Multinational Corporations in World Development*, New York, 1973, *The Impact of Multinational Corporations on Development and on International Relations*, New York, 1974.

[2] United Nations, *Code of Conduct on Transnational Corporations*, New York, 1986.

约"要求各国企业遵守以下十项基本原则:在人权方面,应该尊重和维护国际公认的各项人权,绝不参与任何践踏人权的行为(当跨国公司参与违反人权时是直接的同谋(direct complicity),当其从政府代理人实施的人权滥用中受益时是受益的同谋(beneficial complicity),当其在与适当的公共权威互相作用时没有提出系统的或持续的人权保护时是无声的同谋(silent complicity));在劳工标准方面,应维护结社自由及承认劳资集体谈判的权利,消除一切形式的强制性劳动,废除童工制度,杜绝就业和职业方面的歧视;在环境方面,应支持采用预防性方法应对环境挑战,主动增加对环保所承担的责任;鼓励开发和推广环保技术;在反腐败方面,应努力反对一切形式的腐败,包括敲诈勒索和行贿受贿。

国际劳工组织(International Labor Organization, ILO)在1971年通过的有关"跨国公司引发的社会问题"决议的基础上,于1973年发表了《跨国公司与社会政策》的报告,该报告基于当时跨国公司国际经营中损害劳动者基本权利的问题,提出了国际劳工标准的基本框架。1977年,国际劳工组织、各国政府及企业三方通过了《关于跨国公司和社会政策原则三方宣言》,该宣言具体制定了国际劳工标准的基本框架,倡导在遵守劳工标准方面的四个基本原则,即结社自由和承认集体谈判权利、消除一切形式的强迫或强制劳动、消除就业与职业歧视、有效废除童工,这些被认为是最完备并最具国际影响力的国际标准。1998年,ILO通过了《关于工作中基本原则和权利的宣言》,该宣言以上述1977年的三方宣言作为导言,进一步确认了跨国公司在劳资关系、工作条件及就业等方面应遵守的基本原则,具体提出了规制跨国公司行为的社会政策指导方针,并在作为附录的"后续措施"中,制定了一套具体的监督和执行方法①。

经济合作与发展组织(Organization for Economic Co-operation and Development, OECD)早在1976年就发表了《跨国公司行为准则》,这是由OECD成员国政府签署并承诺执行的多边及综合性的跨国公司行为规范准则,当时旨在规制发达国家跨国公司在发展中东道国的行为,以此缓解发达国家与发展中国家日益尖锐的矛盾。2000年OECD重新修订了该准则,强调跨国公司应充分考虑东道国的既定政策及其他利益相关者,并关注可持续发展问

---

① ILO, Declaration on Fundamental Principles and Rights at Work, 1998.

题。主要内容包括一般政策、信息披露、就业和劳资关系、环境、打击行贿、消费者利益、科学技术、竞争、税收等,并更加强调成员国政府在促进和执行准则方面的责任①。尽管该准则在法律上对跨国公司不具有约束力,但由于各成员国的积极宣传和推广并提供咨询服务,使得跨国公司在自觉遵守该准则方面有了一定的进展。

此外,世界主要国家特别是发达国家除了积极鼓励和引导本国跨国公司遵守上述各类守则或准则外,还通过制订和实施公共政策、劳工政策及环境政策,规制国内外跨国公司的行为,把坚持可持续发展和履行共同社会责任作为跨国公司基本的行为准则。

同时,世界上相关的非政府组织(non-governmental organizations, NGO)和非营利组织(non-profitable organization, NPO)也通过制订各种准则和标准,引导跨国公司履行其社会责任。如制订跨国公司的审计报告准则、劳工标准(Social Accountability 8000 International Standard, SA8000 等)、环境标准(International Organization for Standardization, ISO14001 等)及其他自我评价标准等,并对跨国公司履行相关社会责任的实绩进行审核和认证。

3. 东道国对国际直接投资和跨国公司的规制

在经济国际化与全球化的过程中,许多东道国除了积极参与地区性协议和跨国立法,借助于上述的国际规制方式外,还通过国内的产业政策、竞争政策、相关法律、监督体系和评价机制来实施对国际直接投资和跨国公司的规制。

第一,通过制定和实施产业政策,有选择地引导国际直接投资和跨国公司进入东道国需重点发展的行业。如一些东道国政府根据本国产业发展的重点方向,定期公布鼓励、允许或禁止外资进入的行业目录,在鼓励外资进入的产业部门实施各种优惠措施,在允许外资进入的产业部门实施"国民待遇",在禁止外资进入的产业部门实施严格的市场准入。

第二,通过制定和实施产业扶持政策,培育国内民族产业,增强本国产业的综合竞争力。为了应对跨国公司大规模的跨国并购,一些东道国政府通过产业结构政策对国内民族企业实施重组,在政策上支持国内中小企业的发展,并建立内资和外资相互关联的产业群,将外资有效地纳入本国国民经济

---

① OECD, Guidelines for Multinational Enterprises, 1976.

均衡发展的体系中。

第三,通过制定和实施竞争政策,在国内形成竞争性的市场结构,完善符合全球化规则的市场体系。东道国市场的非竞争性为跨国公司进入及控制该市场提供了空间,为此一些东道国政府在政策上努力营造有利于竞争的市场环境,鼓励国内外企业之间的有效竞争,以此规制跨国公司不正当的市场行为。

第四,通过制定和实施反垄断法,规制跨国公司对国内企业的垄断性并购。一些东道国政府加强反垄断的立法和执法,对生产集中度高、市场垄断性强、产业控制力大的跨国并购实施反垄断规制,并构建外资并购的产业风险及经济安全的预警机制及体系,以此对跨国公司的并购活动进行事前的严格审核。

第五,通过制定和实施针对资本市场的相关法规,对外资通过资本市场收购国内企业实行股权规制。在一些资本市场开放或有限开放的东道国,政府根据国内不同的产业或企业,规定外资持有股权比率的最高限额,或在资本市场上一次收购股权的份额,以此来限制股权的高度集中,弱化跨国公司对国内企业的控制权。

第六,通过制定和实施能耗及环保标准,防止高能耗及高污染的外资项目进入本国。不少东道国,尤其是发展中东道国开始提高能耗及环保标准,或制定相关的法律法规,限制跨国公司,尤其是发达国家跨国公司通过对外直接投资转移高能耗及高污染的生产,并对违反相关法规和条例的外资企业执行处罚。

第七,通过制定和实施严格的税法及管理条例,防范跨国公司利用转让定价偷税漏税及转移利润的行为。在这方面,发达国家已积累了较丰富的经验,而发展中东道国对跨国公司的国际财务战略知之甚少,目前一方面是继续实施或适当调整对外资企业的税收优惠政策;另一方面是加强对外资企业关联交易的监管,并对查实的非法行为进行严厉的制裁。

第八,通过制定和实施劳工法及相关保护条例,切实保护本国劳动者的合法权益。许多发展中东道国先后修订劳工法及其相关条例,提高劳动者工作条件的标准,并建立监督和评价体系,以禁止跨国公司雇用童工及对劳动者的过度剥削,保障劳动者基本的工作条件和社会福利,并对侵犯劳动者合法权益的行为进行处罚。

4. 跨国公司的社会责任意识

如上所述,关于企业的社会责任(corporate social responsibility, CSR),国际上有多种不同的表述,而且随着时代的发展,其内涵和外延也正在发生变化。尽管如此,当今国际社会一般所接受的企业社会责任包括四个方面,即经济(economic)责任、法律(legal)责任、伦理(ethical)责任及自裁(discretionary)责任[①]。经济责任是企业的基本责任,即通过经营活动获取利润,保证企业的生存和发展;法律责任是企业的行为规范,即经营活动必须严格遵守法律;伦理责任是社会对企业的各种期望,尽管它不以法律形式来规范;自裁责任是企业自愿承担的责任,即企业通过公益活动等对社会作出贡献。总之,企业的社会责任不仅是要追求股东利益的最大化,还要关注所有企业相关者的利益,其中尤其是劳动者的利益,更多地承担对社会的责任,致力于环境保护和经济可持续发展。

其实,20世纪80年代以来,跨国公司在全球化经营中已逐渐感受到来自以下几方面的压力:第一,来自风险管理的压力,即如果跨国经营活动破坏环境和侵犯人权,将影响到市场对自己的评价(reputation),品牌形象及销售额将会受到影响,从而使企业在声誉下降中蒙受损失;第二,来自投资者(股东)的压力,即投资者为了实现投资收益的最大化,不希望因破坏环境和侵犯人权而使企业的声誉或股价下跌,从而影响到他们的投资收益;第三,来自消费者和社会团体的压力,即如在发展中国家发生雇用童工和过度剥削等问题,消费者会采取抵制该企业产品的运动,而一些社会团体(如NGO)的相关活动会起到推波助澜的作用;第四,来自企业职工的压力,即如在世界上发生抵制该企业产品的运动,将会影响到企业内职工的稳定性[②]。

为此,不少跨国公司逐渐意识到,如果不是自发地规制自己的行为(self-regulation),企业的国际竞争优势和全球财务绩效将会受到损害。于是,在国际社会及东道国各种规制的影响下,跨国公司出于对自身利益的考虑,开始逐渐持有社会责任的意识,并探索在全球化经营中如何履行社会责任的问题。

---

① Carroll, Archie B., "A Three-Dimensional Conceptual Model of Corporate Social Performance", *Academy of Management Review*, Vol. 4, No. 4, 1979, pp. 497–505.
② Graham, David and Ngaire Woods., "Making Corporate Self-Regulation Effective in Developing Countries", *World Development*, Vol. 34, No. 5, 2006, pp. 868–883.

首先,一些跨国公司自发地将社会责任作为行为准则(code of conduct),并具体落实到企业的全球经营规划中。如1994年美国、日本和欧洲的企业界领袖在瑞士举行的康克斯圆桌会议(Caux Round Table)上,制订了为企业经营提供商业伦理基本准则的《Caux商务原则》,认为企业的经营活动应该遵循"共生"和"人的尊严"的原则。"共生"是指为全人类的利益和幸福共同劳动共同生活,使相互合作、共存共荣与正当、公平的竞争两者并存;"人的尊严"则是指把尊重个人的神圣不可侵犯性和真正价值作为经营的终极目标。为此,企业必须尊重环境、避免违法或腐败。

其次,一些跨国公司自愿提交社会责任报告,向消费者、投资者和社会公众展示其履行社会责任的表现和承诺,并接受第三方认证机构的审核。如《财富》杂志评选出的全球最大一百家跨国公司中有80%以上提交社会责任报告,报告通常包括劳动条件、环境方针、可持续发展、技术创新、再生能源、清洁生产、技术转让、公益事业等内容,并由上述的一些国际认证机构对其进行测评考核及予以公布。

然而,应该指出的是,跨国公司并非博爱的机构,其不会主动地引导社会和环境的发展,只是在全球化经营中面对上述各种压力,为了维持国际竞争优势和全球财务绩效,才开始关注和履行相应的社会责任。

第三节 国际直接投资、跨国公司与发展中国家

一、国际直接投资、跨国公司的积极作用

1. 关于跨国公司"功与罪"的争论

关于国际直接投资、跨国公司,尤其是发达国家跨国公司对发展中国家经济发展的影响,国内外始终存在着两种截然相反的观点。一种观点认为,跨国公司能最有效地利用世界上的各种经营资源,它的存在是世界经济,尤其是发展中国家经济发展必不可少的,它给发展中国家带去资金、技术、管理经验和市场,是发展中国家经济发展的发动机;另一种观点则认为,发达国家跨国公司的直接投资加深了发展中国家对发达国家的依附性,是发展中国家经济发展的强大障碍,是使经济殖民主义固定化的罪恶之源。

对于发达国家跨国公司的直接投资对发展中国家是功是罪的争论,必须要用历史的、辩证的和实证的方法作具体的分析。从历史上来看,19世纪末至20世纪前半期,发达国家一直把殖民地和广大发展中国家作为掠夺原材料和倾销商品的市场。在国家的强权政治下,跨国公司的直接投资往往也是从宗主国的利益出发,根本无视广大发展中国家的利益,不考虑当地经济的均衡发展,给发展中国家带来沉重的负担。第二次世界大战后,世界经济政治格局发生了重大变化,广大发展中国家政治上获得了独立、经济上要实现工业化,它们有必要通过引进外国直接投资解决国内资金、技术和市场不足等问题。而发达国家跨国公司出于实现全球范围内长期利润最大化的动机,也有必要通过对发展中国家直接投资来解决资源、劳动力和市场不足等问题。第二次世界大战后跨国公司的直接投资是在这样的前提下形成的,它不像第二次世界大战前那样是强权政治的产物。虽然发达国家跨国公司直接投资的目的仍是追求利润最大化,但从某种程度上来说对发展中国家的经济发展客观上也起到了一定的积极作用。只是由于力量对比悬殊,发达国家跨国公司在实力上占优势,从而使发展中国家经常处于不利的地位。

可见,上述"功论"由于缺乏对客观事实和国际生产关系的具体分析,所以过分夸大了发达国家跨国公司的直接投资对发展中国家经济发展的作用,而"罪论"则忽视对第二次世界大战后世界经济政治格局的变化和国际生产力的研究,因而其结论也是片面的。国际经验表明,在各发展中国家的不同行业及企业、不同时期及阶段,跨国公司直接投资的积极作用或消极作用以及总体利弊得失的差异很大,而这种积极作用和消极作用的程度并不仅仅决定于跨国公司本身,而在一定程度上取决于发展中国家的对内和对外政策。

2. 对发展中国家经济发展的促进作用

如上所述,国际直接投资不仅是资金的国际转移,而且也是劳动力、生产技术、营销能力、企业家精神等整个经营资源的国际转移。因此,要判断跨国公司,尤其是发达国家跨国公司的直接投资对发展中国家经济发展所起的作用,就应该从发展中国家的资本形成、技术进步、产业结构变化、国际分工深化、出口贸易增长、就业规模扩大等方面进行具体的考察,而简单地从统计上检析出外国直接投资与东道国经济增长之间的相关性也许没有多大的实际意义。

(1) 对资本形成的影响。

第二次世界大战后,发展中国家的经济发展普遍受到两方面的约束或存在双缺口:第一,储蓄缺口或投资约束,即由于民族资本相对弱小,国民收入水平较低,国内储蓄的增长总是跟不上投资增长的需要,两者之间存在很大的缺口;第二,外汇缺口或贸易约束,即由于外国资本的撤离、初级产品的贸易条件恶化及出口难以增加,国内外汇奇缺,无法进口经济发展所需的资本设备[1]。为了弥补这两个缺口,发展中国家采取的一般策略是引进外国直接外资,即便是在进口替代阶段,发展中国家也是有限制地利用外国直接投资。而战后工业化比较成功的发展中国家的经验表明,跨国公司的直接投资对于弥补发展中国家经济发展中的双缺口有着积极意义。

(2) 对技术进步的影响。

第二次世界大战后制约发展中国家经济发展的第三个因素是存在技术缺口或技术约束,即工业化及经济发展过程中缺乏先进的生产技术、管理能力和企业家,因而无法提升产业结构和提高劳动生产率。而通过引进发达国家跨国公司的直接投资,可以获取发达国家的先进技术和管理经验;同时,跨国公司为了实现全球经营效率,也会向在发展中国家的子公司转移部分技术,并在当地产生技术溢出效应,这对发展中国家弥补技术缺口有一定的作用。不少实证研究的结果也证明,外国直接投资中隐含的技能和技术能提高东道国资本存量的边际生产率,加速其经济增长[2]。

(3) 对产业结构的影响。

第二次世界大战后政治上获得独立的发展中国家迫切希望实现工业化,改变殖民地时期所形成的单一经济结构,摆脱初级产品贸易条件日益恶化的局面。从20世纪60年代起,部分发展中国家先后调整了工业化战略,开始有限制地引进发达国家跨国公司的直接投资,从发达国家"移植"本国所没有的或相对落后的产业部门。而发达国家由于国内比较成本和市场条件的变化,客观上也有必要把一部分丧失比较优势或市场条件恶化的产业部门转移到发展中国家。因此,发达国家跨国公司的直接投资客观上有利于发展中国

---

[1] Chenery, H. B. and Strout, A. M., "Foreign Assistance and Economic Development", *American Economic Review*, 1966, 56(9), pp. 679–733.

[2] Hirschman A. Exit, Voice and Loyalty: Responses to Decline in Firms, Organizations, and State, Cambridge: Harvard University Press, 1970.

家改变落后的产业结构,并对它们实现工业化有一定的促进作用。

(4) 对分工与贸易的影响。

跨国公司从实施产业内或企业内垂直国际分工的战略出发,把生产过程中更多使用劳动力的下游部门转移到发展中国家,从而改变了发展中国家参与国际分工的形式。即发展中国家日益被纳入跨国公司的全球价值链生产中,参与国际分工的形式逐渐从以产业间分工为主过渡到以产业内或企业内分工为主,并成为跨国公司全球生产的重要组成部分。于是,一方面发展中国家进口的资本品及中间产品迅速增加;另一方面出口的最终产品也大幅度扩大。尤其是跨国公司以建立出口加工基地为目的的直接投资,与大部分发展中国家实施的出口导向型经济发展战略相吻合,从而在相当程度上促进了这些国家进出口贸易的发展,并带动了其整个经济的迅速增长。

(5) 对就业的影响。

跨国公司的直接投资在一定程度上有利于发展中国家就业的扩大,尤其是以利用当地廉价劳动力为目的直接投资,对于增加发展中国家的就业所起的作用比较明显。当然,也应该看到,随着生产技术和产品的标准化,自动化程度越来越高,单位资本所使用的劳动力数量趋于减少,所以,对跨国公司作为发展中国家"就业吸收器"的作用不能估计过高。

二、国际直接投资、跨国公司的负面影响

1. 国民经济的脆弱性

发达国家跨国公司对发展中国家的资金流入主要是在子公司的初创时期,随着子公司正式投产,资金流入量往往会减少或停止,进而母公司会回收所投资金,届时发展中国家就会出现资金净流出。因为子公司开工后,资本设备和中间产品的进口增加,尽管会有部分产品出口,但有时进口可能增加得更快,而且逐渐还会有利润汇出,甚至还有一些跨国公司利用转让定价抽逃资金,对发展中国家平衡国际收支的消极作用便由此产生。此外,有些跨国公司为了避免资金风险,尽可能不使用母公司的资金,而是利用其融资能力,在东道国当地通过发行股票、债券等方式筹集资金,吸收当地的储蓄,从而加重当地资金供给短缺的矛盾。

在1997年东南亚金融危机爆发前,跨国公司对东南亚国家的直接投资绝大部分已进入生产期,子公司的利润除一部分被用于扩大投资外,汇出境

外的部分逐渐增加,使得这些国家陷入进退维谷的境地。即为了维持一定的经济增长率,东南亚国家越是想通过引进外国直接投资来填补储蓄与投资的缺口,则国民经济(国内储蓄)的流失部分就越大。于是,在没有新的外国直接投资大规模进入的情况下,东南亚国家不得不引进外国的间接投资,尤其是风险很大的短期债务,埋下了酿成货币金融危机的祸根①。

2. 产业结构的非关联性

发展中国家较落后的工业化基础条件,决定了跨国公司的生产活动与东道国企业之间的"前向联系"(forward linkage)及"后向联系"(backward linkage)效应较弱。因此,尽管跨国公司的"产业移植"对发展中国家工业化的发展能起一定的作用,但是,如果那些外国直接投资集中的行业不能和发展中国家已有的行业建立起相互关联的关系,即不能把生产关联效应波及发展中国家的民族工业,那么,发展中国家就无法形成均衡的国民经济体系,外资集中的行业将成为"外国飞地"(foreign enclave)。

首先,一些制造业跨国公司仅仅从东道国个别特定的行业或当地的外资企业购买中间产品,所生产的产品的销售对象也限于个别行业或外资企业,所以对发展中国家整个产业的波及效应很小。其次,有些外国直接投资集中的制造业部门(如电子及电器)几乎不从东道国其他行业购入中间产品,仅仅是把自身生产的产品或进口品作为中间投入,而加工后的产品又几乎全部用于出口,是典型的没有波及效应的"出口飞地"(export enclave)。再次,一些发展中国家的主要出口行业,如电子及电器、纺织业的技术特性,决定了这些部门的生产可以由互不关联的生产工序组成,只是通过跨国公司的国际生产网络,在全球范围内才形成整体。它们赖以生存的条件是低工资、单纯的加工组装劳动等发展中国家现有的基础条件,而当这些条件发生变化后,跨国公司将会大规模地撤离。

3. 进出口的非对称性

跨国公司垂直一体化的全球生产体系及发展中国家落后的基础工业,使不少发展中国家形成进出口商品和市场的非对称性结构。即,跨国公司在东道国生产所需的资本品及中间产品大部分必须依赖从特定的发达国家和地区(如日本及亚洲 NIEs)进口,而所生产的最终产品的消费市场则主要在欧美

---

① 陈建安,"外国直接投资与东亚金融危机",《世界经济文汇》,2000 年第 1 期。

国家。这种进出口商品和市场的非对称性,不仅使部分发展中国家对欧美国家产生较大的贸易不平衡,进一步激化彼此的经济贸易摩擦,而且也加剧了发展中国家国内生产的不稳定性[①]。

同时,发展中国家的关联行业不发达,生产的进口诱发比率相对较高,形成出口越多,所需进口的中间产品也越多的局面,从而造成结构性贸易逆差。此外,除部分出口导向型跨国公司外,大部分跨国公司的经营战略是尽可能扩大在发展中国家当地的销售,因此它们对从发展中国家增加出口持消极态度。再则,跨国公司的国际贸易有很大部分是企业内贸易,发展中国家对这部分贸易既不能控制其流量和流向,也无法控制其价格,所以,往往处于十分被动的状态。

4. 出口导向工业化的局限性

从20世纪70年代起,不少发展中国家先后对工业化发展战略作了重大调整,即从进口替代转向出口导向,一改以往仅仅把外资作为弥补国内资金不足的手段的政策,开始进一步重视外资在经济发展中的作用,并制定了放宽对外资企业出资比率限制等吸引外资的优惠政策。事实证明,出口导向工业化发展战略在一定条件下有利于发展中国家按比较优势结构合理配置资源,有利于通过扩大市场获得规模经济利益,有利于促进生产效率的提高及先进技术的学习,有利于通过扩大出口加速经济增长。

然而,在引进跨国公司直接投资基础上的出口导向工业化的发展,导致发展中国家日益被卷入跨国公司垂直一体化的全球生产体系中,使整个国民经济的发展逐渐依附于外国资本和世界市场。以至于当世界出口贸易增长率下降时,由于发展中国家处于全球生产链的下端,因而所受到的外部冲击更大,被迫承受更多的结构调整成本,经常面临结构性不平衡及经济增长不稳定的局面,有时甚至会引发国际收支危机。

5. 产业梯度转移的非连续性

以跨国公司对外直接投资为载体的连续的产业梯度转移,使得发达国家、新兴工业化国家(地区)及发展中国家三者之间形成既包括产业间及产业内的垂直分工和水平分工,也包括企业内的垂直分工和水平分工的多维分工体系,使各国(地区)比仅仅通过国际贸易更能有效地利用各自的比较优势,

---

① 陈建安,"东亚的产业分工体系及其结构性不平衡",《世界经济研究》,2008年第4期。

从而充分享受产业分工和经济发展的利益。这是第二次世界大战后部分发展中国家,尤其是东亚发展中国家(地区)经济增长的重要原因之一。

然而,20世纪90年代以来,发达国家技术创新和产业升级的速度相对迟缓,跨国公司更多的是通过把生产工序转移到低成本的国家,在相当程度上保持了国际竞争优势,因而也失去了进一步提升产业结构的动力。发达国家大规模的产业整体转移出现停滞,导致全球产业梯度转移链的断裂。而处在分工结构最底部的发展中国家由于得不到进一步的产业转移,在一定程度上迷失了投资方向,在世界市场工业品生产过剩的情况下,为维持较高的经济增长率,依然对原有行业进行过度投资,或将资金投向房地产和证券市场,结果形成"泡沫经济",酿成金融和经济危机。

6. 国内产业结构及地区发展的失衡性

由外国直接投资建立起来的出口行业的片面发展,导致发展中国家国内产业结构出现严重的不平衡,尤其是农业的相对落后、初级产品加工业及中间产品行业的不发达,最终阻碍了发展中国家工业化的顺利进行。同时,畸形发展的出口行业必然与当地民族企业争夺国内有限的经营资源,尤其是争夺相对稀少的技术人才和熟练工人,从而排挤当地传统的民族工业。因此,考虑到发展中国家引进外国直接投资发展出口行业较高的替代成本,那么可以认为,外国直接投资对发展中国家国民经济发展所起的作用,实际上比理论上要小得多。

此外,外国直接投资正在使部分发展中国家的产业形成二元结构,即一方面是少数现代化的外国大企业,另一方面是众多的在技术和劳动条件等方面相对落后的民族中小企业,外国大企业以其压倒优势的资金和技术力量,把民族中小企业置于其附属的地位,使民族中小企业得不到充分的发展。同时,外国企业主要集中在各国的首都及出口加工区,在这些地区,经济有了较快的发展,劳动力的收入水平有了一定的提高,但在边远地区和农村,经济依然没有得到发展,收入水平还很低。各国不同地区之间、城市与农村之间发展的不平衡及贫富差别的扩大,影响发展中国家的社会稳定,从而有碍其工业化的进程。

三、探索低成本的外资政策

综上所述,国际直接投资、跨国公司对发展中国家经济发展的作用及影响具有二重性,即既有促进发展中国家经济发展的积极作用,也有扭曲或阻碍其工业化进程的消极影响。当然,积极作用是跨国公司在实现全球利润最大化过程中的派生结果,而消极作用则来自外国资本的"利润原则"。因此,如何充分利用跨国公司直接投资的积极作用,并将外国资本的"利润原则"纳入实现国家工业化的轨道而又不使其无限泛滥,这便是发展中国家引进外国直接投资所面临的重大课题。同时,外国直接投资的积极作用和消极作用的产生程度,并不仅仅决定于外国资本本身,而最终将取决于发展中国家自身的外资政策和国内政策。只要发展中国家致力于国内的经济和政治改革,妥善协调国内各利益集团之间及与国外利益集团之间的关系,明确国家的发展目标,并建立实现这一发展目标的有效的法律制度和组织机构,在一定程度上可以阻止外国资本的"利润冲动"。

第一,发展中国家应该从历史和辩证的角度认识外国直接投资的"功与罪"。跨国公司的直接投资能够为发展中国家带去资金、技术、管理经验和国外市场,同时也能从发展中国家得到资源、劳动力和国内市场,并从发展中国家取得投资收益。对此,发展中国家需要保持良好的心态,切忌不要担心国民经济的流失而对外国资本实行过多的限制,要学会让外国资本的投资收益转化为发展中国家国内再投资的艺术。

第二,发展经济学认为,各产业间中间产品投入量或中间产品交易量越大,则各行业相互间的联系就越紧密,进而就越能相互促进生产;在这样的产业结构及国民经济体系下,商品、劳务及资金的相当部分将在体系内部循环,因而就有可能持续地提高一国的国民收入。为此,发展中国家应该把建立相互依存的产业结构作为其经济政策的重点,从国民经济均衡发展的角度分阶段地制定对外资的选择标准,有目的地将外国资本引入国家必须发展的行业或部门,政策上应鼓励外国零部件企业的直接投资,建立相互关联的产业群,并且在具体措施上扶植本国中小企业的发展,以逐渐摆脱对中间产品进口的依赖、缓解经常收支的结构性逆差。

第三,在技术优势越来越成为跨国公司对外直接投资的重要决定因素的今天,那种认为只要对跨国公司的所有权比率进行限制(如限制在49%以下)就能抵消它的消极作用的想法就显得十分幼稚。因为,跨国公司完全可以在少数所有(所有权比率在5%—49%)的前提下,通过垄断技术、财务及销售渠道等手段来控制企业,乃至控制发展中国家的整个国民经济。因此,发展中国家可以在一定条件下放宽对跨国公司出资比率的限制,但必须强化反垄断政策及其他相关措施,杜绝跨国公司损害本国国民经济的垄断行为。

第四,在世界工业品生产普遍过剩的现状下,发展中国家必须对现有适应于出口导向型经济增长的产业结构进行调整,使本国经济逐渐摆脱对世界市场的过度依赖。其中最有效的方法是开发国内市场,建立有利于扩大国内需求的产业结构。但是,这并不意味着排斥外国直接投资,各国政府可以用适当让出国内市场的政策,引导外资参与国内市场的开发,尤其是通过引进新的产业和产品,在国内形成新的消费热点。同时,加强所在区域各国的经济合作,扩大区域内部的市场。

第五,对于大部分发展中国家来说,要提升本国的产业结构,在相当程度上还必须依靠从发达国家移植产业,这是一个不以发展中国家意志为转移的客观事实。但是,这并不意味着发展中国家将永远只能从某些特定的发达国家引进边际产业,或仅仅从事跨国公司全球价值链生产过程中的部分边际生产。通过全方位地引进发达国家跨国公司的直接投资,创造条件促使其转让技术,并致力于消化和吸收引进的技术,可以在一定程度上改变国际分工中不利的地位,突破产业梯度转移链的约束。

第六,对于在引进外国直接投资方面积累了一定经验的发展中国家来说,政策的重点不必像引进外资初期那样放在给外资企业以多少优惠上,而应当放在进一步健全法制和完善基础设施上。应当尽可能地将外资企业置于国内民族企业同等的竞争条件下,制定内容广泛、对境内所有企业都适用的反垄断法,并在政策和具体法规上加强对外资企业的监督和管理,抑制外国资本"利润原则"的无限泛滥。

第七,为了实现全球长期利润的最大化,跨国公司可以暂时牺牲某子公司的利益,它们常用的手法是将各类经营资源的交易内部化,通过转让定价,合法和非法地在全球规避税收支出,以最大限度地降低总成本。跨国公司的这种战略,可以在一定程度上迎合发展中国家某些利益集团的需要,双方由此会建立千丝万缕的关系来共同对付当地政府,从而使促进国民经济的均衡发展、扩大国民的就业、维持国际收支的平衡并通过税收对国民收入进行再分配以保证整个社会的公平这些国家的目标无法实现。因此,发展中东道国在政策上必须协调国内各利益集团之间的关系,杜绝国内某些利益集团与外国资本的不正常结合,以确保国家目标的实现。

第八,由于不少发展中东道国的资本市场不成熟、金融监管不到位,跨国公司大规模的全球资金转移不仅将使政府的财政政策和货币政策失效,并影响到其宏观经济的稳定性,甚至有可能被拖入地区性或国际性的货币金融危机中。为此,发展中东道国应当充分发挥其强有力的政治和经济力量,致力于本国金融市场的建设和加强金融监管,并开展金融领域的国际合作,相互提供有关跨国公司资金转移的信息,通过建立区域性的金融监管体系,以提高对外资监管的有效性。

关 键 词

产品内国际分工　企业内国际贸易　利益冲突　跨国公司的全球治理　外资政策

思 考 题

1. 国际直接投资及跨国公司对世界经济发展的影响。
2. 企业内国际贸易的特点及其影响。
3. 跨国公司与母国利益的一致性及矛盾性。
4. 跨国公司直接投资对发展中国家经济社会发展的正反两方面的影响。
5. 关于对国际直接投资和跨国公司的全球治理。

第五章
跨国公司的国际投资战略与所有权政策

第一节 跨国公司的国际投资战略选择

一、国际投资战略和主要投资方式

1. 决策框架和战略步骤

跨国公司在制订投资战略和选择投资方式时,通常要依据其竞争优势,确定整体的决策框架,并按如下战略步骤来进行①。

第一,对外投资的决策。当跨国公司所在国的市场日趋成熟,成长空间及盈利机会逐渐减少时,跨国公司将面临两大选择:其一,向国内其他领域发展,实现产品生产的多样化;其二,进行对外投资,向国外转移部分产品的生产。在国内市场规模较小、必须尽早回收大规模的投资以及国内市场处于寡头垄断状态的情况下,跨国公司便会选择对外投资。

第二,产品和经营资源的选定。通常,跨国公司会选择在国内市场已经成功且有一定出口实绩的产品,将生产线全部或部分转移到国外;同时,还会选择在技术和产品开发、制造技术、营销技术等方面有一定竞争力的经营资源参与对外投资。

第三,目标市场(国)的选择。在市场的成长性、竞争性等条件相似的情况下,跨国公司一般首先会选择文化差异较小的国家,即在社会制度、语言文化、气候地理等方面相近的国家,以避免因文化冲突而导致国外经营效率的

---

① F. R. Root, *Foreign Market Entry Strategies*, AMACOM, 1982.

下降。

第四,中长期营销目标的设定。如选定的目标市场(国)的需求有望进一步扩大,跨国公司就会进行较大规模的市场开发投资,就会更加重视中长期利润而不是追求短期利润,为此而采取尽可能扩大销售量和市场占有率的营销策略。

第五,目标市场的细分、锁定及定位(STP)。在对目标市场(国)作进一步调研的基础上,跨国公司将会进行市场细分(segmentation),即从政治、经济、文化、地理、人口等角度对目标市场(国)进行筛选,锁定目标市场(targeting),并进行市场定位(positioning),即确定在该市场(国)如何实现产品及服务的差异化。

第六,投资及所有权方式的选择。根据上述的决策框架和战略步骤,跨国公司接着会考虑选择具体的投资方式。即作为进入目标市场(国)的方式,是选择新建投资还是跨国并购;作为所有权方式,是选择独资或合资还是非股权经营。

2. 主要投资及所有权方式

(1) 新建投资。

作为进入目标市场(国)的第一种方式,新建投资(绿地投资)是指跨国公司在东道国境内依照东道国的相关法律,出资兴建全部或部分资产所有权为外国投资者所有的企业的投资行为。新建投资一般有两种形式:一是建立独资企业,主要包括国外分公司(branch)和国外子公司(subsidiary);二是建立合资企业,主要包括不同出资比率的股份有限公司和有限责任公司两种形式。

新建投资的出资方式主要有以下三种:第一,货币出资,即直接用货币(外汇)投资;第二,实物出资,即以设备、技术等形式出资;第三,混合出资,即部分货币出资、部分实物出资。与货币出资相比,实物出资在资产评估等方面容易与合作伙伴产生分歧。

(2) 跨国并购。

作为进入目标市场(国)的第二种方式,跨国并购是指跨国公司通过一定的法律程序取得东道国某企业(目标企业)全部或部分所有权的投资行为。跨国并购一般有两种方式:一是跨国收购,即收购东道国当地或国外企业的资产或股权;二是跨国兼并,即在东道国将当地或国外企业的资产及经营业务并入一家新的法人实体或现存企业。

跨国并购的行业特征主要有：同行业内的横向并购、不同行业间的纵向并购以及横向和纵向相结合的综合并购。并购方式主要有：出资收购对方的资产或股权、用股票换取对方的资产或股权以及出资承担对方的债务等。并购途径主要有：通过证券市场的要约收购（持有上市公司30％的股权时）、不通过证券市场的协议收购等。

（3）独资经营。

独资经营是指跨国公司依照东道国法律，在东道国境内单独出资建立企业，独自承担风险及盈亏的企业经营方式。独资企业的所有权方式被称为"100％所有"或"完全所有"（wholly ownership），但习惯上也把母公司拥有子公司95％以上（有决议权）股权的看作"完全所有"。

尽管独资经营下跨国公司必须承担所有的经营风险，但它能更有效地利用其所有权方面的优势，通过内部交易来规避各种经营风险。

（4）合资经营。

合资经营是指跨国公司与东道国投资者及其他外国投资者依照东道国法律，在东道国境内共同出资建立企业，实行共同经营、共担风险、共负盈亏的企业经营方式。按照跨国公司的出资比率，其所有权一般可分为"多数所有"（majority ownership，50％以上）、"对等所有"（equal ownership，50％）及"少数所有"（minority ownership，50％以下）。

合资经营是跨国公司为了分散经营风险、充分利用外部经营资源、迅速进入目标市场的有效投资方式，尤其是在对外国企业出资比率有限制的东道国，选择合资经营可以在一定程度上降低进入壁垒。出资方式包括货币出资、实物出资及混合出资，其中合资参与方会就实物出资中的资产评估产生分歧。

（5）非股权经营。

非股权经营或非股权投资（non-equity investment）是指跨国公司依照东道国法律和政策，为东道国企业提供与所有权（股权）没有直接联系的生产技术、管理咨询、资金融通、销售渠道等，并从中获取相应利益的企业经营方式。非股权安排的具体形式很多，主要有许可证合同、管理合同、产品分成合同、协作生产合同、劳务合同、销售合同、联合投标合同、交钥匙合同、咨询服务合同等。

非股权经营是跨国公司充分利用其所有权优势进入目标市场、降低投资风险的经营方式,也是不少发展中东道国吸引发达国家跨国公司直接投资的有效形式。由于非股权经营不涉及敏感的所有权问题,因此参与各方容易接受,使之逐渐成为当今流行的国际经营方式。

(6) 国际战略联盟。

国际战略联盟(strategic alliances of transnational corporation)是指两家以上的跨国公司为实现某一战略目标而建立的互为补充、相互衔接的合作关系,它一般采取非股权安排的方式,主要形式有研发合作、营销合作、许可协定等。

国际战略联盟因有利于加快技术研发、减轻研发风险、降低投资成本,提高规模效益、开发新的市场、避免过度竞争而深受跨国公司的青睐,成为20世纪90年代以来跨国经营的重要方式。

二、不同国际投资方式的比较

1. 资源投入及市场开发的比较

从资源投入的程度来看,绿地投资(新建投资)中的独资方式通常一切从零开始,因此跨国公司自身的资源投入量大,投资成本高,可利用的外部资源少。跨国并购一般所需的资源投入量较大,投资成本也较高,但可在短期内利用被并购企业的资源。而合资经营因为有其他投资者的参与,所以资源投入量相对较小,投资成本较低。非股权经营(国际战略联盟)一般是局部领域的合作,所以资源投入量可能最小,投资成本也许最低。

从进入当地市场的难易程度来看,绿地投资中的独资方式必须更多地依靠跨国公司自身的所有权优势,所以市场进入相对较难,投资开始到进入正常经营所需要的时间也较长。跨国并购可以利用被并购企业在当地积累的资源,所以进入市场相对容易,但寻找并购对象需要花费较长的时间。合资经营也可以充分利用合资伙伴的经营资源,所以进入市场相对较容易,但寻找合资伙伴需要一定的时间。在非股权经营(国际战略联盟)的各种类型中,营销合作是进入当地市场较容易的一种方式,但寻找理想的合作对象需要花费时间。

从市场开发能力来看,绿地投资中的独资方式要迅速扩大当地的销售渠道有一定难度,因为要熟悉及掌握当地的市场营销技能需要一定的时间。跨国并购能充分利用被并购企业的销售渠道,并通过企业内部的资源整合,增强市场开发能力。合资经营也可有效利用合资伙伴已有的销售渠道,并借助合资伙伴的市场经验,在当地开发新的市场。而非股权经营(国际战略联盟)中的许多形式有利于利用合作对象的销售渠道,并可通过合作各方的优势互补,有效地进入新的经营领域(参见表5-1)。

表5-1 国际投资方式及其对跨国经营的影响

影响 \ 方式	绿地投资（独资）	跨国并购	合资经营	非股权经营（国际战略联盟）
资源投入程度	资源投入量大、投资成本高	资源投入量较大、投资成本较高	资源投入量较小、投资成本较低	资源投入量小、投资成本低
进入市场难易程度	较难,进入正常经营所需时间较长	容易,寻找并购对象需要时间	较容易,寻找合资伙伴需时间	较容易,寻找合作对象需时间
市场开发能力	迅速扩大销售渠道有一定难度	能利用被并购企业的销售渠道	可利用合资伙伴的销售渠道	有利用合作对象销售渠道的可能性
技术控制能力	依靠本企业研发、可防止技术扩散	利用被并购企业技术、转让技术容易	与合资伙伴形成技术互补、技术外溢	与合作对象形成技术互补、技术外流
经营控制能力	经营控制能力强、管理层的组成较难	容易获得控制权、经营整合有难度	必须与合资伙伴分享经营控制权	合作对象掌握主导权的可能性较大
风险分散能力	投资风险大、撤退的成本较高	风险较大、与被并购企业的融合较难	风险较小、与合资伙伴可能产生冲突	有一定风险,可能达不到预定的目标
未来经营预测	能有效运营企业或存在较大不确定性	向新领域发展、非战略性部门的整合	合资期满后存在变数,有被并购的可能	发展成为资本参与,有被并购的可能

资料来源:根据Douglas, S. P. and C. S. Craig, *Global Marketing Strategy*, McGraw-Hill, 1995, pp. 163-166内容整理。

2. 技术及经营控制能力的比较

从技术控制能力来看,绿地投资中的独资方式可将技术置于共同的所有权控制下,一方面依靠母公司和子公司研发技术,另一方面在企业内部进行技术转移或转让,由此可增强跨国公司的技术控制能力,最大限度地防止技术扩散。跨国并购能迅速获得及控制被并购企业的技术等经营资源,技术控制能力较强,整合后企业内部的技术转让相对容易进行,在一定程度上也能防止技术扩散。合资经营在一定条件下能与合资伙伴形成技术互补,但技术的内部化较难实施,技术控制能力较弱,如核心技术被合资伙伴掌握,技术扩散便容易发生。非股权经营(国际战略联盟)在一定条件下也能与合作对象形成技术互补,但对整体技术的控制能力较差,在合作过程中容易发生技术外流。

从经营控制能力来看,绿地投资中的独资方式能通过所有权实施一体化经营,所以通常其经营控制能力最强,但管理层的组成及与母公司的沟通存在一定的复杂性,集权与分权的有效把握有一定的难度。跨国并购容易获得企业的经营控制权,其中尤其是跨国收购能通过改变被收购企业的产权归属而迅速取得经营权,但跨国并购有较大的不确定性,并购后的经营整合有相当的难度。合资经营必须与合资伙伴分享经营控制权,而要保持与合资伙伴的力量平衡有一定的难度,尤其是要真正掌握"少数所有"企业的经营控制权较难,需要借助母公司的技术等其他所有权优势。非股权经营(国际战略联盟)一般难以对合作对象的整个经营过程实施控制,其中经营控制能力取决于参与各方所有权优势的强弱,如合作对象的所有权优势较强,则其掌握经营控制权的可能性就较大。

3. 风险分散能力的比较

综上所述,从投资及经营风险来看,绿地投资中的独资方式存在较大不确定性,有较大的投资风险,因为它投资成本较大,在当地展开经营较难,撤退时的成本也较高。跨国并购也有较大的投资及经营风险,因为它投入的资源量较大,并购后企业内部的沟通、调整及融合难度较大,尤其是如被并购企业原有的非战略性部门较大,则有可能会降低整个企业的经营效率。合资经营中的合资伙伴能在一定程度上分担风险,但由于投资企业的技术及经营控制能力较差,合资期满后存在较大的不确定性,所以也有较大的投资及经营风险。非股权经营(国际战略联盟)尽管资源投入量较少,但经营控制能力差,存在较大的技术外流的风险,有时很可能达不到预定的目标。

然而,各类投资方式的风险分散机制不同,由此形成的风险分散能力也各异,所以不能简单地判断哪种投资方式的风险更大。绿地投资中的独资方式有较强的经营控制能力,如投资企业还有很强的所有权优势的话,那就可以大大降低投资风险。跨国并购能充分利用被并购企业的经营资源,技术及经营控制能力较强,如并购企业有较强的整合能力的话,能在相当程度上分散经营风险。合资经营能最大限度地利用合资伙伴的经营资源,比其他投资方式更利于嵌入到当地的网络中,如同时能有效地利用母公司的所有权优势,并主动地适应当地环境的话,也可以在相当程度上减小投资风险。非股权经营(国际战略联盟)也能在一定程度上利用合作对象的经营资源,只要加强对技术转让等合同的管理,提高组织学习的效率,也能有效地降低技术外流、信誉受损等经营风险,取得预定的合作成果,并有可能进一步发展成为资本参与跨国并购(参见图5-1)。

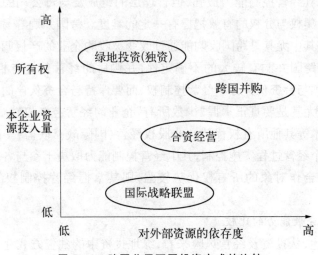

图 5-1 跨国公司不同投资方式的比较

三、国际经营环境的变化与投资方式的选择

1. 影响投资方式选择的因素

综上所述,从理论角度分析,跨国公司的所有权优势、内部化优势及区位优势是其选择国际投资方式的主要决定因素,而选择有效的投资方式,也能在一定程度上强化跨国公司的竞争优势。从实践角度分析,影响跨国公司投资方式选择的主要因素可分为企业内及企业外的若干方面[①]。

(1) 企业外部因素。

企业外部因素主要包括目标国的市场因素、目标国的生产因素、目标国的环境因素及母国的相关因素等,这些因素对跨国公司投资方式的选择有重大的影响。

目标国的市场因素主要包括两方面。第一,现有及未来的市场规模。如果目标国的人口较少、收入较低,则表明目标国的现有及未来市场规模有限,不宜采取独资、合资等股权投资的方式,但可考虑选择非股权经营中的部分

---

① F. R. Root, *Foreign Market Entry Strategies*, AMACOM, 1982.

形式；如果目标国的人口较多，即使目前收入水平较低，也表明目标国的市场有一定的潜在性，在其他条件基本满足的前提下，可选择独资、合资、跨国并购等投资方式。第二，市场竞争结构。如果目标国的市场是竞争性的，说明市场存在可借助所有权优势参与竞争的空间，此时可考虑采取绿地投资中的独资或合资方式；如果目标国的市场接近寡头垄断，表明要直接进入该市场有较大的难度，此时可考虑选择技术合作等建立国际战略联盟的方式。

目标国的生产因素主要是指目标国的基础设施、要素价格等。如果目标国的交通、通信、港口等基础设施较完备，原材料、能源、劳动力等要素价格较低，那就表明在目标国当地生产有一定的优势，可考虑选择绿地投资或跨国并购的方式，在目标国当地直接从事生产。如果目标国的基础设施较落后，要素价格较高，那就表明在目标国当地生产没有优势，可考虑采取非股权经营中诸如管理咨询、劳务合同、销售合同等投入资源相对少、投资风险比较小的方式。

目标国的环境因素主要包括目标国的政治、经济、社会及文化等因素。如果目标国政治上较稳定、各项法律法规较健全、政府采取鼓励外国直接投资的政策，经济上有较大的发展空间、经济运行质量和国民收入较高、对内对外奉行自由竞争的政策，文化上与母国的差异较小、民众有较高的国际化意识、经营方式与本企业接近，那么，可考虑采取绿地投资或跨国并购的方式。如目标国政治上不稳定，为了防止可能出现的没收风险，可考虑选择非股权经营或"少数所有"的合资经营方式；如目标国对外采取保护主义的政策，但经济上有一定的发展潜力，也可考虑选择合资经营或非股权经营的方式；如目标国的政治风险不大、经济上有一定的优势，但文化上的差异性较大，那就可考虑选择绿地投资中的独资或非股权经营中诸如技术许可证合同、管理咨询合同等方式。

母国的因素主要是指母国的市场规模、竞争结构、生产成本等因素。如果母国的市场规模较大，企业在开始实施对外直接投资之前，一般可在国内发展到一定的规模，由此可积蓄对外绿地投资及跨国并购的所有权优势。如果母国的市场竞争结构接近寡头垄断，那么，当一家寡头垄断企业通过绿地投资或跨国并购的方式进入他国后，担心竞争失衡的另一家寡头垄断企业便会采取跟进战略，也会通过绿地投资或跨国并购的方式进入该国；如果母国的生产成本较高，企业会选择跨国并购及绿地投资的方式，在生产成本较低的目标国从事生产和销售。

(2) 企业内部因素。

企业内部因素主要包括产品因素、国际经营资源及跨国经营经验等因素,这些因素对跨国公司投资方式的选择有决定性的影响。

产品因素主要是指产品的差异化程度、技术特性、售前及售后服务要求等因素。关于产品的差异化程度,如果与东道国同类产品相比投资企业产品的差异化程度较大,则表明该企业具有较强的所有权优势,因而可考虑选择绿地投资中独资的方式;相反,如果产品的差异化程度较小,或已属标准化产品,则可选择绿地投资中合资经营的方式。关于产品的技术特性,如果该产品的技术密集度较高、专用性较强,则可考虑采取绿地投资中独资的方式,以便控制技术、防止技术外流;相反,如果该产品的技术密集度较低、专用性较弱,则可考虑采取绿地投资中合资经营的方式,以最大程度利用目标国的生产资源及市场渠道。关于售前及售后服务要求,如果产品的售前及售后服务要求较高,可考虑选择绿地投资的方式,或通过跨国并购当地相关的服务企业,建立一体化的生产和服务体系。

国际经营资源主要是指资本、劳动、生产技术、经营技能、企业家能力等,其中生产技术和经营技能是国际经营资源的核心要素。如果投资企业有丰富的国际经营资源,其选择投资方式的余地就很大,可根据上述的企业外部因素,采取最有利的投资方式;如果投资企业的国际经营资源有限,则可选择绿地投资中的合资经营或非股权经营中资源投入较少的方式,以最大限度地利用当地的经营资源。

跨国经营经验主要是指从事跨国经营的时间、对不同文化的理解和包容程度、对不同经营环境的适应能力、对各种经营风险的防御能力等。企业跨国经营的经验越丰富,其可选择的投资方式就越多,从而就越能充分利用企业外部的经营资源、增强其在全球的竞争优势;如果投资企业跨国经营的经验不足,一般只能从"少数所有"的合资经营或非股权经营中资源投入较少的方式开始,在不断积累经验的基础上,逐渐增加投资方式的可选性。

2. 国际竞争环境与主要投资方式

20世纪60年代以来,随着国际政治及经济格局的重大调整、世界科学技术的飞速发展、国际化及全球化的不断深入,跨国公司所处的国际经营环境发生了深刻的变化。于是,其竞争优势的源泉、所采取的主流生产方式及所选择的主要投资方式也随之发生了相应的变化(参见表5-2)。

表 5-2 跨国公司的竞争战略及主要投资方式

主要年代	竞争优势的源泉	主流生产方式	主要国际投资方式
1960至70年代末	规模经济优势	少品种大批量生产	新建"完全所有"子公司
1980年代	范围经济优势	多品种小批量生产	新建独资或合资企业
1990年代	网络经济优势	多种变量生产	国际战略联盟或跨国并购、合资或独资
2000年代	全球标准优势	标准化的规模生产	跨国并购或国际战略联盟、合资或独资
2010年代?	品牌资产优势?	差异化价值生产?	跨国并购和国际合作、合资或独资?

20世纪60至70年代末,世界经济快速增长,实际收入不断提高,对家电、汽车等耐用消费品的需求迅速扩大;同时,科学技术革命的发展大大促进了生产过程的机械化和自动化,使企业最佳的生产规模不断扩大,劳动生产率迅速提高。企业纷纷采用少品种大批量的生产方式,以增强产品的国际竞争力,满足国内外市场不断增长的需求。因此,对跨国公司来说,实现规模经济(economies of scale)、降低生产成本是其竞争优势的重要源泉,而当时国际贸易及投资的自由化、交通及通讯的现代化,也为跨国公司从事大规模的国际直接投资提供了可能。同时,为了实现规模扩大和效率提高的双重目标,跨国公司一般在国外建立"完全所有"的独资子公司,由母公司对国外子公司的整个经营过程实施严格的控制。

20世纪80年代,随着世界经济的发展和实际收入的提高,人们的消费需求出现了日益多样化的趋势。为此,企业开始引进多品种小批量的生产方式,以满足日益多样化的消费需求。于是,跨国公司开始致力于实现范围经济(economies of scope),即通过在世界上增加业务种类和扩大经营范围,来有效地利用所拥有的经营资源,并把实现范围经济作为其增强竞争优势的重要战略。在此过程中,为了充分利用企业外部的经营资源,迅速扩展在国外(尤其是在发展中国家)的经营范围,跨国公司对国外子公司所有权的要求已不再像过去拘泥于"完全所有",而是开始逐渐接受合资经营的方式,尤其是一些国际经营资源相对不足的后起跨国公司,更是通过"少数所有"的合资经营方式,迅速扩大在世界上的经营范围。

20世纪90年代以来,以现代信息技术和全球信息网络为核心的网络经济(internet economy)空前发展,并正在不断改变着世界的生产、交易和消费方式以及人们的思想意识。现代信息技术的发展不仅加速了科技创新的步伐,加快了科技成果向现实生产力转化的速度,而且大大改变了传统的生产方式,使得在短时间内根据市场需求实现多种变量生产成为可能;同时,全球信息网络的普及加快了信息在全球范围内的传递和扩散,使世界经济的发展日益呈现出一体化和全球化的趋势。于是,有效地借助于网络经济所产生的协同效应,实现产业内、产品内及企业内的国际分工,最大限度地扩大经营规模和降低经营成本,便成为跨国公司全球竞争优势的重要源泉。为了应对迅速多变的世界市场,跨国公司在国际投资方式的选择上,有效地运用国际战略联盟或跨国并购等方式,在所有权的选择上,灵活地采用合资、独资或非股权经营等方式。

进入21世纪以后,随着信息化和网络化向纵深发展,经济全球化进程大大加快,世界市场日益融合成为一体。其突出的表征是,国际间新技术传播的速度加快,产品内的国际分工进一步深化,世界主要企业确立的"事实上的全球标准"(de facto global standard)得到广泛认同,新产品开发引领的全球同类消费迅速普及[①]。在这样的背景下,跨国公司全球竞争战略的重点开始转向如何在相关行业确立"事实上的全球标准"上,即世界相关行业中的主要一两家跨国公司将其所采用的产品规格或技术标准作为全球标准,并设法让世界同行业的其他企业认同和遵循,从而确立其在全球竞争中的垄断优势。这种"事实上的全球标准"一旦确定,世界同行业的其他企业便会按照这种全球行业标准从事规模生产,并将产品生产和消费扩散到全世界。同时,跨国公司还会利用它所确立的全球标准去整合世界上其他企业,将它们纳入由其主导的全球价值链生产网络中。在这过程中,为了加快全球产业的整合速度,充分利用世界上其他企业的经营资源,跨国公司更倾向于采取跨国并购或国际战略联盟的投资方式,并多样化地选择独

---

① "事实上的全球标准"(de facto global standard)是指并非由ISO、JIS等世界标准化机构通过国际协商制定的法定的全球标准(de jure global standard),而是由世界主要企业通过市场的垄断竞争,结果让世界上大多数企业和消费者认同和接受由它们所确定的全球标准。能制定"事实上的全球标准"的企业,就能在全球竞争中处于优势,并能获得相应的垄断利润。

资、合资或非股权经营等方式。

可以预见到的是,21世纪10年代世界经济的信息化、网络化、全球化及区域化将进一步深化,生产过程中的产品差异化与行业标准化、消费过程中的需求多样化与商品品牌化将日趋呈现。跨国公司竞争优势的源泉除了来自网络经济优势和全球标准优势外,将更加依赖品牌资产(brand equity)的优势,即将品牌作为企业的专有资产,并通过品牌资产(品牌知名度、品牌知觉质量、品牌联想及品牌忠诚度)效应来增大企业的资产价值[1]。为此,跨国公司将更加致力于发挥差异化的竞争优势,建立差异化价值的生产和经营体系,即生产在质量、性能、规格等方面有别于其他企业的差异化产品,提供准确、快捷、细致、全面的差异化服务。同时,为了进一步提升品牌资产价值,跨国公司将会通过跨国并购获取品牌,或利用品牌进行合资经营和合作经营。

第二节 跨国公司的所有权政策选择

一、国外子公司的所有权结构与特征

1. 所有权政策的国别与地区特征

如上所述,按照跨国公司母公司对其国外子公司所拥有的所有权比率,可将子公司的所有权结构分为"完全所有"的独资子公司(wholly owned subsidiary)和部分所有的合资子公司(joint venture);合资子公司按母公司的出资比率又可分为"多数所有"(50%以上股权)、"对等所有"(50%股权)及"少数所有"(50%以下股权)。此外,也有的文献把母公司拥有子公司95%以上(有决议权)股权的作为"完全所有",并按出资比率细分合资企业的各种所有权结构。

表5-3反映了20世纪70年代世界主要跨国公司(391家)国外制造业子公司的所有权结构,从中可以看出以下特征[2]。

---

[1] David A. Aaker, *Managing Brand Equity: Capitalizing on the Value of a Brand Name*, New York: Free Press, 1991.

[2] Franko的调查结果也显示出同样的特征(Lawrence G. Franko, *The European Multinationals*, Harper & Row, 1976, p.121)。

表 5-3　391 家跨国公司国外制造业子公司的所有权结构

	以美国为注册地 180 家		以欧洲及英国为注册地 135 家		以日本为注册地 61 家		391 家合计	
	家数	%	家数	%	家数	%	家数	%
全世界								
子公司总数	5 727	100.0	4 661	100.0	562	100.0	9 601	100.0
完全所有	3 730	65.1	2 278	48.9	34	6.0	4 907	51.1
多数所有	1 223	21.4	1 320	28.3	74	13.2	2 177	22.7
少数所有	723	12.6	712	15.3	431	76.7	1 537	16.1
不　详	51	0.9	351	7.5	23	4.1	980	10.2
发达国家								
子公司总数	3 603	100.0	3 207	100.0	46	100.0	6 060	100.0
完全所有	2 612	72.5	1 788	55.7	6	13.0	3 634	60.0
多数所有	657	18.2	802	25.0	8	17.4	1 260	20.8
少数所有	302	8.4	404	12.6	30	65.2	626	10.3
不　详	32	0.9	213	6.6	2	4.3	540	8.9
发展中国家								
子公司总数	2 124	100.0	1 454	100.0	516	100.0	3 541	100.0
完全所有	1 118	52.6	490	33.7	28	5.4	1 273	36.0
多数所有	566	26.6	518	35.6	66	12.8	917	25.9
少数所有	421	19.8	308	21.2	401	77.7	911	25.7
不　详	19	0.9	138	9.5	21	4.1	440	12.4

注：1) 391 家合计：包括在美、英、欧、日以外国家注册的 15 家跨国公司。

2) 以美国为注册地的跨国公司的子公司数为 1975 年数据，其他为 1970 年数据，故加总后的子公司数与合计数不一致（原文如此）。

3) 完全所有：母公司掌握子公司 95% 以上（有决议权）的股权；多数所有：50%—94% 的股权；少数所有：5%—49% 的股权。

资料来源：Vernon, R. *Storm over the Multinationals: the Real Issues*, Harvard University Press, 1977, p. 34.

其一，从总体来看，在 9 601 家国外子公司中，"完全所有"占 51.1%，"多数所有"占 22.7%，"少数所有"占 16.1%。其中，在发达国家的子公司中"完全所有"占 60.0%，"多数所有"占 20.8%，"少数所有"占 10.3%，在发展中国家的子公司中"完全所有"占 36.0%，"多数所有"占 25.9%，"少数所有"占 25.7%。数据表明，当时世界主要跨国公司在对国外子公司所有权政策的选择上更倾向于"完全所有"，其次是"多数所有"。而对在发达国家的子公司这种倾向更加明显,但在发展中国家,由于受到当地法律等经营环境的限制,跨国公司会选择"多数所有"或"少数所有"。

其二,从国(地区)别来看,以美国为注册地的 180 家跨国公司的国外子公司中,"完全所有"占 65.1%,"多数所有"占 21.4%,"少数所有"占 12.6%;以欧洲及英国为注册地的 135 家跨国公司的国外子公司中,"完全所有"占 48.9%,"多数所有"占 28.3%,"少数所有"占 15.3%;以日本为注册地的 61 家跨国公司的国外子公司中,"完全所有"占 6.0%,"多数所有"占 13.2%,"少数所有"占 76.7%。数据表明,美国的跨国公司因有丰富的跨国经营的经验,并且有强大的国际政治及经济的背景,所以在对国外子公司所有权政策的选择上更加追求"完全所有";欧洲国家的跨国公司也有相同的倾向,但毕竟所拥有的国际经营资源不如美国,所以它们也能接受"多数所有"或"少数所有";而日本的跨国公司由于规模较小,又缺乏跨国经营的经验,所以对国外子公司只能更多地采取"少数所有"的方式。

其三,发达国家市场的成熟度及相似度较高,对跨国公司的出资比率一般没有限制,所以作为发达国家的跨国公司,可以根据自身所拥有的国际经营资源,对在发达国家的子公司较自主地选择所有权比率。而不少发展中国家为了保护本国的经济利益,对跨国公司的出资比率都设有一定的限制,所以跨国公司在选择所有权比率时,首先必须遵守发展中国家的相关法律,其次必须考虑规避投资风险。数据表明,无论是美欧的跨国公司还是日本的跨国公司,对在发达国家的子公司所选择的"完全所有"的比率远高于发展中国家;但美国跨国公司在发展中国家子公司的"完全所有"比率仍高达 52.6%,显示出美国跨国公司特有的竞争优势以及对"完全所有"的偏好。

2. 国外子公司所有权结构的最新特征

如上所述,20 世纪 80 年代末以后,由于国际经营环境的变化,一些跨国公司为了最大限度地降低投资风险、充分利用所有权优势迅速进入目标市场以及避免因所有权比率问题引发与东道国的矛盾,开始采用非股权经营的方式,通过与东道国企业建立合作关系或结成国际战略联盟,在当地从事合作生产和经营,或大幅度降低对国外子公司的所有权比率。于是,跨国公司的所有权政策似乎已不再像过去那样受到应有的重视,一些东道国政府好像更加关心外国直接投资进入的总量,对跨国子公司的所有权比率并不在意,部分跨国公司也表现出好像已不在乎子公司的所有权比率,似乎所有权与控制权的关系已经弱化。

然而,有限可得的国外数据以及外商对华直接投资的数据表明,尽管跨国公司国外子公司的所有权结构出现了多样化的趋势,但并没有从根本上改变跨国公司对国外子公司所有权的追逐,所有权与控制权仍然存在着密切的关系。如表5-4所示,世界主要6家跨国公司分布在世界上40个国家(地区)的子公司绝大部分是选择"完全所有"的所有权结构,"对等所有"及"少数所有"只是例外;尤其是美国通用汽车公司(GM)在世界上38个国家(地区)的子公司都是"完全所有"。此外,表5-5的数据显示,外商对华直接投资中独资企业所占比率从1979—1986年平均的3.0%迅速上升为2010年的76.6%,这也足以说明所有权对外资企业有何等重要的意义。

表5-4 世界主要跨国公司按所有权比率划分的子公司所在国家(地区)数

	完全所有	多数所有	对等所有	少数所有	合计
国际商用机器(IBM)	35	2		1	38
通用汽车(GM)	32				32
戴姆勒汽车(DAIMLER)	24	2			26
西门子电器(SIEMENS)	22	7			29
东芝电器(TOSHIBA)	21	3			24
丰田汽车(TOYOTA)	17	4	1	1	23

注:主要分布在40个国家(地区):日本、韩国、中国、中国香港、中国台湾、泰国、马来西亚、新加坡、菲律宾、印尼、印度、土耳其、瑞典、丹麦、爱尔兰、荷兰、比利时、英国、法国、德国、意大利、瑞士、葡萄牙、西班牙、奥地利、希腊、波兰、捷克、匈牙利、南非、加拿大、美国、墨西哥、哥伦比亚、委内瑞拉、智利、巴西、阿根廷、澳大利亚、新西兰。
资料来源:MOODY'S *Industrial Manual*, Vol. 1, 1998. MOODY'S *International Manual*, Vol. 2, Vol. 3, 1997.

因此,可以认为,目前跨国公司对国外子公司所采取的所有权结构多样化的战略,并不会完全取代迄今为止在所有权及经营控制权方面集权化的趋势,而只是其应对经济全球化的一个过渡。为此,需要对它们的战略动机作进一步深入的研究(参见第六章表6-2)。

表 5-5 对华外商直接投资的所有权结构 （单位：%）

	1979—1986年	1990年	1994年	1998年	2000年	2002年	2004年	2006年	2008年	2010年	2012年	2014年
合资企业	25.4	41.0	48.6	33.2	31.5	22.4	18.0	17.2	18.7	21.3	19.4	17.6
合作企业	53.9	19.0	24.6	22.4	13.0	7.5	5.1	4.6	2.1	1.5	2.1	1.4
独资企业	3.0	37.0	26.5	41.8	55.0	69.2	76.4	77.2	73.8	76.6	77.1	79.2
石油开发	16.1	2.9	0.3	0.1	0.2	0.1	—	—	—	—	—	—
股份投资	—	—	—	2.6	0.3	0.8	0.5	1.1	0.9	0.6	1.4	1.8
合　计	100.0	100.0	100.0	100.0	100.0	100.0	100.0	100.0	100.0	100.0	100.0	100.0

注：1979—2004年为合同金额，2006—2014年为实际金额。
资料来源：商务部《中国对外经济贸易年鉴》，历年数据。

二、经营战略与所有权政策

1. 所有权政策的主要决定因素

跨国公司母公司对其国外子公司选择何种所有权政策（ownership policy），即是选择独资方式还是合资方式，合资方式中是选择"多数所有"还是"少数所有"，这并不决定于其主观意愿或偏好，而是取决于其所拥有的国际经营资源或所有权优势、东道国的相关法律以及如下所述的其他各种因素，这些因素彼此也存在一定的相关性。

第一，国外子公司的所有权政策选择决定于跨国公司所采取的经营战略。有些跨国公司为了在全球经营中实现经营资源配置的有效性、营销方式的统一性、原材料供应的可控性以及研发活动的高效性，会采取与之相应的国际经营战略，对国外子公司的生产和经营活动实施完全控制，并在所有权政策方面选择"完全所有"的独资方式。此外，有些跨国公司为了在国际经营中最大限度地获取东道国的原材料等经营资源、利用当地企业的经营能力和销售渠道，也会采取与之相应的国际经营战略，并选择合资方式中"多数所有"或"少数所有"的所有权政策[1]。

第二，国外子公司的所有权政策选择取决于跨国公司对外直接投资所需投入的经营资源。对于拥有丰富的国际经营资源的跨国公司来说，只要建立

---

[1] Stopford, J. M. and L. T. Wells, Jr., *Managing the Multinational Enterprise: Organization of the Firm and Ownership of the Subsidiaries*, Basic Books, Inc., 1972, Part Ⅱ.

国外子公司所需要的经营资源在一定的限度之内,或它的经营活动不太需要依靠东道国企业的合作,那么,它一般会选择"完全所有"的所有权政策。如果跨国公司建立国外子公司所需要的经营资源超过其拥有量,或它的经营活动必须要得到东道国企业的帮助,那么,它一般会采取合资的方式,甚至会选择"少数所有"的所有权政策。

第三,国外子公司的所有权政策选择有赖于跨国公司所需投入的经营资源在东道国的特殊程度。如果跨国公司在东道国所需投入的经营资源有较强的特殊性,如较高端的技术、较新型的产品、较特殊的零部件及差异化的服务,而东道国在这些方面无法替代它,那么,跨国公司就可能采取独资方式,或选择"多数所有"的所有权政策。如果跨国公司在东道国投入的经营资源的特殊性较弱,即有被东道国所拥有的经营资源替代的可能性,那么,跨国公司一般会选择合资的方式,甚至接受"少数所有"的所有权安排。

第四,国外子公司的所有权政策选择依据于跨国公司所进入的行业特征。相对于制造业跨国公司而言,服务业跨国公司在进入东道国市场时,更倾向于采用合资方式或非股权经营方式。因为服务业的基本特征决定了跨国公司在国外可能面对更大的风险和不确定性,其竞争优势在很大程度上源于与当地市场的联系、在此基础上所积累的市场经验以及可能提供的差异化服务。尤其是市场寻求型(market seeking)的对外直接投资,其服务对象主要是当地客户或消费者,所以跨国公司更有必要与当地企业采取合资或合作的方式,以弥补其市场知识的不足。

第五,国外子公司的所有权政策选择对应于东道国的市场结构。如果东道国的市场是竞争性的,即市场存在较多的竞争者(供应商和客户),要素及产品价格更多地由市场决定,那么,跨国公司可能会选择合资的方式进入东道国市场。如果东道国的市场是垄断性的,即市场只有少数几家垄断企业(尤其是供应商),要素及产品价格与市场价格发生较大的偏离,那么,具有较强所有权优势的跨国公司为了克服市场不完全及降低交易成本,就可能选择独资的方式进入东道国市场,或先通过部分资本参与的方式进入,在站稳脚跟后再逐步扩大其势力范围。而所有权优势较弱的跨国公司至多只能选择部分资本参与,或凭借其特殊的竞争优势,通过非股权经营的方式进入该市场。

第六,国外子公司的所有权政策选择内生于跨国公司的成长阶段。在企业跨国化的初期,在一个完全陌生的国外市场上,为了低成本地获取东道国的各种经营资源,提高国外投资的收益率,跨国公司可能会采取合资中"少数所有"的方式进入东道国。随着跨国化经验的逐渐积累,跨国公司将会越来越倾向于选择以"多数所有"的合资方式或"完全所有"的独资方式进入东道国市场。同时,随着跨国公司在东道国不断成熟,市场需求的规模逐渐扩大,跨国公司便会想方设法调整所原有的有权政策,从"少数所有"转变为"多数所有",最终采取"完全所有"的控制方式。

第七,国外子公司的所有权政策选择归因于东道国的国家风险(country risk)。东道国的国家风险是指由于东道国的主权行为及经济社会变动所引起并造成损失的可能性,包括东道国政府的违约行为(如没收外国投资者的财产及国有化等)构成的主权风险(sovereign risk)、变更政策和法规(如调整外资、税收及外汇政策等)形成的转移风险(transfer risk)以及因东道国的政治经济因素(如战争、动乱及经济危机等)产生的经济社会风险。可见,如果东道国的国家风险较大,跨国公司为了降低投资风险,将会选择合资方式中"少数所有"的所有权政策,试探性地进入该国市场。

第八,国外子公司的所有权政策选择源自跨国公司的成本与收益。跨国公司究竟采取何种所有权方式,如何动态地调整所有权比率,最终是由其为实现全球利润最大化所花费的成本及所能得到的收益决定的。在东道国市场存在不确定性的前提下,所有权政策其实是母公司向国外子公司投入的边际成本与从国外子公司获得的边际收益的函数①。独资方式及完全的内部化一方面会降低企业内部的交易成本,但当内部化的规模超过一定界限时,也会导致企业内部交易成本的提高;同理,合资方式也许会增加国外子公司的交易成本,但当母公司在合资子公司中优势逐渐增强后,合资子公司内的交易成本将会下降。

2. 不同经营战略下的所有权政策选择

(1) 选择独资方式的企业经营战略。

如上所述,在东道国相关法律许可的前提下,跨国公司依据其所从事的经营领域,会采取与之相适应的经营战略,并基于对国外子公司控制的必要

---

① Richard D. Robinson, *Internationalization of Business: An Introduction*, Holt, Rinehart and Winston, New York, 1984.

性的强弱,对其选择相应的所有权政策(参见表5-6)。根据威尔斯(L. T. Wells)的实证调查,实施如下经营战略的跨国公司,一般更倾向于对国外子公司采取"完全所有"的独资方式①。

表5-6 跨国公司的经营战略与所有权政策取向

经营战略	所有权政策取向
国际营销标准化导向战略	独资
全球效率导向战略	独资
全球资源控制战略	独资
研究开发导向战略	独资
垂直一体化战略	合资
产品多样化战略	合资
小规模企业战略	合资

资料来源:按 Stopford, J. M. and L. T. Wells, Jr., *Managing the Multinational Enterprise: Organization of the Firm and Ownership of the Subsidiaries*, Basic Books, Inc., 1972, Part Ⅱ 的相关内容整理。

其一,实施国际营销标准化导向战略的跨国公司。这类跨国公司主要在一些特定的专业领域从事差异化产品的生产和销售,需要通过控制其国外子公司的生产和销售,并采用全球统一的标准化营销方式,来最大限度地降低差异化产品的营销成本。例如,在全球清凉饮料、快餐连锁、食品及化妆品等行业,像可口可乐(Coca-Cola)、麦当劳(McDonalds)、家乐氏(Kellogg)、香奈儿(CHANEL)等跨国公司的产品差异化程度较高,如允许子公司按所在国家(地区)的市场特性而采用完全不同的营销方式的话,那么,该跨国公司的全球营销成本将会大大提高,而在全球采用统一的标准化营销方式,将可大幅度降低整个营销成本。威尔斯的调查结果表明,广告费支出占销售额10%以上的跨国公司,其国外子公司中93.6%是"完全所有"的独资子公司,5.4%是"多数所有"的子公司,只有1%是"少数所有"的子公司。

其二,实施全球效率导向战略的跨国公司。这类跨国公司主要分布在产品内国际分工比较发达的汽车、电子等行业,为了最大限度地扩大生产规模和降低生产成本,它们必须根据生产过程中每个区段所需投入的要素特点,

---

① Stopford, J. M. and L. T. Wells, Jr., *Managing the Multinational Enterprise: Organization of the Firm and Ownership of the Subsidiaries*, Basic Books, Inc., 1972, Part Ⅱ.

把各生产工序分别配置在有要素优势的国家和地区,在全球形成整个价值链生产。对于这类跨国公司来说,为了实现其跨国经营的全球效率,必须在企业内有效地协调如下问题,即如何在国外各子公司之间配置生产工序、如何确定母公司与国外各子公司及国外各子公司之间有关中间产品的交易价格(转让价格)、如何向国外各子公司分配市场、如何调整国外各子公司因转让价格及市场分配而产生的利益冲突、如何确保中间产品的稳定供应及降低国际物流成本。可见,这类跨国公司要实现全球效率的目标,就必须有效地协调母公司与国外子公司及国外子公司之间的关系,而这一过程一般只有在"完全所有"的所有权支配下,通过母公司在组织上的集权控制才能实现①。

其三,实施全球资源控制战略的跨国公司。这类跨国公司主要在世界上从事石油及其他天然资源的开采及加工,它们在国外的子公司原则上都是"完全所有"的独资子公司,旨在通过掌握其国外子公司的所有权,控制在东道国的资源开采权及上下游生产,最终达到垄断全球供应、控制销售价格及实现超额垄断利润的目的。尤其在发展中东道国,由于当地企业缺乏从事这些行业开发的资金和技术,所以只能接受跨国公司所要求的"完全所有",并被迫放弃部分经济主权。即使在有些发展中国家存在部分合资子公司,一般也不是与发展中东道国企业的合资,而是该行业世界主要跨国公司之间的合资。在威尔斯所调查的18家资源开发型跨国公司中,其国外子公司的72%是独资企业,其余的大多数是同行业跨国公司间的合资子公司。

其四,实施研究开发导向战略的跨国公司。这类跨国公司的共同特点是研究开发支出较大,主要从事新技术的研究和新产品的开发与生产,且在产品生命周期的一定阶段通过对外直接投资在国外设立独资子公司,并把开发的技术及产品部分转让给国外子公司,以维持其在国际上的竞争优势。国际商业机器公司(IBM)、英特尔公司(Intel)、微软公司(Microsoft)等就是这类跨国公司的典型代表。其中,IBM公司曾经把国外子公司必须是独资作为其对外直接投资和跨国经营的铁的原则,截至20世纪80年代中期,其在45个国家和地区的60多家子公司几乎都是独资经营的。威尔斯的调查结果也显

---

① 美国通用汽车公司(GM)曾因对其国外子公司坚持"完全所有"的政策而出名,原董事长唐纳(Frederic G. Donner)认为,国外子公司是整个公司的有机组成部分,必须贯彻统一的组织原则,因此在"部分所有"的所有权结构下开展国际经营活动是不可想象的(Frederic G. Donner, *The World-Wide Industrial Enterprise: Its Challenge and Promise*, McGraw-Hill, 1967, pp. 25 – 26)。

示,研究开发支出占销售总额5%以上的跨国公司,其国外子公司的78.3%是独资子公司。这类跨国公司对国外子公司坚持独资的所有权政策是基于以下的理由:一是为了尽早回收母公司高昂的研究开发成本,需要对国外子公司设定较高的技术使用费等,但这很难得到东道国合资伙伴的认可;二是为了防止技术扩散,国外子公司也必须要承担保护技术垄断优势的责任,而这只有在独资的所有权下才有可能。

(2) 选择合资方式的企业经营战略。

如上所述,为了在国际经营中最大限度地获取东道国的原材料等经营资源及利用当地企业的经营能力和销售渠道,有些跨国公司会对国外子公司采取合资的所有权政策。根据威尔斯(L.T. Wells)的实证调查,实施如下经营战略的跨国公司,一般倾向于对国外子公司采取合资方式。

第一,实施垂直一体化战略(vertical integration strategy)的跨国公司。这类跨国公司采取垂直一体化的生产方式,即在企业内实行垂直一体化的国际分工,把生产过程的不同工序分别配置在不同的国家和地区,其中某个工序的生产所需的原材料或中间产品必须依靠东道国企业的供应。于是,为了减少上游企业随意中止交易等不确定性,确保原材料或中间产品的稳定供应,跨国公司一般会选择与东道国的上游企业,即与当地原材料及中间产品的生产企业共同出资建立合资子公司。其中,跨国公司对该合资子公司是"多数所有"还是"少数所有",一般是由上下游交易中双方的地位决定的,假如在供需关系中跨国公司处在较弱的地位,那么它会接受"少数所有"的合资方式。此外,根据威尔斯的调查,也有部分跨国公司与东道国规模较大的下游企业,即跨国公司上游产品的需求企业建立合资子公司,以扩大和稳定其上游产品的销路。

第二,实施产品多样化战略(product diversification strategy)的跨国公司。这类跨国公司所从事的生产和经营活动涉及多个行业,或在同一行业内拥有种类较多的产品生产线,如果按照不同行业或同一行业不同产品生产线分别在东道国建立销售网络,那将大大增加跨国公司的营销成本。于是,为了充分利用东道国企业的营销能力和销售渠道,跨国公司一般会选择与东道国的相关生产企业或销售企业共同出资建立合资子公司,以弥补其在东道国有关营销经验和能力的不足,而把自己的经营资源集中投放在产品的设计与生产上。其中,跨国公司对该合资子公司是"多数所有"还是"少数所有",一般是由跨国公司在销售方面对东道国企业的依赖程度决定的,对东道国企业的依赖程度越高,跨国公司就越能接受"少数所有"的合资方式。根据威尔斯的调查,拥有4种以上产品生产线的国外子公司中合资子公司占32.3%,而产品生产线只有1种的国外子公司中合资子公司仅占17.3%。

第三,实施小规模企业战略(minimax strategy)的跨国公司。这类跨国公司通常在某一方面具有特殊优势,但自身的经营规模较小或国际经营资源有限,无法在世界同行业中与规模较大的企业抗衡。于是,为了有效地利用东道国企业的资金、技术、人才、营销能力等经营资源,或尽快在东道国政府及消费者中树立形象,跨国公司一般会凭借自身的特殊优势,选择与东道国相关企业共同出资建立合资子公司。根据威尔斯的调查,规模较大的跨国公司选择合资的占24.2%,而规模较小的跨国公司选择合资的占32.2%。当然,跨国公司对该合资子公司是"多数所有"还是"少数所有",一般是由跨国公司自身特殊优势的强弱以及对东道国企业经营资源的依赖程度决定的,跨国公司自身的特殊优势越弱,或对东道国企业经营资源的依赖程度越高,跨国公司则越能接受"少数所有"的合资方式。

三、所有权政策的主要内容

1. 所有权的对象及获取方式

跨国公司所有权政策的内容不仅包括如上所述的对国外子公司资产的拥有,还包括拥有的具体方式、对子公司所得利润的获取以及所投资本的退出(撤资)等,而利润的获取及资本的退出在很大程度上取决于跨国公司对子公司资产的拥有及对经营的控制程度。

跨国公司所有权的对象主要包括以下几种类型:

第一,股权资本或权益资本,即跨国公司依照东道国的相关法律,通过发行股票而取得并长期拥有及自主运用的资本,一般包括子公司的资本金、公积金及未分配利润等,子公司对股权资本依法享有经营权;

第二,债务资本,即子公司以负债方式借入并到期偿还的资金,一般包括子公司的银行借款、发行的公司债券、融资租赁和商业信用等;

第三,无形固定资产,一般包括母公司或子公司所拥有的专利权、商标权和营业权等;

第四,技术诀窍(know-how),既未经公开、未申请专利的先进技术知识和独特技巧,包括图纸、配方、专有工艺和特殊技术等;

第五，经营诀窍，即没有明文化的、依附于经营者的企业经营管理的技巧；

第六，有形固定资产，一般包括子公司拥有的机械设备、厂房及土地等。

对于上述子公司的各类所有权，跨国公司可以通过取得股权资本而直接拥有，也可以根据技术转让、租赁合同及其他合作协议等间接拥有，而在现实中，跨国公司一般是将这两种方式有效地组合在一起。

如果跨国公司采取合资方式进入东道国市场，那它将面临以下几种选择：

第一，是选择货币出资还是实物出资（抑或技术入股），如采取实物出资的方式，尤其是技术入股的方式，跨国公司则可以凭借自身的技术优势和内部化优势，有效地利用转让定价而降低投资成本；

第二，合资伙伴是选择私人企业还是国有企业，选择国有企业一般会削弱跨国公司对子公司的控制权，但可以在一定程度上缓解当地经济民族主义的情绪和各种政治风险；

第三，应选择几个合资伙伴，选择多个合资伙伴会使决策时意见难以统一，给有效的企业经营带来难度，但在一定条件下可以利用各合资伙伴之间的意见分歧，凸显跨国公司的经营能力，从而巧妙地掌握合资企业的经营控制权；

第四，是选择东道国企业、母国企业还是第三国企业作为合资伙伴，如选择母国企业，因为有共同的文化基础，经营中产生的摩擦也许会减少，但较难有效地利用地东道国特有的经营资源，所以选择合资伙伴时的国籍组合需要一定的艺术性；

第五，合资年限设定多长为宜，如合资期限过短，就存在无法完全回收投资成本的可能性，如合资期限过长，就存在较大的经营风险，尤其是当经营失败而需要清算时，跨国公司将会遭受较大的损失。

如合资伙伴选择东道国的国有企业，那么在一般情况下，跨国公司就有可能进入如下一般不易进入的产业领域：

第一，基础设施、能源开发、金融服务等行业；

第二，交通、通讯、公共事业等自然垄断的行业；

第三，需要长期初始投资的基础行业，如电力及其他基础行业；

第四，民间资本没有太多积累的、政府重点扶植的幼稚行业。

2. 利润获取方式的选择

跨国公司母公司来自国外子公司的收益主要包括以下几部分：股权资本的红利、债务资本的利息、技术和专利的使用费、一般经营利润以及部分非正常所得等。而获取利润(收益)的方式因子公司所有权方式的不同而各异。

对于"完全所有"的独资企业来说，跨国公司可以独享上述的各项收益。但是，考虑到有必要缓和东道国经济民族主义的情绪，跨国公司一般会在形式上尽量压缩股权资本的投资，而增加债务资本的投资，以此来减少来自独资子公司股权资本的红利，而更多地采用债务资本利息的形式获取利润，或将更多的利润作为技术和专利使用费汇出东道国。因为，债务资本的利息作为经营成本在税前列支，这样不仅可以减轻子公司的税收负担，还能在形式上减少来自子公司的利润所得(详见第七章)。

如果是与东道国的合资企业，那么，跨国公司就必须与东道国的合资伙伴分享上述的各项收益。因此，为了实现合资中的利润最大化，跨国公司更会从成本与收益的角度，巧妙地采取各种不同的投资方法和选择更加隐蔽的利润获取方式。

第一，尽量控制股权资本的投资规模，或压缩合资企业中注册资金的比率，单独或与合资伙伴共同增加债务资本，以达到节省税收支出及模糊股权资本的收益；

第二，巧妙地利用自己的知识产权，抬高专利权和商标权的使用费，或高估技术诀窍等的价格，以便从合资利润中分得更多的份额；

第三，对于来自母公司的技术人员及经营专家短期的技术指导及经营咨询支付较高的报酬，从而达到抽逃利润的目的；

第四，高估实物出资部分的有形固定资产的价格，最终按其出资比率分到更多的利润；

第五，在与母公司及其国外子公司的进出口贸易及其他交易中，利用转让定价从合资子公司获取和转移利润。

如果是非股权投资(经营)的企业，那么，跨国公司通常以自己的知识产权、专有技术、生产工艺、经营咨询、销售网络等优势，通过与东道国企业签订各种合同，部分地参与及间接地控制当地企业的生产和经营，并按合同分享东道国企业的部分利润。在这过程中，由于跨国公司一般掌握生产和经营的核心技术以及重要的销售渠道，因此，它们往往能从非股权投资的东道国企业那里获得高于实际投入的利润,而且所得利润在形式上更具隐蔽性和"合法性"。

3. 资本退出战略

资本退出(撤资)战略也是跨国公司国际投资战略及所有权政策的重要组成部分,是保护其既得所有权的完整性和有效性、避免所有权和经营损失的关键一环。跨国公司的撤资类型一般可分为强制性撤资(involuntary divestment)和自主性撤资(voluntary divestment)两类,具体的撤资方式主要包括没收、出售、清算等。

强制性撤资是跨国公司迫于东道国的压力而采取的非自愿的资本退出形式,主要包括以下两种情况。

第一,由于东道国的政治及社会原因而引发的跨国公司的撤资,如因东道国发生政治动乱和政权更替等因素而引起的没收外国子公司的财产,为了对外国子公司实施国有化而要求跨国公司进行有偿的所有权转移,迫于本国高涨的经济民族主义情绪而强行要求跨国公司出售子公司所有权等。这种情况一般多见于发展中国家的资源开发行业、金融保险行业以及公共事业领域,是20世纪60至70年代发达国家跨国公司从发展中国家撤资的重要原因之一。

第二,由于东道国的相关政策变更而引发的跨国公司的撤资,也被称为逐步征收(creeping expropriation),如东道国开始限制外国企业的出资比率、要求跨国公司子公司提高产品的国产化比率、承担更多的出口义务(一定比率的产品必须出口)及要求实现经营的本土化等。亦或强制性地要求跨国公司转让技术,而东道国的这些政策变更及要求与跨国公司进入该东道国的初衷相矛盾,或对其未来经营将产生不利的影响,以至于跨国公司被迫最终作出撤资的决定。

自主性撤资是跨国公司出于经营调整和战略配置的考虑而采取的自愿的资本退出,主要包括以下两种情况。

第一,调整性撤资,包括消极撤资和积极撤资。前者是指由于经营环境及竞争条件的变化,在东道国的子公司难以达到预定的经营目标,或将面临经营失败的局面,为了避免进一步的经营损失而采取的资本退出;后者是指为适应经营环境的变化、调整现有的生产布局及拓展新的业务领域,跨国公司采取的积极的资本退出。跨国公司的撤资大部分属于调整性撤资,采取的主要方式是出售及清算,或适当合并在东道国的多家子公司。

第二,战略性撤资,也被称为有计划撤资(planned divestment),即跨国公司从全球效率最优化及利润最大化的战略角度,在世界上重新配置经营资源和调整经营结构。如在部分生产成本上升、市场趋于饱和、经营风险增大的东道国缩小或关闭已有的子公司,而在其他区位优势逐渐显现的东道国扩大子公司的生产规模、兴建新的子公司或并购当地企业。当然,这两种撤资都会造成短期的经营损失,也会在一定程度上伤害与东道国的关系。因此,如何将撤资带来的短期损失降到最低点,如何应对来自东道国政府(尤其是员工)的压力,也是跨国公司在实施自主性撤资时需重点关注的问题。

表 5-7 是 1951—1975 年美国 180 家跨国公司在全世界的撤资情况及其方式,从这些有限可得的数据中可以看出,20 世纪 60 年代中期至 70 年代中期是美国跨国公司在全世界撤资的高峰期,其中 1971—1975 年撤资占新建子公司数的比率高达 42.0%;撤资的方式主要是出售和清算,1951—1975 年这两项撤资方式共占 90.6%;没收在 1956—1960 年一度高达 26.1% 后迅速降低。从撤资子公司数的国(地区)别分布来看,欧洲最多,其次是拉美和加拿大;但从撤资占新建子公司数的比率来看,拉美最多,其次为加拿大和欧洲[①]。这些情况充分反映了下述的时代背景和时代特征。

表 5-7 美国 180 家跨国公司撤资情况及其方式

	1951—1955 年	1956—1960 年	1961—1965 年	1966—1970 年	1971—1975 年	1951—1975 年
1.投资及撤资概况						
新建子公司数	989	1 957	3 225	4 385	3 239	13 795
撤资子公司数	116	207	316	1 154	1 359	3 152
撤资占新建子公司数的比率	11.7	10.6	9.8	26.3	42.0	22.8
2.撤资方式(%)						
出售	34.5	22.7	25.9	53.2	53.9	48.1
清算	44.8	38.6	49.7	44.1	39.8	42.5
没收	0.9	26.1	7.6	0.9	5.9	5.3
情况不详	19.8	12.6	16.8	1.8	0.4	4.1
合计	100.0	100.0	100.0	100.0	100.0	100.0

资料来源:Curham, J. P., Davidson, W. H., and Suri, R., *Tracing the Multinationals*, Preager, 1977, p. 21, p. 165.

[①] Curham, J. P., Davidson, W. H., and Suri, R., *Tracing the Multinationals*, Preager, 1977, p. 21.

第三节 跨国公司的所有权政策与控制权模式

一、所有权与经营控制权的关系

1. 经营控制权大于所有权的可能性

从一般的理论与实践来看,跨国公司对国外子公司所拥有的所有权比率的高低与其经营控制权的强弱成正比,即所有权结构直接影响甚至最终决定国外子公司的治理结构。

国外独资子公司是在跨国公司母公司完全的所有权支配下展开经营的,无论是董事会成员还是经营层的组成人员,他们都是母公司选派的代表,即使有部分东道国的人员参与经营,但他们必须毫无条件地代表母公司的利益。同时,经营计划的制订、经营资源的调配、生产区位的选定、产品价格的确定、营销方式的选择等,都是在统一的所有权的控制下进行的。因此,从理论上来讲,跨国公司对国外独资子公司拥有百分之百的经营控制权,是经营控制权最强的所有权方式。

国外合资子公司是跨国公司与东道国企业分享经营控制权的所有权方式,双方一般按照出资比率分配董事会成员及经营层组成人员的名额,出资比率高的一方将获得更多的名额及更重要的职位,并得到更大的经营控制权。董事会及经营层的双方成员各自代表他们所属的母公司参与合资子公司的经营,既拥有一个共同的经营目标,又为实现他们所代表的母公司利益的最大化而行使各自所掌握的经营控制权,想方设法在共同的经营过程中获得更大的利益。因此,从理论上来讲,跨国公司对国外合资子公司拥有的所有权比率,一般成为其获得经营控制权的基础。

非股权投资不涉及企业的所有权问题,跨国公司通常只是就知识产权、专有技术、生产工艺、销售网络及管理咨询等与东道国企业签订合同,通过提供部分经营资源间接地参与东道国企业的生产和经营活动。跨国公司的成员一般不进入董事会,也很少进入经营高层或占据重要的管理职位,由此可以避免合作双方争夺经营控制权的矛盾。对东道国来说,非股权经营可实现从跨国公司引进技术等的目的,但又不必担心失去对企业的经营控制权,所以这种方式容易被发展中东道国所接受。

然而,正如前几章所分析的那样,跨国公司通常拥有所有权优势、内部化优势及区位优势,或具有特殊的核心竞争力,即使是对"少数所有"的合资子公司,或非股权参与的合作公司,跨国公司完全可以通过控制产品技术、国际财务、原料供应、生产工艺及销售渠道等来控制它们的经营[1]。例如,凭借经营资源上的优势,跨国公司可以在董事会中争取更多的董事名额,并在董事会上行使少数否决权,在经营层中获得更多的重要职位,或派遣高层管理人员直接控制子公司的重要部门,尤其是技术、财务及人事部门,或通过签订特殊的经营合同,将非股权参与的合作公司置于跨国公司母公司的控制之下,或直接用技术专利换取一定的经营控制权。因此,在很多合资子公司及非股权参与的合作公司中,其实跨国公司所拥有的经营控制权往往大于它的所有权,充分显示了跨国公司以尽可能少的经营资源控制尽可能多的企业经营的本质特征。

2. 所有权结构与控制权模式的调整

其实,跨国公司对国外子公司的所有权结构与控制权模式的选择并不是一成不变的,随着国际经营环境的变化,它们也会根据自身所拥有的跨国经营资源,适时地对此作出必要的调整。

第一,从"少数所有"(低所有权)和弱控制权向"多数所有""完全所有"(高所有权)及强控制权的调整。在跨国公司进入某些东道国市场的初期,由于缺乏对该国的市场知识、经济发展、社会结构、法律体系、文化习俗及政府政策等的了解,为了避免经营冲突和降低投资风险,有些跨国公司会有意地选择"少数所有"的合资方式和弱控制权模式。然而,当这些跨国公司经过一段时间在当地的经营,对该国的市场知识、经济结构、社会文化、法律法规、政策取向等有了一定的了解之后,它们会逐渐将子公司的所有权结构从"少数所有"调整为"多数所有"或"完全所有",即想方设法收购合资伙伴的股权,并强化对子公司的经营控制权。弗兰柯(L. G. Franko)教授早期的实证研究表明,不少美国的跨国公司在东道国经过一定时期的经营后,会逐渐要求解除合资方式,而改为独资方式并强化它们的经营控制权[2]。

---

[1] J. Fayerweather, *International Business Strategy and Administration*, Ballinger Publishing Company, 1978, pp. 413-414.

[2] Lawrence G. Franko, "Joint Venture Divorce in the Multinational Company", *The Columbia Journal of World Business*, May-June, 1971, pp. 13-22.

第二,从非股权参与向合资和独资方式以及强控制权的调整。当某些东道国政府对外国直接投资实施出资比率及行业准入等限制,或东道国企业对跨国公司尚存戒心而不愿接受合资方式时,跨国公司为了尽早地进入这些国家的市场,同时又能最大限度地降低投资风险,往往会选择非股权投资的方式,利用其经营资源方面的优势,间接地对东道国企业行使经营控制权。然而,当跨国公司与东道国政府及企业经过一定时期的合作,彼此建立了相互信任和相互依存的关系,且东道国政府开始放宽对外资的各种限制后,跨国公司会择机采取参股或跨国并购的方式逐渐拥有东道国企业的所有权,并不断地增强其直接的经营控制权。例如,20世纪90年代以来的跨国并购案中,有不少是从非股权参与的形式发展而来的(参见第六章)。

第三,从"完全所有""多数所有"及强控制权向"少数所有"和弱控制权的调整。在跨国公司进入某些东道国市场的初期,由于所投入的经营资源有较强的特殊性,如较新颖的技术和产品、较独特的生产工艺及较特殊的营销方式,因此,为了防止技术扩散、保证生产及销售的有效性,跨国公司一般会采取"完全所有"或"多数所有"的所有权方式,并加强对子公司的经营控制。然而,随着技术和产品的逐渐成熟,或当地企业通过学习和模仿掌握了相关技术后,跨国公司初期所投入的经营资源的特殊性将会降低,它将面临来自更多的当地企业的竞争。于是,为了维持在东道国的市场份额,降低逐渐高企的经营整合成本,或应对当地经济民族主义的情绪,有些跨国公司会逐渐调低对子公司的所有权比率,即将部分所有权转让给东道国企业,并与当地合资伙伴分享子公司的经营控制权。

二、所有权政策引发的冲突及解决方案

1. 冲突的主要起因

进入20世纪60年代以后,跨国公司与东道国之间围绕其国外子公司的所有权政策产生了剧烈的冲突,这些冲突不仅发生在发展中东道国,同时也发生在发达东道国,冲突的起因主要有以下几方面。

其一,跨国公司独资化的政策取向。为了加强对国外子公司的经营控制,跨国公司,尤其是美国跨国公司对国外子公司的所有权政策越来越倾向于"多数所有"和"完全所有",它们通过对子公司增资扩股或收购合资伙伴的股权等方式,提高对子公司的出资比率,或将所有权结构改变为"完全所有",

进一步强化经营控制权,从而实现对东道国相关行业乃至整个国民经济的控制。尤其是在发展中东道国,有些跨国公司通过控制当地资源开发和原材料加工企业的所有权和经营权,不仅垄断当地天然资源的供应,而且掌控东道国的相关行业及经济发展的命脉,有些跨国公司甚至以此介入东道国的政治生活,影响它们的民主程序及政治走向。跨国公司的这种所有权政策取向和经营控制权模式,必然激化东道国经济民族主义的情绪,最终导致与东道国政府及企业发生冲突。20世纪60年代欧洲及加拿大等发达东道国对美国跨国公司在当地子公司实施的种种限制,20世纪70年代拉美发展中东道国对美国跨国公司在当地子公司实施的国有化措施,便是经济民族主义情绪的集中表现。

其二,东道国企业强烈要求资本及经营参与。如前所述,不少发展中东道国通过引进外国直接投资,加快了工业化的进程和实现了经济的增长,这也许是一个不争的事实。然而,当东道国企业与跨国公司经过较长时期的合资经营或非股权经营,逐渐掌握了相关的技术和拥有一定的经营能力后,它们就开始对跨国公司的过度存在(over presence)产生反感,或是要求提高它们在合资企业中的所有权比率、增加对企业整体经营的参与度,或是要求本国政府修改相关法律法规,加强对跨国公司的行业准入、投资规模、出资比率、劳动条件、利润汇出等的规制,其中尤其是要求强化对跨国公司所有权及控制权的限制。同时,在一些跨国公司大量存在且处于过度竞争的行业,当地企业甚至会给政府施加压力,强行要求跨国公司出售子公司的所有权,最终达到将它们逐出该行业的目的。此外,对于垄断发展中东道国天然资源开发的跨国公司,当地经济民族主义的情绪更加高昂,广大民众强烈要求政府对这些跨国公司实行国有化,收回对资源开发的国家主权。

在跨国公司所有权政策引发的冲突中,印度的相关政策曾具有一定的典型性。1977年8月,印度政府突然通知包括IBM及可口可乐等在内的100家在印度的跨国公司,要求它们把出资比率降到40%以下。迫于印度政府的压力,不少跨国公司被迫接受了这一要求,但IBM及可口可乐等美国跨国公司则想方设法抵制印度政府的要求。IBM公司首先提出了一个替代方案,即维持原有子公司的独资形态,另外新成立一家由IMB出资40%、印度企业出资60%、主要从事进口及租赁服务业务的子公司。然而,印度政府在同年9月拒绝了IMB公司提出的方案,以至于IMB公司从同年11月至翌年5月间分阶段撤出了印度。可口可乐公司也向印度政府提出了类似的替代方案,在遭到拒绝后也被迫撤离印度[①]。

如表5-8所示,在美国、欧洲及日本的跨国公司与亚洲及拉美各东道国发生的138次冲突中,有80次是由当地企业要求资本参与和加强经营控制所引起的,即由所有权及经营控制权引发的冲突次数占总的冲突次数的58.0%。此外,转让定价一般是在较高的所有权及较强的控制权下进行的,发展中东道国要求加强对跨国公司转让定价的治理,也意味着要求弱化跨国公司的经营控制权或增加更多的资本参与。所以,如果把这个原因(21次)也算作与所有权及经营控制权有关的话,那么,由所有权及经营控制权引发的冲突次数竟占了73.2%。

表5-8 各国跨国公司与亚洲及拉美各东道国发生冲突的原因

(单位:次数)

冲突的原因	亚洲			拉美			两地区			合计
	美国TNC	欧洲TNC	日本TNC	美国TNC	欧洲TNC	日本TNC	美国TNC	欧洲TNC	日本TNC	
当地企业要求资本参与	13	14	0	0	0	1	13	14	1	28
当地企业加强经营控制	15	17	13	2	3	2	17	20	15	52
当地政府的外汇管制	2	3	0	0	1	0	2	4	0	6
当地政府的进口限制	3	0	1	0	1	0	3	1	1	5
当地政府和企业要求扩大出口	3	2	2	1	1	0	4	3	2	9
要求加强对转让定价的治理	6	6	0	5	2	2	11	8	2	21
要求使用当地生产的零部件	0	2	0	0	0	0	0	2	0	2
东道国政府对企业经营的干涉	2	2	0	0	1	0	2	3	0	5
要求对东道国经济计划作贡献	2	0	0	2	0	0	4	0	0	4
社会、文化方面的干涉	1	0	1	1	1	0	2	1	1	4
母国政府对东道国政策的干涉	1	0	0	1	0	0	2	0	0	2
合计	48	46	19	12	10	3	60	56	22	138
	113			25			138			

资料来源:A. R. Negandhi and B. R. Baliga, *Quest for Survival and Growth: A Comparative Study of American, European, and Japanese Multinationals*, Praeger Publishers, 1979, p.15.

[①] Boddewyn, J. J., "Foreign Divestment: Magnitude and Factors", *Journal of International Studies*, Spring/Summer, 1979, pp. 22-28.

2. 冲突的解决方案及其问题

面对由所有权及经营控制权引发的跨国公司与东道国的冲突,尤其是发展中东道国对跨国公司实施的各种所有权限制,联合国等国际机构、各国相关研究机构以及不少研究者纷纷从不同的角度和不同的立场提出了各种解决方案,其中维农(Raymond Vernon)教授等在 20 世纪 60 年代后期提出的"逐渐撤资"(fade out)方案曾受到广泛的关注[1]。

"逐渐撤资"方案的核心内容是,跨国公司对东道国的直接投资在经过一定时间后,应将所拥有的子公司的所有权逐渐地、分阶段地转让给当地政府或企业,以实现经营的本土化。具体的实施方式包括:

第一,在直接投资前,跨国公司应与东道国政府签署协议,承诺在企业开工后的 7—20 年内,分阶段将所有权转让给当地政府或企业;

第二,在此期限内,东道国政府应允许跨国公司通过"完全所有"及"多数所有"对子公司实施经营控制,并有向母国汇出利润的自由;

第三,跨国公司因向东道国政府或企业转让所有权而产生的损失,应由当地企业或政府进行补偿。

可见,维农等提出的"逐渐撤资"方案的主要目的在于:

其一,防止东道国对跨国公司子公司强制实行国有化等过激的行为;

其二,通过事前商定所有权及经营权的转让,可以在一定程度上缓和发展中东道国经济民族主义的情绪,同时又能保证一定时期内跨国公司对子公司的经营控制和利润汇出;

其三,通过有计划的转让所有权和经营权,可以保证企业经营的持续稳定性,并通过明确补偿义务,可以减轻跨国公司所遭受的损失。粗粗看来,"逐渐撤资"方案似乎可以给跨国公司和东道国带来好处,尤其对发展中东道国来说,不仅在将来能获得跨国公司转让的所有权和经营权,在此之前还能获得跨国公司转让的技术。

然而,如果不是把"逐渐撤资"方案看作是一种理念,而是把它看作是一种现实解决方案的话,就不难发现其中存在着很多问题。

第一,跨国公司对外直接投资的动机是为了实现全球利润最大化,而不

---

[1] Boddewyn, J. J., "Foreign Divestment: Magnitude and Factors", *Journal of International Studies*, Spring/Summer, 1979, pp. 22 – 28.

是为了从事国际经济援助,要求跨国公司事前接受"逐渐撤资"方案的东道国一定会被看作投资环境不理想的国家;

第二,对已经拥有当地子公司的跨国公司来说,如东道国强制要求其接受"逐渐撤资"方案,一定会使这些跨国公司不再愿意投入新的技术和新的产品,反而会促使其尽早地回收投资利润;

第三,由于发展中国家的资本市场不发达,即使跨国公司真的转让所有权,也不能在其资本市场上形成合理的资产价格,而且市场吸收能力有限,股票价格往往会被低估;

第四,对于转让所有权所获得的款项汇回母国,有些东道国设置了许多障碍,因而促使跨国公司更多地利用转让定价抽逃利润;

第五,关于转让所有权和经营权的补偿问题,不仅现实中没有一个东道国愿意接受这一条款,而且跨国公司实际损失的估算、东道国政府和企业分担比率的确定等都是十分困难的;

第六,发展中东道国企业的经营能力一般较低,跨国公司转让所有权和经营权后,其中不少企业陷入经营困境,以至于有些东道国不得不重新召回跨国公司,赋予其一定的经营控制权。

因此,"逐渐撤资"方案提出后,除了 1969 年安第斯共同市场(Andes Common Market)成员国将其作为共同的外资限制政策、20 世纪 70 年代初印尼和菲律宾将其列入外资政策条款外,基本上没有其他国家采纳过这一方案,即使是上述国家,也在 20 世纪 70 年代末先后放弃实施这一方案。

三、所有权政策的未来取向与经营本土化

1. 所有权政策的未来取向

正是由于 20 世纪 60 年代至 80 年代围绕跨国公司国外子公司的所有权和经营控制权,跨国公司与东道国,尤其是与发展中东道国产生了剧烈的冲突,才使得跨国公司逐渐意识到,在经营国际化与全球化的过程中,必须正视东道国的经济民族主义情绪,适当降低对国外子公司的所有权比率,让当地合资伙伴更多地参与企业经营,或采用非股权经营的方式,避免因所有权比率问题引发与东道国的矛盾。

因此,如表 5-9 所示,从 20 世纪 60 年代以后,发达国家制造业跨国公司在发展中国家子公司的所有权比率开始趋势性地下降,即"完全所有"子

公司数逐渐减少,而"对等所有"及"少数所有"的子公司逐渐增加。其中,美国跨国公司的"完全所有"子公司仍占有较高的比率,而西欧及日本等跨国公司的"完全所有"子公司的比率较低,"少数所有"的合资子公司所占比率较高。

表5-9 发达国家制造业跨国公司在发展中国家子公司的所有权结构

跨国公司的国籍及所有权结构	1951年前 子公司数	1951—1960年 子公司数	1961—1965年 子公司数	1966—1970年 子公司数	1971—1975年 子公司数	合计 子公司数
美国180家						
子公司总数	214(100.0)	229(100.0)	281(100.0)	303(100.0)	231(100.0)	1 258(100.0)
完全所有	125(58.4)	102(44.5)	105(37.4)	140(46.2)	101(43.7)	573(45.5)
多数所有	26(12.2)	49(21.4)	54(19.2)	54(17.8)	40(17.3)	223(17.7)
对等所有	12(5.6)	18(7.9)	32(11.4)	34(11.2)	24(10.4)	120(9.5)
少数所有	24(11.2)	43(18.8)	61(21.7)	65(21.5)	65(28.1)	258(20.5)
不详	27(12.6)	17(7.4)	29(10.3)	10(3.3)	1(0.4)	84(6.7)
西欧135家						
子公司总数	266(100.0)	244(100.0)	416(100.0)	694(100.0)	—	1 620(100.0)
完全所有	104(39.1)	77(31.6)	87(20.9)	131(18.9)	—	399(24.6)
多数所有	41(15.4)	49(20.1)	65(15.6)	114(16.4)	—	269(16.6)
对等所有	14(5.3)	16(6.6)	46(11.1)	46(6.6)	—	122(7.5)
少数所有	26(9.8)	68(27.9)	149(35.8)	292(42.1)	—	535(33.0)
不详	81(30.5)	34(13.9)	69(16.6)	111(16.0)	—	295(18.2)
其他76家						
子公司总数	73(100.0)	42(100.0)	159(100.0)	279(100.0)	—	553(100.0)
完全所有	20(27.4)	7(16.7)	17(10.7)	17(6.1)	—	61(11.0)
多数所有	6(8.2)	11(26.2)	20(12.6)	23(8.2)	—	60(10.8)
对等所有	9(12.3)	3(7.1)	10(6.3)	21(7.5)	—	43(7.7)
少数所有	12(16.4)	18(42.9)	106(66.7)	207(74.2)	—	343(62.0)
不详	26(35.6)	3(7.1)	6(3.8)	11(3.9)	—	46(8.3)

资料来源:United Nations, *Transnational Corporations in World Development: A Re-Examination*, 1978, pp. 228-229.

然而,如上所述,尽管跨国公司国外子公司的所有权结构出现了多样化的趋势,或非股权经营的方式一度流行,但并没有从根本上改变跨国公司对国外子公司所有权的追逐,在未来的全球化经营中,子公司的所有权依然是跨国公司掌握其经营控制权的重要基础。首先,在自身所拥有的国际经营资源充裕的前提下,高所有权政策依然是跨国公司经营战略成功的重要因素。因此,在现实中常常能看到一些跨国公司为了增强对子公司的经营控制权,想方设法蚕食合资伙伴的股权,或通过对子公司增资扩股而稀释合资伙伴的出资比率,或直接收购合资伙伴的股权,从而实现从低所有权和弱控制权向高所有权及强控制权的战略调整。其次,即使是迫于东道国的种种限制而被迫采取低所有权政策,跨国公司也会充分利用其在生产技术、经营管理、市场营销及国际财务等方面的优势,想方设法获得大于所有权的经营控制权[1]。再次,由于非股权经营不涉及企业的所有权问题,并可以在形式上避免跨国公司与东道国合作方争夺经营控制权的矛盾,所以这种参与方式将会越来越被跨国公司和东道国所接受。

另一方面,由于"逐渐撤资"方案在实践中存在着很多问题,尤其是发展中东道国逐渐懂得了所有权的高低并不能完全决定企业的经营控制权,所以,它们将会进一步放宽对跨国公司出资比率方面的限制,并把外资政策的重点转向如何促使跨国公司实现经营本土化上。同时,为了获取东道国的经营资源和销售市场、缓解因子公司的所有权及经营控制权引发的与东道国的矛盾冲突,跨国公司也会更有效地采取本土化战略,并将经营全球化与本土化有机地结合起来。

2. 经营本土化的趋势

关于跨国公司的经营本土化(localization/assimilation),虽然目前还没有十分明确的定义,但是一般都认为,它不像上述"逐渐撤资"方案那样以转让所有权及经营权为目的,而是对子公司的各个经营环节进行适当的调整,以尽可能地适应东道国的经济、社会及文化环境。

经营本土化一般被认为主要包括以下几方面:

第一,产品制造的本土化,即尽可能利用东道国的劳动力、原材料及中间产品,并与当地上游及下游的供应商及客户进行有效的整合,使产品更好地为当地消费者所接受;

第二,营销方式的本土化,即为了拓展在东道国的营销渠道,一方面最大

---

[1] Sanjiv Kumar, Anju Seth., "The Design of Coordination and Control Mechanisms for Managing Joint Venture-Parent Relationships", *Strategic Management Journal*, 1998, 19(6): 579-599.

限度地利用当地的营销资源(如与当地的经销商结成战略伙伴关系等),另一方面加深对东道国市场的认识,提高营销手段的适地性;

第三,产品品牌的本土化,即与东道国企业建立品牌共创的战略合作关系,首先获得当地合作伙伴对产品的认同,进而提高产品在当地的知名度,在东道国消费者中重塑已有的国际品牌;

第四,人力资源的本土化,即尽可能提拔东道国有能力的员工进入子公司的各级经营层,并加强对当地员工的职务培训,让他们充分理解母公司的战略意图,积极有效地履行各自的职责;

第五,研究开发的本土化,即把部分研究开发功能转移到东道国,充分利用当地的人才资源从事研发活动,不仅从事适合东道国市场的产品研发,还承担母公司的部分基础性研究;

第六,企业文化的本土化,即不是单方面要求当地员工接受母公司的经营理念,而是加强企业内跨文化的沟通,增强员工对不同文化的认同感和适应性,并在此基础上建立起共同的企业文化。

可见,经营本土化作为缓解与东道国的矛盾冲突、获得东道国市场和经营资源的有效战略,已经成为当今跨国公司全球化经营战略中重要的组成部分。然而,经营本土化只是跨国公司的一种竞争战略而不是它们的最终目的,只有当东道国的某些制约因素足以影响跨国公司的竞争优势和长远发展时,跨国公司才会实施经营本土化战略。从这意义上来说,经营本土化是跨国公司对竞争优势和经营方式的重新定位和整合,是其全球化经营中的重要环节,而绝不意味着是对其子公司所有权及经营控制权的放弃。

关 键 词

国际投资方式　所有权政策　非股权经营　跨国经营战略　控制权模式

思 考 题

1. 比较分析不同国际投资方式及其对跨国经营的影响。

2. 国外子公司的所有权结构与国（地区）别特征。
3. 跨国公司经营战略与所有权政策的选择。
4. 跨国公司的所有权结构与控制权模式的关系。
5. 跨国公司所有权政策的未来取向。

第六章
跨国公司的国际战略联盟与跨国并购

第一节 跨国公司的国际战略联盟

一、国际战略联盟及其发展

1. 国际战略联盟的定义及基本特征

关于国际战略联盟(international strategic alliances)或跨国战略联盟(strategic alliances of transnational corporation),尽管目前国际上尚未形成统一的定义,界定的范畴也不尽相同,但是一般认为,它是指两家或两家以上的跨国公司为实现某一共同的战略目标,通过签订各种协议而建立的成本及风险同担、资源及利益共享的相互衔接、互为补充的合作关系和组织形式[1]。

关于国际战略联盟的范畴,目前大致存在以下三种不同的界定方法:

第一,广义地把直接投资中的合资方式(股权式联盟)、有限的股权参与及非股权参与(契约式联盟)都看作国际战略联盟,认为它们都是两家或两家以上的独立企业基于经营资源互补的战略合作形式,所不同的是前者是合资建立新的企业,后两者则无须成立新的企业[2];

第二,认为国际战略联盟的范畴应限于联盟各方为了稳定合作关系而少量相互参股以及非股权参与的联盟,因为一般意义上的合资企业在法律上和经营上是独立的组织,是基于合资合同约束的经营实体,它们不仅需要协调

---

[1] Lorange, P. and J. Roos, *Strategic Alliance*, Cambridge, Mass.: Blackwell, 1992.
[2] Buckley Peter J. *New Directions in International Business: Research Priorities for the 1990s*, Aldershot, Hants, England 1992.

企业内部各方的利益,而且为了避免与出资企业产生利益冲突,还需要花费一定的精力协调与各自母公司的关系,所以这种组织形式不能充分体现联盟的战略性和灵活性;

第三,采用狭义的界定法,仅把非股权参与的契约式联盟看作为国际战略联盟,强调联盟各方在资产结构、组织框架及经营方式上的独立性,只是在协议约定的事项及时间内展开合作,包括技术开发合作、生产营销合作、管理服务合作、技术许可协定等合作方式(参见图6-1)。

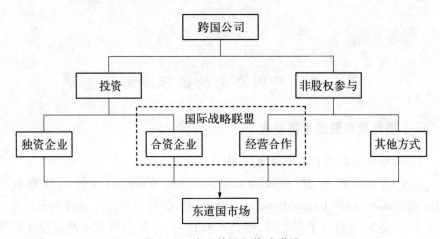

图6-1　广义的国际战略联盟

其实,世界经济发展的历史表明,合资企业是国际直接投资中一种较古老的方式,早在17世纪末18世纪初就已存在,而上述定义的国际战略联盟则是在20世纪80年代中后期才逐渐兴起的。同时,与国际直接投资中的股权投资(独资及合资)不同,国际战略联盟主要是资金以外的其他经营资源的国际转移。此外,尽管有些跨国公司的国际战略联盟采取有限的股权参与的形式,但其目的是为了进一步稳定联盟的关系,而并不是为了全面介入对方的经营活动。因此,将所有现存的合资方式都看作国际战略联盟不仅在方法论上似有不妥,而且也无法深刻地理解在经济国际化及全球化背景下跨国公司的国际竞争战略。本章将以上述第二种界定方法为基础,从国际竞争战略或全球竞争战略的角度来研究跨国公司的国际战略联盟。

从国际战略联盟的形成发展及主要类型、跨国公司的基本动机及管理模式等方面来分析,国际战略联盟具有如下的基本特征:

第一,国际战略联盟是介于完全市场和完全内部化之间的跨国公司间的一种特殊交易方式,跨国公司一方面要避免由于市场不完全导致的交易成本的提高,另一方面又要规避由于完全的内部化造成的企业内部协调成本的增加,于是便出现了这种特殊的组织形态;

第二,国际战略联盟一般采取灵活多样的合作形式,合作领域可以是局部的也可以贯穿整个价值生产链,合作期限可以是短期的也可以是长期的,合作方式可以是松散的(一般的合作协议)也可以是紧密的(相互参股);

第三,国际战略联盟通常选择战略性合作竞争(collective competitive)的方式,联盟各方在一些认为需要合作的领域开展合作,但在其他领域仍然进行竞争,呈现合作、互补、共存、竞争的态势;

第四,国际战略联盟是一种全新的组织形式,在柔性的合作竞争的形态下,合作联盟,尤其是契约式联盟使企业的边界变得模糊,而在一定程度上以虚拟网络的形式存在,并通过这种网络来交换信息和配置资源,从而实现企业集合及合作竞争的经济效应;

第五,国际战略联盟意在增强联盟各方的市场控制能力,虽然联盟本身并非是操纵市场价格的卡特尔(cartel)组织,在很多场合也不是专门进行国际合谋的辛迪加(syndicate)机构,但是,由世界同行业或不同行业主要跨国公司联盟开展的技术研发合作,最终往往是以确立"事实上的全球标准"(de facto global standard)及在全球范围内控制该行业为目的的,因此这种技术联盟带有很强的垄断性。

2. 国际战略联盟的发展

国际战略联盟从 20 世纪 80 年代中后期兴起,并成为 20 世纪 90 年代以来跨国公司全球经营的重要方式,其迅速发展的背景主要有以下两方面。

第一,经济全球化的迅速发展。20 世纪 90 年代以来经济全球化的发展不仅表现在要素和商品市场的一体化及生产、销售、消费、服务的同质化方面,也表现在要素和商品市场的区域化及生产、销售、消费、服务的差异化方面。在这样的背景下,跨国公司面临的竞争环境一方面越来越具有国际性和全球性,其竞争优势很大程度上取决于大规模的集中研发和集中生产、并向全球销售标准化产品的能力上,另一方面也越来越带有区域性和国别性,其竞争优势很大程度上依赖于异质化的研发和生产能力,以及向不同市场提供差异化产品的能力上。面对竞争环境的复杂变化,单个跨国公司显得越来越力不从心,它们现有的经营资源已难以应对经济全球化带来的环境变化,它们现有的竞争优势已不足以在全球性竞争中克敌制胜。为此,它们迫切需要与外部建立一种新的合作关系,以获取更多的外部经营资源,扩大自己的全球竞争优势。

第二,科学技术的日益进步。经济全球化背景下科学技术进步的特点主要表现为三个方面:一是科学技术的进步日新月异,科技成果的传播及产业化的速度加快,导致新技术和新产品从开发到成熟的周期大大缩短;二是新技术的研发越来越朝着高端化、综合化及复杂化的方向发展,造成研发成本的提高和研发风险的增大;三是不同产业及产品领域的技术交叉及叠加效应越来越成为国际竞争力的重要源泉,使得技术研发和应用必须采用集成化的方式。可见,无论是从技术的研发能力还是从研发成本的角度,单个跨国公司仅靠自身有限的经营资源已无法应对当今科学技术发展的要求,它们迫切需要寻求一种新的组织形式,以最大限度地利用外部的研发资源,加快技术研发及产业化的速度,提高技术研发和应用的集成效应,以最低的成本及最小的风险实现不断的技术革新。

跨国公司在激烈的全球竞争中,逐渐找到了能与外部建立互补关系的新的组织形式——国际战略联盟。从国际战略联盟近三十年的发展中,可以观察到如下的发展特点。

其一,从强弱结合的互补型联盟发展为强强合作的竞争型联盟。早期的国际战略联盟以发达国家与发展中国家的战略联盟为主,一般是由发达国家的跨国公司提供产品和技术,发展中国家企业提供当地的市场知识和流通渠道,双方在资产及经营能力方面有较大的差距,一般不存在相互竞争的关系;跨国公司参与合作的目的在于接近市场、实现规模经济,而发展中国家企业参与合作的目的是为了获得产品和技术。然而,近十多年来,发达国家跨国公司之间结成的战略联盟迅速增加,联盟各方一般力量均衡,在同一产品领域及地区市场存在竞争关系,联盟各方更多的是出于战略和竞争方面的考虑,在特定的领域进行合作,采取相互提供经营资源、共同开发技术及市场等方式,而在其他"非战略"领域,各方依然展开激烈的竞争[1]。

---

[1] Hamel, G., Y. L. Doz and C. K. Prahalad, "Collaborate with Your Competitors and Win," Harvard Business Review, 1989, Jan-Feb. 1989.

其二,从产品的生产及销售联盟发展为以技术研发合作为主的技术联盟。早期的国际战略联盟主要是围绕产品的生产和销售展开的,具体的方式主要有:一是联盟各方根据自身的成本优势,按产品价值链的不同区段进行分工生产,在此基础上整合成产品生产的全过程,以最大限度地降低投资费用和生产成本;二是联盟各方依据自身的产品及市场优势,就各自相关产品的销售种类、市场份额或地区分布达成合作协议,如分别在自己主导的市场上销售一定份额的对方产品等,以避免不必要的竞争。产品的生产及销售联盟比较单纯,得到产品生产中上游产品的稳定供应及下游厂商的稳定需求,或保证一定的市场份额和稳定的销售,是联盟各方所追求的重要目标。然而,如上所述,现代科学技术的迅猛使得跨国公司的技术研发越来越需要得到外部资源的支持,表现为近十多年来的国际战略联盟更多的是以技术研发和研究成果共享为特征的技术联盟,主要集中在半导体、计算机、信息技术、电子工程、生物医药、航空航天及汽车制造等技术密集型行业。通过实现联盟各方经营资源的互补,以加快技术研发及减轻新技术开发的风险,或尽快开拓新的商务领域和新的市场,成为联盟各方所追求的首要目标[①]。

其三,从双边及较紧密的实体联盟发展为多边及虚拟的网络联盟。早期的国际战略联盟以双边为主,一般是一家发达国家的跨国公司与一家发展中国家的企业之间的合作,因为一个产品生产及销售的联盟不需要太多的参与者,跨国公司通常是分别与产品价值链上不同的企业或不同市场上的企业结成联盟。而且,这些联盟不少是涉及所有权的经营实体,或有法律作为约束力的合作伙伴。因为产品生产及销售的合作需要一定稳定性,所以建立相对紧密的关系是这种联盟得以成功的关键。然而,以技术研发为目的的国际战略联盟是以具有主导研发能力的跨国公司为核心、其他相关企业不同程度参与的一种企业集合,或具有不同核心技术专长的跨国公司形成的距离不等、纵横交错的企业网络。在这样的联盟内,不仅有同行业的企业,也有其他不同行业的企业;不仅有跨国公司,也有大学、科研机构等,它们只是为了开发某项新技术才结合在一起,在联盟中分享技术信息、实现能力互补、实行专利交换及促进技术创造。因此,这样的联盟通常不需要依靠控制所有权或有法律约束力的契约来管理,一般是通过行业规则、企业诚信、柔性组织等虚拟网

---

① UNCTAD, *World Investment Report*, 1999.

络的形式来实施管理,从而不仅可以大大降低联盟的管理成本,还能获得网络效应。而联盟各方应得的利益,一般是通过对知识产权的控制以及对产品或技术标准的掌握来实现的。

二、建立国际战略联盟的动机

1. 技术方面的动机

面对上述 20 世纪 90 年代以来世界科学技术的发展,跨国公司选择与其他企业结成国际战略联盟的方式来推进技术研发,其主要动机在于:

第一,通过建立国际战略联盟,加快技术研发的速度。由于现代技术的研发越来越朝着高端化、综合化及复杂化的方向发展,如果一家跨国公司承担从基础研究及应用研究到商品化及产业化研究的全部过程,那将大大延缓技术研发的速度。而由若干家跨国公司在国际战略联盟中根据各自的技术优势进行分工,那就能大大缩短开发某项新技术所需要的时间。

第二,通过建立国际战略联盟,分担巨额的研究开发费用。若干家跨国公司通过结成国际战略联盟合作研发新技术和新产品,不仅能够缩短研发时间,还能通过分摊研发费用而节省单个跨国公司所必须承担的成本。尤其在生物医药行业,一种新药从基础研究、产品研制到临床试验的整个过程特别漫长,所需费用极其高昂,所以该行业中技术研发型的国际战略联盟特别多见。

第三,通过建立国际战略联盟,减轻新技术研发的风险。现代科学技术的发展正在不断增加企业开发新技术和新产品的风险,而且在现实中技术研发失败的案例也并不少见,由此可能会影响到企业开展技术创新活动的积极性。但是,通过联盟各方分摊研发费用的方式,可以共同承担技术研发风险,从而激励各方的技术创新活动,提高技术研发成功的可能性。

第四,通过建立国际战略联盟,谋求未来的学习效应。在技术联盟中,各方通过技术优势互补,不仅可以有效地开发出新技术及新产品,而且还可能产生未来的学习效应,即在联盟存续阶段各方通过互相学习、彼此启发和共同激励,能获取一种可用于其他技术研发活动的心得,当联盟一方将这种心得具体运用于跨国公司母体的研发活动时,学习效应就会充分地显现出来。

第五,通过建立国际战略联盟,发展中国家有可能获取跨国公司的关键技术。在无法直接获得跨国公司技术转让的情况下,发展中国家以国际战略联盟的方式与技术先进的跨国公司的科研人员一起工作,通过在日常工作中接触、学习、消化和吸收技术,能逐渐提升自身的技术水平。因此,国际战略联盟已成为发展中国家获得跨国公司关键技术的重要捷径。

2. *成本方面的动机*

20世纪90年代中期以后,不少高科技行业逐渐从技术竞争进入成本竞争的阶段,即随着技术的成熟和扩散,跨国公司的技术垄断优势逐渐减弱,全球竞争的重心开始从技术竞争转向成本和价格竞争。为此,跨国公司通过建立国际战略联盟,可以主动地应对全球竞争环境的变化。

第一,通过建立国际战略联盟,迅速地扩大生产规模和降低生产成本。虽然通过国际直接投资中"完全所有"的独资方式和"多数所有"的合资方式也能扩大生产规模和降低生产成本,还能防止国际技术转移中的机会主义行为,但上述两种方式决定了跨国公司必须投入较多的经营资源,实现规模经济和范围经济的成本较高或速度较慢。而通过建立国际战略联盟,跨国公司可以较快地把部分生产转移到生产成本较低的国家和地区,尤其是向发展中国家移管技术相对成熟或跨国公司的技术控制力较强的部分生产工序,从而较快地实现规模经营并产生范围经济效应。

第二,通过建立国际战略联盟,有效地配置全球价值链生产。正是由于产品价值链生产的各区段对要素的需求不同,所以把不同生产区段有效地配置在要素价格相对较低的国家和地区,就能通过价值链区段上的国际分工来降低总的生产成本。虽然通过股权投资也可以将上游或下游企业纳入跨国公司全球价值链的生产体系中,但要建立和维持这种生产体系的固定成本可能会较高,而通过国际战略联盟来维系这种分工关系的投资成本和组织成本会较低。因为,价值链层面上的国际战略联盟通常采用合作协议的形式来确定彼此的关系,这种关系不仅比完全通过市场形成的交易关系要来得稳定,也比通过资本参与建立的内部市场交易有更大的灵活性。

3. *竞争方面的动机*

经济全球化进一步激化了跨国公司之间的竞争,而过度竞争的结果往往导致两败俱伤。于是,跨国公司开始逐渐改变原有的竞争观念,试图通过建立国际战略联盟来摸索新的竞争方式。

第一,通过建立国际战略联盟,确立自身的核心竞争力。以往的竞争方式过分关注竞争对手的存在,强调竞争的胜负对抗,结果往往会忽略自身核心竞争力的培育,长期处于被动应对的局面。而国际战略联盟下的竞争观念是一种超越零和博弈的新的竞争观念,它强调的不是简单地击败竞争对手,而是充分发挥自身的竞争力优势,通过与竞争对手的合作来有效地利用对方的经营资源,增强自身的核心竞争力。因为核心竞争力具有价值性、稀缺性、难以模仿及不可替代等特点,是跨国公司持续竞争优势的重要来源。现实中出现的跨国公司之间的强强联合,便是国际战略联盟竞争观念的具体表现,它不仅能产生规模经济效应和范围经济效应,还能实现合作竞争的共生经济效应。

第二,通过建立国际战略联盟,创立新的全球竞争方式。以往跨国公司的竞争一般表现为同行业内单个企业之间的相互竞争,其目的是保持市场地位和争夺市场份额。然而,随着国际市场一体化及消费需求多样化的发展,单个企业或同行业的企业都难以长久地维持竞争地位及应对市场需求的变化,它们需要进一步细分市场,将经营资源集聚到自己最有特殊优势的领域,而将其他领域让给竞争者,或与原有的竞争者进行合作,进而还可能与其他行业的企业结成联盟,共同开发新的市场。因此,国际战略联盟下跨国公司的全球竞争主要不是单个企业间围绕产品价格的正面及过度的竞争,而更多地表现为在细分市场上的错位竞争、同行业内的集团与集团的群体竞争以及跨行业企业集群间的综合竞争。

4. 战略方面的动机

跨国公司选择东道国合适的经营伙伴结成国际战略联盟,还有其中长期经营战略方面的考虑。

第一,通过建立国际战略联盟,低成本地进入新市场。对于一些尚未熟知、存在进入壁垒的东道国市场,如果贸然以资本参与的方式进入,很可能会导致日后经营的失败,或承受较高的进入成本。因此,为了低成本地进入这些市场,或绕过各种进入壁垒,跨国公司通常会与当地企业结成战略联盟,利用当地企业的营销能力及与政府的关系,实现其进入目标市场的中长期战略目标。

第二,通过建立国际战略联盟,开拓新的业务领域和新的市场。不同行业的相互渗透和各种技术的相互交叉是当今世界产业发展及产品创新的基本趋势,如果单个跨国公司要在自身的技术有了一定的积累后再向其他行业发展或开发新的产品,那么它将在全球竞争中被淘汰。因此,为了加快向新的产业领域发展和开发新的产品,跨国公司通常会跨行业与国际上有竞争优势的企业结成战略联盟,充分利用联盟各方的技术优势和行业经验,促进经营多元化和产品创新。

第三,通过建立国际战略联盟,确立行业的国际标准。近年来,围绕确立事实上(de facto)的行业标准的竞争也发生了变化,不仅以往在市场竞争中获胜、并掌握控制权的产品标准被认定为事实上的国际标准,其他企业不得不按照此标准从事生产,而且越来越多的跨国公司在相关产品投入市场之前就结成国际战略联盟,有意识地组成标准化组织,推进该组织确定的国际标准,并在市场上进行推广,从而成为世界市场上的主要垄断者。

5. 组织方面的动机

从提高组织效率和增强经营自主性的角度来看,跨国公司建立国际战略联盟的动机主要还体现在以下两方面。

第一,通过建立国际战略联盟,控制企业规模和提高组织效率。20世纪70年代以后流行的内部化导致跨国公司的边界不断扩大,这一过程伴随着资本投入增加、企业规模扩大、组织机构膨胀,管理层次重叠及协调成本上升,结果使得跨国公司内部官僚主义严重,战略决策及战略调整缓慢,最终导致整个组织效率的下降,以至于难以应对瞬息万变的全球市场。而建立国际战略联盟是跨国公司对自身经营边界的重新认定,也是对资源配置机制的战略调整,更是对组织管理体制的革新。因为国际战略联盟一般不涉及组织的外延式扩张,因而可以压缩投资及经营成本,避免组织过大带来的体制僵化,使经营机制保持弹性并能灵活地应对全球市场的变化,还可以避免有些国家的反垄断法对企业规模过大的制裁。

第二,通过建立国际战略联盟,保持有较强自主性的经营体制。合资经营是参与各方在协议的基础上成立经营实体、确立组织及管理机构、并受法律约束的经营方式,在合资协议规定的年限内,根据各参与方出资比率的高低分配权力和义务,任何一方都不能随意脱离协议的约束,否则将承担法律上的责任。而国际战略联盟的协议一般不具有法律效应,更多的只是表示联盟各方的合作意向,组织上通常不需要组成经营实体和确立特别的管理机构,内部也不存在明显的主次之分,而是通过平等的合作,共同分享合作的成果。国际战略联盟可进可退的组织结构,决定了联盟各方的退出壁垒较低,在组织上具有很大的灵活性,能使各方保持自主性较强的经营体制,由此也大大降低了跨国公司的组织成本。

三、国际战略联盟的主要类型

1. 按价值链区段划分

根据价值链理论,可将企业创造价值的活动分为"上游"和"下游"两大类。"上游"中包括技术及产品开发、原材料采购、生产加工等区段;"下游"中包括市场营销、成品储运和售后服务等区段。价值链各区段对生产要素的需求各不相同:技术及产品开发区段需要受过良好高等教育、具有专业技术和创新精神的科技人员,宽松自由的组织环境及鼓励创新,宽容失败的企业文化;生产加工区段需要大批低成本的熟练工人、严格的劳动纪律、全面的质量管理和成本控制的能力;市场营销及成品储运区段需要有完善的市场促销、价格管理、订单处理、物流控制及金融服务等运营体制;售后服务区段需要有较强的产品安装及维修、使用培训、零部件供应、法律支援等管理能力(参见本书第三章第三节)。

由于各国(地区)的要素禀赋及其价格不同,各企业拥有的经营资源及竞争优势各异,所以如能在价值链的各区段进行跨国合作,那将能获得优势互补的协同效应,并能实现整体收益的最大化[①]。跨国公司的国际战略联盟正是在这样的基础上展开的,并形成了以下三种基本的类型(参见图6-2)。

(1) 上游部门的国际战略联盟。

上游部门之间结成国际战略联盟的主要目的在于相互利用对方在研发、采购及生产领域的优势,最大限度地降低相应的经营成本。它主要包括以下几种形式:

第一,技术及产品的共同开发。参与联盟的各方就共同开发某一领域的新技术和新产品达成协议,各方充分利用在技术及产品研发方面的优势,实现经营资源共享、技术优势互补及研发风险共担,在此基础上完成的研发成果由联盟各方共同所有,并用于各自的生产过程中。这种联盟也被称为技术联盟或知识联盟,多见于微电子、生物工程、新能源及新材料等高科技行业。

---

① Lorange, P. and J. Roos, *Strategic Alliance*, Cambridge, Mass.: Blackwell, 1992.

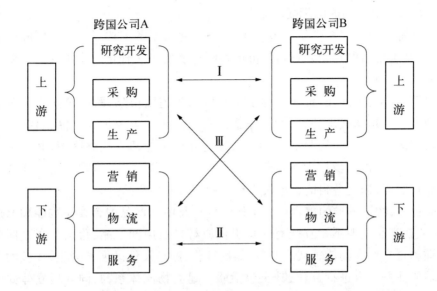

图 6-2 国际战略联盟的主要类型

资料来源：Lorange, P. and J. Roos, *Strategic Alliance*, Cambridge, Mass.: Blackwell, 1992.

第二，原材料及中间产品采购阶段的协调。为了保证原材料的稳定供应及将其价格控制在一定的水平内，跨国公司之间会结成原材料采购的战略联盟，共同就采购数量及其价格与供应方进行交涉，以提高对国际市场原材料价格的话语权。此外，联盟各方通过相互提供 OEM（委托定制）产品或规格统一的产品，以保证各自所需中间投入产品的质量和稳定供应，并能节省在市场上采购中间产品的交易成本，也能减少生产中间产品的投资成本。

第三，产品生产领域的合作。这种产品联盟一般有三种类型：一是联盟各方通过签订合作生产协议，就彼此相互竞争的某类产品进行共同生产，以减少为争夺市场的过度竞争，从而分享规模经济的利益；二是就不同产品进行分工生产，各方分别集中生产其中的若干种，并按事前商定的价格进行交易，由此不仅可以节省投资成本，也可以充分发挥各自的生产优势，并获取规模经济的利益；三是按产品的生产工序进行分工，建立有别于企业内垂直一体化生产的合作体系，各方分别从事自己最有优势的生产或加工，以实现联盟内生产优势的互补。

(2) 下游部门的国际战略联盟。

下游部门之间就产品销售、物流控制及售后服务等建立起来的国际战略联盟,其主要目的在于开拓销售市场和应对消费者多样化的需求。其主要形式有以下几种:

第一,销售方面的合作。为了尽快进入东道国市场,跨国公司会与东道国企业签订销售代理协议,利用东道国企业的销售渠道扩大产品销售;为了拓展在第三国的市场,跨国公司会选择与其他企业建立战略联盟,联手进入该市场;为了进一步扩大各自产品在国际市场上的销售,跨国公司之间会结成战略联盟,通过各自的销售渠道相互销售对方的产品。

第二,物流领域的整合。为了使原材料及中间产品的合作采购能顺利进行,或在产品联盟下相互能有效地提供原材料及中间产品,跨国公司之间会全面整合它们在物流领域的业务,如按行业、产品及地区展开分工,或按物流领域的业务内容进行合作,甚至包括联合建立物流体系,共同开展立体式的物流业务。

第三,服务部门的协调。服务部门涉及众多领域,包括产品生产中的生产性服务、产品销售后的售后服务及与企业经营相关的辅助性服务活动等。于是,为了提高服务部门的效率,跨国公司之间会就具体的服务内容展开分工合作,专门从事自己最有优势的服务项目,而将其他服务项目委托给别的跨国公司,在跨国联盟的平台上构建整个服务体系。

(3) 上游部门与下游部门的国际战略联盟。

如果把上述上游部门及下游部门的国际战略联盟称为水平联盟的话,那么,上游部门与下游部门之间的国际战略联盟则是垂直联盟。主要有以下几种形式:

第一,研发部门与生产部门的联盟。这是跨国公司之间研发资源和生产资源互补型的战略联盟,在这种联盟下,技术研发能力较强的跨国公司提供技术或产品,生产加工优势明显的跨国公司则重点从事产品生产,各方共同享有生产的成果,产品通过各自的销售渠道进行销售。于是,各方都可以将有限的经营资源集中投入自己的核心部门,并在合作过程中不断增强自身的竞争优势。

第二,生产部门与营销部门的联盟。这是跨国公司之间生产资源和营销资源互补型的战略联盟,在这种联盟下,生产方面具有优势的跨国公司主要从事产品生产,营销能力较强的跨国公司则是通过自己的营销网络,重点从事产品的销售及售后服务等,通过两个部门的优势整合,实现巩固原有市场、积极开拓新的市场的战略目标。

第三,研发部门、生产部门及营销部门的联盟。这是跨国公司将研发、生产及营销等部门整合在一起,在更大范围内实现优势互补的战略联盟。这种战略联盟与企业内纵向一体化战略对经营资源的要求不同,通过这种多样化的战略联盟网络,跨国公司可以突破来自经营资源方面的约束,进一步扩大多样化的经营,有效地排除市场进入的障碍,或迅速地进入新的经营领域,并在相关市场上尽早地确立各自的竞争地位。

2. 按竞争关系划分

从理论上来看,尽管结成国际战略联盟是企业间的互动行为,在此组织中各参与方的关系是平等的,但是,由于各方参与联盟的目的和动机不尽相同,因此在合作中也会产生各种矛盾和冲突,并会出现力量对比关系的变化。因此,从组织间的互动程度(extent of organizational interaction)和参与方之间的潜在冲突(conflict potential)的角度,通常也可以将国际战略联盟划分成以下四种类型①。

第一,互补性联盟(procompetitive alliances),也被称为后竞争性联盟或有利于竞争的联盟。这种战略联盟通常有两类:一类是跨国公司之间上游部门与下游部门的联盟,即按价值链区段组成的垂直一体化的合作体系;二是不同行业跨国公司之间的结成的联盟,如汽车行业与电子行业的跨国公司组成的联盟。前者的目的主要在于控制投资风险、降低生产成本及扩大生产规模,后者的主要目的在于通过不同行业的技术互补,开发出新的技术和产品。在这种战略联盟中,参与各方组织间的互动程度较低,一方的核心技术被扩散到另一方的可能性较小,而且在最终产品市场上相互间一般也不存在潜在的竞争关系,因此彼此发生矛盾和冲突的概率较低。

第二,非竞争性联盟(noncompetitive alliances)。这是一种参与各方尽管属于同一行业,但在世界市场上实行地区分工或产品分工,相互竞争关系不强的跨国公司之间的联盟,如美国大排量汽车与日本小排量汽车公司之间的战略联盟等。因此,联盟参与各方相互间发生冲突的概率较小,而且由于各

---

① M. Y. Yoshino and U. S. Rangan, *Strategic Alliance*, Harvard Business School Press, 1995.

方有着相同或比较相似的价值链,彼此可以共同开发技术及产品,或相互提供零部件,也可能在价值链上形成上游和下游的关系,所以组织间的互动程度较大,可能产生较大的学习效果。

第三,竞争性联盟(competitive alliances)。这是处于同一个行业,且在最终产品市场上直接进行竞争的跨国公司之间的联盟,在世界的汽车、电子、化工等行业广泛存在,其动机在于充分利用竞争对手的优势,来弥补和增强自己在某个局部领域的劣势。这种联盟与非竞争性联盟相同,参与各方有着相同或比较相似的价值链,所以,组织间的互动作用较强,由此产生的学习效果可能也较明显。但是,由于参与各方处于激烈的竞争关系中,所以,在合作过程中必须防止自身的核心技术被竞争对手所掌握。

第四,前竞争性联盟(precompetitive alliances),也被称为竞争前的联盟或异业联盟。这是不同行业的跨国公司之间结成的联盟,其目的是为了利用不同领域的技术结合来开发新的技术和产品,如通过机械行业与电子行业的技术结合来开发数控技术及其产品、化工行业与电子行业的技术结合来开发光电技术及其产品等。由于这是相关技术及其产品在产业化之前的合作,因此联盟中组织间的互动程度较低,相互的竞争也是潜在的。但是,当联盟所开发的技术及其产品进入产业化阶段后,围绕相同的最终产品市场,联盟各方的潜在的竞争便转化为正式的竞争,发生矛盾冲突也在所难免。

四、国际战略联盟的控制与管理

1. 国际战略联盟的不稳定性

尽管国际战略联盟成为20世纪90年代以来跨国公司全球经营的重要方式,并且已经有了一些成功的范例,但是,由于联盟内部不时发生尖锐的矛盾和冲突,最终实际上竟有60%左右的联盟不得不因此而解体[①]。究其原因,主要有以下几方面:

其一,各异的行为动机。从国际战略联盟参与各方的动机来看,有些似乎比较相近,如结成技术联盟是为了合作开发新的技术和产品,并减轻研发

---

① Robert E. Spekman, Lynn Isabella, Thomas MacAvoy, and Theodore Forbes, "Alliance Management: A View from the Past and a Look to the Future," *Journal of Management Studies*, vol. 35, 1998.

成本和降低研发风险。但是,技术联盟中各方的参与动机还是存在很大的差别,如何在合作中最大限度地学习和获取对方的核心技术也许是每个参与方的最大动机,因此甚至会出现挪用合作方的技术资源、隐匿开发进程及成果等"机会主义"行为。

其二,不同的预期目标。由于参与联盟的动机不尽相同,因此各方希望实现的预期目标有时会相差甚远。如联盟本身所设定的预期目标过高,或对合作方应有贡献的期望值过大,那一旦在合作过程中发现达不到预期的目标,就会怀疑合作方的诚意与能力,于是就会产生埋怨的情绪,甚至减少对联盟的后续投入,进而引发矛盾和争端。

其三,相异的企业文化。企业文化是在一国的传统历史、民族文化、基本价值观、经营者理念等基础上长时期形成的,它不仅在短期内很难改变,而且两种企业文化间的彼此相容更加困难。再则,国际战略联盟中参与各方相对独立的组织特性,使得"易于合作"的文化氛围更难形成,从而进一步增加了参与各方发生文化冲突的可能性。

其四,较低的互信程度。假如联盟参与各方之间事前没有相当紧密的交易关系,那么在结成联盟后的一段时间内,彼此的互信度一般较低。在这样的状态下,各参与方通常都会对自身经营资源的投入、技术及市场信息的共享等持谨慎的态度,甚至不愿忠实履行结盟时的承诺。于是,在合作中遇到困难或达不到预期的目标时,各参与方往往会找不到共同解决问题的方法,最终只能轻易地选择分手。

其五,合作与竞争并存的结盟方式。无论是互补性联盟还是非竞争性联盟,尽管参与各方之间不存在直接的竞争关系,但在自身如何获得最大化的合作利益等问题上,合作各方之间则存在不同形式的博弈关系。而竞争性联盟及前竞争性联盟的稳定性更差,当国际竞争环境发生变化,竞争利益大于合作利益时,联盟则更容易走向瓦解。

其六,较松散的组织结构。联盟参与各方较强的自主性及较低的退出壁垒,决定了联盟在组织上缺乏稳定性。一方面,联盟各参与方独立的组织结构决定了各自不同的工作程序和方法;另一方面,联盟内部又由于参与方的文化差异而缺乏有效的相互沟通和协调的手段。所以,成员间的互动关系较难达到一定的紧密程度,一旦合作中发生矛盾和冲突,各参与方容易作出退出联盟的选择。

2. 国际战略联盟的有效控制与管理

可见,要提高国际战略联盟的稳定性并使其达到预期的目标,必须对联盟的建立、运行及其成果进行全过程的控制与管理。

第一,必须明确结盟的战略意图,提高组织的柔性。要让企业内实际参加联盟工作的所有成员充分理解为何要结盟?通过结盟能得到什么?如何利用联盟来增强自身的竞争优势?只有当企业内所有相关成员共有了这些结盟的战略意图,并从联盟的共同利益及长期得失来考虑问题,才能提高他们行为的柔性,增加组织的弹性,促进联盟内的组织学习[1]。

同时,也要设法让联盟的其他参与方能理解联盟中的任何一方都是不可或缺的,联盟中不应该有主次之分,彼此存在紧密的互补关系,包括资源的互补和战略的互补。只有根据战略目标制定联盟从启动至终结的一揽子规划,保证经营资源的稳定投入,才能增加合作的机会,并取得预定的成果。

第二,必须构筑相互信赖的关系,忠实履行结盟时的承诺(commitment)。国际战略联盟是有不同文化背景的企业之间的合作,在这过程中一定会产生矛盾和冲突,因此构筑相互信赖的关系极其重要。而构筑相互信赖关系的重要方面是信守结盟时的承诺,充分理解对方的立场,努力从事所合作的事业。为此,需要培养员工对不同文化的理解,并进行这方面的教育投资。

此外,国际战略联盟的各参与方拥有这样或那样的戒心也是必可避免的,如担心自己的技术是否会被剽窃?合作方将来是否会成为强有力的竞争对手?自己是否会被合作方并购?等等。假如不能在合作中逐渐消除上述戒心,那么,猜疑就会引发更大的不信任,甚至可能会导致联盟的解体。因此,在联盟存续期内,参与各方应该定期进行共同的事业规划,分享与合作事业相关的所有信息,只有当共享的信息达到较高的水准,才能构筑相互信赖的关系,并将这种关系逐渐延伸至长期的合作事业上去。

第三,必须定期对联盟的成果进行评价,及时地动态调整资源投入及组织结构。国际战略联盟的控制与管理可以围绕企业整体的竞争优势是否比结盟前有所提高这一核心内容展开,可从员工士气的提高、人力资本的开发

---

[1] Hamel, G., Y. L. Doz and C. K. Prahalad, "Collaborate with Your Competitors and Win," Harvard Business Review, 1989, Jan-Feb. 1989.

及社会责任的履行等角度,通过对组织学习、竞争条件、销售状况及财务指标等进行具体及综合的分析,来评价国际战略联盟控制与管理的实际效果[①]。其中,组织学习的效果主要包括对新市场的理解、学习及掌握新技术的成果等;竞争条件的改善主要表现为市场份额的扩大、竞争优势的增强等;销售状况的好转主要是指销售总额的增加、客户满足度的提高等;财务指标的优化集中体现在利润率及资产收益率的提高等方面(参见表6-1)。

表6-1 国际战略联盟的成果评价

管理过程	提高员工士气、开发人力资本、履行社会责任
组织学习	对新的市场的理解、学习新技术、技术革新、开发新的经营方式
竞争条件	扩大市场份额、对竞争对手的影响
销售状况	销售总额、满足顾客、增加其他产品的销售
财务指标	利润率、资产收益率

资料来源:Lorange, P. and J. Roos, *Strategic Alliance*, Cambridge, Mass.: Blackwell, 1992.

同样,联盟的其他参与方也会定期对战略联盟的成果进行评价,如上述各个方面都取得了相应的成果,那就表明其对战略联盟的控制与管理是有效的,该战略联盟应该还会存续下去。如发现参与战略联盟的成果不明显,或在联盟中的比较竞争优势在减弱,那么它们就会重新评价参与联盟的意义,甚至会作出退出联盟的决定。为了避免这种情况发生,就必须及时对资源的投入及现有组织的结构进行动态调整。在有明确的战略意图的前提下,与所有参与方进行广泛的沟通,通过增加或减少资源的投入,重新平衡联盟内部各自所拥有的相对优势,来维持联盟的稳定性。因为,如果联盟内各参与方的资源投入发生了较大的差距,或经营资源的相对优势出现了较大的变化,使得一方过度依赖另一方,或联盟越来越只对一方有利,那么,联盟的稳定性就会受到威胁。同时,通过构筑新的组织结构,进一步健全联盟内的信息反馈机制,使所有参与方对联盟的最终目标及其实现方式等达成共识,从而进一步理解文化上的差异和增进相互信任,形成信守承诺的组织氛围。

第四,必须保护自身的核心竞争力,通过组织学习增强竞争优势。国际战略联盟是合作与竞争并存的组织形式,其中,竞争集中体现在通过提供一

---

① Lorange, P. and J. Roos, *Strategic Alliance*, Cambridge, Mass.: Blackwell, 1992.

定的经营资源参与合作,最大限度地从合作者那里学习和获取更多的知识资源。如果在合作的过程中不仅没能从合作者那里获得资源,自身的核心竞争力反遭到削弱,那就意味着参与联盟的失败。因此,为了保护自身的核心竞争力,应将构成核心竞争力的重要资源拆分成若干部分,向联盟转移的只能是其中的一部分。

同时,国际战略联盟可通过以下三个步骤,来提高竞争力和创造新的商业机会①:其一,通过"共同的选择"(co-option)来构筑新的竞争优势,即与现在的及将来潜在的竞争者或提供互补产品及服务的企业结成联盟;其二,利用经营资源的"共同专属性"(co-specialization),即把构成核心竞争力的部分要素与合作者的优势资源结合起来;其三,在此过程中通过向合作者(竞争对手)学习,并将学习成果内部化(learning and internalization),以此来获得新的核心竞争力,并为将来与合作者展开进一步的竞争奠定基础(参见图6-3)。

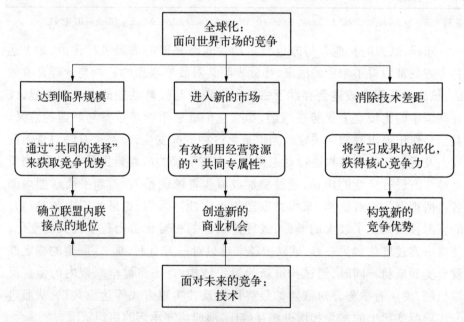

图 6-3　通过战略联盟创造价值

资料来源:Y. L. Doz and G. Hamel, *Alliance Advantage*, Harvard Business School Press, 1998, p.36.

---

① Y. L. Doz and G. Hamel, *Alliance Advantage*, Harvard Business School Press, 1998.

第二节 跨国并购与经营整合

一、跨国并购及其发展

1. 跨国并购的定义及其形态

跨国并购(cross-border mergers and acquisitions, M&A)是指外国投资者通过一定的法律程序取得东道国企业或在当地外国企业(被并购企业或目标企业)的全部或部分所有权、并对其实施经营控制的投资行为。

跨国并购包括跨国兼并与跨国收购两层含义。跨国兼并是指一家外国企业在东道国将当地企业或另一家外国企业的资产及经营业务并入一家新建立的法人实体或现有企业的投资行为。具体有两种形态：一是法定兼并(statutory merger),即一家外国企业在东道国兼并当地企业或另一家外国企业,在此基础上成立一家新的法人企业,并承担原有企业的全部股权及债务,而原有企业不再保留其法人地位；二是吸收兼并(consolidation),即一家外国企业(兼并企业)在东道国兼并当地企业或另一家外国企业(被兼并企业),其中兼并企业的法人地位予以保留,并获得被兼并企业的全部股权及债务,而被兼并企业的法人地位不复存在。跨国收购是指一家外国企业在东道国收购当地企业或另一家外国企业的资产或股权(10%以上)、从而获取经营控制权的投资行为。其中包括全部股权收购(或称为整体收购,100%)、多数股权收购(50%—99%)及少数股权收购(10%—49%)等①。从法律形式上,跨国兼并的结果是两个或两个以上的法人合并为一个法人,而跨国收购的结果不是改变法人的数量,仅仅改变被收购企业的所有权归属或经营权归属。

按照联合国贸易与发展会议对跨国并购的确认标准,跨国并购一般包括以下直接母公司和最终东道国的七种组合②。但在有些国际直接投资统计中,只是狭义地把直接母国和直接东道国不同的几种类型(①、③、④、⑦)统计为跨国并购。

---

① UNCTAD, *World Investment Report*, 2000.
② Ibid.

① X国的国内企业收购或兼并Y国的国内企业;
② X国的国内企业收购或兼并X国的外国子公司;
③ X国的国内企业收购或兼并Y国的外国企业;
④ X国的外国子公司收购或兼并Y国的国内企业;
⑤ X国的外国子公司收购或兼并X国的另一家外国子公司;
⑥ X国的外国子公司收购或兼并X国的国内企业;
⑦ X国的外国子公司收购或兼并Y国的外国子公司。

根据联合国贸易与发展会议的调查统计,跨国并购中跨国收购是主要形式,而且多数股权以上的收购占了绝大多数。如表6-2所示,1999年全球跨国并购中跨国收购占96.9%,而跨国兼并只占2.3%;其中,跨国收购中全部股权收购占65.3%,多数股权收购占15.4%,少数股权收购占16.2%(参见表6-2)。这些数据从另一个侧面对第五章第二节中关于跨国公司对国外子公司所有权追逐的讨论,提供了进一步的实证支撑。

表6-2 跨国并购的构成　　　　　　　　　　　(单位:%)

	跨国兼并	跨国收购			
		合计	100%收购	50%以上收购	10%—49%收购
1987年	4.2	94.1	70.1	8.7	15.3
1989年	3.2	95.6	69.1	10.9	15.6
1991年	0.8	98.6	64.1	14.5	19.9
1993年	0.5	99.1	61.2	17.2	20.6
1995年	1.2	98.0	59.6	17.9	20.5
1997年	1.7	97.5	64.8	16.3	16.3
1999年	2.3	96.9	65.3	15.4	16.2

资料来源:UNCTAD《世界投资报告》,2000年,第101页。

2. 第二次世界大战后跨国并购的发展及其动因

如第二章所述,跨国并购作为跨国公司对外直接投资的一种形式,在19世纪末期就已出现,但20世纪以前的国际直接投资基本上以新建投资为主。第二次世界大战后,跨国并购逐渐成为跨国公司对外直接投资的重要方式,并在国际及国内各种条件的支撑下,出现了以下三次浪潮。

第二次世界大战后第一次跨国并购浪潮出现在20世纪70年代中期至

90年代初期。其基本背景是：

第一，世界主要发达国家逐渐走出1973年"石油危机"之后的经济萧条，世界经济进入复苏阶段，各国(地区)开始着手调整国内的产业结构；

第二，在第三次科技革命的推动下，新兴技术迅速产业化，并开始排挤传统产业，跨国并购成为国内产业结构快速调整的有效手段；

第三，不仅是发达国家，发展中国家也先后调整对外国直接投资的政策，对外投资及跨国并购的环境进一步改善；

第四，世界服务业进一步国际化，金融服务业、批发零售业等的跨国并购迅速兴起；

第五，国际金融市场发展不断完善，金融工具不断创新，为跨国并购提供了有效的支付手段。

在这些因素的推动下，全球跨国并购高潮迭起，1975年并购总数为2 297起，1990年增为3 360起，同年并购的资产规模达到980.5亿美元[1]。

第二次世界大战后第二次跨国并购浪潮出现在20世纪90年代中期至21世纪初期。其推动因素是：

第一，由发达国家推动的全球化进程加快，国际分工尤其是产品内国际分工日趋细化，跨国公司亟须通过跨国并购建立全球生产网络；

第二，欧美等发达国家先后放松了对跨国并购的法律限制和市场进入壁垒，促进跨国公司迅速进入信息通信、新闻传媒、金融服务及公共事业等领域；

第三，电子信息技术的迅猛发展促进了世界高科技企业的不断出现，跨国公司为了占领全球技术高地，纷纷把这类企业作为它们实施全球并购的目标企业；

第四，随着发展中国家产业竞争能力的提高，它们也开始逐渐增加对外直接投资，并选择跨国并购的投资方式；

第五，光纤等新技术的诞生，创造了远程通信的新形式，使通信成本大幅降低，从而为跨国并购提供了技术条件。

在上述因素的促进下，全球跨国并购金额从1994年的938.8亿美元增

---

[1] UNCTAD跨国并购数据库(www.unctad.org/fdistatistics)。

加到 2000 年的 9 596.8 亿美元①。

第二次世界大战后第三次跨国并购浪潮始于 2004 年,到 2007 年达到历史高峰。其促进因素有：

第一,从 2004 年起世界经济强劲复苏,企业的赢利状况有了很大的改善,使得许多跨国公司通过跨国并购来扩大经营规模；

第二,21 世纪初的头几年世界反垄断力量的增强对跨国并购活动产生了抑制作用,之后全球反并购和反垄断的势力有所缓和,从而再次为跨国并购活动提供了空间；

第三,发生在服务业的跨国并购大幅度增加,2005—2007 年分别增长 142.9%、23.9% 和 62.8%,占当年跨国并购总额的比率分别达到 65.8%、69.3% 和 67.7%②；

第四,世界资本市场迅速发展,部分发达国家的金融不断创新,杠杆收购、换股交易等并购支付方式日益流行,从而为跨国并购提供了新的融资手段,也进一步降低了融资成本；

第五,上述经济全球化和区域化、信息技术革命的深化、世界经济日益服务化等因素所产生的效应进一步显现,从而更加促使跨国公司通过跨国并购来扩大经营规模和调整全球的经营组织结构。因此,全球跨国并购总额从 2004 年的 1 986.0 亿美元增加到 2007 年的 10 326.9 亿美元(参见图 6-4)。

然而,2008 年美国"次贷"危机引发了全球金融危机,包括美国雷曼兄弟、国际集团(AIG)等企业先后破产,不少商业银行也纷纷破产或被国有化。金融危机进一步影响到实体经济,导致部分制造业大企业倒闭,使整个世界经济陷入严重的衰退。因此,世界对外直接投资大幅度下降,跨国并购下降的幅度更大(参见图 6-4 及图 6-5)。

3. 跨国并购的最新特点

(1) 跨国并购成为对外直接投资的主要形式。

由于对跨国并购和对外直接投资的统计口径不同,跨国并购可以从东道国资本市场或国际资本市场融资,而这两项都不包括在对外直接投资的数据

---

① UNCTAD 跨国并购数据库(www.unctad.org/fdistatistics)。
② 根据 UNCTAD 跨国并购数据库(www.unctad.org/fdistatistics)数据计算。

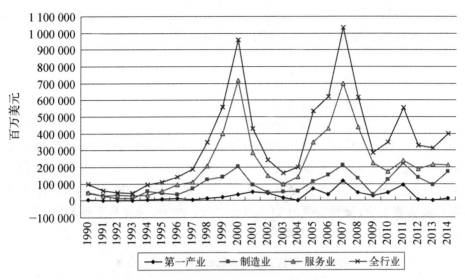

图 6-4 分行业跨国并购交易额（买方）

资料来源：UNCTAD 跨国并购数据库（www.unctad.org/fdistatistics）。

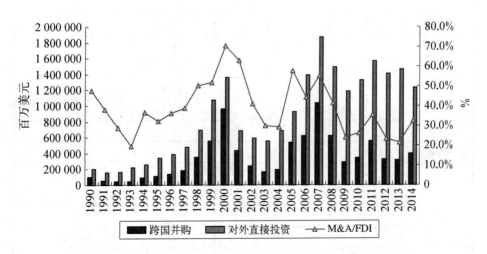

图 6-5 世界对外直接投资流入量中跨国并购所占比率

资料来源：UNCTAD 跨国并购数据库（www.unctad.org/fdistatistics）及《世界投资报告》各年资料。

中,所以,一般较难准确地测定跨国并购在对外直接投资流入量中所占比重。但是,还是可以通过比较联合国贸易与发展会议每年公布的这两组数据,粗略地了解对外直接投资中跨国并购的地位和作用。如图 6-5 所示,世界对外直接投资流入量中跨国并购所占比率 2000 年和 2001 年曾一度高达 70.4% 和 63.1%,近年来保持在 30%—40%。该比率虽然可能略有高估,但它反映了世界跨国并购的基本趋势。

(2) 跨国并购的单项交易规模不断增大。

表 6-3 的数据显示,20 世纪 90 年代后期以来,高额的跨国并购案频频发生,以至于跨国并购的单项交易规模不断增大。例如,2007 年单项跨国并购金额超过 10 亿美元的交易有 319 项,占当年交易总数的 3.0%,是 1987 年以来最高的年份;交易金额为 11 970 亿美元(平均每项交易金额为 37.5 亿美元),占当年交易总额的比重竟高达 70.4%。

表 6-3 跨国并购金额超过 10 亿美元的交易

(单位:10 亿美元、%)

年 份	交易数	占交易总数的比重	交易金额	占交易总额的比重
1987	19	1.6	39.1	40.1
1988	24	1.3	53.2	38.7
1989	31	1.1	68.2	40.8
1990	48	1.4	83.7	41.7
1991	13	0.3	31.5	27.0
1992	12	0.3	12.8	21.0
1993	18	0.5	37.7	30.5
1994	36	0.8	72.6	42.5
1995	44	0.8	97.1	41.9
1996	48	0.8	100.2	37.9
1997	73	1.1	146.2	39.4
1998	111	1.4	408.8	59.0
1999	137	1.5	578.4	64.0
2000	207	2.1	999	74.0
2001	137	1.7	451	61.7
2002	105	1.6	265.7	55.0

(续表)

年份	交易数	占交易总数的比重	交易金额	占交易总额的比重
2003	78	1.2	184.2	44.8
2004	111	1.5	291.3	51.5
2005	182	2.1	569.4	61.3
2006	215	2.4	711.2	63.6
2007	319	3.0	1 197	70.4
2008	251	2.6	823	68.3
2009	40	1.2	171	67.2

注：2009年仅包括第一和第二季度数据。
资料来源：UNCTAD《世界投资报告》，各年资料。

（3）发达国家是全球跨国并购的主体。

跨国并购在区域方面的特点表现在：

第一，跨国并购的目标市场越来越倾向于市场化程度较高的国家和地区，尤其是西欧、北美和日本等地，如2009年跨国并购中发达经济体占69%，发展中经济体占23%，转型经济体占8%，而绿地投资中发达经济体只占46%，发展中经济体占48%，转型经济体占6%[①]；

第二，由发展中国家跨国公司从事的跨国并购也在逐年增加，不仅表现为发展中国家与新兴工业化国家和地区之间的跨国并购，还表现为发展中国家对发达国家企业的并购(参见图2-3)。

（4）跨国并购向服务业和高科技行业倾斜。

近年来，跨国并购由传统的制造业向服务业和高科技行业转移的倾向日益明显，全球跨国并购中银行、保险和其他金融服务业、电信设备和服务、公用事业、制药等行业的比例逐年上升；其中，发生在服务业的跨国并购所占比率1999—2007年一直在60%以上，其中2000年及2013年分别高达74.6%和68.9%(参见图6-4)。

（5）跨国并购成为全球结构调整的重要方式。

20世纪90年代初期，跨国公司把跨国并购作为其成长战略，主要是为了向新领域发展、确保销售渠道及获取新的技术等。但20世纪90年代中期以

---

① UNCTAD, *World Investment Report*, 2010, p. 5.

后,在汽车、医药、通信等行业,跨国并购被不少跨国公司作为其调整全球经营结构的重要方式。同时,在高科技行业,跨国并购有替代国际战略联盟的趋势①。

(6) 跨国并购的支付方式不断创新。

为了节约交易费用和降低融资成本,不少企业间的跨国并购不再仅仅采取传统的现金交易方式,而更多采用的是换股交易的方式。这样就不必通过以现金支付的方式来购买被兼并方的全部资产或股权,可以避免并购过程中大量现金的流出,保证母公司有充足的现金流及维持其在国际竞争中的优势。

二、跨国并购的主要类型和方式

1. 主要并购类型

根据跨国并购的产品及行业特征,跨国并购可分为横向并购(horizontal M&A)、纵向并购(vertical M&A)及混合并购(conglomerate M&A)三种类型。

(1) 横向并购。

横向并购也称为水平并购,是指发生在同一行业,或生产和销售同类产品的企业之间的并购活动。实施横向并购的目的在于:一是通过在全球整合经营资源,对原有企业进行重组,以获取协同效应;二是扩大生产规模和提高市场份额,通过形成规模经济来降低生产成本;三是通过提高本企业的市场集中度,有效地排挤其他竞争者,实现垄断市场的目的。

近年来,横向并购已成为跨国并购的主要形式,在跨国并购总额中所占比率一般在70%左右,主要集中在生物制药、汽车制造、石油化工、金融服务等行业,在2007—2010年各年最大的5项、即共计20项跨国并购案中,有15项属于同行业内的横向并购②。

(2) 纵向并购。

横向并购也称为垂直并购,是指处于同一或相似产品生产链上不同生产区段的企业之间的并购活动。实施纵向并购的目的在于:第一,通过将交易

---

① OECD, *New Patterns of Industrial Globalization: Cross-Border Merger and Acquisitions and Strategic Alliances*, 2001, p. 75.
② 根据 UNCTAD 跨国并购数据库(www.unctad.org/fdistatistics)数据计算。

市场内部化,获得有效配置经营资源、节省交易费用等经济效益;第二,通过把前向和后向关联企业纳入企业的全球生产体系,减少中间产品交易及最终产品交易的不确定性;第三,通过纵向并购实施垂直一体化生产,充分利用已有的技术细分生产过程,以最大限度地降低生产成本。

20世纪90年代以来产品内国际分工的细化,大大促进了纵向的跨国并购,而纵向并购反过来加快了产品内国际分工的发展。尤其是在电子、汽车等产品内国际分工日益细化的行业,纵向跨国并购更为流行。

(3) 混合并购。

混合并购也称为综合并购,是指处于不同行业部门或生产及经营上没有直接关联的企业之间的并购活动。实施混合并购的目的在于:其一,通过并购进入其他经营领域,扩大经营范围,获取范围经济的效应;其二,为了在其他行业部门有效地利用已有的产品技术和生产技术,从而获得综合竞争优势;其三,通过实现多样化经营,分散经营风险,平抑因不同行业的周期变化带来的收益波动。

混合并购曾经是20世纪70年代及80年代跨国并购的重要形式,但随着跨国公司经营范围的进一步延伸,跨多个行业的多元化经营的弊端逐渐显现,尤其集中表现在由于经营资源过度分散,反而削弱了这些跨国公司在全球的竞争优势。于是,跨国公司在20世纪80年代末起又开始调整其经营战略,纷纷采取经营资源集聚战略,减少混合跨国并购,甚至从已进入的部分行业撤退。

2. 并购途径和支付方式

(1) 并购途径。

根据跨国并购活动是否通过证券市场,一般可以把并购分为协议收购(negotiated acquisition,或称直接并购)和要约收购(tender offer,或称间接并购)。

协议收购是并购企业以协商的方法与被并购企业签订收购其股份的协议,或被并购企业向并购企业表达转让其股份的意向,并经过一定的法律程序完成股权转让,从而获得目标企业所有权和经营权的并购方式。因为协议收购不通过证券市场,而且双方事前必须就转让股份的比率、转让的价格、债权及债务的处理、原有员工的安置等达成一致,所以,协议收购也被称为友好并购。

要约收购是并购企业通过证券市场收购目标企业已发行和流通的股票,从而获得目标企业所有权和经营权的并购方式。当预定收购的股份达到一定比例时,并购企业必须依法向目标企业的所有股东发出收购要约,收购要约的内容包括收购条件、股票价格、期限以及其他规定的事项等。由于要约收购的对象是目标企业全体股东所持有的股份,不需要征得目标企业的同意,所以要约收购也被称为敌意并购。

(2) 支付方式。

跨国并购的支付方式主要有现金收购、股票及债券互换、杠杆收购(leveraged buy-out, LBO)等。

现金收购一般是指并购企业以支付现金的方式获得被并购企业的股票、债券等有价证券,或承担被并购企业所有债务,从而取得被并购企业所有权的支付方式。

股票及债券互换一般是指并购企业增发新股及债券,以换取被并购企业的旧股或债券,使被并购企业的股票及债券转换到并购企业的支付方式。

杠杆收购一般是指并购企业以自己的资产作为债务抵押从银行贷款,或在证券市场发行债券筹集收购资金,即以较少的自有资金实现较大规模的跨国并购的行为。

三、跨国并购的主要动机与风险

1. 跨国并购的主要动机

(1) 有效利用外部战略资源。

战略资源主要包括技术、诀窍、专利、商标、品牌、人才、许可权及分销网络等,它们是对外直接投资及跨国经营中最重要的经营资源。战略资源在一般的市场上很难获得,而自主开发及积累则需要很长的时间。因此,通过跨国并购从被并购企业那里获取这些战略资源,尤其是增强对技术的控制能力,便成为跨国公司在全球实施跨国并购的重要动机。

当然,通过新建合资企业或建立国际战略联盟,也能在一定程度上获取东道国企业所拥有的战略资源,但这一过程不仅时间相对缓慢,而且较难得到整体的战略资源。而通过跨国并购能较迅速地获得被并购企业整体的战略资源,使跨国公司能将外部的战略资源与内部的战略资源有效地结合,形成新的竞争优势。

(2) 迅速扩大市场规模。

通过实施跨国并购,并购企业可以直接利用被并购企业的生产设备扩大生产规模,并迅速将被并购企业纳入其全球生产体系,实现资源及生产的最优配置,从而最大限度地降低生产成本。同时,跨国并购还是跨国公司迅速进入东道国及国际市场,并利用被并购企业当地及跨国销售渠道,迅速提高市场占有率的重要方式。

与新建投资及国际战略联盟相比,以下状况下发生跨国并购的可能性更大:其一,对东道国市场集中度较高的行业,为了避免新增生产能力产生的低效,跨国公司更倾向于采取跨国并购的方式进入;其二,对东道国进入壁垒较高的行业,即规模经济效应较显著、生产能力相对过剩的行业,为了避免发生恶性竞争,跨国公司更倾向于选择跨国并购。可见,在一些特定的目标市场,提高市场占有率和增强市场的控制力,成为跨国公司实施跨国并购的主要动机之一。

(3) 迅速进入新的经营领域。

利用各种技术的相互交叉和不同行业的相互渗透来实现产品创新,正成为当今跨国公司全球战略的重要方面,而跨国并购为跨国公司迅速进入新的经营领域提供了更大的可能性。因为,如果要在自身技术积累的基础上拓展新的经营领域,就会赶不上全球竞争的步伐,或会遭遇市场进入壁垒。

与建立国际战略联盟相比,跨国并购能更直接地获得被并购企业的技术、品牌及销售渠道等战略资产,如能很好地与并购企业的经营资源进行整合,那就能较顺利地进入新的经营领域,并能在较短的时间内形成竞争力。例如,医药企业进入食品行业(主要是保健品)或食品企业进入医药行业、汽车企业进入电子行业或电子企业进入汽车行业以及机械企业和电子企业进入软件行业等,不少是通过跨国并购来实现的。

(4) 实现经营多样化。

为了实现经营多样化的跨国并购一般是围绕行业、产品及市场展开的:进入其他行业是为了获取范围经济效应,实现利润来源的多元化;并购其他企业的产品生产线是为了获得规模经济效应,或与本企业生产形成互补;通过跨国并购进入其他市场,是为了绕过关税与非关税壁垒。而最终的目的是为了减少经营风险,通过跨行业和跨市场的经营战略来实现全球利润的最大化。

与新建投资及国际战略联盟相比,通过跨国并购实现经营多样化的速度更快,在并购企业能从产品、市场、组织等方面有效地整合内部资源与外部资源的前提下,短期的经营效果也许更加明显。

(5) 打压现实或潜在的竞争对手。

减轻和消除来自潜在竞争对手的竞争压力,已成为跨国公司实施跨国并购的重要动机之一。对于市场竞争程度较强的东道国,为了避免与当地企业过度的价格竞争,跨国公司一般会选择跨国并购的方式进入;对于市场规模较小的东道国,为了防止其他竞争者的竞争性抵制,跨国公司一般也会选择跨国并购的进入方式[1]。

新建投资会增加东道国市场上的企业数目,一般也会增加相同产品的供给能力。因此,与当地企业或其他外资企业之间的炽烈竞争将不可避免,有时甚至会拖延进入和控制该东道国市场的进程。而建立国际战略联盟尽管在一定程度上也能缓解来自竞争对手的竞争压力,但无法消除竞争对手,甚至可能出现因对战略联盟管理不当反而培育了竞争者这样的结果。

(6) 迅速取得经营控制权。

尽管跨国公司可以凭借其经营资源上的优势,获得国外子公司大于所有权的经营控制权,但这一过程需要一定的时间,有时也会出现意想不到的结果。为了确保在短期内迅速获得国外子公司的经营控制权,跨国公司一般会选择跨国并购的方式,通过取得所有权来控制经营权,其中尤其是跨国整体收购,能通过改变被收购企业的产权归属而迅速取得经营控制权。

与新建投资中的独资经营相比,跨国整体收购通过充分利用外部经营资源,能在短期内获得大于经营控制权的额外收益。与新建投资中的合资经营相比,跨国部分收购不仅能迅速取得部分经营控制权,而且在与经营伙伴分享经营权时,一般情况下较容易取得主动权。与国际战略联盟相比,即使是跨国部分收购,对合作对象的经营控制更直接,而且能深入到整个经营过程之中。

(7) 获得经营资源的协同效应。

通过跨国并购获取外部经营资源,并与内部经营资源相结合,从而获得

---

[1] Chang, S. J. and Rosenzweig, P. M. "The choice of entry mode in sequential foreign direct investment", *Strategic Management Journal* August 2001, pp. 747–776.

经营资源的协同效应,成为 21 世纪初以来跨国公司选择跨国并购的重要动机。协同效应包括经营资源在更大范围内的有效利用,生产规模扩大导致的成本下降,相互利用营销网络实现的区位优势共享,技术互补带来的创新能力的提高等。

在有效利用外部资源方面,跨国并购与新建投资中的合资经营及国际战略联盟基本相同。但是,在与本企业经营资源的结合方面,跨国并购比国际战略联盟更加紧密,所产生的经营资源的协同效应可能更大;而跨国并购与合资经营相比,哪种方式的经营资源结合度更强、所产生的协同效应更大,则需要根据并购企业所拥有的所有权比率、介入经营的速度和深度及对经营权的控制能力等来判断。

(8) 实现未来更稳定的经营。

跨国公司青睐跨国并购的另一个重要动机在于,通过并购对方企业的战略性部门,并与本企业的战略性部门有效整合,能进一步优化企业内部结构,实现未来更高的资本收益和更稳定的经营。因为,要在短期内培育出一个战略性部门绝非易事,它需要长时期的技术资本及人力资本的积累,而跨国并购可以用"拿来主义",通过"强强结合"来强化企业的经营体制,为将来进一步的发展奠定基础。

从现实来看,新建投资中的合资经营在合资期满后存在被并购的可能性,国际战略联盟也会进一步发展成为资本参与,最终产生相互间的并购。因此,只要跨国公司在合资经营及国际战略联盟中发现对方拥有战略资产,并且这些战略资产有利于其未来经营,那么跨国公司一定会选择跨国并购的方式获取这些资产。

2. 跨国并购的主要风险

尽管跨国并购已成为对外直接投资的主要形式,但是在现实中真正成功的概率却不高,有些跨国并购案初期看似比较成功,但不久就宣告失败。联合国贸易与发展会议 2000 年度的《世界投资报告》认为,用并购后企业的股票价格、利润率及劳动生产率等指标来衡量,的确跨国并购的失败率较高。另据英国《经济学家》杂志调查,在 1986—1996 年的 10 年内,世界 300 家主要跨国并购企业中,竟有 57% 的企业其资产收益率低于同行业的平均值[1]。

---

[1] The Economist Group, *The Economist*, Londan, January, 1997.

究其原因,主要在于跨国并购存在着以下的风险。

(1) 政治风险。

跨国并购中的政治风险主要是由东道国的主权行为引起的,即东道国的社会制度、经济政策及政治倾向等对跨国并购形成的各种约束和限制,并最终可能导致跨国并购的失败。如有些东道国政府严格限制外国企业对本国资源类及基础设施类企业或关系其国民经济命脉的核心企业的并购,甚至对有些跨国并购以威胁国家安全为由而明确反对。此外,对已经完成跨国并购的企业设置诸如外汇管制、利润汇出限制等新的规制,或强制实施国有化,这些将直接影响到企业的经营活动和增值能力[1]。

(2) 法律风险。

跨国并购涉及东道国很多的法律问题,如商业法、金融法、证券法、公司法、劳工法、会计法、税法及反垄断法等,东道国繁杂的法律法规不仅将使并购的谈判及审查过程旷日持久,增加并购的法律和行政费用,而且在此过程中一旦触犯当地法律,将面临高额的罚款。同时,当并购超过一定的金额或持有股权超过一定的比率时,在有些东道国将被迫接受政府的安全检查,甚至要提交国会审议。在完成并购后的企业运营中,仍然会遭遇各种法律问题,还有可能陷入劳工、环境保护等方面的纠纷。

(3) 信息不对称风险。

并购过程是一个双方进行博弈的过程,在这过程中被并购方拥有信息优势,它可能会利用自己的信息优势隐瞒某些对其不利的事实,在谈判中获取高于其实际资产价值的卖价;而并购方处于信息劣势的地位,因无法完全和准确地把握被并购方的实际经营状况,被迫接受高于目标企业实际资产价值的买价,或无奈承担并购后所需的大量后续投资。由于还没有有效的机制可以消除或减轻信息不对称问题,因此信息不对称风险是跨国并购中难以规避的,也是现今跨国并购成功率较低的主要原因之一。

(4) 财务风险。

跨国并购一般需要巨额的资金,在上述东道国环境及目标企业境况不确定的条件下,融资安排不当会积累如下的财务风险:假如更多地使用自有资

---

[1] Susan E. Feinberg, Anil K. Gupta, "MNC Subsidiaries and Country Risk: Internalization as a Safeguard against Weak External Institutions", Academy of Management, April 2009, pp. 381–399.

金会增加投资风险,对包括母公司在内的企业财务状况及现实经营活动都将产生影响;假如更多地利用借贷资金则会增加融资成本,会给日后的经营活动带来负担;同时,无论是自有资金还是借贷资金,都存在一定程度的汇率风险。而且,有些企业实施跨国并购的目的是拓展国际市场,因而有时会不计成本,也有些企业由于受到自身资金实力的制约,选择并购国外经营业绩不佳或接近破产甚至已经破产的企业,从而将会增大财务风险。

(5) 管理风险。

并购后需要对双方的有形及无形资产进行重组和整合,主要包括组织、人事、市场、技术、财务、品牌等,还需要根据双方的企业文化调整管理方式。由于企业经营中也存在路径依赖,并购方通常容易忽视被并购方原有的组织结构和管理方式,而在企业内推行基于母公司组织体制的管理方式,结果会增大重组和整合的难度。尤其是"强强结合"的跨国并购,围绕管理方式的意见分歧更大,因而更容易产生管理风险。此外,并购后的企业管理中还存在反并购风险,即被并购企业的管理高层担心自己被降职或解雇,所以他们可能采取一些手段来扰乱正常的经营,从而加大管理风险及并购风险。

(6) 文化风险。

狭义的企业文化是指企业在长期的经营中所形成的经营理念、管理方式、行为准则、情感氛围等,广义的企业文化还包括所在国的政治制度、法律体系、文化传统、宗教习俗等。不同国家的企业间一般存在很大的文化差异,而文化整合是跨国并购后经营整合中最困难的方面。如果并购后不能有效地整合双方的企业文化,就会产生一系列的矛盾和冲突,影响并购后企业的经营效率,进而有可能会导致跨国并购的解体。尤其是"强强结合"的跨国并购,由于双方都有很强的文化优越感,对外来文化的排斥度较强,产生文化冲突的概率会较高,文化整合的过程可能会更长。

四、跨国并购的管理

1. 并购准备阶段

在实施跨国并购的准备阶段,并购企业通常要对以下各方面及整个过程实施系统管理,以避免可能出现的风险(参见图6-6)。

第一,明确从事跨国并购的目的。一般要在充分考虑企业今后发展战略的基础上,明确跨国并购是为了有效利用目标企业的战略资源、迅速扩大市

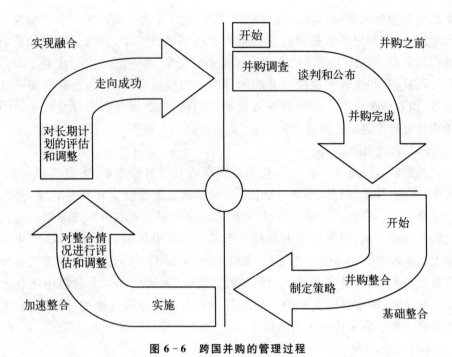

图 6-6 跨国并购的管理过程

资料来源:Ashkenas, R. N., L. J. DeMonaco and S. C. Francis, "Making the Deal Real: How GE Capital Integrates Acquisition," *Harvard Business Review*, Jan-Feb 1998.

场规模、进入新的经营领域,还是实现经营的多样化、打压现实或潜在的竞争对手,或者有其他的战略目的。而且,战略目标的设定要尽可能地聚焦,要根据本企业自身所拥有的经营资源,为获取经营资源的协同效应,确定最有可能实现的战略目标。

第二,对并购的目标企业进行调查和分析。调查内容主要包括东道国的投资环境、目标企业在全球的技术水准、市场地位、营销能力、财务状况、经营方式、员工素质及企业文化等,并与世界上其他同类企业进行比较,确认该目标企业的比较优势。或同时委托国际咨询公司、国外交易银行等第三方,对东道国及目标企业的上述方面进行调查,并提出详细的调查报告。在此基础上,分析该目标企业的哪些经营资源能与本企业形成互补,能产生多大的协同效应和竞争优势。

第三,确定并购的具体战略。在信息不对称的前提下,考察目标企业所拥有的信息优势,并将并购战略与绿地投资、合资及提供技术等替代战略进行比较分析,如目标企业拥有过大的信息优势,为了减少信息不对称风险,则可考虑放弃并购而选择其他的替代战略。在并购战略确定后,需研究是实施整体并购还是局部并购、局部并购选择目标企业的哪个部门或哪家子公司、选择何种财务风险为最小的融资安排(自有资金还是借贷资金),并制定相应的策略。

第四,与并购的目标企业进行谈判。谈判内容根据是整体并购还是局部并购会有所不同,但主要包括并购对象、资产评估、并购价格、技术使用、产品分工、市场划定、经营体制及员工安置等。谈判是并购方与被并购方博弈的过程,不仅需要有极大的耐心和高超的艺术,而且还需要有诚恳的态度和方寸不让的精神。但是,谈判期限也不能无限制地拖延,旷日持久的谈判将会消耗双方的精力,延误最佳的并购时机,因此战略性让步也是谈判中需要考虑的重要问题。

第五,完成法律手续。与目标企业达成并购协议后,根据东道国的相关法律,并购方需要完成一系列法律手续。为了顺利通过东道国相关的法律程序,并购协议要尽量规避当地的法律壁垒,并承诺妥善安置好被并购企业的员工等。否则,并购协议不是遭到东道国政府的否决,就是审批过程会大大延长,或当地政府迫于企业工会及社会舆论的压力,最终作出不批准并购申请的选择。

第六,选择恰当的时机对外公布。对外公布并购成功的时机非常重要,因为并购会影响到被并购企业的员工尤其是管理层的待遇、升迁及对未来的预期,所以跨国公司通常是在完成法律手续后的几天内对外公布。一般认为,过久地拖延对外公布的时间,市场上就会产生许多猜测,由此会影响被并购企业的员工士气和组织效率,甚至降低跨国并购应有的价值[1]。当然,对外公布的时机还要视本国及东道国股票市场的行情而定,如果选择股市处在上升的时期宣布,还能获得股价上升的收益,进一步提高市场对该并购企业的信心。

2. 基础整合阶段

在并购完成后的基础整合阶段,并购企业的管理重点是构筑新的经营体

---

[1] Ashkenas, R. N., L. J. DeMonaco and S. C. Francis, "Making the Deal Real: How GE Capital Integrates Acquisition," *Harvard Business Review*, Jan-Feb 1998.

制,不断发现经营中出现的问题,并制定出解决问题的方案(参见图6-6)。

第一,构筑并购后的经营体制。构筑新的经营体制主要包括以下几方面:一是组织结构的调整,即对并购之前职能相同或相似的部门进行重组,并重新认定各部门的权力和责任,以提高这些部门的组织效率;二是人事安排的调整,即为了加强对被并购企业的经营控制,或让被并购企业原管理层进一步了解母公司的经营方针,定期互派相关的管理人员到对方任职;三是生产组织的调整,即在新的经营体制下重新配置全球生产,由并购企业或被并购企业按需转移各自的产品线(product line),并调整相关零部件及其他中间产品的供应;四是市场营销的调整,即通过进一步细分世界市场,并在企业内重新配置市场营销的资源,以进一步发挥市场营销的潜力,提高售后服务的效率;五是财务体制的调整,即通过强化财务的集权管理体制,加强对整个企业的经营控制,并加大对外汇风险的管理;六是经营方式的调整,即在企业的经营管理中,充分尊重东道国的法律法规、文化传统、宗教习俗及被并购方的企业文化,增加经营方式的柔性和多样性,逐步建立包容各种文化的内部经营机制。

第二,对企业的重组目标及成长目标进行评估和控制。并购完成后的企业重组有时会偏离预期的目标,导致企业难以实现原先设定的成长目标。其原因通常主要有以下几方面:一是并购战略中设定的重组目标及成长目标过高,没有充分考虑并购完成后可能出现的问题;二是组织结构及人事安排的调整不到位,出现了组织效率及员工士气下降等情况;三是生产及营销体系的重构不合理,出现了生产及营销成本上升或生产及销售总额下降的局面;四是对后续资金投入的估计不足,为维持并购后的经营所投入的大量资金,可能恶化整个企业的财务状况;五是经营方式的调整不完全,过度推行母公司的经营方式导致文化冲突,结果降低了整个企业的经营效率;六是没有充分估计东道国投资环境可能发生的变化,如政治变动、经济周期及政策调整等。因此,并购完成后应定期对重组目标及成长目标实现的状况进行评估,并及时调整和控制影响它们的各种因素。

第三,制订解决问题的方案。通过评估发现导致目标偏离的主要问题后,必须尽快着手制订解决问题的方案。如发现是重组目标及成长目标设定得过高,那就需要实事求是地调低相关的目标;如确认是由于上述其他原因导致的,那就必须重新调整或修正基础整合阶段的经营体制,并分门别类地制订和实施各种策略。

3. 加速整合阶段

在加速整合阶段,并购企业通常要对现有的经营体制实施再整合,并不断对再整合的成果进行评估,在发现问题的基础上进行战略调整(参见图6-6)。

第一,经营体制的再整合。主要包括在新的经营体制下,对经营资源作如下较深层次的整合:一是人力资源的整合,即不是从并购方及被并购方的角度,而是从企业整体的角度配置人力资源,以提高人力资源的效率;二是技术资源的整合,即不仅考虑如何有效利用被并购方的技术,而且在整个企业的平台上来整合技术资源,以获取更大的技术协同效应;三是生产资源的整合,即在企业内按比较优势重新配置产品线,并调整中间产品的供应网络,以最大限度地降低生产成本;四是营销资源的整合,即进一步实现企业内全球市场的统一和营销资源的共享,并提供更加细致的市场服务;五是财务资源的整合,即在更大的范围内实施财务计划与统制,通过企业内资金及利润的调拨,一方面满足各经营环节的资金需求,另一方面降低税收负担和资金风险;六是企业文化的整合,即逐渐培育对不同文化的相互认同感,并加强对跨文化的管理,以获得跨文化合作的优势。

第二,对经营业绩的评估。通常可以从生产效率、技术进步、产品销售、财务状况等角度,对一段时间内企业的经营业绩进行评估。如评估的结果表明经营业绩有了较大的改善或提高,那就说明经营资源的再整合及现有经营体制是有效的,否则,需要对经营资源进行重新整合,并调整现有的经营体制。其中,经营资源的重新整合可以循着上述路径进行,而经营体制的调整则还需要同时考虑东道国的投资环境等因素。

第三,经营战略的调整。在此时点上,企业调整经营战略有两个不同的方向:其一,如果企业的经营业绩不断改善或提高,那么,战略调整的方向应该是促进双方经营体制的进一步融合;其二,如果通过经营资源的再整合及经营体制的再调整仍不能使经营业绩转好,那就表明该跨国并购并不成功,甚至已经没有存续的必要,为了不拖累并购企业自身的经营,需要从战略上考虑让其解体并进行清算。

4. 经营融合阶段

在经营融合阶段,并购企业通常要制订新的长期发展计划,并不断对计划实施的效果进行评估,将经营整合推向经营融合(参见图6-6)。

第一,制订新的长期发展计划。经过上述经营资源的再整合及经营体制的再调整,企业发展开始进入了一个新的阶段,因此需要制订新的长期发展计划。计划一般包括以下内容:一是关于技术及产品的开发,即考虑如何利用并购后产生的协同效应,加速技术及产品的开发,并制订具体的开发方案;二是关于新领域及新市场的开拓,即通过经营资源的再整合,企业已经拥有进入新领域和新市场的能力,因而需要就具体的进入领域及市场进行战略规划;三是关于外部战略资源的利用,即考虑为了企业长期稳定的发展,应如何进一步有效地利用外部战略资源,并就下一步的投资方式确定具体的战略。

第二,对长期发展计划的评估。新的长期发展计划实施后,需要定期对实施的效果进行评估。如果计划实施的效果良好,那么,除了要评介长期发展计划外,还需要具体分析先前的跨国并购所产生的协同效应以及它对企业未来发展的影响。如果计划实施的效果并不理想,那么,除了要调整长期发展计划外,还需要具体研究跨国并购后在资源整合及体制调整方面尚存的问题,并采取具体的应对措施。

第三,从经营整合走向经营融合。当长期发展计划的实施取得了理想的结果,那就表明跨国并购后的资源整合和体制调整有了一定的成效,此时才可以认为跨国并购取得了基本的成功。此时,企业的经营重点应从经营整合调整为经营融合,即实现更高层次的组织及人事融合、技术及财务融合、生产及营销融合、经营方式及企业文化融合,使跨国并购取得更大的成功。

五、跨国并购的决策法则

1. 跨国收购的决策法则

正确选择目标企业是跨国并购中的战略决策问题,也是跨国并购能否成功的关键因素。在这方面,波士顿咨询集团(Boston Consulting Group, BCG)的产品组合模型(product portfolio model, PPM)以及内瓦尔(Louis E V Nevaer)和德克(Steven A Deck)应用PPM所提出的跨国收购战略决策的基本法则具有一定的指导意义。

(1)产品组合模型。

PPM是波士顿咨询集团在1970年开发的,也称为波士顿矩阵(BCG

matrix),它不仅在20世纪80年代的美国,而且此后还被世界上许多国家的企业应用于产品结构的管理方面。PPM 的核心是要解决企业以下的战略决策问题,即如何使企业的产品品种及其结构适合市场需求的变化,如何将企业有限的经营资源有效地配置到合理的产品结构中,从而使企业在激烈的国际竞争中获胜[1]。为此,PPM 将企业战略业务部门(strategic business unit, SBU)作为分析单位,通过构建纵轴为产品市场的销售增长率、横轴为本企业该业务(产品)的相对市场占有率的坐标系,来分析和选择企业最优的产品结构。同时,PPM 对 SBU 的分析时期最短为5年,成长期为10年,评价标准采用的是资金流。其基本的前提是:第一,相对市场占有率较高的产品所产生的资金流较大;第二,迅速增长的产品对资金的需求量较大。现金流的变化主要表现为:一是销售活动引发的资金增减,二是投资活动引发的资金增减,三是财务活动引发的资金增减;相对市场占有率和投资集约度是决定前两者的主要因素[2]。

PPM 认为,通过销售增长率和相对市场占有率这两个因素的相互作用,坐标系的四个象限中会出现以下四种现金流量各异的产品类型,从而为企业实现产品结构或业务部门(SBU)的优化组合提供决策依据(参见图6－7)。

第一类是"明星"(star)产品(业务)。这类产品所处的市场迅速增长,企业在该产品市场上有较高的相对市场占有率,所以可视为高速成长市场中的领导者。但由于该市场还在不断快速增长,为了维持企业在该市场上的竞争优势,必须继续扩大投资,并保持与该市场同步的增长。可见,"明星"产品不一定能够给企业带来现金流,需要其他产品部门从资金方面支持它的发展。因此,尽管对于"明星"产品适宜采取增长战略,但如果企业把有限的资金长期投入"明星"产品而其不能产生相应的现金流,那么将会阻碍企业其他产品(业务)的发展。

第二类是"现金牛"(cash cow)产品(业务)。这类产品所处的市场是较成熟的市场,企业在该产品市场上有较高的相对市场占有率,所以可视为成熟市场中的领导者。由于市场已较成熟,企业不必大量投资来扩展市场规模,

---

[1] The Boston Consulting Group, "The Product portfolio", Perspectives, No. 66, 1970.
[2] D. F. Abell & J. S. Hammond, *Strategic Market Planning*, Prentice-Hall, Inc., 1979.

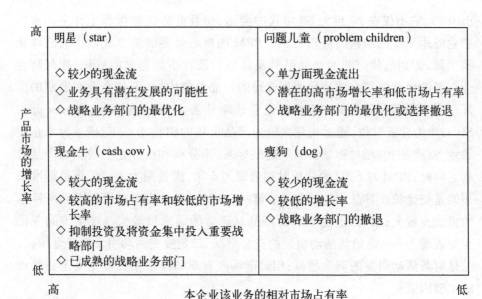

图 6-7 战略业务部门组合的分析框架

资料来源：Nevaer, L. & Deck, S., *Strategic Corporate Alliances: a study of the present, a model for the future*, Quorum Books, 1990, P19, Figure 12.

同时作为市场中的领导者，该业务享有规模经济和高边际利润的优势，因而能给企业带来大量的现金流。因此，企业通常会采取稳定战略，一方面维持"现金牛"产品的市场占有率，另一方面抑制投资，用"现金牛"产品所获得的资金去支持其他需要大量资金的业务。

第三类是"问题儿童"（problem children）产品（业务）。这类产品所处的市场增长迅速，但企业在该产品市场上的相对市场占有率较低，大部分可能属于新的产品部门。所以，该类产品的发展存在较大的不确定性：有可能通过采取增长战略，即大量投入由"现金牛"产品所获得的资金，使其发挥增长潜力、增强竞争力及扩大市场占有率，进而发展成为"明星产品"；也有可能对此类产品的发展潜力估计过高，即便投入了大量的经营资源，也无法将其培育成为"明星"产品，最后只能采取收缩战略或撤退战略。因此，对这类产品采取何种战略，成为 PPM 中的难点，需要具体地对相关产品的市场发展潜力及其战略进行详尽的比较分析。

第四类是"瘦狗"（dog）产品（业务）。这类产品所处的市场基本没有增长,企业在该产品市场上的相对市场占有率也很低,所以既不能产生大量的现金流,也不需要投入大量的资金,一般是没有发展前途的业务。企业之所以还暂时保留它,通常是出于感情上的考虑,就像对豢养了多年的狗一样恋恋不舍。这类产品通常要占用企业一定的经营资源,尤其是管理部门的时间和精力,所以适宜采用收缩战略,即通过出售和清算从该业务领域撤退,把经营资源转移到其他有发展前途的业务部门。

当然,PPM 的分析框架也遭到不少的质疑,其主要集中在以下几方面:第一,在分析企业选择产品结构或业务部门优化组合时,只考虑了内部融资,而没有考虑外部融资,这与现实不符;第二,四种产品(业务)相互独立的假设不合理,现实中它们是相互关联的;第三,有些行业并不存在规模经济优势,所以 PPM 对它们并不适用[①]。尽管如此,但应该肯定的是,PPM 为企业在资金有限的条件下选择最优的产品(业务)结构及其相应的战略提供了一种有效的分析框架,也为应用这一分析框架研究跨国收购的战略选择拓展了新的空间。

(2) 产品组合模型在跨国收购决策中的应用。

内瓦尔(Louis E. V. Nevaer)和德克(Steven A. Deck)应用产品组合模型的分析方法,提出了跨国收购战略决策的基本法则[②]。他们把跨国公司分布在世界各国(地区)的子公司或业务部门看作产品组合模型(PPM)中的战略业务部门(SBU),并应用上述分析框架研究如何选择及整合在全球的 SBU,如何在各 SBU 之间配置经营资源等问题。他们研究的侧重点与 BCG 有所不同,即并不特别关注跨国收购后 SBU 的成长性、成功概率以及现金流量,而是重点分析跨国收购中 SBU 的价格及其最优选择问题(参见图 6-7)。

内瓦尔和德克认为,对于跨国收购方来说,可以考虑遵循以下的基本法则:

第一,从市场增长率和相对市场占有率来看,选择收购"明星"业务部门或许不是最好的战略,因为"明星"业务部门的出售方通常要价高,而且收购后要继续维持该业务部门的高增长率,从长期来看必须投入巨额的资金。

[①] M. R. Chinkota & M. Kotabe, *Marketing Management*, second ed., South Western College, 2001.

[②] Nevaer, L. & Deck, S., *Strategic Corporate Alliances: a Study of the Present, a Model for the Future*, Quorum Books, 1990.

第二，从现金流的角度来看，收购"现金牛"的确具有一定的吸引力，因为收购后短期内会得到充分的资金流。但从长期来看，收购"现金牛"成本过高，尤其是对借贷资金依存度较高的企业来说，之后的财务负担较重。而且，要维持其较高的市场占有率，也必须投入一定的资金。况且，也无法估计收购后业务的成长性及产出的现金流，有时甚至会出现产品迅速老化的现象。

第三，"问题儿童"和"瘦狗"也许是跨国收购的对象，因为对这类业务部门（企业）的评估通常会在它们的实际价值以下，有时能以较低的价格收购。尤其是有些"问题儿童"，它有潜在发展的可能性，只要收购后能很好地整合，可以将其转化为"明星"或"现金牛"。而且，"问题儿童"和"瘦狗"所拥有的技术一般还能利用，收购这类业务部门或企业有时或许能获得较大的成功。

内瓦尔和德克还认为，对于要进行战略业务重组（strategic portfolio restructuring）的企业来说，可以用出售部分业务部门所获的资金收购世界上其他有发展前途的部门或企业，其过程可以参考以下基本法则：

其一，为了筹集收购其他业务部门的资金，首先应该出售的是增长预期或相对市场占有率较低的业务部门。如通过细致的战略分析断定"问题儿童"没有发展前途，或不能带来最低限度的现金流量，那么可考虑出售那些现金流为负的"问题儿童"。同理，现金流为负的"瘦狗"也应成为出售的候补对象。

其二，为了筹集收购其他企业现有业务部门（如本企业必须集中投入大量资源才能建成的且很有发展潜力的"问题儿童"）所需的资金，也可以选择出售"明星"部门的战略。其理由是，因为要维持该业务部门的增长需要相当的资金，相反这类业务部门较有吸引力，能以较高的价格出售。

综上所述，内瓦尔和德克把收购对象限定在"问题儿童"和"瘦狗"上，强调两者的相对市场占有率低，而且"瘦狗"的市场潜在增长率也低，所以能够节约收购资金。相反，看似状态良好的"明星"有时可能缺乏长期发展的魅力，而且维持它一般需要长期的资金负担。另一方面，"问题儿童"和"瘦狗"也无望给本企业带来现金流，所以也将作为出售的候补对象，只是"明星"是在被高价收购的期望下出售，而"问题儿童"和"瘦狗"是在业务部门重组的战略下出售。

尽管内瓦尔和德克所提出的跨国收购战略决策的基本法则有一定的道理，但在现实中要实现业务部门的最优组合则有相当的难度。尤其是对于

"问题儿童",具体应出售或收购哪个产品业务部门,在确定战略时会遇到较多的难题。同时,出售本企业的"明星"部门、收购其他企业的"问题儿童"部门,是高风险和高收益的战略行为,需要进行审慎和周密的战略比较分析。总之,必须从整个企业的产品及业务结构的优化等角度,来对准备收购和出售的业务部门进行比较,以净现金流的折现率为基准来决定跨国收购或出售的战略。

2. 跨国兼并的决策法则及其应用

PPM 以及内瓦尔和德克的研究主要针对的是跨国收购,对跨国兼并决策的适用性可能较差。同时,上述研究较少考虑收购方或兼并方本身处在哪个象限、处在不同象限的业务部门(企业)的结合(跨国收购或兼并)会产生怎样的结果,以及"明星""现金牛""问题儿童""瘦狗"在企业内的组合及其效果等问题。因此,尽管跨国兼并不是跨国并购中的主要形式,但还是需要把两者区分开来讨论,在此基础上研究不同行业中跨国兼并与跨国收购不同的决策法则。

第一,根据 PPM 以及内瓦尔和德克的研究,"明星"业务部门(企业)之间的跨国收购不是最优的战略选择,因为这将导致部门或企业内现金流量更加紧张。但如果"明星"与"明星"之间采取跨国兼并的方式,尽管不可能增加现金流,但在一定程度上可以节约研发、营销等费用,也可以避免重复投资,从而可以用较少的资金从事较大规模的经营,以确保在世界市场上的"明星"地位。进入 21 世纪以来发生在世界生物医药行业的大型跨国兼并,就是世界主要生物医药企业为了分担研究开发费用、开展技术合作、确保"明星"地位而采取的跨国经营战略。

第二,上述跨国收购的决策法则表明,"明星"与"现金牛"之间的跨国收购也不是最佳的战略选择,因为并购"现金牛"成本较高,长期来看也未必能产生很大的现金流。但如果"明星"与"现金牛"之间采取跨国兼并的方式,尽管也不可能产生很大的现金流,但"明星"与"现金牛"之间的互补性较强,从近二十年跨国兼并的发展历程来看,它们成功的概率较高。

第三,与跨国收购"问题儿童"一样,"明星"业务部门(企业)跨国兼并"问题儿童"或许也是可行的战略,尤其是兼并那些有发展潜力且能提供互补的"问题儿童",不仅可以进一步确立原有"明星"的地位,而且还可以将原有"问题儿童"培育成为"明星"或"现金牛"。

第四,"现金牛"业务部门(企业)与"问题儿童"之间的跨国兼并也被认为是可行的战略,因为"现金牛"可从资金方面支持"问题儿童",让其发展成为"明星",从而使本企业拥有新的增长点,进一步巩固其在世界市场上的地位。

第五,"现金牛"与"现金牛"之间的跨国兼并也是世界上常见的类型,无论是在制造业还是在非制造业,跨国公司都把它作为实现产品多样化、强化市场控制力的战略手段。同时,充分利用"现金牛"在资金方面的优势,在世界上跨国兼并其他相关行业的"明星""问题儿童"及"瘦狗",以扩大多样化的全球经营。

第六,与跨国收购的另一个决策法则相同,无论企业处在哪个象限,一般都不宜跨国兼并本企业所没有的成长业务("明星"),而应该兼并与本企业现有业务相关的核心业务(core business)。因为,对于不擅长的成长业务,企业一般缺乏维持及发展它的经营资源,而且现实中这种跨国兼并的成功率也较低[1]。

综上所述,尽管根据 PPM 以及内瓦尔和德克所提出的跨国收购的决策思路,并考虑到跨国兼并的特殊性,也可以对跨国兼并的战略决策法则作如上的整理,但在跨国公司具体实施跨国兼并时,除了要考虑上述基本法则外,还必须考虑潜在的世界市场规模、长期可获得的现金流、本企业的经营资源、所处的国际竞争环境以及兼并整合后的业务优势等因素,在此基础上才能制定有效的跨国兼并战略。同时,国际经验表明,文化差异较小的企业间实施跨国兼并,相对有利于兼并后的经营整合[2]。

由于跨国兼并与跨国收购所要实现的战略目标有所不同,因此决策法则自然也存在一定的差异。但是,它们至少在以下方面是相同的,即通过跨国兼并与收购打压竞争者,从外部获取更多的战略资源,以增强其在全球竞争中的优势。

关 键 词

国际战略联盟　战略性合作竞争　跨国并购　外部战略资源　协同效应

---

[1] Bleeke, J & Rrnst, D., *Collaborating to Compete*, Mckinsey & Company, Inc., 1993, p.81.
[2] B. Vlasic & B. A. Stertz, *Taken for a Ride: How Daimler-Bens Drove off with Chrysler*, William Morrow and Company, 2000.

思 考 题

1. 跨国公司建立国际战略联盟的动机。
2. 国际战略联盟的不稳定性及其有效控制与管理。
3. 选择跨国并购方式的主要动机。
4. 跨国并购的主要风险及其有效控制与管理。
5. 从目标企业的选择及组织整合等角度分析跨国并购成功的主要决定因素。

第七章
跨国公司的组织结构及其管理

第一节 经营国际化与企业的组织结构

一、企业的组织目标与组织结构

1. 企业的组织目标

现代组织管理理论认为,企业的组织目标(organizational goals)是指未来一段时间内企业要实现的目的,主要包括企业的盈利和发展规模以及与此相关的技术研发水平、市场占有率、价格竞争力和全球竞争优势等;企业的组织目标是一个体系,由战略目标、长期目标、中期目标和短期目标构成,其中战略目标是企业未来的发展方向,它要具体化为长期目标、中期目标和短期目标,通过实现操作性的短期目标、规划性的中期目标和决策性的长期目标,来最终实现企业所确定的战略目标[①]。即要实现利润最大化和控制世界市场的战略目标,就需要在日常的经营活动中尽可能地降低成本,提高价格竞争能力,扩大在国际市场上的占有率,并通过技术及产品的创新来增强在全球的竞争优势。

企业的组织目标具有差异性、多元性、层次性和时间性,它的确定大致可分为三个步骤,即内部及外部环境的分析、总体目标的确定、总体目标的分解和协调。此外,通过目标管理使组织目标不仅成为企业所有成员的行动指

---

① S. Ghoshal and E. Westney, *Organizing Theory and the Multinational Corporation*, Macmillan, 1993.

南,而且成为组织决策、计划安排、效率评价、内部协调和业绩考核的基本依据。

组织目标的确定是把主观愿望、现实条件及客观环境结合起来的决策或计划过程,其影响因素主要包括组织环境、组织成员及组织自身。

首先,组织环境决定企业的组织目标。构成组织环境的是一个由各种要素有机联系起来且功能高度细化的系统,企业作为一种组织要在特定的环境中生存和发展,必须适应环境系统特定功能的要求,并以此为基础确定相应的目标,而当环境发生变化后,组织必须调整原有的目标。

其次,组织成员的价值观和需求直接影响组织目标的制定。企业组织由众多员工组成,他们拥有各种各样的价值观和需求,为了使企业组织保持基本的和谐和实现一定的效率,组织目标至少要同组织成员的个人需求保持最低限度的一致性。

再次,组织自身的利益满足、层次结构、生存能力、经营资源及行为方式等都对组织目标的制定产生影响。在开放经济的条件下,企业可以根据自身的条件,选择和决定力求达到的目标和目标实现的程度与方式。

组织目标的分解是将组织复杂的整体目标分解为功能各异而又能相互补充和相互制约的子目标,从而形成具有层次性的目标结构,而目标结构则是组织内部分工结构及专业化结构的基础。对企业来说,组织目标的分解就是依据企业所拥有的经营资源和市场条件,将战略目标或长期目标分解为短期内通过努力可达成的年度目标、通过经营资源的重组和有效利用能实现的中期目标等。其多层次的目标结构主要包括:产量目标,如向消费者提供的产品和服务的数量和质量等;产品特性目标,如向消费者提供的产品或服务的品种、性能等;系统目标,如销售额增长率、所占市场份额、组织效率及在本行业中的地位等;其他派生目标,如履行社会责任等。根据上述目标结构,企业可展开内部分工与协作,通过向各部门配置不同功能的经营资源,并对分解后的组织目标及在此基础上展开的分工协作进行协调,就能有效地实现组织的长期目标或战略目标。

组织目标的管理是通过使组织成员亲自参加组织目标的制定来实现"自我控制",并努力完成组织目标的管理制度。这种参与式的目标管理可以有效地减少目标冲突和目标转换现象,而且以明确的目标作为对组织成员工作成果的考核标准,从而使对组织成员的评价和奖励更加客观、更加合理,由此可以大大激发他们为完成组织目标而努力。也就是说,组织目标管理制度是把以目标实现为前提的管理转化为以目标为控制手段的管理,它要求把管理的重点转移到行动的目的上去,而不是行动本身,因而是一种重视成果及系统整体的管理方法。企业的终极目标是追求自身利益最大化,通过让企业内的全体员工及各个部门共同参与目标制订和实施的过程,并客观合理地考核其业绩,不仅能提高其实现组织目标的积极性,还能使个人目标和部门目标最大限度地服从企业的整体目标。

2. 企业的组织结构

如果企业确定的组织目标符合现实,而且目标分解为互为依据及互为支撑的目标体系,那么就可根据目标体系建立为实现该组织目标的组织结构(organizational structure)。可见,组织结构在本质上是组织内的全体成员为实现组织目标而采取的一种分工协作体系,或在职务范围、责任及权利、控制和协调等方面所形成的动态结构体系,也是组织各部门的排列顺序、空间位置、聚散状态、联系方式、权力分配以及内部决策和控制的系统。

根据企业的战略目标及分解后的目标体系规划和构建组织结构,并随着国内外经营环境的变化动态地调整组织目标和组织结构,这是企业实现自身战略目标、不断发展壮大的基本前提。从不同的企业类型以及在内部各部门间配置权利和责任的特征来看,企业的组织结构主要有以下几种类型。

第一,直线制结构(line structure)。直线制是企业最简单的组织结构,其特点是企业内部自上而下实行垂直化管理,下属部门只接受一个上级部门的指令,并履行给定的职责。直线制的优点是结构简单,职责分明,指令统一且易于实施;缺点是管理职能过于集中,部门主管所需承担的责任过大,对规模较大且生产技术和经营管理比较复杂的企业可能并不适用。

第二,职能制结构(functional structure)。职能制的特点是在企业管理部门内设立一些职能机构(如研发、营销、财务、人事等)和配置一些专业人员,协助经营主管从事各种职能管理工作。这种组织结构要求经营主管把相应的管理职权交给相关的职能部门,各职能部门有权在自己的业务范围内向下级部门下达指令,并监督其实行。即,下级部门除了接受上级部门的指令外,还必须接受上级各职能部门的领导。职能制的优点是能充分发挥职能部门的专业管理作用,减轻直线管理人员的负担,适应于规模大且经营较复杂的企业;缺点是会妨碍必要的集中统一管理,不利于健全各级管理部门及职能部门的责任制,所以现代企业一般都不采用这种组织结构。

第三,直线-职能制结构(line and staff structure),也称为直线参谋制结构。这种组织结构吸取上述直线制及职能制结构的优点,把管理部门分为两类:一类是直线管理部门,按命令统一原则直接对下属各部门行使经营指挥权,并承担全部的责任;另一类是职能管理部门,按专业化原则辅助直线管理部门,从事企业内部的各项业务指导,而不能对下属部门下达指令。直线-职能制的优点是既保证了企业管理体系的集中统一,又可以充分发挥各专业管理部门的作用,因此以国内经营为主的企业一般都采用这种组织结构;缺点是各职能部门之间的协作性较差,许多工作要直接向上级部门报告请示后才能处理,从而加重上级部门的工作负担和降低内部的工作效率。

第四,事业部制结构(multi-divisional structure),也称为 M 型组织结构。事业部制是一种集权控制下的分权管理体制,采用分级管理、分级核算、自负盈亏的形式。即企业按产品类别或按地区分成若干个事业部,如各类产品的事业部或各地区的事业部,从产品设计、原料采购、成本核算到产品制造和销售,均由事业部及所属分支机构负责,实行单独核算,独立经营,公司总部只保留预算控制、技术研发、人事决策等监督权,并通过利润等指标对事业部进行控制。事业部制的优点是通过战略决策和经营决策的分离,使企业高层管理者从繁重的日常经营业务中解脱出来,集中精力致力于长期的经营决策;事业部实行独立核算,更能发挥其经营管理的积极性,更利于组织专业化生产和实现企业内部的协作。缺点是公司总部与事业部的职能部门重叠,联系与沟通的环节较多及管理成本较高,尤其是实行独立核算,会导致各事业部因利益关系而影响相互间的合作。

第五,模拟分权制结构(simulated federal structure)。这是一种介于直线-职能制和事业部制之间的组织结构,多见于需要实施连续一体化生产的大企业,如化工、钢铁等企业。由于这类企业的产品品种有限、生产过程难以细分,所以较难分解成几个独立的事业部,又由于企业的规模庞大,不易采用其他组织形态,因而就出现了模拟分权制组织结构。所谓模拟,就是要模拟事业部制的独立经营,单独核算,而不是真正的事业部。这种实际上的"生产单位"设有自己的职能机构,享有较大的自主权,负有"模拟性"的盈亏责任。模拟分权制结构的优点是通过放权来调动各"生产单位"的经营积极性,解决企业规模过大不易管理的问题;缺点是对模拟"生产单位"的考核存在一定的困难,公司总部与各"生产单位"之间的信息沟通有时并不顺畅。

第六,矩阵制结构(matrix structure)。这是一种为了改进直线-职能制下部门间横向联系薄弱、组织缺乏弹性等缺陷而形成的组织结构,其特点是在组织内既有按职能划分的垂直管理系统,又有按产品(项目)划分的横向协作体系,而且两者在组织内被有机地结合起来。如围绕新产品的开发成立跨职能部门的专门部门,其他各部门派相关员工参加合作,任务完成后再回到原来的部门。即这种组织在形式上是相对固定的,但人员可以跨部门流动,因而加强了不同部门之间的信息交流和相互配合,克服了直线-职能结构中各部门间缺乏互相联系的弊端,所以非常适用于需要横向协作的产品开发等项目。但是,该组织结构的最大缺陷是由于实行组织内的双重管理,所以对隶属于其他部门的员工不能进行有效管理,缺乏足够的激励与惩治手段,而且该部门负责人的责任大于权力。

然而,权变管理理论(contingency theory of management)认为,企业的各种组织结构并无高低优劣之分,也没有适用于任何情境的模式,只要与组织的内部要素条件及外部经营环境相适应,并随着这些条件和环境的变化不断调整组织结构,企业就能实现较高的组织效率[1]。因此,上述各种组织结构更多反映的是经营环境的变化及企业发展的过程,也是企业顺应国际化及全球化所作的组织选择。

二、经营国际化与组织结构的变迁

1. 以出口为主的阶段

如上所述,现实中很少有适应于企业多个发展阶段的组织结构,组织结构必须动态地适应企业发展的各个不同阶段。尤其是当企业经营进入国际化阶段后,必须适时调整企业内部各部门之间的权利、义务和责任,建立内部的决策及控制系统,以实现经营国际化的战略目标[2]。

在以出口为主的阶段,企业根据其出口目标及所拥有的营销资源,一般会选择以下四种进入国际市场的出口战略,并构建与其相适应的组织结构。

---

[1] Fred Luthans, Richard Schonberger, Russell Morey, *Introduction to Management: a Contingency Approach*, McGraw-Hill, 1976.

[2] Stopford, J. M. and L. T. Wells, Jr., *Managing the Multinational Enterprise: Organization of the Firm and Ownership of the Subsidiaries*, Basic Books, Inc., 1972.

第一,出口活动全部依靠外部组织。在出口规模不大、也不熟悉国外市场的情况下,企业一般会把出口市场的开拓和出口业务的办理全部委托给国内或国外的专业外贸公司,所以也称为间接出口。这类企业只是在销售部门内配置若干外销人员,负责与专业外贸公司的业务联系与交易。

第二,开拓出口市场依赖当地经销商,但出口业务由本企业办理;或出口营销由本企业承担,但出口业务的办理委托给外部组织。当出口达到一定的规模、对国外市场有了一定的了解后,企业会选择自己办理出口业务或直接从事出口营销,而把出口市场的开拓或出口业务的办理委托给国内外的专业外贸公司。在组织体制方面,这类企业一般是在销售部门中设立出口业务部,或在国外设立专门收集市场信息的办事处。

第三,出口业务和市场营销全部由本企业承担。当生产在很大程度上依赖国际市场、出口达到相当规模以及进一步熟悉了国际市场后,企业会选择自主开发出口市场及处理所有的出口业务,这也称为直接出口。在组织体制方面,这类企业一般会把从事出口业务的团队从销售部门中分离出来,单独成立出口事业部或国外营业部,并管理在国外建立的销售公司,直接从事出口销售及提供售后服务(参见表7-1)。

表7-1 经营国际化与组织结构

国际化发展阶段	国　内	主要国外市场	推进组织
1.间接出口阶段	技术研发、产品生产、国内销售及售后服务	销售及售后服务:当地经销商	◇ 出口组 ◇ 贸易部
2.直接出口及国际营销阶段	技术研发、产品生产、国内销售及售后服务	销售及售后服务:本企业的国外销售公司	◇ 出口事业部 ◇ 国外营业部
3.国外生产开始的初期阶段	技术研发、产品生产、国内销售及售后服务	当地生产、当地销售及提供售后服务	◇ 国外事业部 ◇ 国际业务部
4.国外生产全面展开阶段	技术研发、产品生产、国内销售及售后服务	建立把国外业务完全内部化的经营体制	◇ 国际事业部 ◇ 地区事业部 ◇ 产品事业部
5.全球经营一体化阶段	研发、财务、人事、价值观及CIS的共享	研发、财务、人事、价值观及CIS的共享[1]	◇ 全球地区总部 ◇ 全球矩阵组织 ◇ 跨国网络组织

注:CIS指企业视觉形象识别系统(corporate identity system)。

2. 国外生产开始的初期阶段

当企业通过直接投资建立了国外子公司,并在东道国开始当地生产后,在规划组织结构方面便会遇到如下新的问题。其一,筹建及管理国外子公司的部门应设在母公司的哪个部门;其二,如何从组织上协调母公司的出口活动和子公司的当地生产。对此,企业主要有三种组织选择:一是把管理国外子公司的部门托管给原有的出口事业部或国外营业部;二是保留原有的出口事业部或国外营业部,另设专门管理国外生产的国外事业部;三是取消原有的出口事业部或国外营业部,新设综合管理出口业务及国外生产的国外事业部或国际业务部。

关于第一种选择,这种组织结构虽然有利于协调出口和国外生产,但原有的出口事业部或国外营业部缺乏生产技术及经营诀窍,所以可能无法有效地规划和管理国外生产。关于第二种选择,这种组织结构虽然有利于管理国外生产,但由于出口事业部或国外营业部毕竟是国内业务的延伸,所以出口部门与国外生产部门之间的关系较难协调。关于第三种选择,这种组织结构不仅有利于协调出口和国外生产,而且出口部门所拥有的国外市场的经验能与生产部门所拥有的技术形成互补,从而成为不少企业在跨国生产开始初期首选的组织形式(参见表7-1)。

3. 国外生产全面展开阶段

当国外子公司继续增加、国外生产比率提高后,上述国外事业部或国际业务部所拥有的经营资源已不足以管理众多的国外子公司,因而迫切需要一种新的组织形式来进一步整合企业内的经营资源。于是,既能充分调动企业内经营资源,又能有效管理国外子公司,并把国外业务完全内部化的新的经营组织——国际事业部便应运而生(参见本章第二节)。然而,企业在规划组织结构过程中又将遇到如下新的问题:其一,是将国际事业部作为母公司下属的职能(参谋)部门,还是作为一个独立核算的事业部;其二,如果将整个组织分为国内与国外两部分,那么国际事业部与国内事业部的利益关系应如何协调。

首先,是将国际事业部作为母公司下属的职能部门还是作为独立核算的事业部,这需要根据母公司对国外子公司是采取分权管理还是集权管理而定。如果是独立性很强的当地法人企业,尤其是与当地企业合资的子公司,由于它们有较大的经营自主权,所以国际事业部对它们的控制力可能相对较弱,一般只能是作为母公司的对外窗口,向这类国外子公司提供专业性服务。然而,该阶段跨国公司对国外子公司通常实施集权控制下的分权管理,一般会把国际事业部作为独立核算的单位,并通过国际事业部强化对国外子公司的有效管理。此外,如果国外子公司跨越多个地区,或从事的产品种类较多时,跨国公司还会按地区及产品分别建立事业部。

其次,国际事业部与国内事业部之间客观上存在一定的利害关系,因为国内事业部掌握更多的技术、产品、资金、人才等经营资源,而国际事业部在经营资源方面则需要依赖国内事业部的支持。假如国际事业部还是母公司下属的职能部门,主要对国外子公司提供专业性服务,那么国外子公司实际上还是由国内事业部掌控;假如国际事业部已成为独立核算的单位,并直接管控在国外的子公司,那么国内事业部与国际事业部之间的利害冲突就会凸显,即国内事业部会根据它所提供的经营资源,要求与国际事业部分享来自国外子公司的利益。为了妥善处理两者的利害关系,跨国公司一般通过技术使用费、经营咨询费及转让定价等方式,将国外子公司的部分利润补偿给国内事业部,以维持整个组织的经营效率。

4. 全球经营一体化阶段

当在同一个东道国或同一个地区建立了多家子公司,或子公司所涉及的行业部门逐步扩展,国外生产及经营比率进一步提高后,作为独立核算单位的国际事业部的局限性便开始显现。其一,国际事业部所拥有的经营资源及信息处理能力出现瓶颈,已难以应对日益复杂的全球化经营;其二,国外子公司之间横向的联系愈益重要,而以纵向联系为主的国际事业部无法行使这样的职能;其三,尽管通过母公司能在一定程度上协调与国内事业部的利害关系,但在组织结构上无法消除与国内事业部之间潜在的利益对立。

为了克服国际事业部的局限性,不少跨国公司正在实施或探索引进以下的组织形式。

第一,地区总部制结构(regional headquarters,RHQ)。这是一种把产品事业部和地区事业部结合起来的组织模式,即母公司不是直接管控在世界各地的子公司,而是通过作为中间管理组织的地区总部,从产品和地区的角度间接地管理辖区内的各子公司,以解决地区战略整合性差及经营活动本地化等问题。

第二,矩阵制结构(global matrix)。这是一种整合产品组织、地区组织及职能组织的多重组织结构,即国外子公司的经营者分别向母公司的产品事业部和地区事业部报告并承担责任,同时接受来自母公司产品事业部和地区事业部的指令,以强化组织内部的信息交流和信息共享,实现多渠道的沟通、调节和控制(参见本章第二节)。

第三,网络体系结构(network architecture)。这是跨国公司为适应外部经营环境的变化、利用现代信息技术手段设计的一种新型组织结构。其特征是在母公司与国外子公司以及国外子公司之间建立一个相互关联的内部网络,并在该网络内配置不同的经营职能和经营内容,同时通过与东道国及所在地区的企业、政府及其他组织建立外部网络,不仅能动地去适应当地环境,而且学习和吸收当地的知识和技术,并能通过内部网络让组织内所有成员分享这种知识和技术,以增强组织整体的全球竞争优势(参见本章第三节)。

然而,尽管矩阵制结构和网络体系结构看来似乎是较理想的组织形式,但具体实施起来有较大的难度,信息传递和沟通的成本较高,或前期组织内部需要较大的文化建设投资。因此,虽然国际事业部并不是最优的组织结构,但不少跨国公司还是把它作为全球经营中的重要组织形式,并通过按地区重组国际事业部,或在主要地区增设地区管理中心(regional management center)等方式来增强国际事业部对国外子公司的管控能力。

第二节　经营全球化与组织结构的选择

一、企业类型与组织结构

1. 专业化企业的组织结构

如上所述,企业的组织结构本质上是为实现其经营战略目标而建立起来的内部决策及控制系统,跨国公司对组织结构的选择通常是基于其自身类型及其经营战略,即按照不同的企业类型及经营战略,建立起与之相适应的组织结构。

专业化企业是指所经营的产品领域及销售市场相对集中、主要通过实现规模经济降低成本来获取全球竞争优势的企业,如资源、汽车、家电、食品、部分金融及服务业等行业的企业。选择这种专业化战略的跨国公司在构建组织体制时,一般采用全球职能制组织结构或全球地区事业部制组织结构。

(1) 全球职能制组织结构。

如图7-1所示,全球职能制组织结构是指跨国公司内部各部门的责任按经营职能来划分,如控制、制造、营销、人事、研发、法律等,并以总部的上述各项管理职能为基础,把国内业务和国际业务分别整合到相关职能部门中去的一种组织体制。在这种组织结构中,公司总部的各职能部门分别按其职能对国内外子公司行使管理职责,并对本部门的全球事务负责,而国内外子公司的各职能部门分别向公司总部的相关职能部门报告,并承担相应的经营责任。

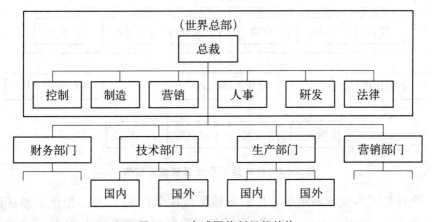

图7-1 全球职能制组织结构

全球职能制组织结构的主要优点在于:其一,由于这类企业经营的产品种类少、市场相对集中,所以在职能部门下将国内业务和国外业务一分为二(国内生产—国内销售,国外生产—国外销售)的结构比较稳定,部门设置较少重复,公司总部能给予子公司相同的支持;其二,有利于经营资源的集中调配、生产成本的分级核算及经营业绩的统一考核,避免各个利润中心之间的冲突;其三,能发挥公司总部各职能部门专业化管理的优势,在一定程度上有利于对整个组织实施主线控制,以提高组织内的管理效率,也便于母公司对国外子公司采取集权化的管理。可见,这种组织结构比较适合于国内外市场比较稳定、在全球从事标准化产品生产的企业。

(2) 全球地区事业部制组织结构。

如图 7-2 所示,全球地区事业部制组织结构是按国内及国外各地区(如北美、欧洲、亚洲等)划分独立核算的事业部,并由地区事业部的主管具体管理辖区内各子公司的组织体制。在这种组织结构中,公司总部负责全球性的规划与控制,地区事业部则通常是一个经营实体,拥有生产、营销、人事、研发、财务、法律等与价值创造活动相关的职能;地区事业部的主管对公司总部负责,区域内各子公司的总经理直接对地区事业部的主管负责,而地区事业部的主管全面负责管理和协调辖区内子公司的所有事务。

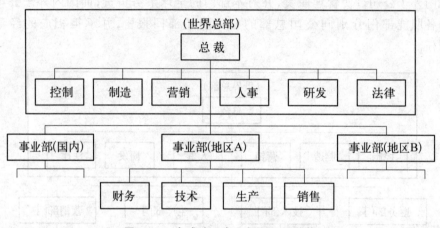

图 7-2 全球地区事业部制组织结构

全球地区事业部制组织结构的主要优点在于:其一,能够根据各地区的市场特点,采取相应的经营战略,使子公司更好地去适应当地经营环境的变化;其二,母公司能从具体的职能管理业务中解脱出来,进一步从计划、调整和支持的角度管理国内外子公司,提高组织内部纵向信息沟通的效率;其三,能通过向地区事业部及下属子公司适当地分权,发挥各地区事业部及其下属子公司作为利润中心的作用。因此,这种组织结构比较适合于需要对消费市场进行细分的最终消费品生产企业、需要对市场进行分割的石油企业以及银行等金融服务企业。

2. 以专业化为主的多样化企业的组织结构

以专业化为主的多样化企业是指在专业化的基础上,逐步开发或引进相关新产品的企业。在企业向多样化经营发展的初期,组织上一般采用全球混合型组织结构,即在原有专业化企业所采用的全球职能制或全球地区事业部制组织结构中,再增设从事新产品经营的产品事业部(functional with subsidiaries)①。在这种组织结构中,对经营主要产品系列的子公司采用职能制或地区事业部制组织结构,而对经营新产品的子公司则采用新产品事业部制组织结构(参见图7-3)。

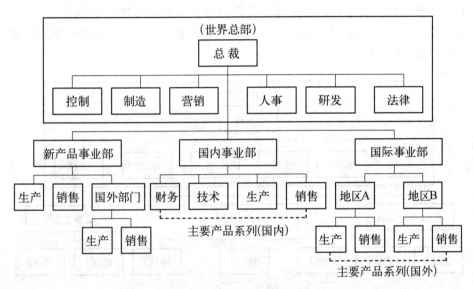

图7-3 全球混合型组织结构

当新产品开始在国外生产的初期,有的企业把从事新产品系列的国外子公司托管给国际事业部管理,产品事业部作为辅助;当产品事业部掌握了国际经营的经验后,再把国外管理责任交还给产品事业部。然而,由于负责管理主要产品系列的国际事业部不熟悉新产品的相关技术及销售技巧,因此让国际事业部管理经营新产品的国外子公司并不是最优的组织策略,而让经营新产品的产品事业部直接管理更加理想。而当经营的多样化和跨国化向纵深发展,即新产品系列的国外子公司进一步增加后,跨国公司的组织结构将逐渐向全球产品事业部制结构转变。

---

① Rumelt, R. P., *Strategy, Structure, and Economic Performance*, Harvard University Press, 1974.

3. 多样化企业的组织结构

多样化企业是指所经营的产品系列较多、销售市场较广，主要通过多样化战略获取全球竞争优势的企业，如世界上跨越多个行业、规模巨大的综合性企业集团等。这类跨国公司在构建组织体制时，一般采用全球产品事业部制组织结构，即按照各产品系列建立独立核算的产品事业部，并由该产品事业部从整个企业及全球市场的角度负责自身产品的全球性计划和控制，并分别管理和协调国内及国外所有子公司的技术研发、产品生产及销售等各项事务(参见图7-4)。

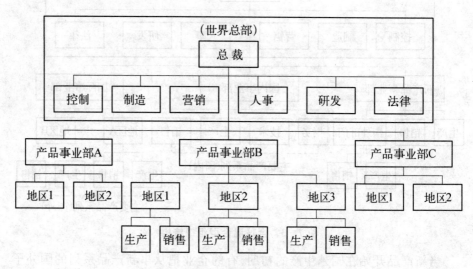

图7-4 全球产品事业部制组织结构

全球产品事业部制组织结构的主要优点在于：其一，重视产品生产和销售的全球性规划，所以有利于加强产品的技术、生产、销售信息的统一管理，缩小国内外业务的差别；其二，由于是按照产品系列构建企业管理系统，因此能确保产品和技术信息在全球迅速传播，并有利于对国内外子公司实施专业化管理；其三，有利于对处在同一地区的子公司有效地配置经营资源，也便于不同地区的子公司之间转移相同系列产品的相关技术；其四，由于在同一产品系列下的事业部实行独立核算，因而有利于协调国内子公司与国外子公司之间的利益关系，避免产品事业部与上述国际事业部之间的利益冲突；其五，有利于组织内各级管理人员形成全球经营观念，也能增强他们推进全球合作的意识。

二、经营环境的变化与组织结构的演进

1. 组织结构的有效性及其影响因素

从企业的经营环境及其经营战略的角度,可以把影响或决定跨国公司组织结构的因素分为三个方面:第一,产品及技术因素,即产品生产中所需的特定知识和经验,包括研究开发、基础及应用技术,工厂设备的开发及制造、产品制造中的各种诀窍、质量管理、营销方法及售后服务等;第二,经营职能因素,即大规模跨国经营所需的各种专门知识和经验,包括全球性规划、国际人事政策、符合各国国情的劳务管理、国际财务活动、物流计划、法律、营销及公关政策等;第三,地区及环境因素,即有关投资地区经营环境的专门知识,包括各国的政治动向、经济形势、社会变动、民意变化及当地政府的政策变更等。

根据自身所拥有的经营资源,并充分兼顾上述三个因素的有效结合,这通常是跨国公司构建组织结构的基本原则。按照这一原则来综合评价上述四种组织结构,不难发现它们各自的利弊得失。

第一,全球职能制组织结构重视经营职能因素,在一定程度上有利于母公司对国外子公司实施专业化的集权式管理。然而,在该组织结构下,国内外子公司的各职能部门分别对公司总部的相关职能部门负责,而各职能部门之间的横向联系较弱,各自的经管理目标可能发生偏离,所以不利于对子公司实施全面的综合性管理。同时,这样的组织结构必然忽略地区及环境因素,或组织内部各职能部门对同一地区的看法会存在分歧,因而不能很好地适应当地环境的变化。

第二,全球地区事业部制组织结构重视地区及环境因素,使母公司能及时掌握所在地区经营环境的变化,并通过组织内部的分权,促进子公司能动地去适应当地市场。然而,在该组织结构下,各地区事业部的独立性较强,而各地区间的横向联系较弱,因此不仅产品及技术因素容易被忽略,难以在各地区之间转移新产品和新技术,或出现经营职能及产品开发重复的现象,不利于母公司实施统一的专业化分工管理,而且还有可能妨碍技术创新的普及,造成经营资源利用率的下降,从而影响组织的统一性,降低企业整体的经营效率和全球性利益。

第三,全球产品事业部制组织结构从产品及技术的角度在全球进行规划

和统制,所以不仅有利于调整相同产品系列的国内外的业务,而且能通过产品及技术系统的直线权限来推进技术创新的普及。但是,在该组织结构下,国外子公司的主管不仅要对产品事业部负责,有时还需要向所在地区的协调部门报告,所以与母公司之间的信息交流变得复杂;尤其是当国外子公司同时经营两种以上产品时,各相关的产品事业部会同时参与该子公司的管理,因而有可能导致指令系统发生混乱;再则,同一地区不同产品部门的经营活动一般较难协调,因而不利于不同产品部门之间横向的沟通和调整,也使整个组织内部难以采取一体化的国际产品战略。

第四,全球混合型组织结构具有全球地区事业部制和全球产品事业部制的上述缺陷,特别是主要产品系列(职能制结构)与新产品事业部之间的调整较困难,解决母公司内部摩擦所需花费的精力可能比国外还多。当然,随着企业内新产品系列的增加,全球混合型结构将逐渐被全球产品事业部制结构所取代,由此全球混合型结构的缺陷也将不断被克服,但全球产品事业部制组织结构的弊端将会显现。

2. 新组织结构的开发

为了克服上述四种组织结构的缺陷,跨国公司一直在致力于组织结构的改革。重视经营职能因素而青睐全球职能制结构的跨国公司开始关注产品及技术因素和地区及环境因素,重视地区及环境因素而采取全球地区事业部制结构的跨国公司开始关注产品及技术因素和经营职能因素,重视产品及技术因素而选择全球产品事业部制结构的跨国公司开始关注地区及环境因素和经营职能因素。于是,跨国公司逐渐开发出如下集多种组织体系优势的新的组织结构。

(1) 地区总部制组织结构。

地区总部制(regional headquarters, RHQ)是既重视地区及环境因素又兼顾产品及技术因素和经营职能因素,并能发挥母公司与所在地区各子公司之间协调职能的组织体制,它是把全球产品事业部和全球地区事业部有机结合起来的组织模式[1]。地区总部不直接从事生产经营活动,即一般不是企业的利润中心,而是公司总部职能部门的国外派出机构。

地区总部作为联系母公司与国外子公司及分支机构的中间组织,在跨国

---

[1] William Dymza, *The Multinational Business Strategy*, McGraw-Hill Book Company, 1972.

公司的全球网络中有着重要的地位。一方面,地区总部内配置专门与母公司职能部门联系的人员,从地区及全球两个层面,就研发、财务、营销、人事等方面对辖区内的子公司行使整合和监管职能,并制定地区性的经营战略;另一方面,地区总部通过与辖区内各子公司建立起来的地区网络,促进经营资源在地区内的有效流动,以提高地区内经营资源的利用效率。同时,地区总部通过母公司的全球网络,与位于其他地区的地区总部建立协作关系,在全球范围内实现经营资源更有效的利用(参见图7-5)。

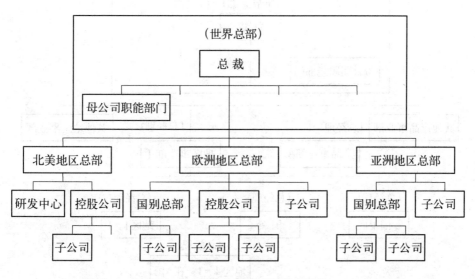

图7-5 全球地区总部制组织结构

地区总部制是当今大型跨国公司普遍采用的组织结构,实践证明它在一定程度上是行之有效的。然而,地区总部制在现实运行中也常常会遭遇以下的困惑:其一,在母公司→地区总部→各国子公司(national units)的结构中,地区总部与母公司在责任和权限方面存在何种联系?如何在两者间分配权力和义务?其二,地区总部最高经营者(CEO)需要同时具备何等程度的管理能力,即作为企业家管理下属各子公司的能力以及作为区域负责人与母公司保持多方面(interface)联系的能力?为了解决这些组织运行中遇到的问题,跨国公司正在不断探索新的组织模式。

(2) 全球矩阵式组织结构。

全球矩阵式结构(global matrix)是整合全球产品事业部(产品及技术系

统)、全球地区事业部(地区及环境系统)及全球职能制组织(经营职能系统)的多重组织形态,所以也被称为网格式(grid)组织模式。从组织的主体结构来看,它是以产品组织和地区组织为主线形成的双重结构,也被称为二维矩阵结构。在该组织中,国外子公司的经营者分别向产品事业部和地区事业部报告并承担经营责任(report to A and B boss),同时接受和执行来自母公司产品事业部和地区事业部主管的指令(参见图7-6)。

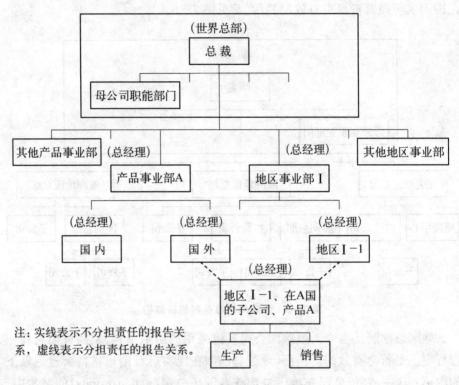

注：实线表示不分担责任的报告关系,虚线表示分担责任的报告关系。

图7-6 全球矩阵式组织结构

资料来源：Stopford, J. M. and L. T. Wells, Jr., *Managing the Multinational Enterprise: Organization of the Firm and Ownership of the Subsidiaries*, Basic Books, Inc. 1972, p.132.

这种将产品部门和区域部门融合在一起的二维矩阵结构,是跨国公司全球矩阵式组织结构的基本形态,理论上为其同时实施地区性战略和全球性战略提供了组织上的保证。此外,还有些跨国公司根据实际需要,在上述全球职能制组织结构、全球地区事业部制组织结构以及全球产品事业部制组织结构中,有选择地局部引进矩阵结构,形成另一种意义上的全球混合型组织结构(mixed structure),即就部分产品及地区构建产品-地区组合型矩阵结构,或就部分产品及职能构建产品-职能组合型矩阵结构等,以解决特定产品和地区经营中的组织效率问题。

从组织原理来看,全球矩阵式组织结构的主要优点在于:

其一,有利于全面兼顾和整体协调产品及技术因素、经营职能因素、地区及环境因素,即对产品的生产及销售与市场竞争、环境变化等因素进行综合的分析和调整,以克服多样化企业(全球产品事业部制组织结构)容易忽视地区及环境因素的弊端;

其二,有利于强化组织内部的信息交流和信息共享,提高组织的技术创新能力、对国外市场的适应能力以及组织的应变能力;

其三,通过把国外子公司作为特定产品和市场组合的战略中心,在一定程度上能增加组织的弹性,从而有利于充分发挥国外子公司能动地回应当地市场需求的积极性。可见,从理论上来看,全球矩阵式组织结构适合于产品高度多样化,地区和国别市场众多的大型跨国公司。

(3) 全球客户结构。

全球客户结构多见于跨国银行,是一种按客户类型将职能结构与地区结构有效联系起来的组织形态。早期的跨国银行的组织体制一般是按职能(存贷款、相关服务等)或地区(国内各地区、国外等)来构建的,但是随着跨国银行的重要客户——大企业的跨国化,跨国银行原有的组织结构很难应对跨国公司多样化的需求。例如,在原有的组织结构下,融资部门一般按行业对相关企业发放贷款,再由服务部门(staff units)提供专门的服务;但是,当企业跨国化并开始在国外筹资后,跨国银行就有可能失去原有的客户。

为了向特定的客户提供特殊的服务,主要跨国银行尝试构建全球客户结构,即按所服务的对象(客户)整合融资部门及服务部门,如构建能源部门、运输部门等,提供融资及服务合为一体的更加细致的服务。

3. 组织结构的选择路径

综上所述,作为经营的产品领域相对集中的专业化企业,随着其经营国际化及全球化程度的提高,国外销售额占总销售额的比率的上升,为了更好地回应东道国不断变化的市场需求,它们会逐渐选择全球地区事业部制组织结构;而作为经营的产品系列较多、销售市场较广的多样化企业,随着在国外的产品系列多样化水平的提高,为了增强相同系列产品生产、销售及售后服务等效率,它们将逐渐采用全球产品事业部制组织结构。当这两类跨国公司的经营全球化程度进一步提高,即在国外生产的产品系列及国外生产比率达到一定的水平后,为了应对国际经营环境的变化,克服全球地区事业部制及全球产品事业部制组织结构的缺陷,它们可能会引进上述的全球矩阵式组织结构。

斯托普福德(John M. Stopford)和威尔斯(Louis T. Wells)对20世纪60年代末美国最大的187家跨国公司进行了深入的调查研究,重点分析了它们的组织战略与组织结构的关系,发现随着跨国公司国外业务的拓展,其组织结构会呈现出有规律的阶段性特征[1]。即在国外生产的产品系列较少,且国外销售量有限的阶段,跨国公司一般通过直属母公司的国际事业部来管理在国外的子公司;当在国外的子公司数进一步增加,所进入的国家与地区逐渐扩大,国外的生产及销售比率达到一定程度后,跨国公司通常会采用全球地区事业部制组织结构;当国外子公司的生产线逐渐增加,产品的多样化程度达到一定的水平后,跨国公司一般会选择全球产品事业部制组织结构;而当国外销售额占总销售额的比率及国外的产品多样化程度进一步提高并达到一定水平后,跨国公司则倾向于引进全球矩阵式组织结构(参见图7-7)。

图7-7也被称为Stopford-Wells模型。在该模型中,斯托普福德及威尔斯把全球矩阵结构看作从重点强调内部层级关系的传统组织向重视内部合作的现代企业组织的一种演进,即从以层级关系为主的组织结构演化为以契约关系为主的合作网络,并认为由此将使原有组织内各部门僵硬的边界变得具有弹性,形成组织内多渠道沟通、协作和平衡的机制,从而可以在这样的网络组织内创造出一种具有共同价值观的合作氛围,并在全球范围内获得协调和控制的利益。

然而,如上所述,尽管全球矩阵式结构在理论上似乎是一个理想的组织形式,但在实际运作中存在不少问题:

第一,处在产品事业部与地区事业部结合点上的总经理必须接受双重领

---

[1] Stopford, J. M. and L. T. Wells, *Strategy and Structure of the Multinational Enterprise*, Basic Books, 1972.

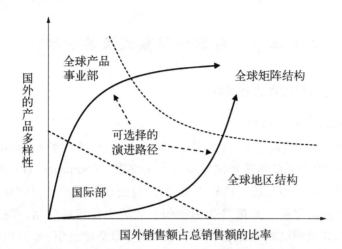

图 7-7 国际化与组织结构选择的阶段模型

资料来源：Stopford, J. M. and L. T. Wells, *Strategy and Structure of the Multinational Enterprise*, Basic Books, 1972.

导,并在全球化与地区化之间寻求一种平衡,而要获得这种平衡在现实中是极其困难的;

第二,对于作为利润中心的国外子公司的经营者来说,面对来自产品事业部和地区事业部的指令,究竟以哪个为优先,常常是他们所困惑的;

第三,对于作为战略业务单位的国外子公司来说,有关产品及市场的调整必须同时经过产品事业部和地区事业部的认可,假如两者存在意见分歧或利益对立,就会拖延调整的时间,从而就有可能延误决策时机,甚至丧失商业机会;

第四,复杂的组织结构可能会导致内部信息传递的混乱,放大各部门之间在利益上的分歧,增加各部门之间利益协调的难度,最终会造成决策的失误并增大组织管理的成本[1]。因此,20世纪80年代以后,尽管这种组织结构曾一度在美国的跨国公司中流行过,但是不少跨国公司不久便由于上述原因而选择放弃[2]。

---

[1] Davis, S. M. & Lawrence, P. R., *Matrix*, Addison-Wesley, 1977.

[2] Charles W. L. Hill, *International Business: Competing in the Global Marketplace*, 8th Edition, McGraw-Hill, 2010.

第三节 跨国组织模式及其管理

一、传统的组织模式及其缺陷

1. 传统组织模式的特征

美国哈佛大学商学院教授克里斯托弗·巴特利特(Christopher A. Bartlett)和英国伦敦商学院教授苏曼特拉·戈歇尔(Sumantra Ghoshal)认为,如果把经营资源和组织能力的集中与分散、母公司与国外子公司以及国外子公司之间联系的紧密与松散等作为组织模式的主要特征的话,那么,也可以把上述大部分组织结构归纳为以下三种类型,即全球组织、多国组织和国际组织,并可将它们看作传统的组织模式。他们通过对美欧日9家有代表性的跨国公司——通用电气(GE)、国际电话电报(ITT)、宝洁(P&G)、飞利浦(Philips)、爱立信(Ericsson)、联合利华(Unilever)、松下电器(Panasonic)、日本电器(NEC)及花王(Kao)的长期跟踪调查,发现它们的组织结构在20世纪80年代中后期以前分别属于这三类传统的组织模式[①]。

(1) 全球组织。

全球组织(global organization)一般具有如下特征:

第一,经营资源和组织能力完全集中于母公司,国外子公司只是实施母公司制定的经营战略和计划;

第二,母公司把国外子公司所在市场看作其全球统一市场的一部分,并实施内部化及集权式管理;

第三,母公司承担技术研发、资金筹措、原料采购及中间产品调配等职责,子公司的研发、生产及销售等经营活动完全受母公司控制;

第四,国外子公司之间只是通过母公司才联系在一起,母公司对所有的国外子公司实施科层式的一体化管理;

第五,在全球从事规模化生产,在全世界销售标准化产品,追求全球规模效应的最大化(参见图7-8)。

[①] Bartlett, C. and S. Ghoshal, *Managing Across Bonders: The Transnational Solution*, Harvard Business School Press, 1989.

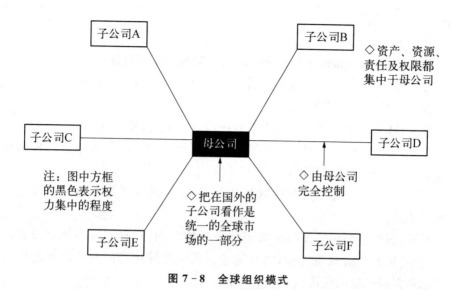

图 7-8 全球组织模式

资料来源：Bartlett, C. and S. Ghoshal, *Managing Across Bonders: The Transnational Solution*, Harvard Business School Press, 1989, pp. 57-102.

鉴于上述全球职能制组织结构的基本特征，通常可以将其看作较典型的全球组织模式。采用全球组织模式的跨国公司一般多见于电子、汽车等产品内国际分工高度细化的全球性行业，其显著的特点是通过在全球有效配置产品价值链的不同生产区段，以最大限度地利用各国的要素优势，在各生产区段降低成本，并通过向全球提供同质化或标准化产品，有效地扩大生产规模。可见，对于这类跨国公司来说，采用全球组织模式有利于在母公司的集权管理体制下实现全球规模效率。

巴特利特和戈歇尔认为，与美欧跨国公司相比，日本跨国公司更多采用的是全球组织模式。这是因为，日本跨国公司是在 20 世纪 70 年代以后迅速发展起来的，且主要集中在电子、汽车等全球性行业，为了在与欧美跨国公司的竞争中确立比较优势，日本跨国公司必须将研发和生产等活动集中于母公司，并进行集权式管理，从而研发和生产出价格低、质量高的全球性产品。而且，日本企业传统的经营方式十分重视内部意见一致和集团主义行为，为了在全球经营中有效地运用这种经营方式，日本企业也适合采用中央集权的全球组织模式，即由母公司掌控所有的经营资源，并进行重要事项的决策，而国外子公司则主要是贯彻母公司的经营指令，并及时向母公司报告实施经营方针的过程及其结果。

(2) 多国组织。

多国组织(multinational organization)一般具有如下特征：

第一，经营资源和组织能力分散于国外子公司，国外子公司能相当自主地开展适合当地的经营活动；

第二，母公司把国外子公司分别看作独立的部门，并实施分权式管理；

第三，国外子公司被赋予有研发、生产及销售等职能，并在东道国根据当地资源展开本土化经营活动；

第四，母公司通过投资及收取红利等方式，与国外子公司建立松散或非正式的关系；

第五，国外子公司能及时掌握当地市场的动向，积极回应当地消费者需求、产业特征及政府政策的变化，并能通过调整差异化产品的生产来适应当地环境和保持一定的经济效率(参见图7-9)。

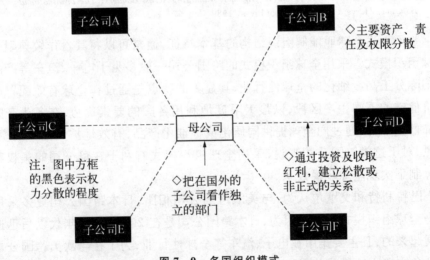

图7-9　多国组织模式

资料来源：同图7-8。

可见，多国组织模式与上述全球地区事业部制组织结构具有某些相似的特征，即通过向国外子公司分权，让其能主动地去适应东道国市场环境的变化。采用多国组织模式的跨国公司一般多见于从事食品、化妆品等差异化产品生产的领域，其主要特点是国外子公司可以根据世界各国的市场特性，在当地独立开发差异化产品,并提供差异化服务。而母公司在组织上则采取分权式策略,即授予国外子公司包括产品开发在内的诸多权限,让它们能自律地应对当地经营环境的变化。

巴特利特和戈歇尔认为,与美日跨国公司相比,欧洲跨国公司更多采用的是多国组织模式。这是因为,在 20 世纪前半期,经营逐渐国际化的欧洲跨国公司曾经历了母公司与国外子公司之间的联系被各种力量割断的历史,如连接欧洲各市场的运输和通讯曾一度中断,美国采取贸易保护主义及其他歧视性的贸易壁垒等。为此,欧洲跨国公司的国外子公司较早获得了经营自主权,尤其是在生产及销售方面的自由裁量权较大,并且逐渐养成了自我约束的自律性。而且,在欧洲内部,英国、荷兰及法国企业的最高经营者非常重视与国外子公司经营者之间的个人关系,对子公司的经营控制一般仅限于财务方面。由此,欧洲跨国公司的国外子公司获得了更多的经营自主权,从而促进了企业内多国组织模式的形成。

(3) 国际组织。

国际组织(international organization)一般具有如下特征:

第一,经营资源和组织能力在一定程度上分散给国外子公司,但母公司保留对其进行调整的权限,并要求国外子公司保持一定程度的自律性;

第二,国外子公司原则上从属于母公司,由母公司从全球整合的角度对其实施管理;

第三,国外子公司在技术研发方面主要依靠母公司,但在一定程度的分权体制下,国外子公司可以积极地吸收当地的技术和知识,并对母公司的技术及产品进行适当的改良;

第四,母公司有整体的经营计划及完善的管理体系,通过内部调整的方法与国外子公司建立密切的关系;

第五,在母公司适度的分权体制下,国外子公司不仅能在当地充分运用母公司的竞争优势,而且还能最大限度地吸收当地的区位优势,并在此基础上形成新的竞争优势(参见图 7-10)。

可见,国际组织模式是介于全球组织模式和多国组织模式之间的组织形态,上述全球产品事业部制组织结构在特征上与其比较接近。在国际组织模式下,母公司对国外子公司不是简单的集权控制,也不是单纯的分权自治,而是采取集权下的分权策略。即母公司对国外子公司保留较强的影响力和控

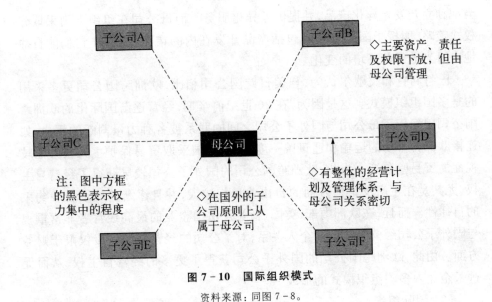

图 7-10 国际组织模式

资料来源：同图 7-8。

制力（尤其是在研究与开发方面），并根据母公司所设定的组织目标，同时兼顾企业对全球规模效率的追求及对当地市场的适应性。所以，采用这种组织模式的跨国公司不仅存在于产品内国际分工高度细化的行业，也常见于从事差异化产品生产的行业。

巴特利特和戈歇尔认为，与欧日跨国公司相比，美国跨国公司更多采用的是国际组织模式。这是因为，第二次世界大战后美国的技术水平在世界上占有绝对的优势，在此背景下，美国跨国公司一方面在母公司的控制下进行技术及产品的研发，另一方面为了实现对国际市场的控制，又积极地将本国的技术及知识转移给国外子公司，从而使国外子公司逐渐拥有了能根据当地的市场需求对技术及产品进行改良的能力；此外，美国企业的职业经营者和一般管理者都是把向子公司下放权限与通过经营体制来调整内部关系分而治之的，他们把国外子公司看作运用母公司的经营资源和组织能力的场所，同时也将其作为与当地市场联系的主体，所以在组织体制上采取集权与分权相结合的国际组织模式。

2. 传统组织模式的缺陷

然而，正如本书第三章第三节所指出的那样，20 世纪 80 年代以后，随着以信息技术为核心的新技术革命的迅猛发展和经济全球化的不断深化，跨国公司的国际经营环境发生了深刻的变化。跨国公司的全球竞争优势已不仅仅取决于母公司能否向国外子公司有效地转移所有权优势，而且在很大程度上取决于国外子公司能否灵活地适应东道国市场的变化，能否在东道国能动地获取、开发和整合可应用于全球经营的国别及区域性知识资源和战略资产，并在跨国组织内部传播和运用这些新的区位优势。

因此，随着国际经营环境的变化，跨国公司组织目标的选择必须从单一的追求全球规模效率或适应当地环境，逐渐转变成为必须同时实现全球规模效率、适应当地环境、全球学习与创新等多个战略目标。而跨国公司如采用上述的传统组织模式（结构），显然是无法同时实现多个战略目标的。

首先，采用全球组织模式的跨国公司正面对一个消费多样化及产品差异化日益发展的地区及国别市场，这客观上要求其调整组织结构，以能动地适应这种市场环境的变化。然而，全球组织模式下的母公司不能给予国外子公司充分的经营资源和组织能力，集权管理体制使得国外子公司无法自主及自律地在当地开展经营活动。因此，国外子公司没有主动地适应当地市场环境变化的能力，更无法能动地吸收和整合当地的经营资源以实现组织内部全球学习与创新的战略目标。

其次，采用多国组织模式的跨国公司也正面临一个消费趋同化及产品标准化迅速形成的全球及地区市场，这客观上要求其集中经营资源和组织能力，以提高资源集约使用的效率。但是，多国组织模式下的母公司难以从全球的角度配置和调整经营资源，分权式管理使企业活动过于分散，甚至导致重复的产品开发和设备投资，无法实现全球规模效率。再则，由于母公司与国外子公司之间的信息交换不充分，国外子公司之间也缺乏必要的联系，所以难以在组织内部推进全球学习与创新。

再次，采用国际组织模式的跨国公司虽然通过把经营资源和组织能力适度地分散给国外子公司，母公司同时保留对其进行调整的权力，彼此进行信息交流的机制也能起作用，因而能在一定程度上回应国外市场的需求及适应当地的环境，也比其他组织模式有利于组织内的学习和创新。但是，国际组织模式下的跨国公司无法如全球组织那样致力于对国外子公司进行全球整合，也不能像多国组织那样向国外子公司分散经营资源和组织能力，所以国际组织的全球规模效率及对当地环境的适应性相对较差，组织内部的全球学习与创新成果也有一定的局限性。

二、跨国组织模式的构建与管理

1. 跨国组织模式的基本特征

如上所述,当今跨国公司的战略课题是要同时实现全球规模效率、适应当地环境、全球学习与创新等多个战略目标,而有利于实现这一战略目标的组织结构便是上述 9 家世界有代表性的跨国公司近年来正在摸索的跨国组织(trans-national organization)模式。跨国组织模式最大限度地保留了传统组织模式的优点,并通过强化母公司与子公司及子公司之间双向的全球整合,在一定程度上克服了传统组织模式的弊端。其主要特征如下(参见图 7-11)。

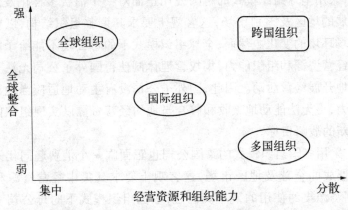

图 7-11 传统组织模式与跨国组织模式

资料来源:根据图 7-8 资料来源整理。

第一,跨国组织和多国组织一样,将经营资源和组织能力分散到在全球的子公司,给国外子公司较大的经营自主权,以此来提高国外子公司对当地环境的适应性。但是,与多国组织不同的是,跨国组织不是简单地向子公司分散(decentralization)经营资源和组织能力,而是将它们分成三个层次,其中决定企业核心竞争力的最重要的资源和能力由母公司集中运营,次重要的资源和能力相对集中(excentralization)使用但不限于在母国,其他的资源和能力尽可能分散给子公司。在此基础上,母公司通过利用核心资源的共享平台,来强化对国外子公司的全球整合,在确保国外子公司经营自律性的基础上,来提高整个组织内经营资源的使用效率。

跨国组织的具体策略安排是,通过分散化、相互依赖及专门化等方式来实现上述多个战略目标,即通过分散经营资源和组织能力,让国外子公司从事专门或特定的经营活动,并与母公司及其他子公司建立相互依赖关系,母公司则通过掌握核心资源来进行组织内的全球整合。例如,飞利浦公司让在英国的子公司专门负责图文电视(TELETEXT)的经营,在比利时的子公司专门从事立体音响的开发和制造;松下电器公司在台湾的子公司能生产相当部分彩色电视机的零部件,但重要的零部件则由母公司提供,母公司在一定程度上允许子公司从事研发和生产,但重要的研发活动则由母公司来承担[①]。

第二,跨国组织和全球组织一样,也通过对国外子公司实施全球整合来实现全球规模效率,但与全球组织不同的是,跨国组织模式下的母公司并不是通过中央集权的方法对国外子公司实施单向的调整,而是在母公司与子公司、子公司之间相互依存的前提下,实施双向的全球整合。即在全球各成员相互独立的网络组织内,在共同参与决策和协调的环境中,就零部件、产品、资源、人才及信息的流动等进行相互间反复的沟通和合作,以形成相互依赖的组织关系,在此基础上实现组织内的全球规模效率(参见图7-12)。

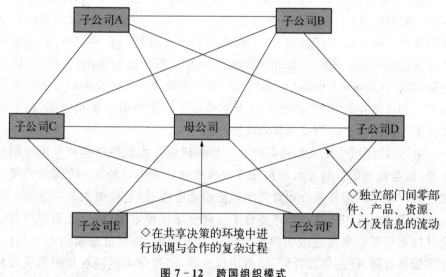

图 7-12 跨国组织模式

资料来源:同图7-8。

---

① Bartlett, C. and S. Ghoshal, *Managing Across Bonders: The Transnational Solution*, Harvard Business School Press, 1989.

在技术研发领域,跨国组织一般是根据母公司及子公司的经营资源优势,把同一产品的不同功能的研发集中在母公司或子公司,形成相互依存的关系,并在此基础上进行内部调整,以达到最高的技术研发效率。例如,日本电器公司在开发数字交换机NEAC61E中,把硬件的开发集中在母公司,将软件的开发集中于在美国的子公司,形成在硬件方面美国子公司依赖日本母公司,而在软件方面日本母公司依赖美国子公司的格局,并通过内部的相互调整来强化各自的优势,最终实现全球规模效率。

第三,传统组织模式下组织内部的学习和创新过程一般是把母公司的创新成果转让给国外子公司,或国外子公司仅是有效地使用它在当地所获得的研发成果,母公司和国外子公司之间缺乏双向的交流。而跨国组织则是通过在拥有充分经营资源和组织能力的国外子公司之间及与母公司之间建立相互依存的关系,不仅是母公司向国外子公司转让创新成果,而且国外子公司也向母公司及在全球的其他子公司转让创新成果,并且共同从事研究与开发,共享全球技术和知识,以此来促进组织内部的全球学习与创新。

例如,联合利华公司在德国的子公司发现其洗涤柔软剂(Kuscheiweich)包装上的泰迪熊(Teddy Bear)为消费者广泛接受,所以将该产品转让给在全球的其他子公司,从而迅速扩大了该产品的国际市场占有率。再如,宝洁公司改变过去让在欧洲的子公司独自为阵来开发新产品的体制,引进了"欧洲品牌团队"(European brand team)制度,即建立欧洲各子公司的研发部门自主合作及相互依存的体制,由此不仅大大提高了研发资源的使用效率,而且成功开发了面向整个欧洲及全球的畅销产品[1]。

第四,跨国组织模式虽然在特征上与全球矩阵式组织结构有一定的相似之处,但是在组织机制及组织目标等方面则有根本的区别[2]。跨国组织模式通过分权来提高国外子公司对当地环境的适应性,通过在组织成员之间建立相互依存关系且实施双向全球整合来实现全球规模效率,通过在组织内共享全球技术和知识来促进组织内的全球学习与创新,并通过成员间的合同(如技术服务合同、产品供需合同、项目协作合同等)管理来实现对组织的管理和

---

[1] Bartlett, C. and S. Ghoshal, *Managing Across Bonders: The Transnational Solution*, Harvard Business School Press, 1989.

[2] Richard L. Daft, *Organization Theory and Design*, 7th Edition, Southwestern College Publishing Company, 2001.

控制,而不只是简单地在产品结构和地区结构或集权管理和分权管理中作出选择。而全球矩阵式组织结构尽管也可看作一种网络组织,它也追求组织内的沟通、协作及平衡,但它并没有把同时实现多个战略目标作为其重要的组织目标,而是要求组织内产品事业部与地区事业部的对称性平衡,因而使得组织结构及管理程序变得复杂化,不仅加大了组织管理成本,似乎也无助于实现组织内全球学习和创新的战略目标(参见表7-2)。

表7-2 有利于同时实现多个战略目标的跨国组织模式

组织模式 组织目标	跨国组织模式	传统组织模式		
		全球组织模式	多国组织模式	国际组织模式
全球规模效率	(√) 通过对国外子公司实施双向的全球整合来实现全球效率	(√) 通过中央集权对子公司实施单向调整来实现全球效率	(×) 经营资源和组织能力过于分散导致全球效率缺失	(△) 较难对国外子公司进行全球整合
适应当地环境	(√) 在给国外子公司较大的经营自主权的同时进行组织整合	(×) 国外子公司对当地市场的适应性较差	(√) 分散经营资源和组织能力来提高国外子公司的适应性	(△) 国外子公司经营自主权有限,对当地环境的适应性较差
全球学习与创新	(√) 母子公司共享全球技术和知识来促进全球学习与创新	(×) 母公司向国外子公司单方面转让创新成果	(×) 国外子公司仅在当地使用它所获得的创新成果	(△) 组织内部的全球学习与创新成果并不十分明显

注:√:能够;×:无法;△:较差

2. 跨国组织的构建

尽管跨国组织有利于促进组织内的全球学习和创新,并能同时实现多个战略目标,但是跨国公司要改变运行了几十年甚至更长时间的传统组织模式也绝非易事,如果过激地引进和推行跨国组织模式,有时反而会使组织内部产生混乱,导致组织效率的降低。因此,巴特利特和戈歇尔认为,以现有传统的组织模式为基础,以不削弱企业原有的核心竞争优势为原则,逐渐引进和构建跨国组织,这可能是最合适和最有效的方法。

在以多国组织为基础逐渐构筑跨国组织模式的实践中,联合利华公司多年来做了有益的尝试。20世纪80年代初,联合利华公司曾大幅度向其在欧洲的子公司分散经营资源和组织能力,并要求它们独立开发产品,结果产生了产品重复开发、生产规模缺乏效率、市场战略调整困难等问题。为了解决上述问题,联合利华公司实施了以下三项政策:其一,向不能充分发挥作用的欧洲子公司的研发部门派遣有影响力的负责人,负责统一协调所有欧洲子公司的研发部门;其二,整合过去以欧洲各子公司为单位的信息系统,使之可以运用于整个欧洲或全球的产品开发和生产的决策中;其三,提高母公司研发部门的地位,并在跨国组织内推行整合产品开发的政策。

可见,为了构建跨国组织并同时实现多个战略目标,联合利华公司不是简单地削弱多国组织模式下子公司的权力,而是通过增强母公司的协调能力,并赋予相关子公司整合地区事务的权限,以强化组织内双向的全球整合。联合利华公司构建跨国组织的经验是:首先,必须在组织内就组织目标达成共识,并转化为共同的行动;其次,不仅要实现组织内的信息共有,还要让信息系统服务于地区及全球整合;再次,负责地区协调的子公司必须从母公司获得相应的权限和合法性,并致力于推进组织内的全球学习与创新。

此外,在以全球组织为基础逐渐构筑跨国组织模式的实践中,不少跨国公司发现,在保持母公司与国外子公司已有关系的基础上,重点通过加强国外子公司之间的联系,并在组织内部形成技术资源和信息资源的共享机制,以此来提高国外子公司对当地市场的适应能力,要比把经营资源和组织能力迅速分散给国外子公司,由此可能削弱整个组织已有核心竞争力的做法更有效。

根据巴特利特和戈歇尔的跨国组织理论,在全球组织及国际组织的基础上构建跨国组织模式,尽管在经营资源和组织能力的配置、双向全球整合的实施以及组织创新成果的转让等方面与上述以多国组织为基础构建跨国组织模式在方向上及范围上略有不同,但至少在以下几方面具有共同点(参见表7-3)。

第一,构建把国外子公司的地位和作用差异化的组织体系。为了充分发挥国外子公司吸收和积累区位知识的主观能动性,需要对各子公司的作用进行重新定位,并根据其在全球战略中的重要性,赋予其不同的职责。其一,把位居战略上重要的市场、有充分的经营资源和组织能力的国外子公司作为战略领导者(strategic leader),不仅让它在东道国当地发挥作用,而且还要求它在全球组织中承担起学习和创新的重任,并将创新成果传递给母公司及全球其他子公司。其二,把主要在战略重要性较低的市场上活动且有充分的经营资源和组织能力的国外子公司作为贡献者(contributor),不仅让它有效地

第七章　跨国公司的组织结构及其管理　　237

表 7-3　组织模式的演化与跨国组织的构建

传统组织模式的演化方式与路径		跨国组织模式			
		基本结构	成员角色	整合方式	学习创新
全球组织	加强国外子公司间的联系,在组织内形成技术和信息资源的共享机制,提高对当地市场的适应性	内部和外部相互联系和协调的跨国差异化网络结构	国外子公司根据其在全球战略中的地位和作用履行不同的职责,母公司主要通过研发及财务控制力等实施全球整合	在跨国网络中差异化地配置经营资源和建立多文化的协调机制,形成基于能力分工的专业化经营、成员间及与当地社会多样化的相互依存关系	最大限度地调动跨国组织内全体成员的经营资源和组织能力,以提高组织内的协同效应来推进学习创新,并通过全球网络让所有成员共享创新成果
多国组织	通过增强母公司的协调能力、保留子公司整合地区事务的权限,以强化组织内双向的全球整合				
国际组织	通过共享全球技术和知识,促进母子公司共同从事研发活动和相互转让创新成果				

使用已有的创新能力,而且要求它支持和帮助在其他市场上的子公司,为跨国组织内的资源整合及全球学习和创新作出贡献。其三,把虽然位于战略上重要的市场、但缺乏相应的经营资源和组织能力的国外子公司作为黑洞(black hole),让它起到监视当地市场动向和竞争对手的作用,并通过向其提供必要的经营资源,逐渐提高它的市场竞争力。其四,把所在市场缺乏潜在成长性、经营资源及组织能力也不足的国外子公司作为执行者(implementer),让它能守住现有阵地,为全球战略所需的"规模经济"及"范围经济"的实现作出相应的贡献(参见本书第三章第三节及本章的图 7-13)。

第二,构建内部和外部相互协调的跨国差异化网络结构。为了让从全球各个区位获取的知识在整个组织内进行交流、传播与分享,以形成跨国组织特有的竞争优势,需要构建一个差异化网络(differentiated network)结构[1]。在内部网络结构中,根据国外子公司所在国家和地区的特点及所拥有的经营

---

[1] N. Nohria and S. Ghoshal, *The Differentiated Network: Organizing Multinational Corporations for Value Creation*, Jossey-Bass Publishers, 1997.

资源,建立母公司与子公司及子公司之间不同的相互依存关系,并在跨国组织内向各子公司差异化地配置不同的经营职能和经营内容,甚至引进非正规的信息共享和价值共有体系,形成全球范围内分散的功能及利润中心、基于能力分工的专业化经营、多样化的相互依存关系以及有利于推进组织内部相互学习的动态结构。同时,通过连接东道国及所在地区的外部网络,最大限度地融入当地社会,与当地企业、政府及其他机构建立良好的关系,构建多文化及多层次的协调机制,接近、学习及获取当地的知识和技术,并通过内部网络在成员中分享这种知识和技术,以进一步增强在全球的竞争优势(参见本书第三章第三节)。

第三,构建促进组织内部全球学习与创新的系统平台。上述国外子公司作用差异化的组织体系及跨国差异化网络结构是该系统平台的基础,通过该系统平台,跨国组织能在世界各地发现知识和获取知识,并在组织内进行推广和应用,进而在此基础上实现知识创新。这种全球学习与创新的过程一般可分为两方面:一方面,充分利用国外子公司所拥有的经营资源,发挥它们的组织能力,使其能最大限度地学习和获取当地的知识和技术,在此基础上实现局部的创新,并让创新成果服务于包括母公司及其他国外子公司在内的整个组织的全球化经营;另一方面,利用连接母公司及其他国外子公司的网络,最大限度地调动跨国组织内全体成员的经营资源和组织能力,以提高组织内的协同效应来推进全球范围内的创新,并通过跨国网络让所有的组织成员共享创新成果。

3. 跨国组织的管理

尽管跨国组织模式有利于同时实现全球规模效率、适应当地环境及全球学习与创新等多个战略目标,但是,从组织管理的角度来看,跨国组织的结构复杂性、母子公司的相互依赖性、整合机制的多样性以及文化协调的必要性等都比传统的组织模式要高,所以其组织的协调成本和控制成本一般也较高[1]。因此,为了最大限度地降低组织管理成本,采用何种管理模式、引进何种协调机制,已成为跨国组织得以有效运行的极其重要的课题。

巴特利特和戈歇尔认为,采用传统组织模式的跨国公司,通常以"联合国

---

[1] Charles W. L. Hill, *International Business: Competing in the Global Marketplace*, 8th Edition, McGraw-Hill, 2010.

模式"和"母公司权利模式"来实施对国外子公司的管理。所谓"联合国模式",即像联合国平等地授予所有成员国一票权利,而不管成员国的大小那样,母公司对所有的国外子公司一视同仁,均等地赋予它们各种权限,并让它们以相同的程度参与母公司的战略和计划,同时母公司也以相同的标准评价当地子公司的经营者。所谓"母公司权利模式",即由母公司集中整个企业的战略决策权和资源配置权,国外子公司的职责被限定在东道国市场执行母公司所制定的全球战略[①]。

然而,国外子公司面临的东道国市场环境各不相同,如消费者的嗜好、竞争企业的行为、当地政府的规制、技术基础的强弱及市场规模的大小等都因市场不同而各异,而且子公司所在市场的战略重要性也各不相同,各自所拥有的经营资源和组织能力也参差不齐。因此,用"联合国模式"或"母公司权利模式"来管理国外子公司,一定会产生以下问题:其一,将所有国外子公司的作用和责任完全限定在东道国当地市场,那就使在经营资源与组织能力等方面比较优秀的国外子公司无法在组织内充分发挥作用;其二,自上而下的科层式管理模式无法培养国外子公司应对当地环境变化的能力,也会降低有较强组织能力的国外子公司的士气;其三,这种管理模式仅能满足战略上价值较低的市场需求,而无法满足全球化背景下一些重要市场的需求。

尽管跨国组织通过把国外子公司的地位和作用差异化,并相应地分配权力和职责,为有效解决组织管理问题找到了新的方法。然而,如何来协调和整合因组织细分而变得复杂的组织体系,仍然是跨国组织有效运行的重要问题。为此,世界主要跨国公司试运行中的以下三种协调和整合机制正受到广泛的重视,并被综合地应用于跨国组织内对不同国外子公司及各种要素流程的管理中(参见图7-13)。

第一,母公司控制(HQ-control)的协调机制被广泛地应用于对作为"贡献者"和"黑洞"的国外子公司的管理中。所谓母公司控制,即是一种母公司完全控制经营资源及组织能力的全球配置、并直接参与国外子公司决策过程的协调机制。因为,作为"贡献者"的国外子公司所拥有的经营资源和组织能力超过当地市场的实际需要,如果在组织中不赋予其全球性的职责,使它把过

[①] Bartlett, C. and S. Ghoshal, *Managing Across Bonders: The Transnational Solution*, Harvard Business School Press, 1989.

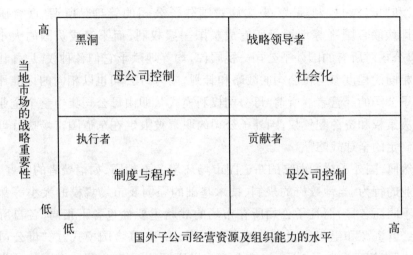

图 7-13　国外子公司作用的差异化及协调机制

资料来源：根据图 7-8 资料来源整理。

剩的经营资源和组织能力运用于本企业的全球经营，那就会降低整个组织的效率，而通过母公司控制的方式就可以将其过剩的经营资源和组织能力在全球组织内进行重新配置。同时，作为"黑洞"的国外子公司因缺乏相应的经营资源和组织能力，难以在重要的战略市场上发挥作用，所以需要母公司调动组织内其他成员(如作为"贡献者"的国外子公司)多余的经营资源，在一定时期内对其提供必要的帮助，使其在重要的战略市场上迅速成长。

第二，制度与程序(system and procedure)的协调机制被广泛应用于对作为"执行者"的国外子公司的管理中。所谓制度与程序，即是一种将国外子公司的决策及其实施过程置于一个统一的制度与程序的框架内，以增强国外子公司的经营自律性，从而提高跨国组织内决策及执行效率的协调机制。因为，作为"执行者"的国外子公司所在的市场并不具有战略重要性，而且其拥有的经营资源及组织能力也比较有限，因而无法期待它在跨国组织中作出很大的贡献，只要它能守住已有的市场，并向母公司及其他子公司传递必要的市场信息，就能对跨国公司全球战略所需的"规模经济"及"范围经济"的实现作出应有的贡献。作为母公司，通常也只需要规定其在决策和执行时的程序和守则，并进行必要的监督和考核，它的经营活动一般就不会偏离整个组织目标。

第三，社会化(socialization)的协调机制被广泛应用于对作为"战略领导者"的国外子公司的管理中。所谓社会化，即是一种让国外子公司服从于母公司的战略目标和价值观、在共享的价值和利益取向下为国外子公司的决策确定基本方向的协调机制。因为，作为"战略领导者"的国外子公司处在重要的战略市场上，且有充分的经营资源和组织能力，在一定程度上能够辅助母公司担当起组织内学习和创新的重任。为了使这类国外子公司能在跨国组织中担当起战略领导者的作用，首先必须让它拥有与母公司相同的战略目标和价值取向，而要实现这样的组织目标，母公司与这类子公司之间需要通过上述的社会化机制，构建价值共享、同向行动、平等沟通、灵活协调、风险共担的企业文化。可见，对于作为"战略领导者"的国外子公司来说，采用母公司控制或制度与程序的协调机制，显然不利于其在跨国组织内发挥积极的作用。

其实，跨国组织内不同子公司所拥有的经营资源和组织能力的不同，也决定了它们所从事的经营活动的差异，因而也需要对它们之间联系的各种流程采用不同的协调机制。

其一，作为"执行者"的国外子公司一般在东道国主要从事的是生产和销售活动，它与母公司及其他子公司之间的联系主要是围绕原材料、零部件及成品等产品流程展开的，通常较少涉及资金、人才及技术等资源流程，而且产品流程相对稳定并可预测，所以更易采用制度与程序化的协调机制。

其二，作为"贡献者"的国外子公司除了在东道国开展自身的经营活动外，还需要把剩余的经营资源和组织能力转让给其他子公司或母公司，而资金、人才及技术等资源具有战略重要性，为了使资源流程顺畅，防止在此过程中产生的外溢现象，更需要采用母公司控制的协调机制。

其三，作为"黑洞"的国外子公司在东道国从事经营活动需要依靠母公司在经营资源方面的直接支持，或通过母公司调动其他子公司的经营资源，尽管其资源流程的方向与"贡献者"相反，但为了使资源的内部转移更有效，同样必须采用母公司控制的协调机制。

其四，作为"战略领导者"的国外子公司需要在理解整个组织的战略目标及价值观的基础上，积极地引导其他国外子公司去参与实现整个组织的目标及价值，其过程更多涉及的是信息和知识，而且信息和知识的内容复杂且体量较大，流程中需要一定的组织基础，如组织成员的共识、组织体系的弹性及协调方式的柔性等,因此对于信息及知识流程更适宜采用社会化的协调机制①。

总之,由于跨国组织把国外子公司的地位和作用细分,因而可能会出现国外子公司把特定部门的利益优先于整个组织利益的倾向,组织内也难免会存在一定程度的离心力,由此将会导致整个组织效率的下降和管理成本的上升。为了避免这些问题的产生,并有效地整合复杂的细分化组织,一些有代表性的跨国公司不仅努力构建跨国组织模式,摸索有效的管理方式,还通过以下几方面致力于培养母公司及国外子公司高层管理者的全新思维模式和解决问题的能力。

第一,共享整个组织的战略目标和价值观,使之成为所有组织成员的共同行动,并拥有共同的使命感;

第二,确立明晰及连贯的组织发展蓝图,提高管理者理解和接受整个组织目标和价值观的能力;

第三,让管理者形成有约束力的信念,通过制度化和非制度化的组织形式让他们直接参与企业整体的战略决策;

第四,消除跨国组织发展中管理者狭隘的观念和意识,让他们直接参与各类国外子公司的经营管理,从中拓宽理念、积累经验和加强联系;

第五,着力进行组织内的文化建设,让组织内的所有成员在统一的价值取向下,去积极地识别和获取地区及全球资源,并通过组织内有效的配置和整合,来进一步增强组织的全球竞争优势。

4. 跨国组织与全球竞争优势

综上所述,当跨国公司同时实现了全球规模效率、适应当地环境、全球学习与创新这三个不同的、看似相互冲突的战略目标时,才能说真正确立了全球竞争优势。也就是说,在跨国组织结构下,跨国公司全球竞争优势的主要来源是规模经济、国别差异及范围经济,如何在全球经营中充分利用和有效整合各种资源,以提高全球规模效率、多国适应能力及全球学习与创新能力,是当今跨国公司面临的最大的战略挑战②。

---

① Ghoshal, S and N. Nohria, "Internal Differentiation within Multinational Corporation", *Strategic Management Journal*, Vol. 10, 1992, pp. 323-337.

② Bartlett, C., S. Ghoshal and Beamish, P., *Transnational Management: Text, Cases, and Readings in Cross-Border Management*, 5th Edition, McGraw-Hill, 2008.

为了实现上述战略目标、维持及增强跨国组织的全球竞争优势,跨国公司除了要确立可行的战略目标、相应的组织结构及其有效的运行机制外,还需要制定出各种层次的战略措施,以保证在各个环节中充分利用规模经济、国别差异及范围经济的效应(参见表7－4)。

表7－4 跨国组织与全球竞争优势

战略措施 \ 战略目标	全球竞争优势的来源		
	规模经济	国别差异	范围经济
在跨国经营中获取效率	在每项业务活动中扩展并利用潜在的规模经济	来源于要素成本、工资及资本成本差异的收益	在不同市场及业务中分享投资和分担风险
通过多国灵活性管理风险	在规模战略与经营灵活性之间寻求平衡	管理各国的市场或政策引起的比较优势变化的风险	通过投资组合分散风险,设计更多方案
学习、创新与调整	来源于经验——成本降低及创新的收益	从组织与管理的过程中及体系的社会差别中学习	在不同产品、市场或业务的组织之间分享学习

资料来源:根据Bartlett, C., S. Ghoshal and Beamish, P., *Transnational Management: Text, Cases, and Readings in Cross-Border Management*, 5th Edition, McGraw-Hill, 2008, 第三章表3－2整理。

从母公司的层面上来看,具体的战略措施主要包括以下几方面:

第一,将经营资源和组织能力分散到在全球的子公司,给国外子公司的管理者一定程度的经营自主权;

第二,制定全球性的产品或业务战略,有效地配置全球资产和资源,并将它们连接成为一个相互依存的网络;

第三,通过利用各东道国及母国不同的经营资源和市场机会,从事和拓展多样化的经营活动,从而在组织内实现范围经济,并从不同的全球活动中获得潜在的规模经济;

第四,对于全球专业化的生产和经营网络,母公司要在充分掌握各种信息的基础上,进行组织内部的全球协调和整合,在规模战略与经营灵活性之间寻求平衡,以控制各类经营风险;

第五,及时识别组织内各成员的国(地区)别创新活动,并通过网络将它们有机地整合在一起,形成能相互促进的依存关系,或通过网络把组织内已有的全球技术优势连接起来,在共享协同效应的基础上推进组织内的全球学习与创新;

第六,当跨国公司的规模进一步扩大、经营的跨国化程度进一步提高后,母公司对跨国组织的管理重心逐渐从关注外部的竞争压力转向组织内部的持续整合和平衡上,为此需要提供更加清晰及连贯的发展方向和目标,并权衡母公司控制、制度与程序及社会化等各种协调能力,进一步挖掘组织内部的协同潜力(参见表7-4)。

从子公司的层面上来看,具体的战略措施主要有以下几方面:

第一,确认自身在跨国组织中的角色和地位("贡献者""黑洞""执行者"抑或"战略领导者"),并根据母公司的总体战略目标,在跨国组织中发挥相应的作用;

第二,充分依靠自身的经营资源和组织能力,在东道国有效利用当地的经营资源,最大限度地降低生产成本,以提高整个跨国组织的经营收益;

第三,作为母公司战略目标的一线实施者,通过增强多国适应能力,有效地管理由各东道国的市场或政策引起的比较优势变化的风险;

第四,尊重和理解东道国的文化规范,培养适应不同文化的能力,在此基础上应用母公司的价值标准和组织程序,以避免文化冲突导致的组织效率下降;

第五,灵活地嵌入东道国当地的网络中,与外部网络的成员(当地供应商、客户、竞争企业、科研机构及东道国政府)建立组织之间的相互依存关系,以接近、识别、学习及获取当地的知识和技术;

第六,通过内部网络加强与母公司及其他子公司之间的联系,学习和吸收来自不同地区子公司的经验,并在组织内分享自身在当地所积累的知识和技术,以进一步增强跨国组织的全球竞争优势。

关 键 词

组织目标与组织结构 地区或产品事业部制 地区总部制 跨国组织模式 组织协调机制

思 考 题

1. 影响或决定跨国公司组织结构的主要因素。
2. 全球职能制、地区事业部制及产品事业部制组织结构的主要优点和缺点。
3. 地区总部制组织结构的基本框架及其主要职能。
4. 全球经营环境的变化与组织的多重战略目标。
5. 跨国组织模式的基本特征及其管理协调机制。

第八章
跨国公司的国际财务管理

第一节 跨国公司的国际财务战略与管理体制

一、国际财务管理的战略特征

1. 财务管理的主要内容及程序

一般国内企业的财务管理(financial management)主要是指在企业利润或企业价值最大化的目标下,对资金筹集、资产投资、资金营运、利润分配等进行的管理工作。其中,资金筹集管理的主要内容有:企业在筹集经营活动所需要的资金时,通过有效选择筹资渠道、筹资方式或筹资工具,并合理安排筹资结构(权益资金或债务资金),以最大限度地降低筹资成本及资金风险。资产投资管理的主要内容有:企业在投资决策的过程中,通过合理选择投资方向(行业选择)、资产购置(固定资产、无形资产等)、投资方式、投资规模及投资结构等,以提高投资效益,实现企业利润及价值的最大化。资金营运管理的主要内容有:企业在运用经营活动中所产生的现金流量(购买生产资料及出售产品等的资金收付)时,通过有效控制和调整资金收付,加速营运资金的周转速度,以提高资金的使用效率。利润分配管理的主要内容有:企业在分配各项经营收益时,通过合理确定分配规模和分配方式,既满足投资者对红利的基本要求,又确保企业取得最大的长期利益。

在给定的宏观及微观条件下,为了提高财务管理的效率,实现企业利润或企业价值最大化,财务管理一般需要按以下程序或环节来进行。

第一,财务预测,即预测各项经营方案的经济效益,测算财务收支的变化状况,在此基础上确定经营目标和制订经营计划;

第二,财务决策,即根据财务目标对各个经营方案进行比较分析,从中选出最佳的经营方案;

第三,财务预算,即根据财务预测与决策的内容,具体分析财务环境,协调财务资源,编制预算指标,并确定经营计划;

第四,财务控制,即通过对预算执行的全过程进行控制,有效落实财务预算,保证财务决策目标的实现;

第五,财务评价与激励,即根据会计核算资料,对财务活动的结果进行分析和评价,在发现企业经营中存在问题的同时,对经营业绩出色的组织与个人实行激励。

2. 国际财务管理的基本框架及特征

从财务管理的基本职能来看,跨国公司与国内企业似乎比较相近,但在财务管理环境、财务管理目标及财务管理方法等方面,跨国公司的国际财务管理与国内企业的一般财务管理则有很大的差异。跨国公司在东道国所面临的财务管理环境更加复杂,实现财务管理的目标更加艰辛,因此必须构筑更加有效的财务管理体系和采用更加灵活的财务管理方法[①]。

第一,政治制度及法律体系的差异。跨国公司的子公司置身于东道国特有的政治制度及法律体系下,其财务活动受到东道国各种行政制度、经济政策及法律条款的规制,实现企业内有效的财务管理的难度更大。尤其是在政治制度及法律体系与母国有很大差异的东道国,制度风险和法律风险更大,跨国公司的全球经营活动常常会与东道国的主权行为相冲突,子公司甚至可能面临被征收或被没收的危险。

第二,市场结构及准入条件的差异。东道国的市场是竞争性的还是垄断性的,竞争主体是私人企业还是国有企业,外资准入条件是自由宽松还是限制森严,这些将决定东道国市场不确定性的程度,并直接影响跨国公司的投资成本和投资风险。如果东道国的市场结构是国有企业控制的垄断性市场,而且外资准入的壁垒高筑,那么,跨国公司的财务预测及决策、财务预算及控

---

① Nehrt, L. C. (ed.), *International Finance for Multinational Business*, International Textbook Company, 1967.

制、财务评价与激励就会难以展开,进而就会使国际财务的管理成本大幅度提高。

第三,宏观及微观经济环境的差异。跨国公司子公司所在东道国的宏观及微观经济环境一般会与母国有较大的差别,会因经济发展水平、社会产业结构、货币金融市场、宏观经济政策、经济增长周期、企业经营体制及市场营销方式等的不同而呈现各异的价格水平、通货膨胀率、筹资成本、劳动生产率及企业利润率等,东道国宏观及微观经济环境的恶化将直接影响子公司的生产经营活动,给财务管理带来一定的压力和风险。

第四,汇率制度及外汇风险的差异。跨国公司的子公司在东道国通常使用当地货币从事经营活动,并与母公司及其他国外子公司用不同货币的进行收付结算。因此,东道国与母国及其他国家不同的汇率制度不仅将增加子公司财务管理的难度,而且会进一步提高子公司的外汇结算成本。同时,东道国货币对世界主要货币的汇率波动将会增大跨国公司的外汇风险,影响子公司的投资、生产、销售及收益。

第五,税收体系及会计制度的差异。各国的税收体系不同,税率的高低也各异,如何适应东道国的税收体系,规避东道国较高的企业所得税,成为跨国公司国际财务管理中的战略问题,也是国外子公司降低经营成本的重要环节。同时,尽管国际会计准则逐渐为不少国家所接受,但仍有不少东道国采用独自的会计制度,给子公司的国际财务管理带来难度,也使跨国公司难以从全球角度来把握整个企业的财务状况。

第六,管理目标及实现手段的差异。由于上述跨国公司的财务管理环境与国内企业有很大的不同,因此,跨国公司国际财务管理的目标已不是实现单个子公司的利润及价值最大化,而是实现跨国公司全球利润及整体价值的最大化。为此,实现这一管理目标的手段要比国内企业复杂得多,需要根据东道国给定的政治、法律、经济及制度等条件,采取更加灵活多样的跨国(地区)规避风险和税收的管理手段。

可见,跨国公司国际财务管理的战略特征在于:

第一,关注国际财务管理的环境差异,如各国的政府规制、法律体系、市场结构、物价水平、通货膨胀、资金成本、汇率风险、所得税率及会计制度等,正确地认识和克服由不同制度或复杂环境带来的信息差异,并将这些信息"内部化",让企业内所有成员共享;

第二,在此基础上通过准确评估对外投资项目、制订国际财务计划、实施国际财务控制、正确评价国外收益,来有效地管理全球的资金筹集、资产投资、资金营运及利润的国际分配,以实现全球利润的最大化(参见图8-1)。

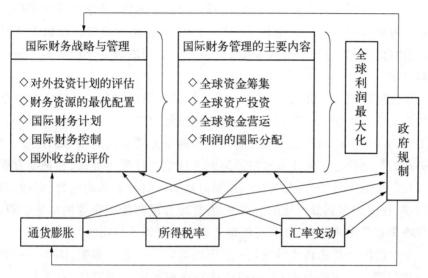

图8-1　跨国公司国际财务管理的基本框架

二、国际财务的管理体制

1. 集权式管理体制

所谓集权式管理体制,是一种决策和管理高度集中的组织形态,它是跨国公司在全球有效开展财务活动、调整企业内财务关系、落实财务计划和实施财务控制的组织保证。跨国公司的国际财务管理之所以要采取集权式管理体制,那是因为:

第一,资金是支撑跨国公司全球经营活动的重要战略资源,需要通过"内部化"在企业内实现最优的配置;

第二,当企业的经营活动跨国化以后,可筹资和投资的空间将更加广阔,但资金风险也会随之而增加,因而需要将其置于集中可控的范围内;

第三,面对上述国际财务管理的复杂环境,单个海外子公司已很难有效地应对,需要母公司把复杂环境下的各种信息"内部化",并利用内部化优势去克服复杂环境带来的各种风险。

因此,通过集权式管理体制,跨国公司就能较正确地认识和掌控自身所拥有的财务资源,准确地评价外部的环境因素和财务风险,在此基础上进行有关国际财务的战略决策,并能对国际财务的各项活动进行统一有效的管理。即母公司利用与国外子公司之间建立的财务网络,迅速及准确地作出关于资金筹集、资产投资、资金转移、利润汇出、转让定价及资产保值等战略决策,并由母公司的财务部门指令或会同海外子公司的财务部门具体实施这些战略决策。

尽管随着国外子公司数的增加,母公司已经无法对其国际财务的整个过程实施完全的集权化管理,但是,通过强化国际财务计划和控制,对整个企业的主要国际财务活动实施集权化管理的体制及方式并没有根本的改变。即,母公司的管理重心开始逐渐转向国际财务计划及控制等方面,在把部分业务决策权让渡给国外子公司的同时,加强对其国际财务活动的监督、考核、调整和控制,在全球利润最大化的前提下,合理地分配和使用企业的财务资源,有效地在全球范围内避税,并尽可能地兼顾各个国外子公司的利益。

不少跨国公司的具体做法是:对于短期流动资金的筹集,国外子公司的财务部门拥有一定的自主权,一般会选择在东道国当地筹集;对于东道国当地利润的再投资,只要低于一定的金额,在企业内资金最优配置的前提下,母公司一般会授予子公司一定的权限;对于当地流动资金的管理,母公司通常也会交给当地子公司的财务部门。但是,国外子公司必须定期向母公司提供详细的财务报告,以便于母公司的财务部门制订整个企业的财务计划,并实施对国外子公司财务活动的监督和控制。

2. 财务组织及管理体制的演进

跨国公司的发展进程是国外子公司及其所在国家不断增加、国外生产和销售等比率不断提高的过程。与跨国公司的发展阶段相适应,其财务组织及管理体制也经历了以下几个演进阶段①。

第一阶段是企业刚刚开始跨国经营的初期阶段。在该阶段,由于国外子公司及其所在国家还非常有限,母公司与国外子公司之间的业务量还不大,因此母公司对国际财务组织及管理体制还缺乏完整的概念,一般是把国外子

---

① Robbins, S. M. & Stobaugh, R. B. *Money in Multinational Enterprise*, N.Y. Basic Books, 1973.

公司的相关财务活动看作国内财务活动的延伸,不仅母公司财务部门中分管国际财务的管理人员较少,或根本不设专职人员,而且只要不发生重大的事件,母公司一般不直接参与国外子公司的业务决策,母公司与国外子公司间的财务联系相对较弱。从国外子公司的角度来看,财务部门的管理人员也较少,财务活动主要围绕东道国当地而展开的,有些业务决策可以在没有母公司的指令下进行,财务管理的目标一般是实现自身利润或价值的最大化(参见图8-2)。

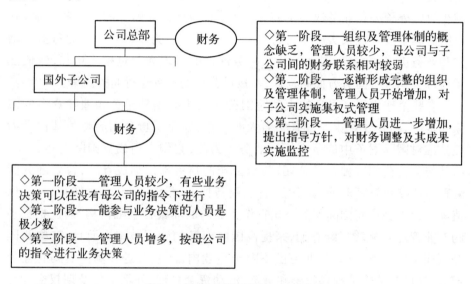

图 8-2 跨国公司财务组织的发展

资料来源:Robbins, S. M. & Stobaugh, R. B. *Money in Multinational Enterprise*, N. Y. Basic Books, 1973, pp. 38-42.

第二阶段是逐渐形成完整的国际财务组织及管理体制的阶段。在该阶段,随着国外子公司及其所在国家的增加、国外经营活动所占比重的提高,母公司与国外子公司及国外子公司之间的业务量不断扩大,母子公司的财务环境越来越复杂化,客观上要求母公司建立完整的国际财务组织及管理体制。由此,母公司财务部门中分管国际财务的管理人员大幅度增加,他们根据"财务资源内部化及管理体制最优化"的理念,不仅从母公司的角度进行各种战略决策,而且还参与国外子公司的部分业务决策,即对国外子公司实施典型的集权式管理。从国外子公司的层面来看,尽管财务部门的管理人员也在增加,但能参与业务决策的人员是极少数,更多的是在母公司的指令下去完成各项财务指标。

第三阶段是强化国际财务计划和财务控制的阶段。随着国外子公司及其所在国家的进一步增加、国外经营活动所占比重的大幅度提高,要对整个企业的国际财务活动实施完全的集权化管理已不可能,因为它超越了母公司所拥有的财务资源的极限。因此,在该阶段,母公司开始把部分业务决策权让渡给国外子公司,但通常对其在东道国当地筹资的上限及利率、企业内交易的支付条件、技术使用及管理费用的确定标准等制定明确的内部规程,即减少对国外子公司业务决策的直接参与,而强化国际财务的计划和控制,并对财务调整及其成果实施严格的监控。与此同时,为了应对国际业务量的增加和业务决策的需要,国外子公司财务部门的管理人员也相应增加,他们注重与母公司进行财务方面的沟通,并按母公司的指令进行业务决策。

有些全球化程度很高的大型跨国公司由于其国外子公司遍及众多的国家和地区,国外经营业务占有相当大的比重,以至于母公司的财务部门无力充分应对国际财务中的所有管理业务。为此,它们专门成立国际财务公司,将其作为分公司或独资子公司,与母公司的财务部门形成互补,行使部分国际财务的专业管理职能,如资金筹集、财务协调、投资策划、资金转移、外汇保值等。跨国公司将国际财务公司看作企业内的非银行金融机构,通过把更多的专业管理业务转移给它们,来提高国际财务的管理效率。而且,有些跨国公司属下的财务公司,其业务已不限于企业内部,甚至进一步扩展到企业外部,包括向其他企业提供投资和融资、流动资金管理、外汇期货及期权交易等国际财务的专业服务,从而达到最大限度地利用外部国际财务资源的目的。

第二节 跨国公司的筹资决策

一、筹资来源的选择

1. 选择筹资来源的基本原则

企业的筹资来源一般可分为内源资金和外源资金,内源资金主要包括企业自身的利润留存及折旧基金等,外源资金主要包括通过发行股票筹集的资金(即股权融资)以及通过发行债券筹集的资金或从金融机构的贷款等(即债务融资)。从最容易获得且成本最低的国家和地区筹集资金,并将其配置给最需要资金的国外子公司运用,这是跨国公司选择筹资来源的基本原则①。

由于母国和东道国在政治制度及法律体系、市场结构及准入条件、宏观及微观经济环境、汇率制度及外汇风险、税收体系及会计制度等方面存在很大的差异,因此,跨国公司在选择筹资来源时,必须充分考虑各国的政治及法律制度、金融及货币政策、通货膨胀及实际利差、外汇制度及汇率变动等给财务管理带来的风险,选择资金成本最低的筹资来源。同时,正是由于东道国市场存在很大的不确定性,规避财务风险又有相当的难度,因此,最大限度地减少母公司对国外子公司直接出资,或尽可能控制母国向国外子公司直接融资,这也成为跨国公司国际财务管理的基本准则②。

如表8-1所示,从跨国公司及其国外子公司的角度,可将筹资来源分为内部资金和外部资金,从跨国公司子公司所在东道国的角度,可将筹资来源分成当地资金和国外资金。于是,就可以得到以下四种筹资来源:

表8-1 跨国公司的筹资来源

从跨国公司的角度 \ 从东道国的角度	当 地 资 金	国 外 资 金
内部资金	② ◇ 子公司经营活动所产生的资金流(利润留存和折旧基金等)	④ ◇ 母公司与子公司之间直接流动的资金(发行后的股权资本、母子公司及子公司间的借贷资金和信用等)
外部资金	① ◇ 发行债券 ◇ 从金融机构借款 ◇ 东道国各级政府的奖励资金 ◇ 商业信用	③ ◇ 发行国际债券 ◇ 从国际金融机构借款 ◇ 国际商业信用

资料来源:参照 Eiteman, D. K. and Stonehill, A. I., *Multinational Business Finance*, 4th ed., Addison-Wesley Publishing Company, 1986, p.457 内容整理。

第一,当地的外部资金(local external finance),主要包括子公司在当地发行债券、从金融机构借款、获得东道国各级政府的奖励资金以及利用其他商

---

① Brooke, M. Z. and Remmers, H. L. *The Strategy Multinational Enterprise: Organization and Finance*, Longman, 1970.

② Eiteman, D. K. and Stonehill, A. I., *Multinational Business Finance*, 4th ed., Addison-Wesley Publishing Company, 1986.

业信用等；

第二，当地的内部资金(local internal finance)，主要是国外子公司经营活动所产生的资金流，包括利润留存和折旧基金等；

第三，国外的外部资金(foreign external finance)，主要包括发行国际债券、从国际金融机构借款以及利用其他国际商业信用等；

第四，国外的内部资金(foreign internal finance)，主要是母公司与子公司之间直接流动的资金，包括母公司发行后的股权资本、母子公司及子公司间的借贷资金及所提供的其他信用等。

根据上述跨国公司选择筹资来源的基本原则以及国际财务管理的基本准则，在资金成本为一定、不考虑外汇风险及筹资结构等假设条件下，跨国公司国外子公司选择筹资来源的顺序通常是：第一，当地的外部资金；第二，当地的内部资金；第三，国外的外部资金；第四，国外的内部资金（参见表8-1）。

首选当地外部资金的理由是：从跨国公司的角度来看，一是为了避免母公司大量资金的直接投入带来的风险；二是客观上跨国公司有较高的信誉及较强的筹资能力；三是有些国家（如20世纪60年代中期的美国）为了改善国际收支逆差而限制本国企业的对外投资。从东道国（尤其是发展中国家）的角度来看，一是有些东道国政府为了培育本国的金融市场，鼓励跨国公司使用当地资金；二是国外合资子公司的增多也提高了跨国公司利用当地的外部资金的比率。

二选当地内部资金的理由有：一是由于各国所得税率有较大的差异，因此与其把利润转移到税率较高的母国或其他国家，还不如在当地投资扩大生产规模，或将利润投到当地一些有发展前途的领域；二是有些东道国政府对跨国公司子公司的利润再投资实施减免税收等鼓励措施；三是东道国的合资伙伴并不强烈要求利润分红，而是希望国外子公司将利润用于在该国的再投资。

三选国外外部资金的理由有：一是当地的外部资金和当地的内部资金仍不能满足子公司经营的需要，而且到国际金融市场上去筹资在成本等方面更有利；二是防止母公司内部资金大量投入而带来的风险，或可以将母公司的内部资金隐蔽成国际金融机构的贷款（详见本节第二部分）；三是母公司鼓励以当地子公司的名义在国际金融市场上筹资，这样可以增强子公司的自律性和自主性，以提高其在跨国公司全球网络中的地位。

四选国外内部资金的理由有：一是根据东道国《公司法》有关外国直接投资注册资金比率或最低资本金的规定，对在当地注册的子公司提供注册资金或创业资本等；二是当东道国政府要求跨国公司必须以外汇出资时，母公司只能向子公司提供外汇资金；三是对子公司需要在当地增资扩股时提供必要的资金，以帮助子公司在东道国迅速增强经营实力；四是通过企业内借款或提供商业信用等形式，由母公司向子公司融通资金。

据联合国的推算，1957—1965年美国跨国公司在拉美当地筹集的资金占投资总额的83%（子公司利润再投资占59%，从当地借款占24%）。其中，制造业跨国公司在当地筹集的资金占投资总额的79%（当地的借款占41%，当地的内部资金占38%）。另据维特索斯(C. Vaitsos)的调查，20世纪60年代末—70年代初，美国制造业国外子公司从美国本土筹集的资金只占所需资金总额的15%[1]。当然，对美国跨国公司来说，20世纪60年代中—70年代初是一个特殊的时期，1963—1974年美国政府为了缓解巨额的国际收支逆差，通过引进利息平衡税(interest equalization tax)，即对来自国外的投资收益征收税收，来防止美元的进一步外流，所以导致美国跨国公司选择尽可能利用东道国的资金。尽管找不到最新的资料或微观的数据来佐证当今的跨国公司在东道国当地的筹资情况，然而不少发展中东道国从自身的经验出发认为，从理论上讲跨国公司的直接投资对解决发展中国家储蓄与投资的缺口有一定的积极作用，但其实跨国公司利用其融资能力在当地大量吸收储蓄，结果反而加重当地资金供给短缺的矛盾[2]。这种"究竟是发展中国家利用外国直接投资，还是发展中国家的资金被跨国公司所利用"的质疑，进一步折射出跨国公司以尽可能少的资金控制世界尽可能多的经营资源的本质特征。

2. 筹资来源的选择条件

当然，跨国公司的国外子公司在具体决定筹资来源时，还必须比较各种筹资来源的实际成本和风险，选择筹资成本和资金风险最低的资金来源。

(1) 当地的外部资金。

在选择利用X国当地的外部资金时，首先必须要考虑的是利率及预期的物

---

[1] Vaitsos, C. V., Policies on Foreign Direct Investments and Economic Development in Latin America, Brighton: Institute of Development Studies, 1973.

[2] Malaysia's Finance Ministry, *Economic Report*, 1990, p.189.

价变动率。以 I_x 表示 X 国的利率;P_x^0 表示 X 国的期初物价水平;P_x^1 表示 X 国的期末预期的物价水平。那么,在 X 国筹集当地的外部资金的实际筹资成本(explicit borrowing cost, EBC)等于利率减去通货膨胀率或通货紧缩率,即

$$EBC_x = I_x - \left[\frac{P_x^1 - P_x^0}{P_x^0}\right]$$

如果子公司所在 X 国当地的贷款利率为 15%,预期的通货膨胀率为 10%,那么,实际筹资成本即为 5%。

其次必须比较 X 国的实际筹资成本和其他国家的实际筹资成本的高低。如果 X 国的实际筹资成本(EBC_x)大于 Y 国的实际筹资成本(EBC_y),且在其他条件不变的情况下,则可选择从 Y 国筹资。

再次必须考虑的是 X 国货币汇率的变动。以 R_x^1 表示期末 X 国货币对 Y 国货币的预期汇率;R_x^0 表示期初 X 国货币和 Y 国货币的汇率。那么,只要一定时期内 X 国货币对 Y 国货币的贬值率小于两国实际筹资成本的差额,则仍然应当选择从 X 国筹款;反之,则应选择从 Y 国筹资,即

$$EBC_x - EBC_y > \frac{R_x^1 - R_x^0}{R_x^0}$$

可见,无论是选择当地的外部资金还是选择国外的外部资金,筹资成本及外汇风险是重要的考虑因素。然而,对跨国公司来说,这只是其国际财务战略的目标之一,另一个重要的战略目标是要实现企业内资金的最优配置。

(2) 当地的内部资金。

利用当地的内部资金也被称为当地的内源融资(internal financing),它具有自主性、低成本及抗风险等特点,是跨国公司国外子公司生存和发展不可或缺的重要资金来源,或在一定条件下也会成为国外子公司首选的融资方式。跨国公司的实践表明,国外子公司在当地的内源融资能力取决于其成长率、收益率以及母公司的利润分配政策这三个因素。

第一,成长率及收益率高于东道国当地企业及母公司,这是跨国公司建立国外子公司的必要条件[1]。即:$G_s > G_e \geqslant G_P$(其中:G_P 为母公司的成长

---

[1] Hymer, S. H. and Rowthorn, Robert, "Multinational corporations and International Oligopoly: Non-American Challenge," in Kindleberger, C. P. (ed.), *International corporation*, M. I. T. Press, 1970.

率；G_s 为子公司的成长率；G_e 为当地企业的成长率）。只要上式成立，母公司就会对子公司进行初始投资（initial investment），甚至不惜投入母公司的自有资金，并允许将该子公司的利润用于再投资，从而降低对国外的内部资金的依赖。

第二，母公司的利润分配政策决定子公司在当地的内源融资能力。为了实现企业内资金的最优配置，母公司通常是这样来分配子公司的利润的：一是作为当地子公司的内部留成，用于扩大事业规模；二是以红利、专利费、手续费及借款等各种名义转移给母公司或其他相关子公司。至于利润的分配比率和转移途径，影响母公司决策的主要因素有：其一是对于各种支出及不同的支出时间可能产生的税收及其效应；其二是母公司管理层对外汇风险及国外业务的态度；其三是当地子公司的资金需求；其四是母公司及其他子公司对资金的需求；其五是子公司内部是否存在当地强势的大股东并要求其让渡权限；其六是本国政府对国外利润汇回的各种规制。相关调查表明，与转移利润和支付红利相比，国外子公司更倾向于以专利费、手续费及借款利息等各种名义把利润转移给母公司或其他相关子公司。因为，直接转移利润和支付红利在东道国要征收所得税，而以专利费、手续费及借款利息等名义转移利润则可以作为经营成本予以扣除①。

（3）国外的外部资金。

在选择筹集国外的外部资金时，必须考虑以下的各种因素：其一，假如利用国外内部资金而产生的机会成本；其二，资金转移动成本；其三，外部资金的实际筹资成本；其四，内外通货膨胀差异造成的利益或损失；其五，汇率变动产生的利益或损失。

以 I_y 表示 Y 国的实际利率，R_x 表示 X 国货币对 Y 国货币的贬值率，那么，国外的外部资金的实际筹资成本是 Y 国的实际利率与 X 国货币贬值率之和，即

$$EBC = I_y + R_x$$

在筹集国外的外部资金中，有一种被称为掩护贷款（fronting loan，也被音译为"弗罗廷"贷款）的融资方式被跨国公司广泛运用。它是母公司通过跨国银

---

① Brooke, M. Z. and Remmers, H. L. *The Strategy Multinational Enterprise: Organization and Finance*, Longman, 1970.

行等国际金融机构迂回地向其国外子公司提供资金的方式,即母公司先将一笔款项存入一家跨国银行,再由那家跨国银行向国外子公司贷款。其目的之一是为了规避东道国政府对外国子公司汇出利润的限制,因为东道国政府一般不会阻止外国子公司向跨国银行归还所借贷款,从而能够降低母公司的资金风险[1]。

(4) 国外的内部资金。

对于跨国公司子公司来说,利用国外的内部资金无论如何是次优的选择,因为来自母公司的资金受到下述国际财务环境及条件的影响,始终面临较大的风险。即:一是东道国当地外部金融市场的变动;二是东道国以及国际金融市场上的筹资成本;三是该国外子公司(尤其是合资子公司)的信用度;四是国际市场上主要货币汇率的变化;五是各国通货膨胀率的差异等。因此,母公司通常是出于以下原因,才无奈地选择直接出资(股权投资)的方式:其一是为了满足东道国法律法规的要求;其二是为了帮助子公司在东道国迅速增强经营实力。不过,母公司时而有着更积极的战略意图,即把与子公司之间内部资金的转移作为税收规避、转让定价、资产保值、国际投机等重要的手段。

为此,在东道国的子公司要利用国外的内部资金时,跨国公司母公司更倾向于选择贷款而不是直接出资的方式。这是因为:其一,贷款利息一般被看作经营成本,以支付贷款利息的名义汇出利润,在东道国可以逃避部分税收;其二,大量汇出利润会刺激当地的经济民族主义情绪,而以归还贷款利息的形式汇出利润具有一定的缓冲作用;其三,以贷款的形式在企业内调拨资金,会使资金的跨国转移更加富有弹性,从而更容易实现企业内资金的最优配置[2]。可见,上述掩护贷款的方式之所以被广泛运用,其背后隐含着跨国公司国际财务的战略动机。

二、筹资结构的选择

1. 资本弱化战略

跨国公司的上述国际财务战略也被称为资本弱化(thin capitalization)战略。所谓资本弱化是指跨国公司为了减少子公司在东道国的应税额,采用贷

---

[1] Charles W. L. Hill, *International Business: Competing in the Global Marketplace*, 8th Edition, McGraw-Hill, 2010.

[2] Brooke, M. Z. and Remmers, H. L. *The Strategy Multinational Enterprise: Organization and Finance*, Longman, 1970.

款方式(债务融资)替代募股方式(股权融资)对子公司进行投资或融资,即提高筹资结构中债务融资的比重。该方式也被称为资本隐藏、股权隐藏或收益抽取等。大量研究表明,资本弱化战略有利于降低跨国公司的应税所得和筹资成本,是实现税收负担最小化战略目标的有效手段[1]。

根据国际税务的基本准则,跨国公司的国外子公司在东道国取得的经营利润必须依法在当地交纳企业所得税,汇给母公司的股息必须交纳预提税(预提所得税的简称,是指东道国税务部门对国外子公司支付给母公司的股息或红利源泉扣缴的企业所得税);相反,对于国外子公司支付给母公司及其他子公司以及金融机构等的贷款利息,则可以从应税利润中予以抵扣,或只课征较低的所得税。于是,跨国公司通过提高债务融资比率,即降低股权融资比率,以增加利息支出的方式来向关联方(母公司、其他子公司及其他相关企业等)转移应税所得,来达到税收负担最小化的避税目的。

可见,资本弱化给跨国公司带来了如下的利益:

第一,由于应税所得中抵扣了利息支出,因而能相应减少国外子公司经营利润应交纳的所得税;

第二,由于应税利润被国外子公司作为利息支付给母公司或其他子公司,避免了东道国对汇出境外的股息或红利所课征的预提税;

第三,因为国外子公司的应税利润被隐蔽为利息支出,所以也能避免东道国对该子公司利润的双重征税,即对子公司的利润征收的所得税及对支付给母公司的股息征收的预提税;

第四,通过采用支付利息的形式在跨国公司内部转移利润,使得在国外的子公司能够获得来自母公司及其他国外子公司的损失抵补;

第五,由于跨国公司在不同的税收管辖区之间转移纳税义务,因而能实现股息归集抵免最大化或国外税收抵免(tax credit)最大化,从而能减少在全球的应纳税总额;

第六,在实行外汇管制的东道国,子公司通过对母公司及其他子公司支付利息的形式,还能在很大程度上逃避外汇管制,巧妙地将利润汇出境外[2]。

---

[1] Mansi, S. and Reeb, D. "Corporate Diversification: What Gets Discounted?". *Journal of Finance*, 2002, 57:2167-2183.

[2] Andrew M. C. Smith. "Thin Capitalization Rules and the Arm's Length Principle", *International Transfer Pricing Journal*. Volume2(2), 1995.

为了应对跨国公司的资本弱化战略给东道国及母国的税收带来的负面影响,经济合作与发展组织(OECD)在1977年颁布的《关于所得和财产避免双重征税的协定范本》和联合国在1980年颁布的《联合国关于发达国家与发展中国家间避免双重征税的协定范本》中,提倡采用下述的正常交易方法和固定比率方法来对付跨国公司的资本弱化战略,各国税务当局也参考上述法律文本,积极制定资本弱化税制和签订相关的国际税收协定,来强化反资本弱化的法律法规及其实施措施。其主要内容有:

第一,正常交易方法,即把关联企业(如母公司与子公司以及子公司之间)的贷款条件与非关联企业(如母公司及其子公司与其他独立公司之间)的贷款条件进行比较,如贷款条件相同则可定义为正常交易,如贷款条件不同则关联企业之间的贷款可能被视为隐蔽的募股,并要按照有关法律法规对其利息征税;

第二,固定比率方法(设置安全港),即规定企业资本结构中债务资本与权益资本的固定比率(一般为1.5∶1至3∶1不等)或债务与资产的比率,当实际比率超过规定比率时,超出部分产生的利息不允许税前扣除,或被视为股息或红利而征收所得税和预提税;

第三,特定行业或经营领域的特别规则,如有些国家规定银行业的资本结构比率可以高于非银行业(如6∶1至9∶1不等),或只要银行对其非居民股东提供的贷款利率是固定的,则可免于适用资本弱化税制等[1]。

然而,尽管OECD一直致力于反资本弱化的法律和制度建设,分别于1992年和2003年对上述税收协定范本进行了更新和作出了新的解释,各国税务当局也在不断完善资本弱化税制,但是,由于跨国公司资本弱化战略的隐蔽性及对其非法避税行为认定的复杂性,因此现有的反资本弱化及反避税规则在实施中存在一定的局限性。

首先,在信息化及全球化的背景下,资金在全球流动的速度不断加快,要准确识别资本弱化和订立反避税条款的难度在增加;

其次,正常交易方法的运用是以不涉及第三方的贷款为前提的,如果出现通过非关联企业的迂回贷款,即上述通过跨国银行提供的掩护贷款,那么

---

[1] Grant Richardson, Dean Hanlon, Les Nethercott, "Thin Capitalization Rules: An Anglo-American Comparison", *The International Tax Journal*, Volume 24, No. 2, 1998, Spring.

要准确认定是否属于正常交易,这在实际操作中的可行性就比较差;

再次,债务资本与权益资本固定比率的设定在各国也存在一定的差异性,因为不同国家企业对债务融资或股权融资有一定的偏好,硬性规定一个比率,客观上有可能限制资本的跨国自由流动,进而影响企业选择最优资本结构及实现自身价值最大化。

总之,在跨国公司的资本弱化战略与各国政府的反资本弱化及反避税法规的博弈中,跨国公司占有一定的优势,而东道国及母国政府一般处于被动应对的状态。尤其是对发展中东道国来说,吸引跨国公司的直接投资是其经济政策的重点,而设定过严的资本弱化税制,其负面影响可能会超过税收增加的利益,结果反而会妨碍其经济发展战略的实现。

2. 最优筹资结构与资本结构

以上分析并没有考虑跨国公司过度的债务融资产生的资金成本,尤其是没有考虑过高的债务比率带来的财务风险及破产成本、交易成本等其他成本。因此,跨国公司在进行实际的融资活动时,不仅会关注不同融资方式的税收差异,也必然会权衡不同融资方式的成本和风险,以实现最优筹资结构和最优资本结构。

所谓最优筹资结构(optimal financial structure),是指跨国公司预期的筹资成本及筹资风险等最小化的前提下债务融资与股权融资的构成比。而所谓最优资本结构(optimal capital structure),则是指跨国公司实际的债务成本、税收成本及财务风险等最小化的条件下债务资本与权益资本的构成比。可见,跨国公司在选择筹资来源、筹资方式和资本构成时,最终将依据最优筹资及资本结构下实现资本成本最小化和企业价值最大化的原则。也就是说,尽管资本弱化能在一定程度上降低跨国公司的税收成本,但债务比率的提高会导致财务风险及破产成本、交易成本等其他成本的增大,从而会抵消资本弱化的税收优势。

跨国公司的资本成本(cost of capital)是指在资本国际化的背景下,母公司及子公司所支付的利息、股息及红利等总的融资成本,通常可用加权平均资本成本(weighted average cost of capital)来表示,并以资本结构比率作为权重,即

$$K = K_e \frac{E}{V} \times K_i(1-t)\frac{D}{V}$$

式中：K 表示税后加权平均资本成本；K_e 表示权益资本成本(cost of equity)；K_i 表示税前债务成本(cost of debt)；t 表示所得税的边际税率，E 表示权益资本的市场价值；D 表示债务资本的市场价值；V 为总资本的市场价值。可见，当债务融资与股权融资，或债务资本与权益资本达到最优组合时，税后加权平均资本成本(K)将达到最低值。考虑到债务融资的利息具有相应的税收抵免，但过高的债务融资比率将会增大财务风险，所以，债务的税收优势与潜在破产成本之间的权衡是跨国公司决定最优资本结构的重要因素[1]。

然而，现实中不同国家及不同产业跨国公司的筹资结构和资本结构存在较大的差异。数据表明，德国和日本跨国公司的资本结构中负债比率远高于美国和英国，因而它们在加权平均资本成本方面的优势也明显大于美英两国的跨国公司。对此的一般解释是：首先，德日两国银行部门在企业融资中的作用比股票市场更重要，债务融资的成本相对较低；其次，德日两国的银行与企业有着包括相互持股在内的特殊关系，因而企业的破产风险较小[2]。但是，正如不少研究已经证明的那样，国外子公司的融资市场主要不在母国，而是在东道国或国际金融市场，所以，要完整地解释不同国家及不同产业跨国公司的筹资结构和资本结构的差异，在理论上和实证上也绝非易事。

此外，也有的研究认为，不同国家及不同产业跨国公司的筹资结构及资本结构的差异可能还受到以下两个因素的影响。

第一，各国文化上的差异，如德日跨国公司与美英跨国公司在筹资结构及资本结构上的差异，最终反映了各自传统文化上的差异。虽然这种解释可能是有效的，但目前还无法弄清文化差异究竟是通过何种机制影响筹资及资本结构的[3]。

第二，迎合东道国的财务标准，即为了缓和东道国的股权限制，或减轻来自当地的各种批评，也为了在与当地竞争企业的比较中来考核其国外子公司的业绩。虽然这种解释反映了跨国公司自身或东道国要求其实现经营本地

---

[1] Rugman, A. M. et al., *International Business-Firm and Environment*, McGraw-Hill, 1985.
[2] Cheol S. Eun and Bruce G. Resnick, *International Financial Management*, 5th Edition, McGraw-Hill, 2009.
[3] Charles W. L. Hill, *International Business: Competing in the Global Marketplace*, 8th Edition, McGraw-Hill, 2010.

化的现实,但采用这种方式可能会削弱跨国公司筹资及资本成本方面的优势①。

可见,对于跨国公司母公司及国外子公司来说,除了一般所公认的国内外不同的税收体制所形成的债务融资与股权融资或债务资本与权益资本具有的不同优势外,还有很多因素影响跨国公司母公司及国外子公司的筹资结构和资本结构。尤其是在复杂的国际经营环境下,决定跨国公司最低资本成本及最优资本结构的因素可能更加复杂。其中,普遍认为的国内外影响因素主要有:一是国际市场上资本的可得性(capital availability);二是各国资本市场的结构;三是作为国际分散投资(international diversification),投资者对跨国公司投资的意愿;四是外汇风险与政治风险的程度;五是母国及东道国的税收政策;六是有关企业财务状况与经营业绩的信息披露(disclosure)程度;七是各国资本构成规范的差异等。因此,跨国公司在决定最优资本结构时,可能更加重视固定成本能否回收意义上的投资风险、国际市场上资本的可得性以及在向国外子公司提供资金中的外汇风险及政治风险,其次也许才是实现资本成本的最小化②。

第三节 跨国公司的资金管理与转让定价

一、资金管理的目标和方法

1. 效率及税收目标

资金跨国的自由流动是跨国公司全球经营的前提条件,也是其规避投资风险的有效手段。然而,与一般的国内企业相比,跨国公司的资金管理(money management)面临更多的约束条件。

第一,来自东道国政府的限制,如通过外汇管制严格限制外汇的自由兑换,强制要求外国企业的利润用于当地再投资,禁止对外支付股息或红利及

---

① Naidu, G. N., "Country and Industry Norms of Capital Structure: Asian Evidence", *Management International Review*, Vol. 24, No. 1, 1984.

② Eiteman, D. K. and Stonehill, A. I., *Multinational Business Finance*, 4th ed., Addison-Wesley Publishing Company, 1986, pp. 424 – 451.

其他费用等。

第二，来自东道国的税收制度，如对外国企业实施差别化的税收制度，对外国企业的利润征收较高的所得税，对利润的汇出课以较高的预提税等。

第三，来自国际金融市场的风险，如外汇市场上东道国货币大幅度贬值造成的利润缩水，各国货币汇率剧烈波动产生的外汇损失等。

为了缓解上述约束，保证资金跨国的自由流动，跨国公司的资金管理必须同时实现效率目标和税收目标。所谓效率目标主要包括三个方面：一是最大限度地减少流动性账户中所持有的资金量，只要能满足当期应付账款及少量的备用金即可，因为流动性账户中的资金尽管在流动性方面不受限制，但是收益率较低，并有较大的风险；二是最大限度地降低交易成本，即不仅要减少不同货币之间的兑换，以节约外汇交易费用，还要减少国际间汇款的货币转移费用(transfer fee)；三是利用一切可能疏通内部融资及资金调拨的渠道，保障母公司及国外子公司的资金需求，并提高资金跨国转移的效率。所谓税收目标主要包括三个方面：一是有效利用不同国家的税收制度及国际租税条约，最大限度地享受税收抵免，或通过利润的国际转移，以实现全球税收的最小化；二是有效地选择资金筹集方法及设计利润汇出方式，一方面最大限度地降低应税利润，另一方面用支付利息、专利费及管理费等形式来替代股息及红利的汇出，以规避东道国政府的税收措施和缓解民众的不满情绪；三是通过在低税或无税国(如巴拿马、百慕大、瑞士等)建立避税公司(tax haven company)，利用这些避税港(tax havens)的特殊功能转移利润，实现税收最小化。

为了在资金管理中有效地实现效率目标和税收目标，跨国公司不是消极被动地应对国际市场上可能出现的资金风险及各国的税收政策，而是积极主动地通过全球范围内的资金转移，来获得效率和减少税收。

2. 跨国资金转移

资金的跨国转移主要有以下几种类型。

(1) 汇出股息或红利。

汇出股息或红利(dividend remittances)是跨国公司的国外子公司向母公司转移资金的最常用的手段，也是资金转移成本较高的一种方法。因为东道国政府一般首先要对外国子公司的利润征收所得税，然后当利润作为股息或红利汇出境外时还要征收预提税。然而，当该子公司面临较高的国家风险及外汇风险时,一般会选择利用这种方式尽快转移资金。同时,一些在东道国有较长经营历史的子公司,由于需要的后续投资不多,通常也会采用这种方法汇出利润。因此,选择这种方式转移资金的跨国公司,需要审慎考虑东道国的税收、政治风险、外汇风险、子公司的历史及规模、资金可供性、合资伙伴的立场等。

(2) 支付特许权使用费。

支付特许权使用费(royalties)是向技术、专利、商标等持有者支付在生产及销售中使用这些特许权的报酬,既有按一定金额支付的、也有按销售额的一定比率支付的。特许权使用费一般被看作成本支出,能在东道国的应税额中予以扣除。所以,当东道国的所得税率比母公司所在国高很多时,特许权使用费在纳税方面要优于股息或红利的汇出。而且,技术、专利、商标等特许权中包含较多的无形资产,作为持有者的跨国公司在价值评估方面占有绝对的优势,如果跨国公司用下述的转让定价高估特许权使用费,就更能达到在东道国避税的目的。

(3) 支付酬金。

支付酬金(fees)是对母公司及其他子公司提供的专门服务及专门知识所支付的报酬,大体可分为管理指导费(management fee)、技术协助费(technical assistance fee)等,酬金一般可作为经营成本,在东道国的应税额中予以扣除。因此,高估管理指导费及技术协助费或直接向母公司及其他子公司派遣的管理人员支付高额酬金,也成为跨国公司从东道国转移利润的主要手段。

(4) 支付间接费用。

支付间接费用(overhead allocation)这类支出主要包括国外子公司应分担的研究开发费用、广告及公关费用、全公司的法律及会计费用、高层管理人员的薪金等一般管理费用等。过多地把这些间接费用分摊给国外子公司,一直是跨国公司利用其内部化优势从东道国转移利润的重要手段,也是东道国政府与跨国公司长期纷争的焦点。尽管有些东道国政府试图通过与跨国公司签订协议,来确定上述间接费用的合理分摊比率,但是,向母公司支付间接费用是跨国公司内部交易的重要部分,外部人对此交易过程知之甚少,所以尤其是发展中东道国一般难以制止外国子公司的利润流出。

(5) 平行贷款。

平行贷款(parallel loan)是指不同国家的两家母公司分别向在本国境内的

对方子公司提供金额相等的本币贷款,并在指定到期日归还各自所借资金的筹资方式,计息方法一般采用固定利率。平行贷款给各自的子公司提供了一个可供选择的资金来源,不仅可在对方国家享受一定的税收抵免,也容易使利润集中于母公司,并能有效地消除跨国经营的外汇风险。尤其是在实行外汇和资本管制的国家,通过平行贷款还能有效地越过各种制度及政策规制,完成利润及资本的跨国转移。

(6) 内部贸易的支付。

内部贸易(intra-firm trade)的支付是指跨国公司内部母公司与子公司及子公司之间有关国际贸易的支付,它是基于跨国公司国际化生产体系而形成的内部市场中商品和劳务,尤其是中间产品的进出口,并且在很大程度上是由母公司从全球战略的角度有计划安排的。于是,跨国公司根据母国及不同东道国的所得税率、汇率风险及政治风险等,通过下面要详细分析的转让定价(transfer pricing),高估或低估进出口价格,在全球范围内规避税收和各种风险,以实现全球利润最大化的目标。

3. 全球资金管理

运用有效的管理技术来系统管理全球资金,是跨国公司国际财务管理的另一个重要方面,其管理目标是要实现最高的资金效率、最小的资本成本及最低的资金风险。主要包括现金管理(cash management)、债权管理(creditor management)及库存资产管理(inventory management)①。

(1) 现金管理。

为了保证母公司及国外子公司的对外应付账款及应对临时的资金需要,跨国公司必须在其流动性账户中持有一定的现金。在上述流动性资金最小化的原则下,跨国公司通常采用以下方法来进行现金管理。

第一,集中管理,即让国外子公司保留交易需要的最低限度的现金,而其他现金(包括备用金)都集中到母公司的资金管理中心(或称中央现金库)。跨国公司的资金管理中心一般设在伦敦、纽约等世界主要的国际金融中心,或巴拿马、百慕大、瑞士等避税港,在那里配有国际金融专家,能利用其资金规模及市场信息方面的优势,持有最有利的各种货币资金,并在各国金融市

---

① Eiteman, D. K. and Stonehill, A. I., *Multinational Business Finance*, 4th ed., Addison-Wesley Publishing Company, 1986, pp. 573–588.

场上有效地运用。由此,跨国公司能最大限度地节约流动资金,降低融资成本,提高盈利能力,并能规避资金风险。

第二,多边净额(multilateral netting),即采用净额结算的方法,让国外子公司之间的债权与债务相互抵消,只要转移所需的净值,从而减少因子公司之间发生大量交易所产生的交易成本,避免汇率变动引发的风险。多边净额是双边净额(bilateral netting)的一种扩展,双边净额只涉及在不同东道国的两家子公司之间的结算,其过程相对简单,而多边净额则是在复数以上东道国的多家子公司之间的结算,一般需要在母公司或专门的财务子公司内设立中央结算中心,通过连接各家子公司的账户来处理净额的收支。

第三,跨国调配(multinational mobilization),即通过监控在外子公司现在及未来持有的现金余额,及时发现资金可能存在的风险,并在国际间进行重新调配,使资金的错配(misallocation)最小化。所谓资金错配,是指国外子公司持有的货币存在较大汇率风险或东道国的货币贬值可能造成经营损失,以及运用某种货币得到的收益不能填补外汇风险导致的损失等。

(2) 债权管理。

债权管理是跨国公司全球资金管理中的重要方面,其管理的对象不仅包括母公司与国外子公司及国外子公司之间内部交易中产生的债权,也包括母公司及国外子公司与国际上无资本关系的独立企业交易中产生的债权。根据债权产生的地点、货币、金额等,跨国公司一般采用以下两种管理方法。第一,在可能的情况下,通过提前和延迟回收债权,来防止可能产生的外汇风险。第二,通过再开票中心(reinvoicing center)集中处理国外子公司的交易账目,将汇率风险集中转移到再开票中心,并通过选择最优的保值方法,利用期货及期权交易等方式,最大限度地降低外汇风险,有效管理子公司之间的现金流。再开票中心是专门从事内部财务管理的独立子公司,通常设在国外的避税港,一般不直接参与所在国市场的金融交易,只是在子公司达成销售协议后,处理转账及结算手续。

再开票中心从以下几方面提高了跨国公司对债权管理的效率:第一,可将利润转移到低税率的国家,从而降低整体的税收水平;第二,通过集中管理,为双边和多边净额结算提供了便利;第三,能通过提前付款或延期收款的方式,向资金短缺的子公司融资;第四,能将外汇交易风险集中起来后选择最优的避险方法;第五,能通过市场交易信息的内部化而增强内部化优势。

(3) 库存资产管理。

跨国公司必须根据世界经济及东道国的经济状况、国际金融市场的变动等,经常对国外子公司的库存资产进行调整。例如,当某东道国产生严重的通货膨胀,货币汇率剧烈波动,或出现政治动荡而不利于子公司时,母公司就会单独或会同在其他东道国的子公司,帮助该子公司适当调整库存资产,以避免遭受很大的经济损失。

二、转让定价及其机制

1. 跨国公司内部的财务网络

跨国公司内部有着极其复杂的财务联系:从财务联系的方向来看,有母公司与国外子公司之间的联系、国外子公司之间的联系等;从财务联系的内容来看,有相互间的资本投资及内部贷款、红利及利息的支付与收入、商品及服务贸易的支付与收入、无形资产转移的支付与所得等。

从母公司与国外子公司之间的财务联系来看,主要有以下内容:第一,对国外子公司进行资本投资;第二,向国外子公司提供长期及短期贷款;第三,用出口商品及劳务所得的收入作为向国外子公司提供的信用;第四,将提供专利技术及管理咨询所得的收入作为对国外子公司的再投资;第五,向国外子公司支付进口商品及劳务等的款项。

从国外子公司与母公司之间的财务联系来看,主要有以下内容:第一,对母公司的资本投资支付股息及红利;第二,对母公司的各类贷款及债权支付利息;第三,向母公司支付进口商品及劳务等款项;第四,向母公司支付专利费及管理咨询费等;第五,向母公司支付内部分摊的费用。国外子公司之间的财务联系主要也包括以上内容[①]。

可见,假如一家母公司与一家国外子公司之间有 10 种财务联系,那么,一家母公司与两家国外子公司之间则有 30 种财务联系,一家母公司与三家国外子公司之间就有 60 种财务联系(参见图 8-3)。当国外子公司数逐渐增

---

① Robbins, S. M. and Stobaugh, R. B., *Money in the Multinational Enterprise*, N. Y. Basic Books, 1973, p.14.

加后,跨国公司内部的财务联系就将进一步扩大。跨国公司内部纵横交错的财务网络,一方面增大了国际财务管理的难度和风险,但另一方面,也为跨国公司利用转让定价(transfer pricing)在国际上转移利润、逃避税收、规避风险等提供了各种可能。

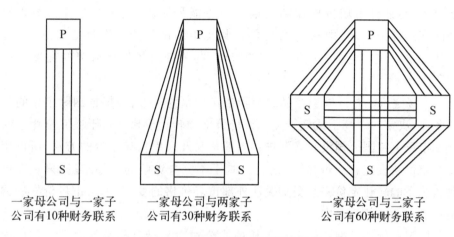

图 8-3 跨国公司内部的财务网络

资料来源:Robbins, S. M. and Stobaugh, R. B., *Money in the Multinational Enterprise*, N. Y. Basic Books, 1973, p. 16.

2. 转让价格的基本特征及其形成机制

转让价格(transfer price)是指跨国公司内部母公司与子公司以及子公司之间在销售产品、提供服务、转让有形或无形资产(intra-firm trade)时所制定的价格,转让定价(transfer pricing)则可以理解为制定转让价格的行为或过程。市场内部化及交易内部化是转让定价的基础条件,是跨国公司克服市场不完全,尤其是中间产品市场不完全,实现全球利润最大化的重要途径。因此,转让价格的基本特征是它与市场价格(arm's length price)相偏离,即高于或低于外部市场上自由竞争的交易价格。其中,既包括完全脱离生产成本、不受市场供求关系影响的转让价格,也包括以生产成本为基础,一定程度上受市场供求关系约束的转让价格。

也就是说,尽管在企业内国际贸易中利用转让定价转移利润、逃避税收及规避风险是跨国公司最常用的方法,但是转让价格的具体决定方法因跨国公司的规模、中间产品生产的特殊性、对技术和市场的垄断程度等不同而各异。主要有成本定价法、市场定价法和介于前两者之间的协议定价法。

成本定价法是以生产成本为基础,并根据所在市场的结构和特征,按成本加成或减成来设定转让价格的方法。当不存在中间产品的外部市场,即跨国公司是该中间产品的唯一供给者和需求者时,转让定价实施的空间将会更大,与外部市场价格偏离的幅度也可能最大;当存在一个寡头垄断的中间产品外部市场,即该跨国公司是此类中间产品的少数供给者之一时,转让定价实施的范围将受到一定的限制,与外部市场价格偏离的幅度也将有所缩小。

市场定价法是以同类产品的国际市场价格为基准,并根据国际市场的竞争条件,决定一个高于或低于国际市场价格的转让价格。由于在完全竞争的外部市场上跨国公司没有必要进行内部贸易及采用转让定价的方法,所以用市场定价法设定转让价格,一定也是基于不完全竞争的外部市场,只是在这种状态下的转让定价必须更加关注外部市场价格的变化,把与市场价格的偏离控制在一定的幅度内。

协议定价法是拥有较多自主权的子公司在与母公司及其他子公司的内部交易中,通过相互协商来确定转让价格的方法。协议定价法得以有效运行的前提条件是,外部存在一定形式的中间产品市场,协议双方的市场信息对称,并有一定的自由裁定权。但是,为了最大限度地降低内部交易的成本,保证跨国公司全球利润最大化,母公司通常保留直接介入交易过程的权利,并经常就子公司之间的交易进行协调。

有研究表明,美国跨国公司采用成本定价法的见多,而西欧跨国公司较多采用市场定价法;同时,规模大且对技术和市场的垄断能力较强的跨国公司多半采用成本定价法,而中小规模,且对技术和市场的垄断能力较弱的跨国公司必须考虑市场条件和母公司与子公司之间的关系,所以,一般采用协议定价法和市场定价法[1]。一项对164家美国跨国子公司的调查发现,有65%的子公司采用成本定价法,35%的子公司采用市场定价法,还有15%的子公司采用协议定价法(由于某些子公司同时采用多种方法,所以合计超过100%),而以成本为基准的转让定价存在着很高的价格操纵机会;一项更为

---

[1] Murray, R., *Multinationals beyond the Market: Intra-firm Trade and the Control of Transfer Pricing*, Han-ester Press, 1981.

深入的研究所揭示出的一些间接证据表明,许多跨国公司确实通过操纵转让价格来减少其应该承担的全球纳税义务[①]。

跨国公司一般主要通过以下途径来实施转让定价:

第一,商品进出口中的转让定价,即在内部贸易中以高于或低于国际市场的价格进行交易,达到转移利润和规避税收的目的;

第二,合资项目资产评估中的转让定价,即在与东道国企业建立合资企业时高估母公司出资的实物资产价格,从源头上为获取及转移利润铺平道路;

第三,内部贷款业务中的转让定价,即在内部相互贷款中设定高于或低于国际市场的利率,通过支付利息的形式在内部转移利润和调拨资金;

第四,提供服务中的转让定价,即在内部相互提供管理咨询、技术指导等服务时支付高额的报酬,或列支不应该由国外子公司承担的服务费用,从而巧妙地转移利润和资金;

第五,转移或转让有形或无形资产中的转让定价,即在内部相互转移或转让新技术和新产品及知识和信息产品时,利用内部化优势抬高价格,以尽早回收研究开发成本,或将利润集中到税收较低的国家和地区,这是跨国公司逃避税收和转移利润的最隐蔽的方法。

跨国公司的转让定价不仅对企业外部来说极具隐蔽性,即便是在企业内部也是极具保密性。因此,除了母公司的高层管理人员及财务部门的相关负责人外,没人能深入了解转让价格的确定及实施过程,更没人能全面知晓转让价格的实施结果。现有的研究也多半停留在基本概念或理论模型上,实证研究一般也仅仅涉及转让定价的一些表层内容,或基于理论模型的若干推测。图8-4就是从一个侧面,在概念上展现了跨国公司制定及实施转让价格的机制。其中,左图假设A国的企业所得税率为50%,B国和C国同为25%,为了在国际间有效地避税,在A国的母公司或子公司通常会设定较低的转让价格(under value pricing)将中间产品出口给B国,即把利润从A国转移到B国,并在B国申报利润及纳税;相反,在C国的子公司一般会选择较高的转让价格(over value pricing)将中间产品出口给A国,即把利润留在C国并申报纳税。

[①] Charles W. L. Hill, *International Business: Competing in the Global Marketplace*, 8th Edition, McGraw-Hill, 2010.

 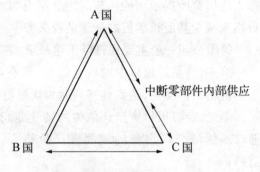

(A) 转让价格的制定　　　　　(B) 变型的转让价格

A→B 低价（under value pricing），从 A 国避税；C→A 高价（over value pricing），名义上减少在 A 国生产的附加值。

引进政局不稳定等其他变量；假设 A、C 间的政治关系恶化，那么，即使 C 的零部件价格比 B 便宜，C→A 间也不发生交易，由 B→C 间交换企业内有关转让价格的信息，并由 B 向 A 低价提供零部件。

图 8－4　转让定价及其机制（概念图）

资料来源：Kolde, E. J., *International Business Enterprise*, Prentice-Hall, 1968, pp. 410－414.

3. 转让定价的主要动机

在全球规避税收只是跨国公司利用转让定价的动机之一，除此之外还包括以下几个方面，它们共同构成了跨国公司转让定价的动机。

（1）减轻全球税收负担。

利用转让定价并通过上述途径，把利润从所得税率较高的国家转移到税率较低的国家，以此来降低在全球的缴税义务。此外，也可以通过转让定价将利润转移到可能会出现经营亏损的其他子公司，以压低总利润的申报额，达到降低应税总额的目的。或让该子公司直接伪造经营亏损的假象，在东道国逃避税收，以实现全球税负最小化和利润最大化的目标。

（2）绕过东道国的限制。

部分发展中东道国，尤其是国际收支处于逆差状态的国家，一般实行外汇管制制度，特别是对跨国公司对外支付红利和汇出利润有严格的限制。为了绕过东道国的各种限制，使得企业内部的资金流动能顺畅并降低资金风险，跨国公司会通过上述转让定价的各种途径将利润汇出国外，及时为母公司及其他子公司提供所需的资金，或将资金暂时转移到避税港。

（3）避免外汇风险。

当东道国发生严重的通货膨胀、货币面临大幅度贬值时，跨国公司在当地的资产会出现严重的缩水,经营成本会迅速上升,由此将蒙受较大的经营损失。为了避免上述外汇风险及由此造成的损失,跨国公司通常会利用转让定价尽可能迅速地把资金从该东道国转移出去,并由母公司统一管理。对于暂时无法转移的资产,则通过本章第四节所述的方法进行保值。

(4) 规避进出口关税。

当东道国对进口产品设定较高的从价关税时,子公司的进口将被征收较高的进口关税,由此造成中间投入品成本的上升。对此,跨国公司通常会通过转让定价压低对当地子公司出口产品的价格,从而规避较高的进口关税。相反,当东道国对出口产品设置较高的出口关税时,跨国公司一般也会利用转让定价压低当地子公司的出口价格,从而减少应缴纳的出口关税。

(5) 利用内部资金优势。

为了进一步提高企业内部资金的流动性和增强资金优势,跨国公司一般会通过转让定价有效地调整企业内部各子公司的利润幅度,并从资金方面支持部分国外子公司的发展。如为了让在某东道国的子公司能尽快地成长和提高竞争力,或为了在某东道国市场上击败竞争者,母公司或其他子公司会通过低价提供商品和服务向其转让部分利润,以迅速增强该子公司的商业信用和定价方面的竞争优势。

(6) 降低工资及红利支出。

为了防止部分东道国政府要求国外子公司降低产品价格及企业工会要求增加工资,跨国公司会通过转让定价转移和压低利润,从而能有效地缓解来自当地政府和工会的压力。此外,如果是在东道国的合资企业的话,当地的合资伙伴通常会要求加大利润的分配比率。为了战略性地避免这种情况的发生,跨国公司也会通过转让定价转移利润,降低合资企业的利润率,从而减少账面上应分配的利润额。

三、对转让定价的治理

1. 转让定价的调整方法

面对跨国公司的转让定价,不仅是东道国的税务部门,而且母国的税务当局也一直在积极地探索对其进行有效治理的方法。从各国税务部门单独实施治理的角度来看,目前国际上主要的方法是由税务部门对转让定价进行调整,包括价格调整法、利润调整法及成本分摊法。世界上不少国家的实践经验是,价格调整法优于其他方法,而价格调整法中可比非受控价格法是各国的首选[①]。

(1) 价格调整法。

价格调整法的基本思路是通过对跨国公司内部关联企业之间、与外部非关联企业之间以及外部非关联企业之间的交易价格进行比较,确定一个正常的交易价格水平(arm's length range),以判断跨国公司内部关联交易中的转让定价,并在此基础上进行必要的调整和干预。其中,价格调整法又可分为可比非受控价格法、再售价格法及成本加成法三种。

① 可比非受控价格法。

可比非受控价格法是确定一个正常交易价格(arm's length price)的最直接的方法,一般是通过考察非关联企业的可比交易,即交易双方不属于同一个纳税企业成员之间的交易来确定的。其中包括一个受控的跨国公司成员与一家非关联企业之间的交易价格、一家非关联企业与一个受控的跨国公司成员之间的交易价格、非受控的无关联企业之间的交易价格。如果发现跨国公司内部关联企业的交易价格远远偏离这三种价格,那就可以认定它是转让定价,各国税务当局就可责成跨国公司进行自我调整,或对其实施必要的惩处。

然而,现实中要真正确定可比非受控价格并不容易,由于国际市场被高度细分,产品差异化程度越来越高,同类产品的可比性越来越低,因此给认定跨国公司的转让定价带来了很大的难度。

② 再销售价格法。

再销售价格法是根据跨国公司成员从关联企业购入产品后,再销售给非关联企业时的价格,来确定正常交易价格水平的方法。通常是在再销售企业(关联企业)没有对产品实施进一步的加工、不承担再销售风险等条件下,从再销售给非关联企业的价格中减去再销售企业应得的正常经营利润等,将其余额作为关联企业内部交易的正常价格。如果内部关联企业的交易价格远远偏离这种再销售价格,那就可以认定跨国公司在实施转让定价,并应采取必要的调整措施。

---

① OECD, *Transfer Pricing Guideline for Multinational Enterprises and Tax Administrations*, 1995.

尽管与可比非受控价格法相比，再售价格法似乎更加简单实用，但事实上，运用再售价格法受到许多条件的限制。其一，如果跨国公司不是出于避税的目的，一般不会从事这种纯粹的再销售业务，因为这种转手业务只会增加总成本而不会增加总收益；其二，如果是出于避税目的，关联再销售企业一般设在低税国或避税港，向非关联第三方再销售的价格资料就难以获得，从而增加了确定再售价格的难度。

③ 成本加成法。

成本加成法是以跨国公司关联供应商的成本为基础，再加上适当的利润（mark-up）来确定一个正常交易价格的方法。即在关联供应商的直接生产成本和间接成本（如研究与开发成本的分摊）的基础上，再确定一个适当的利润，并将此作为正常的交易价格。在可比非受控价格法和再售价格法都无效的情况下，成本加成法作为检验正常交易价格的一种方法，具有一定的作用。

然而，税务当局使用的成本加成法与企业定价中使用的成本加成法略有差异，税务当局更多强调的是利润加价，而企业则还要考虑如何分摊间接成本。而且，各国和各行业采用的成本概念也不尽相同，这些会影响到成本加成法的计算结果。为此，税务当局与被审查的跨国公司成员企业之间经常会发生争议。

(2) 利润调整法。

利润调整法的基本做法是通过比较非受控企业（非关联企业）的利润率以及评估受控企业（关联企业）之间利润及亏损的分摊，来判断跨国公司内部关联交易的公平性及转让定价。其中，利润调整法又可分为利润类比法和利润分摊法两种。

① 利润类比法。

利润类比法是参照相同行业内从事相似经营活动的非受控企业（非关联企业）的利润率，来判断受控企业（关联企业）内部交易是否公平的方法。即在考虑到影响两者利润水平不同因素的基础上，调查受控企业的利润率是否远远偏离非受控企业，从而确定跨国公司成员内部交易中的转让定价。其中，两者在所涉产品、劳务市场、资产构成、经营规模和范围等方面的可比性越强，运用此方法得出的结论就越可靠。

当然，属于不同集团的企业在资本构成、财务比率、成本结构、产品周期、经营效率及所承担的风险等方面会有较大的差异，这些差异会影响两者的资本回报率等利润指标,所以在运用利润类比法时必须要有比较对象的较完备的财务资料。

② 利润分摊法。

利润分摊法是评估一个或多个受控企业(关联企业)内部交易中利润和亏损的分摊是否符合公平独立原则的方法。具体有可比利润分摊法和剩余利润分配法:

第一,可比利润分摊法是把相似经营条件下的非受控企业的利润分摊与受控企业之间的利润分摊比率进行比较,以判断受控企业之间利润及亏损的分摊是否成为其转让定价的手段;

第二,剩余利润分配法是考虑到受控企业中有些成员(如母公司及部分有较强研发能力的子公司)向另外一些成员提供无形资产等,所以在判断其利润分配是否合理时,除了要对其常规的利润分配进行核准外,还需要审核向无形资产提供方所分配的剩余利润是否与其贡献相符。

然而,由于受控企业与非受控企业在会计上统计的资产、成本及利润等未必一致,因此有可能影响到可比利润分摊法在实际运用时的可靠性。此外,剩余利润分配法在运用中也有一定的难度,因为无形资产对关联企业经营活动的贡献度一般较难在企业会计报表中如实地反映出来。

(3) 成本分摊法。

成本分摊法是根据关联企业之间事前签订的一种或多种分摊协议,按照它们各自使用无形资产的合理预期受益比率来合理分摊无形资产开发成本的方法。如果分摊协议所确定的无形资产开发成本的分摊比率远远偏离关联企业使用无形资产的合理预期受益比率,那就表明跨国公司关联企业之间的成本分摊不合理,有利用转让定价转移利润之嫌,税务当局就应当责成其进行调整。

成本分摊法准确运用的前提是,协议各方必须提供计算无形资产开发成本的分摊方法、能合理地反映各参与方预期受益的比例以及根据参与方经营条件的变化对分摊比率进行调整的方案。然而,要满足上述前提条件并不容易,所以世界上真正采用成本分摊法进行转让定价调整的国家并不多。

2. 预约定价协议(制度)

然而,如上所述,实践中各国税务部门对跨国公司转让定价实施的调整方法存在着很大的局限性,不仅大量消耗了税务部门和企业的财力和精力,而且常常引发跨国公司与各国税务当局的争议。为此，从20世纪80年代中后期起，一些发达国家开始尝试与跨国公司签订预约定价协议（Advance Pricing Agreement，APA）[1]。

预约定价协议是跨国纳税人事先就转让定价的方法（transfer pricing methodology，TPM）与国外税务当局达成的协议，即实质上是把转让定价的事后调整改为事先预约，由纳税人和国外税务当局通过谈判，就关联企业间的转让定价方法达成的一项谅解。协议中一般具体列明交易对象的生产成本、经营利润、折扣比率、成本分摊、价格补贴等内容，即详细说明转让定价是如何决定的以及一系列交易的结果等。协议一经达成，则对征纳税双方都具有约束力，凡符合协议规定的交易事项都适用协议中的转让定价方法，对此税务当局则不能予以调整。

预约定价协议的达成一般要经过以下四个程序：

其一，由跨国纳税人提出申请，并提交有关转让定价计划和相关交易方法的详细材料；

其二，税务当局对这些材料进行审核，包括通过书面或会议的形式要求纳税人提供进一步的数据；

其三，税务当局与纳税人签署正式或非正式协议，并对双方产生约束力；

其四，对于涉及已有双边税收协定的内容，由本国税务部门与外国税务当局进行磋商，在此基础上达成双边或多边避免双重征税的协定。

预约定价制度在20世纪90年代以后受到了广泛的关注。1991年美国首次公布了预约定价程序，使预约定价的磋商程序有了法律依据，为更多企业采用预约定价制度提供了与税务当局协商的规范程序。1995年OECD公布了适用于跨国公司和各国税务当局的转让定价指导原则，并对双边预约定价制度作了专门的规定，鼓励跨国公司与税务当局进行事前有关转让定价的磋商，以减少税务审计的案例。之后，其他发达国家也都公布了各自的协商转让定价的程序，并开始实施预约转让定价制度。

实践证明，预约定价协议是一种能较好解决跨国公司转让定价问题的方法：

---

[1] OECD, *Transfer Pricing Guideline for Multinational Enterprises and Tax Administrations*, 1995.

第一,由于对转让定价方法事先以协议方式予以确定,并对征纳税双方都有约束力,从而降低了税务当局对转让定价调整的不确定性;

第二,由于将事后审计调整为事前协商后达成协议,不仅减轻了税务当局的审计工作量,也使纳税企业可以减少用于税务方面的精力,专注于生产经营活动;

第三,如果东道国与母国已签订双边税收协定,纳税企业就可以请求母国政府与东道国税务当局进行谈判,补充签订一项关于避免双重征税的协定。

然而,尽管预约定价制度有上述优点,但是,它的局限性也是显而易见的:

第一,目前签订预约定价协定的仅限于部分发达国家及新兴经济体,绝大部分发展中国家尚未参与,而且发达国家中也只有少数巨型跨国公司与税务当局签订这种协议,因而大大降低了预约定价制度的作用;

第二,预约定价制度的优势只有在双边或多边协议中才能发挥出来,但现有的预约定价协定有不少还停留在单边协议的水平;

第三,各国税务当局对预约定价协定内容的评审具有较强的主观性,对关联交易公平合理性的衡量标准仍未达成共识;

第四,不少国家对预约定价协定申请的评审过程复杂,收费过高,因而大部分企业,尤其是中小企业对此敬而远之;

第五,预约定价协议的实施效果最终还有赖于跨国公司的严格遵守,尤其是各国税务当局的事后监管,但大多数国家,尤其是发展中国家还难以达到这样的要求;

第六,由于预约定价协议的实施涉及四个主体,即跨国公司关联交易的双方以及两国的税务当局,因此国际间的税收协调极其重要,但现实中各国税务当局更多关心的是本国的税基,缺乏应有的国际协调和合作。

第四节 跨国公司的财务风险管理

一、财务风险的主要类型

1. 通货膨胀风险

通货膨胀风险(inflation risk)主要是指东道国发生严重的通货膨胀,导致跨国公司在东道国的子公司已有的流动资产缩水、经营成本提高及实际收益减少的可能性。尽管东道国的恶性通货膨胀将使本国货币大幅度贬值，从而在一定程度上可以降低跨国公司新投资的成本，但是如果东道国的恶性通货膨胀长期化，不仅已有的投资收益会受到影响，而且新投资也将面临很大的风险。

第一，从资产角度来看，严重的通货膨胀其实是一种"无形税收"，将使子公司所拥有的流动资产出现缩水，尤其是所持有的当地货币资本发生贬值；

第二，在通货膨胀状态下，当地的利率通常会相应提高，从而加大子公司在当地的筹资成本；

第三，在通货膨胀时期，当地的物价会普遍上涨，因而会带动劳动力及其他要素价格的上升，造成子公司经营成本的提高；

第四，严重的通货膨胀会降低东道国的购买力水平，导致实际需求萎缩，从而影响到子公司在当地的销售；

第五，在发生严重通货膨胀的情况下，尽管子公司的名义收益可能会增加，但由于东道国货币的贬值，实际收益可能会出现下降。

2. 外汇风险

外汇风险也称外汇涉险(foreign exchange exposure)，是指由于外汇市场剧烈波动引起东道国本币及其他主要货币贬值，致使跨国公司以外币计价的资产(债权、权益)及收益减少的可能性。也就是说，在跨国公司经营活动的过程、结果及预期收益中，都存在着由于外汇汇率变化而引起的外汇风险。因此，外汇风险包括交易风险(交易涉险，transaction exposure)、换算风险(换算涉险，translation exposure)及经济风险(经济涉险，economic exposure)。各外汇风险间的差异比较可见图8-5。

交易风险是指跨国公司在跨国经营活动中因汇率变动而产生现金损失的可能性，即在约定以外币计价成交的交易过程中，由于结算时的汇率与交易发生(签订合同)时的汇率不同而引起的亏损。交易风险包括以下几种情况：

第一，在商品和服务的国际贸易中，由于实际完成交易到收付款项之间存在一定的时间差，因此其间计价(结算)货币的汇率下跌将使收款方产生外汇损失；

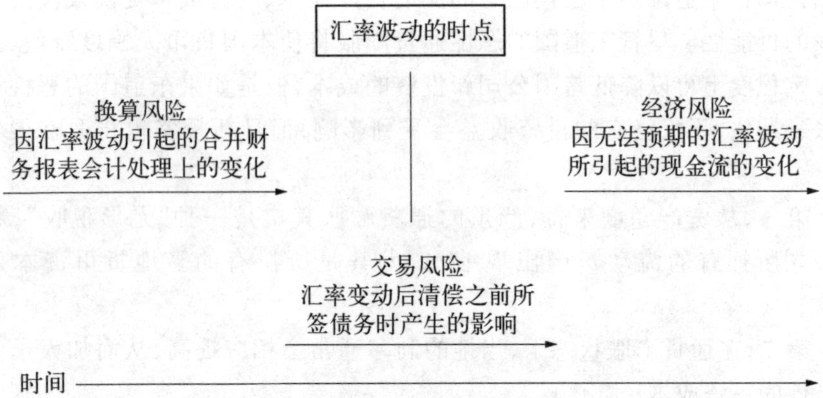

```
                        汇率波动的时点
                             │
    换算风险                  │                经济风险
因汇率波动引起的合并财         │         因无法预期的汇率波动
务报表会计处理上的变化         │         所引起的现金流的变化
──────────────────→          │         ──────────────────→
                             │
                          交易风险
                      汇率变动后清偿之前所
                      签债务时产生的影响

时间 ─────────────────────────────────────────────
```

图 8-5　各种外汇风险差异的比较

资料来源：Eiteman D. K. and A. I. Stonehill, *Multinational Business Finance*, 4th ed., Addison-Wesley Publishing Company, 1986, p. 155.

第二，在以外币计价的国际借贷活动中，如债权及债务尚未清偿前发生外币贬值或升值，则将使债权人或债务人受损；

第三，在有远期外汇合同的情况下，如到期汇率与约定汇率之间有较大的变动的话，将使交易者承受较大的外汇风险。

换算风险也称会计风险(accounting exposure)，是指跨国公司因采用合并财务报表的会计制度，当货币汇率发生变动后，国外子公司所用货币换算成本国货币时所产生损失的可能性。跨国公司之所以要采用合并财务报表的会计制度，是要通过把母公司和子公司作为一个会计主体，来综合地把握企业整体的财务状况。因此，尽管这只是一种账面的损失，而不是交割时的实际损失，但它却会影响企业的损益状况、资产负债及现金流量的报告结果，从而将会使企业内部的会计信息失真，进而加大企业的经营成本。

经济风险是指因汇率变动使跨国公司经营活动的预期收益发生损失的可能性，即汇率变动通过对生产成本、销售价格及销售数量等的影响，使企业未来一定期间内的资产、收益或现金流量出现减少。经济风险的特点主要表现在：第一，经济风险对跨国经营的影响不仅反映在短期的价格变化上，而且更主要表现在利率、需求结构及市场份额等经营环境的变量上；第二，由于经营环境的变化，因此经济风险与交易风险和换算风险相比，其持续的时间将更长，影响的范围会更广。

3. 征收风险

征收风险（expropriation risk）是指东道国政府对跨国公司子公司行使征用、没收或国有化等行为，导致外国投资者利益受损的可能性。征收风险是由东道国政府的主权行为引起的，是跨国经营中国家风险（country risk）的一个构成部分。20世纪60年代至70年代，拉美、非洲等地区的发展中国家曾掀起国有化高潮，或严格限制跨国子公司的所有权和控制权，一时征收风险较为突出。但20世纪80年代以来，各国政府为了发展经济而竞相吸引外国直接投资，并制定了相关的法律法规，因而征收风险的概率已大大降低。然而，蚕食式征收（creeping expropriation）或"间接征收"的风险依然存在，是跨国公司国际财务中极其现实的风险。

蚕食式征收是指东道国政府并未公开宣布直接征用跨国子公司的财产，而是通过变更政策及法规（如调整税收及外汇政策等）或其他事前约定，限制或降低跨国公司的所有权比率，削弱外国投资者对子公司的有效控制，实行借贷限制、雇用限制、强制出口、价格统制等歧视性措施，使得外国投资者的权益受到很大程度的限制，甚至被取消，从而构成事实上的征收行为。蚕食式征收风险通常来自一些法制不健全、官僚体系腐败的国家，一旦腐败官员的欲望与私人资本的利益相结合，就会出现随意更改或解释法律法规的现象，于是蚕食式征收的风险就在所难免。不过，在某些法制相对健全的国家，出于贸易保护主义的动机，也会对境内的外国企业实行部分歧视性措施。

4. 汇兑限制风险

汇兑限制风险又称转移风险（transfer risk），是指东道国政府调整外汇及税收政策，禁止或限制外国子公司把本金、利润和其他合法收入汇出境外，从而使跨国公司的经营受到影响的可能性。即东道国政府可能对利润汇出征收很高的所得税，或规定外国子公司必须将一定比率的利润用于在东道国的再投资。尽管这些禁止或限制并不会影响子公司本身的净现值，但由于东道国政府限制当地子公司向母公司及其他子公司转移利润，因而会影响到跨国公司整体的未来收益。

东道国政府对外国子公司的汇兑限制，多半是由于本国国际收支状况恶化而实行外汇管制。如当本国贸易及非贸易的对外支付出现困难时，有些东道国就会对外国子公司经常性对外支付购汇设置一定的限额，或对外国子公司的利润汇出设置较高的所得税率,或改变最初的约定,要求外国子公司提高利润再投资的比率等。尤其是当东道国发生货币金融危机时,更是实行严格的外汇管制,一般会禁止外国子公司的非贸易对外支付,从而加大跨国公司面临的汇兑限制风险。

二、财务风险的管理

1. 通货膨胀风险管理

面对东道国严重的通货膨胀给经营带来的风险,跨国公司一般是通过采取以下两种措施来进行风险管理的。

(1) 资产价值管理。

具体有以下几种方法:其一,如果东道国的通货膨胀率远远超过名义利率,以至于实际利率为负或较低,就尽可能借入当地货币的资金,以此来对冲通货膨胀风险;其二,尽可能将子公司手头的流动资金换成不动产,或尽量压缩流动资金,以减小流动资产的缩水;其三,当预计东道国的通货膨胀将继续恶化时,尽早用暂时闲置的流动资金购入尚未涨价的原材料;其四,以时价来重新评定折旧资产,加速固定资产的折旧,从而起到减少纳税的效果。

(2) 维持收益措施。

具体有以下几种措施:其一,把因通货膨胀而提高了的成本全部转嫁到产品价格上去,让东道国消费者来承担通货膨胀的风险;其二,当受到消费需求的限制及市场竞争的约束而不能全部转嫁通货膨胀成本时,只能通过企业内部提高经营效率来冲销部分无法转嫁的成本;其三,结合上述资产价值管理的第三种方法,或用进口品来替代在东道国的采购,以最大限度地降低投入成本。

2. 外汇风险管理

面对国际金融市场上主要货币汇率波动带来的外汇风险,跨国公司主要是通过采取以下手段来进行风险管理的。

第一,实施提前与推迟支付战略(leads and lags strategy)。当预期外汇会贬值时,尽早收回外汇应收账款,同时尽可能推迟外汇应付账款的支付;当预期外汇要升值时,提前支付外汇应付账款,同时尽可能推迟外汇应收账款的收账。当然,提前与延期支付战略实施的前提是,该跨国公司对支付方式有实际的控制力,但在现实中一般的跨国公司并不具有这样的控制力①。

第二,选择有利的计价货币及保值条款(exchange rate proviso clause)。外汇风险的大小与交易货币的选择密切相关,交易中收付货币币种不同,所承受的外汇风险也不同。在交易收支中,原则上争取使用硬货币收汇,用软货币付汇。此外,在交易合同中加入适当的货币保值条款,约定一种保值货币(通常为硬货币)与本国货币之间的汇率,如支付时汇率变动超过一定幅度,则按原定汇率进行调整,以达到防范汇率风险的目的。

第三,有效利用金融衍生工具。审慎和合理地利用远期外汇合约交易、外汇期货交易、外汇期权交易及货币互换交易等金融衍生工具,以最大限度地规避外汇风险。由于这些避险工具的选择取决于对未来汇率的准确预期,因此在实际操作中也存在各自的利弊。其中,远期外汇交易合约通常是不可撤销的,所以它虽锁定了风险,但也有可能失去应得的收益;外汇期货交易虽有独特的保证金制度作为杠杆而不限制收益,但也无法限制风险;外汇期权交易的期权买方虽可通过放弃履约而获得利益,但银行在外汇交割时通常会提高交易费用。

第四,有效运用资产负债表保值法(balance sheet hedge)。即在母公司与子公司的合并财务报表中,将有外汇风险的各项资产和负债保持相同金额,以相互抵消因汇率变动可能产生的换算风险。或通过调整企业所拥有的现金及其等价物的数额和构成,避免在财务报表上出现汇率变动时的换算风险。此外,也可以在外汇期货市场及金融市场上,用同样的方法来进行资产负债保值。

第五,实施业务及筹资的多元化。为了减轻汇率变动而产生的经济风险,跨国公司一般是通过实施业务及筹资的多元化,在未来一定的期间内来平衡汇率变动造成的损失。业务的多元化即是实现原材料采购、生产及销售的国际多元化,以减小因汇率变动对生产成本、销售价格及销售数量等产生的影响。筹资的多元化即是在两个以上的资本市场筹集两种以上货币的资金,以冲销因汇率变动对资产、收益或现金流量等产生的影响。

3. 征收风险管理

面对来自东道国的征收风险以及近年来的蚕食式征收,跨国公司主要是

---

① Charles W. L. Hill, *International Business: Competing in the Global Marketplace*, 8th Edition, McGraw-Hill, 2010.

通过采取以下对策来进行风险规避的。

第一,在跨国经营的全过程管理风险。其一,在投资前的谈判中,承诺企业的经营活动将符合东道国的国家发展目标,必要时与东道国政府签订略作让步的协定,例如承诺在一定时期后将有计划地把部分所有权转让给当地企业,以获得东道国政府的投资保障等。其二,在投资后的经营活动中,按照向东道国政府所作出的承诺,在生产、流通、营销、财务、组织、劳务等各个方面注意履行承诺,避免一切可能产生的矛盾冲突。其三,一旦出现征收风险,便与东道国政府就征收补偿问题进行理性交涉,极力讨价还价,或充分利用法律救助以及国际组织等来解决纠纷。

第二,通过经营本地化来化解风险。其一,积极培育东道国企业,让当地政府和民众认识到该外国子公司的存在是不可或缺的;其二,最低限度地转让必要的技术,让当地政府和企业认识到为了进一步引进技术,征收将是决定性的错误;其三,为了缓解当地的民族主义情绪,逐渐增加当地企业的出资比率,提高产品的国产化比率,并让当地有能力的员工参与企业经营,积极实现人才的本地化。

第三,通过经营全球化规避风险。其一,积极增加该子公司产品的出口,让当地政府和企业认识到该外国子公司是促进本国出口及缓解国际收支逆差的重要力量;其二,通过在当地有效的经营活动,促使母国及其他国家更多的零部件配套等关联企业进入该东道国,满足东道国政府引进外资的要求;其三,将该子公司深度纳入全球国际分工体系中,使东道国政府认识到该外国子公司是本国经济实现国际化的重要一环。

4. 汇兑限制风险管理

面对东道国的汇兑限制风险,跨国公司主要是通过采取以下应对措施来逾越各种限制,保证资金在国际间的有效运转,并最大限度地降低资金风险。

第一,采用隐蔽的转移方式。如上所述,不是以股息和红利的形式从东道国转移利润,而是以专利使用费、管理指导费及利息等名义向母公司及其他子公司支付必要的费用,这样一方面可以规避东道国政府对股息和红利征收较高的所得税和预提税,另一方面也可以避免触发东道国企业和民众的民族主义情绪,进而可以巧妙地越过东道国政府的汇兑限制,顺利地将利润或资金转移出去。

第二,利用转让定价。跨国公司的转让定价不仅是为了在东道国避税,而且还广泛地被运用于对付东道国政府的汇兑限制上。在内部交易中利用转让定价转移利润或资金,其方式和过程带有更大隐蔽性,往往是东道国政府较难观察到的,因而往往会使其汇兑限制政策变得苍白无力。在现实中,发展中东道国为解决本国国际收支逆差问题而采取的汇兑限制政策,一般都没能取得预期的效果。

第三,利用平行贷款(parallel loan)的方式。如上所述,平行贷款通常是指不同国家的两家母公司分别在国内向对方公司在本国境内的子公司提供金额相当的本币贷款,并承诺在协定到期日,各自归还所借的货币的融资方式。平行贷款的出现主要是基于逃避外汇管制的目的,它既能规避国内的资本管制,又能满足双方子公司的融资需求,因此从20世纪70年代中期以来非常流行,并有从双边向多边扩展的趋势。

关 键 词

国际财务　筹资决策　资本弱化战略　转让定价　财务风险

思 考 题

1. 国际财务管理的基本框架及管理目标。
2. 跨国公司选择筹资来源的基本原则及一般顺序。
3. 跨国公司制定转让价格的主要动机及形成机制。
4. 对跨国公司资本弱化战略及转让定价的治理方法。
5. 跨国公司财务风险的主要类型及其管理方式。

第九章
跨国公司的技术战略及其管理

第一节 跨国公司的技术战略

一、跨国经营中的技术及其作用

1. 跨国经营中技术的特性

企业经营中所使用的技术通常是指生产产品、提供服务及管理组织的手段、方法及技能等,一般包括工具设施及机器设备等硬件技术、工艺方法及智能诀窍等软件技术以及带有社会性的组织方式及社会协作等管理技能[①]。此外,根据技术的不同形态可分为有形技术和无形技术,依据其不同的功能可分为生产技术和(经营)管理技术,也可按照其受法律保护的方式,分为专利技术、专有技术及商标。

专利技术通常是指向本国或外国政府机构申请注册,并经该国主管当局依法认定,在一定时期内得到该国法律保护的发明创造,一般包括发明专利(对产品、方法或者其改进所提出的新的技术方案)、实用新型专利(对产品的形状、构造或者其结合所提出的适于实用的新的技术方案)和外观设计专利(对产品的形状、图案或者其结合以及色彩与形状、图案所作出的富有美感并适于工业上应用的新设计)。由相关国家主管当局依法对发明创造者授予的这种技术独占权即为专利权,也简称为专利(patent)。专利权的申请和授权一般采取时间优先的原则,率先申请并获得认定的发明创造者才能得到专利

---

① 丹尼·狄德罗(Denis Diderot)主编,梁从诫译,《百科全书》,花城出版社,2007年7月。

权,而发明创造的首创者如不是率先申请,就可能无法获得该项技术的专利权。

专有技术也称为技术秘密或技术诀窍(know-how),尽管在国际上还没有统一且公认的定义,但通常是指那些具有先进性和实用性、未经公开、可以转让或传授而未取得专利权的技术知识、技术信息、经验技巧或其组合方式。专有技术包含的内容非常广泛和复杂,既可以表现为设计图纸资料、设计思路方案、操作程序指南、数据文献资料等,也可以表现为技术规范、工艺流程、操作方法、熟练技巧等。专有技术一般不受法律保护,持有者只能通过利用其保密性来实现自我保护,但在现实中也可以通过合同法、知识产权保护法、公平竞争法等法律来加以一定的保护。正是由于专有技术是一种以保密性为条件的事实上的独占权,因此持有者就可以独自运用而从中长期受益。

商标是产品的生产者和服务的提供者在销售产品和提供服务时为区别他人的产品及服务而采用的标识,通常由文字、图形、字母、数字、三维标志、颜色组合或上述要素的组合来表示。商标可以向本国或外国政府机构申请注册,经核准注册后成为"注册商标",并受该国法律的保护。"注册商标"的持有者享有商标专用权(商标权),既可自己使用,也可以在一定时期和一定市场上将其使用权转让给他人,以获取商标权带来的报酬。当然,注册商标的持有者也可以将与此相关的一切权利转让给他人,即有偿放弃商标权。

正如第二章第一节所述,国际直接投资是资本、劳动、生产技术、经营技术、企业家能力等经营资源在国际间的转移,其中生产技术和经营技术是国际经营资源转移中的核心要素。而且,跨国公司为了在全球维持其国际竞争优势,必须以先进的生产技术及经营技术来抵消跨国经营所产生的成本。因此,跨国经营中的技术通常还具有如下特性:一是可转移性,即无论是生产技术还是经营技术都应具备对外转移的可能性,尤其是根植于母国文化的经营技术应能融合到东道国的企业文化中,并与转移后的生产技术形成相辅的关系;二是先进性,即转移的技术不论是在国内还是在国外都应有一定的竞争优势,即使不是世界上最高端的技术,也应与东道国的经营资源有效结合,达到技术领先的地位;三是国际性,即所转移的技术无论用于生产的哪个区段或经营的哪个领域,都必须适合在国际上运用,过于尖端的技术有时反而不适应在国外使用,也无法在国外形成产业或产品的竞争优势①。

2. 跨国经营中技术的作用

第二次世界大战后技术革命的迅猛发展,尤其是 20 世纪 80 年代中期以来信息技术的广泛应用,从根本上改变了企业跨国经营的环境条件和竞争基础,使技术竞争成为跨国公司全球竞争的最重要的形式。

第一,技术成为国际经营资源的核心要素。早年实施跨国经营在很大程度上有赖于企业所拥有的资本、生产技术、天然资源及劳动等国际经营资源,其中资本实力及筹资能力曾是跨国公司竞争优势的决定性因素之一。然而,随着技术革命发展带来的国际竞争环境的变化,技术(包括生产技术及管理技术等)逐渐成为企业跨国经营中的决定性因素,而且跨国公司在国内外资本市场上的筹资能力也在很大程度上取决于它的技术研发能力。

第二,技术成为跨国公司生存及发展的源泉。新技术的不断出现大大缩短了原有技术的生命周期,跨国公司为了维持国际竞争优势,必须投入巨额的研究开发费用来开发新技术及新产品,并及时实现经营管理与组织制度上的创新,同时尽可能将原有生产技术及管理技术有效地整合到跨国经营中去,从而不间断地形成新的国际竞争优势。否则,不仅对外直接投资及跨国经营无法实现,就连跨国公司自身的继续生存也将会受到威胁。

第三,技术成为跨国公司参与国际竞争的重要武器。随着产品向国际分工的深化及服务全球化的发展,企业规模已经不是国际竞争力的主要源泉。而如何在全球有效地分解和整合生产的不同区段,并通过网络化的生产和服务体系来支撑全球化生产及服务的提供,便成为跨国公司国际竞争优势的决定性因素。而这种全球化生产和服务体系的形成,很大程度上取决于能否有效地吸收和整合世界上各种技术,并在此基础上形成核心竞争力。

第四,技术成为跨国公司实现国际垄断的重要手段。当今,跨国公司对世界生产、市场及价格的垄断主要依赖于对技术及知识的垄断:一是投入巨额的研发费用自主地开发新技术,并长期以专有技术的形式来维持垄断地位,或适时申请专利以保护自己的垄断优势;二是通过相互交换技术的方式从外部获取技术,形成由几家跨国公司参与的国际技术垄断联盟;三是用单独或合作研发

---

① Michael E. Porter, *Competitive Advantage: Creating and Sustaining Superior Performance*, the Free Press 1985.

的技术来确立"事实上的全球标准",以实现垄断全球市场的目的。

第五,技术成为跨国公司参与国际谈判的重要砝码。不少跨国公司为了顺利地进入东道国市场,采用"以技术换市场"的战略,即承诺以转让技术为条件,要求东道国政府对其开放国内市场。而东道国尤其是发展中东道国政府为了引进先进技术,不得不向跨国公司出让国内市场,而不管是否能真正掌握先进技术。在这种国际谈判中,拥有先进技术的跨国公司始终处在有利的地位,使得发展中东道国政府所拥有的政策优势有时显得苍白无力。

二、技术战略的目标与主要内容

1. 技术战略及其目标

正如第三章第三节所述,竞争战略理论把企业经营战略看作根据竞争环境的变化及自身拥有的经营资源、为保持和提升企业的核心竞争优势、实现企业利润或企业价值最大化目标而进行的总体规划[①]。具体是要在充分认识竞争环境变化中存在的各种风险及机会的基础上,协调企业发展与竞争环境的关系,确定企业的竞争领域及发展方向,并合理地配置经营资源,动态地调整组织结构,以提高核心竞争力和创造新的市场机会。正因为技术是跨国公司保持和提升国际竞争优势的最重要的因素,所以,技术战略便成为跨国经营战略中最重要的战略。

根据企业经营战略的本质,可以把跨国公司的技术战略定义为:在开发、吸收、积累及利用内部和外部的技术资源及技术能力的基础上实现技术创新和工艺革新,以此保持和提升企业核心竞争力的方式[②]。具体是要关注世界技术发展的趋势及技术竞争环境的变化,确定未来一定时期内技术研发的方向,充分利用企业现有的技术资源展开研发活动,并积极地从外部获取及积累技术和知识资源,推进企业的技术创新和工艺革新,提升产业及产品的层级,以强化企业的核心竞争优势,进而确立在行业内的领先地位。

技术战略的目标不单纯是投资研发新技术和新产品,还包括激活、整合和利用企业自身已有的技术能力,搜索、获取和积累企业外部的技术资源,在此基础上通过技术创新和工艺革新提高企业核心资源的价值,创造持久的国

---

① Michael E. Porter, *Competitive Strategy: Techniques for Analyzing Industries and Competitors*, the Free Press, 1980.

② Buckley, P. J. and Brooke, M. Z. *International Business Studies: An Overview*, Basil Blackwell, Oxford, UK, 1992.

际竞争优势,并在产品生产及服务提供等方面有效地运用技术创新成果,以保持全球领先的竞争地位。可见,技术战略是以实现企业总体经营战略目标为其终极目标的,因为技术战略决定性地影响着企业的其他竞争战略,是跨国公司实现全球竞争战略目标的重要手段。当然,跨国公司也会根据不同时期竞争战略目标的侧重点,及时和灵活地调整其技术战略。

迈克尔·波特(Michael E. Porter)全面地描述了企业的技术战略与竞争战略之间的关系,指出企业总体竞争战略确定了技术战略的目标和方向,而技术战略为企业实现总体竞争战略目标创造了必要的条件。技术战略的实施通过产品及工艺的技术革新,有助于企业实现以下的竞争战略目标:其一,通过节省原材料和简化生产工序来降低生产成本和扩大规模经济,并通过提高学习效应来强化价格竞争优势;其二,通过提高产品的质量和性能、缩短从接受订单到最终交货的时间,实现产品及服务的差异化,从而对竞争者构筑排他性的进入壁垒;其三,设计能满足目标细分市场需要的产品及其性能,为特定的客户提供更为有效的服务,并在细分的目标市场上获取市场份额或利润率的优势;其四,能在特定的细分市场上实现差异化竞争,使价值创造活动与特定细分市场的需求更加一致,从而提高产品和服务的市场价值(参见表9-1)。总之,迈克尔·波特认为,技术战略的核心是企业对应获取何种类型的竞争优势、为此应研发哪些对实现基本竞争战略贡献最大的技术的一种选择,同时还要权衡研发这些技术的成功率[①]。

表 9-1 跨国公司的技术战略与竞争战略的关系

技术战略＼竞争战略	成本领先战略	差异化战略	集聚战略	差异化集聚战略
产品技术革新	减少原材料使用、简化生产工序和后勤活动等	提高产品的质量、特性、可交付性或转换成本等	设计能满足目标细分市场需要的产品及其性能	产品设计能满足特定细分市场的需求,并能进行差异化竞争
工艺技术革新	提高学习曲线效应、减少原材料使用及其他投入、扩大规模经济等	提高产品精度和质量、处理订单、安排生产和交货的速度及其他执行能力	使价值创造活动与细分市场的需求相符合,以此降低协调成本	使价值创造活动与特定细分市场的需求相符合,以此提高买方价值

资料来源:根据迈克尔·波特(Michael E. Porter)《竞争战略》第二章、《竞争优势》第五章相关内容整理。

---

① Michael E. Porter, *Competitive Advantage: Creating and Sustaining Superior Performance*, the Free Press, 1985.

为了实现技术战略的目标,跨国公司在制定技术战略时一般按照以下步骤进行战略研究和分析:

第一,辨识本企业及其竞争对手采用的主流技术和分支技术,了解价值链中上下游企业的技术与本企业技术的相关性,尤其是注重可用于新技术开发的相关技术;

第二,考察其他产业或科技发展中的潜在相关技术,究明是否存在可以加以利用的外部技术,因为可能成为产业升级和竞争突变的技术常常来源于产业外部;

第三,对自身每一价值活动中以及价值链中上下游企业的技术革新的可能方向作出估计,其中包括看似与本产业及本企业无关的技术革新;

第四,确定哪些技术和潜在技术革新对竞争优势和产业结构的影响最大,尤其是价值链中上下游企业的技术革新,分析它们将如何影响成本、差异化、竞争优势及产业结构;

第五,判断本企业在关键技术上的相对优势,并对自身适应技术革新的能力作出现实的评价;

第六,选择和开发那些能加强企业整体竞争优势的重要技术,保持在成本、差异化等方面的领先优势;

第七,加强与国外子公司的技术战略协调,一是对子公司可能产生广泛影响的技术开发进行投资,并将相关信息传递给各子公司;二是在各子公司之间寻找、利用及创造技术上的关联,以获取整体上的技术竞争优势[1]。

此外,跨国公司在实施技术战略的过程中,通常需要与提升竞争优势这一最终战略目标实行动态整合(参见图 9-1)。首先,使技术战略与提升竞争优势保持一致,如果技术战略、其中特别是研发战略偏离了最终战略目标,那不仅无法提升竞争优势,而且会浪费有限的研发资源。为此,在制订及实施技术战略过程中,跨国公司母公司及子公司的决策者通常与包括研发人员在内的所有组织成员保持密切的沟通,共同参与研发战略的制定,当发现技术战略偏离最终战略目标时,就进行及时的调整。其次,密切关注技术战略与竞争优势相互作用的周期性,在周期的一定阶段,需要将技术战略的重点放在技术产业化、产

---

[1] Michael E. Porter, *Competitive Advantage: Creating and Sustaining Superior Performance*, the Free Press, 1985.

品商业化及差异化上,而在周期的下一阶段,需要用技术创新和工艺革新所获得的商业利润去推动新一轮的技术研发,以确立持久的竞争优势①。

2. 技术战略的主要内容

为了充分整合和利用企业内部及外部的技术资源和技术能力,并将技术创新和工艺革新的成果有效地运用于提升产业及产品的层级,以迅速增强和长久保持核心竞争优势,跨国公司的技术战略始终贯穿于技术研发、技术标准化、技术保护及技术转移等全过程,并通过采取各种有效的战略手段,着实地实现各个层级目标,在此基础上实现最终的战略目标(参见图9-1)。

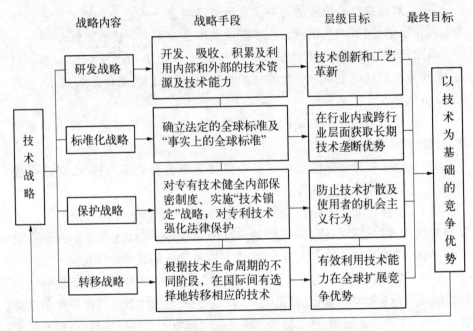

图9-1 跨国公司的技术战略与战略控制

(1)技术研发战略。

技术研发战略是跨国公司技术战略中的核心战略,也是其提升国际竞争优势的最重要的步骤。由于科学技术的发展日新月异,技术和产品的生命周期迅速缩短,导致全球技术竞争日益激化,跨国公司为了获取和保持在全球的竞争

---

① S. Zahra, R. Sisodia, B. Matherne, "Exploiting the dynamic links between competitive and technology strategies", *European Management Journal*, 17(2), 1999.

优势,势必会把更多的经营资源投入技术研发,以实现在技术创新及工艺革新。再则,由于生产的国际化及全球化的发展,海外子公司数量的迅速增加,使得跨国公司有必要在全球范围内有效地配置自身有限的技术资源和技术能力,并尽可能地吸收和利用所在东道国和地区的技术资源,以弥补自身技术资源及技术能力的不足,进而通过技术创新来增强国别及地区竞争优势。于是,技术研发的国际化和全球化便成为跨国公司技术研发战略的重要一环,也是其有效利用各种技术资源来增强和保持全球竞争优势的重要手段。

技术研发的国际化和全球化战略主要包括以下几个方面:

其一,研发资源的国际筹集,即在国际范围内搜索、获取和积累一切可用于技术研发的资源,尤其是要让国外子公司充分挖掘东道国的研发资源;

其二,研发资源的全球配置,即在全球范围内配置、整合和利用所有的研发资源,包括国外子公司之间相互融通技术资源;

其三,研发项目的国际分工,即根据基础研究、应用研究或适应性研究等不同的研发项目,采取母子公司或子公司的研发部门之间分工合作的方式,如母公司侧重基础研究及应用研究,子公司侧重适应性研究;

其四,研发活动的跨国管理,即母公司原则上对技术研发实施集权管理,但对国外子公司重要的研发组织则授予一定的权限,允许它们在有限的范围内自主地开展研发活动;

其五,研发机构的区位选择,即在海外重要的国家或地区设立研发中心,有效利用当地研发资源从事部分基础研究及应用研究;

其六,技术研发的跨国联盟,即与其他国家的跨国公司结成国际战略联盟,通过优势互补来合作研发新技术和新产品。

(2) 技术标准化战略。

技术标准化战略是跨国公司通过将其采用的技术标准确立为全球技术标准,从而在行业内或跨行业层面上获取长期技术垄断优势的战略谋划,也是其技术战略的高级形态。在科学技术迅猛发展、技术竞争成为全球竞争最重要手段的条件下,跨国公司通过技术研发获得的单项或一般的技术优势只能给其带来局部的和短期的利润,而只有将所开发的技术确立为全球行业或跨行业的标准,并让竞争者按照这种标准生产产品和提供服务,才能使跨国公司获得规模更大、时间更久的技术垄断优势。因为,当跨国公司研发的技术确立为全球行业或跨行业标准后,便确立了其在世界同行业或不同行业内的技术垄断地位，其他竞争者要想进入该市场，只能按照这种标准生产产品和提供服务，否则将被拒之于该市场之外。即技术标准构筑了市场进入壁垒，使得技术被确立为全球标准的跨国公司能够长期独享技术标准带来的垄断利润。同时，按照该技术标准进入的企业越多，则该技术标准的系统价值就越高，该技术标准持有者就越能得到规模收益。因此，也可以把当今跨国公司之间的技术竞争看作技术标准化竞争，只要能获取并控制技术标准，也就能获得技术竞争优势，并能长期垄断或控制世界市场。

跨国公司技术标准化战略的实施手段通常有以下两种：

其一，确立法定的全球标准（de jure global standard），即通过推广和运用已开发的新技术和新产品，尤其是通过对外直接投资向国外子公司转移这些技术和产品，扩大新产品的国际销售，让国际市场更多地接受该新产品的规格、性能等，或让国际上更多的企业参与该新产品生产的国际分工，且在此过程中适当地向它们转让部分技术，进而从生产和市场两方面逐渐确立该新技术及新产品的国际标准，并在此基础上再向 ISO、JIS 等世界标准化机构申请，经国际协商及审核，最终确定为法定的全球标准。

其二，确立"事实上的全球标准"（de facto global standard），即世界相关行业中的主要跨国公司通过由其主导的全球价值链的生产网络，把世界上的关联企业纳入其技术或生产体系，并通过它们再去整合世界上其他企业，让世界上更多的企业认同和遵循这种技术标准，或世界主要跨国公司通过结成国际战略联盟，合作研发新技术及新产品，并利用它们的技术及市场垄断力量，将这些技术及产品标准作为全球标准加以推广，以获取世界同行业其他企业的广泛认同，从而形成事实上的全球标准。目前，确立"事实上的全球标准"，已成为跨国公司技术标准化战略的最重要的目标。

（3）技术保护战略。

如何有效地保护已有的技术，防止技术扩散及使用者的机会主义行为，已成为跨国公司全球技术管理中具有战略性的问题。因为，现今国际间技术竞争愈益激烈，技术的生命周期正在缩短，技术的研发成本和风险逐渐提高；相反，国际上技术侵权时有发生，技术的扩散成本不断降低，机会主义行为日益盛行。由此，如果不从源头上及使用过程中有效地保护技术，跨国公司就难以在全球保持其长久的技术竞争优势。

如上所述，专有技术是一般不受法律保护的技术秘密或技术诀窍，它的商业价值在于持有者可以通过其保密性来长期地垄断该项技术,并能获得超额的垄断利润。然而,专有技术也面临容易被剽窃和扩散而又得不到法律保护的风险,进而有可能使持有者无法获得一般的利润,或连研究与开发费用都无法回收。因此,如何有效地保护专有技术,便成为跨国公司技术保护战略的重中之重。跨国公司的具体措施是:其一,仅把专有技术转让给其在国外的独资子公司使用,并健全母子公司内部的保密制度,以此来实现自我保护;其二,实施"技术锁定"(technology lock-in)策略,即在技术及产品等关键部分故意设置一些难以破解的诀窍或障碍,以提高专有技术的秘密性,防止技术转移过程中的扩散风险;其三,密切关注全球相关领域技术研发的动向,准确评价所拥有的专有技术的国际先进性,如它的国际竞争优势发生弱化,则适时在母国、东道国或第三国申请专利,以获取各国专利法的保护,并获得专利技术带来的稳定收益。

尽管专利技术受到法律保护,但是在实际使用过程中产权被侵犯的现象还时有发生,结果会使跨国公司遭受重大的损失。同时,来自市场竞争者的技术竞争会削弱跨国公司已有专利技术的竞争优势,从而迫使其不仅通过法律手段被动地保护专利技术,而是更主动积极地将专利技术作为打压竞争者及进入新市场的有力武器。跨国公司的具体做法有:

其一,在企业内建立一支由技术及法律专家等组成的专业队伍,收集和分析本企业相关专利在国际上使用的信息,解决专利使用中发生的争端,并对其他企业违反专利权的行为提出法律诉讼;

其二,研究各国的专利制度及其他法律,使专利技术的管理与各国制度相适应,避免管理过严或过松产生的争端或可能造成的损失;

其三,在进入一个新的东道国市场之前,采取专利保护先行的战略,即先在当地申请多项有关专利,积极地利用专利技术排挤竞争者,进而迅速扩大在该东道国的市场份额。

(4) 技术转移战略。

通过对外直接投资在国际间有选择地转移技术,是跨国公司有效利用技术能力在全球扩展竞争优势的重要手段。通过国际技术转移不仅能进一步扩大已有的国际市场份额,或进入新的东道国市场,还能充分利用国际技术转移效应,通过较高的技术定价尽早地回收研发成本,或通过延长技术的使用周期,进而获得技术转移带来的长期利润。然而,国际技术转移有很高的风险,除了技术转移过程中一般的技术外溢外,还有技术转移接受方的机会主义行为导致的技术扩散,从而将使跨国公司蒙受重大的损失。

为此,跨国公司在实施国际技术转移时,通常从以下两方面来考虑相应的战略。

首先,根据技术生命周期的不同阶段选择相应的技术转移内容:在技术创新阶段,跨国公司一般是在国内使用新技术而不进行国际技术转移,因为该阶段国内尚未出现竞争者,国际上还不了解该项新技术,也无法合理地评价新技术的价值;在技术成熟阶段,技术的传播加剧了国内企业间的竞争,国外也开始逐渐出现竞争者,为了在国际市场上保持竞争优势,并在其他发达国家市场排挤竞争者,跨国公司会通过对外直接投资将技术转移到其他发达国家;在技术标准化阶段,发展中国家开始逐渐能掌握和使用技术,且劳动力等生产要素相对便宜,所以,跨国公司便会通过直接投资把技术转移到发展中国家,在当地从事生产和出口,以维持其在国际市场上的竞争力。

其次,根据所持有的国外子公司的所有权比率选择相应的技术转移内容:对于完全所有的独资子公司,跨国公司通常会转移部分较新的系统技术,因为在独资企业内部技术被剽窃及扩散的风险较小;对于所有权过半数的合资子公司,跨国公司一般会转移部分关键技术,因为过半数所有权能在一定程度上防止技术扩散的风险;对于少数所有的合资子公司,跨国公司倾向于转移外围技术或标准技术,因为转移外围技术一般不会对整体技术的扩散带来很大的风险;对于没有资本关系的国外独立企业,跨国公司出于利用当地资源及进入当地市场等动机,通常会选择向它们转让部分专利技术,因为专利技术原则上受到相关法律的保护,理论上产生被剽窃或被扩散的风险相对较小(详见本章第三节)。

第二节 跨国公司的技术战略管理

一、全球技术研发的管理与控制

1. 全球技术信息的收集与管理

对跨国公司来说,全球技术信息主要包括所处行业的国内外技术状况、主要竞争对手的技术水平和技术战略、国际市场对相关技术的实际需求、世界主要研究机构的最新科研成果等。广泛收集、有效管理和充分利用全球技术信息,是跨国公司了解世界技术竞争环境的变化、评介自身的技术资源及技术能力、确定未来一定时期内技术研发的方向、选择提升企业核心竞争力的方式以及明确组织内各成员主要职责的基本前提,也是跨国公司合理制定技术战略、顺利实现战略目标的极其重要的环节。

全球技术信息的收集与管理主要包括以下几方面的内容:

第一,掌握全球技术信息以解读外部技术环境,即通过了解世界相关技术领域的基础研究成果、同行业的技术水准及技术周期所处的阶段、主要竞争对手的技术研发能力及竞争优势、主要客户及市场对相关技术的要求等,来认识外部技术环境的变化;

第二,在充分掌握全球技术信息的基础上评价企业自身的技术资源和技术能力,即衡量本企业在全球技术竞争中的地位,发现所拥有的有形和无形的技术资源及技术竞争的优势,评价这些技术资源和技术能力的价值,为选择和制定相应的技术战略提供依据;

第三,通过企业内全球技术信息的共享来提高组织内所有成员参与信息收集及实施技术战略的积极性,即不是单向地由母公司向国外子公司传递技术研发信息及由国外子公司向母公司传递技术需求信息,而是母子公司双向地交流和共享全球所有的技术信息,让国外子公司积极地收集当地的技术信息,并向母公司及其他子公司传递信息,以利于跨国公司从全球角度制定技术战略。

2. 研发资源的全球筹集和配置

研发资源通常是指企业研发新技术和新产品所必需的基本要素,包括企业已有的技术专利、科研设备、科研人员、研发资金、研发组织、技术信息、合作伙伴等。尽管跨国公司在对外直接投资的初期通过利用自身的所有权优势,即技术资源和技术能力的对外转移进入了国际市场,但随着其国际经营范围的扩大,自身研发资源的有限性会逐渐显现,有效利用国外研发资源的必要性会愈益增强,而遍布世界各地的子公司则为跨国公司在全球筹集和利用研发资源提供了广泛的可能性[1]。同时,如何在全球合理地配置有限的研发资源,也日益成为跨国公司技术战略中的重要课题。

---

[1] E. B. Roberts, "Benchmarking Global Strategic Management of Technology", *Research Technology Management*, Mar/Apr. 2001, Vol. 44, pp. 25-36.

在当今企业的研发资源中,科研人员和研发资金是两个重要的基本要素。

(1) 科研人员。

关于科研人员的招聘和配置,跨国公司的基本策略是:其一,不惜重金从全球直接招聘最优秀的科研人员,甚至高薪从其他跨国公司挖取高端人才;其二,邀请国际上知名高校或研究机构的科研人员去母公司中央研究所从事短期的科研工作,或将科研项目委托给他们;其三,让国外子公司的优秀科研人员短期去母公司中央研究所工作,或指派母公司的科研人员去子公司研发部门指导科研。

(2) 研发资金。

关于研发资金的筹集和运用,跨国公司的基本做法是:其一,全方位筹集研发资金,尤其是国外子公司所需的研发资金更倾向于在东道国当地筹集;其二,母公司筹集的研发资金主要用于基础性研究,国外子公司筹集的研发资金主要用于技术及产品的适用性研究;其三,逐渐提高国外子公司研发资金的预算比率,让有一定研发能力的国外子公司参与产品开发。

如表9-2所示,20世纪90年代初以来,年研发经费在1亿美元以上的世界主要研发型跨国公司利用外部研发资源的比率迅速增加,连过去主要依靠内部研发资源的北美跨国公司,也开始在"相当程度上依靠外部研发资源"。同时,北美及欧洲的跨国公司正在逐渐调高用于国外研发的预算资金比率,改变过去研发资金主要集中于母公司做法,更加有效地将资金配置在有研发能力的国外子公司。其中,最大限度地利用外部研发资源的目的不仅是为了节省本企业的研发成本,也是为了提高新产品研发的成功率和研发速度[①]。

3. 技术研发的跨国分工与合作

技术研发的集权化是20世纪70年代以前跨国公司的基本政策取向,其主要动因在于:一是要对有限的研发资金实施有效的财务控制;二是要提高技术研发的效率及节省研发成本;三是要防止因研发分散化导致的技术泄密。然而,随着跨国经营范围的扩大和内容的深化,为了提高产品对东道国市场的适应性,增强技术在东道国市场的竞争力,跨国公司不得不对集权化的研发战略作必要的调整。

---

① Buckley, P. J. and Brooke, M. Z. *International Business Studies: An Overview*, Basil Blackwell, Oxford, UK, 1992.

表 9-2　世界主要研发型跨国公司利用外部
研发资源及配置研发资金的概况　　　（单位：%）

	"相当程度上依靠外部研发资源"的企业比率				用于国外研发的预算资金比率		
	1992 年	1995 年	1998 年	2001 年	1995 年	1998 年	2001 年
北美企业	10	30	75	85	24.3	29.6	33.0
欧洲企业	22	47	77	86	26.8	31.4	34.9
日本企业	35	47	72	84	4.6	6.9	10.4

注：对年研发经费在 1 亿美元以上的 209 家跨国公司的问卷调查结果。
资料来源：E. B. Roberts, Benchmarking Global Strategic Management of Technology, *Research Technology Management*, Mar/Apr. 2001, Vol. 44. pp. 30－31.

20 世纪 70 年代以来跨国公司全球研发战略的调整主要围绕着以下几方面展开的：

其一，将部分研发活动转移至国外子公司，尤其让子公司承担与当地市场紧密联系的产品开发及工艺改良等研发工作，以提高研发计划的针对性及产品的适应性；

其二，在企业内部构建研发的分工与合作体系，即母公司主要从事核心技术及新产品开发等研究，或带有长期战略性的基础研究，国外子公司主要分担辅助技术及产品适用性等研究，或与当地市场环境相适应的战术性的实用研究，以增强企业整体的技术创新能力；

其三，在研发能力较强的东道国建立地区研发中心，授予其项目设计、资源整合、业务分配及成果管理等较多的权限，并在母公司的统一控制下协调所在地区其他子公司的研发活动；

其四，与其他有较强研发能力的跨国公司结成技术研发的国际战略联盟，通过研发资源和技术能力的优势互补，来实现更大范围及更高层次的技术创新[1]。

通过建立内部一体化的研发体制和与外部相联系的跨国分工和合作体系，跨国公司的技术创新机制得到了进一步的完善。其主要表现在：一是研发资源的筹集和配置能得到进一步的优化，由此可以避免内部重复研发的现

---

[1] M. Serapio and T. Hayashi, *Internationalization of Research and Development, and the Emergence of Global R&D Networks*, ELESEVIER (JAI Press), 2004.

象,并可降低研发成本和提高研发效率;二是通过内部的技术交流和转移,可以促进技术在母子公司及子公司之间的传播、普及和反馈,从而能加速形成技术创新的基础和条件;三是能进一步充分发挥内部的技术能力和分工合作的优势,由此可以放大内部的协同效应,进而可能实现复合创新或叠加创新;四是能通过技术研发信息的内部化,防止国内外竞争企业的模仿,并能获得技术研发的领先优势;五是能有效地利用外部的研发资源,弥补内部研发资源的不足,并通过资源互补形成技术创新的国际竞争优势。

4. 全球研发组织的构建与管理

促进企业内技术创新和工艺革新的最重要的方法,是构建支持所有成员参与研发的柔性的研发组织[1]。为了在全球获取更多的研发资源,使研发创意能超越部门间的壁垒,确保部门间的相互沟通和目标一致,并加强研究开发与市场营销之间的联系,不少跨国公司在20世纪70年代以后相继重组了研发事业部,并在母公司(世界总部)的层面上设立了横跨多个事业部的研发委员会,该委员会既是加强各部门间联系的网络平台,也是实施共同决策的沟通平台(参见第七章第二节及第三节)。

构建和管理全球研发组织的主要目标是,扩大研发创意的应用范围,满足全球研发的需求,提高当地研发人员的士气,进而实现全球研发活动的协同效应。为此,在组织结构层面上,跨国公司通常采用多样化的组织模式,以实现上述的组织构架及管理目标。其中主要有以下几种类型:一是中心模式,即把研发的决策权集中在母公司的中央研究机构,其他辅助性的研发业务交给国外子公司的研究部门,形成垂直一体化的研发体系;二是网络模式,即让不同层次的研究机构分担使命(mission)性的研发业务,如让在特定技术领域的国外子公司承担具有全球责任的技术研发,或让在特定产品领域的国外子公司从事具有全球责任的产品开发,在此基础上形成全球研发网络;三是竞争模式,即给参与研发活动的国外子公司相当的自主权,让它们成为能决定自身经营领域的利润中心[2]。

不过,有研究表明,现实中存在的跨国公司全球研发机构主要有以下四种类型:

---

[1] Allen, T. J. *Managing the Flow of Technology*, MIT Press, 1977.
[2] De Meyer, A. & Mizushima, A. "Global R&D Management", *R&D Management*, 1989, Vol. 19, No. 2, p. 137.

其一，不仅为了向东道国当地企业或客户提供技术服务，还为了能促进母公司向子公司转移生产技术而设立的当地研发机构；

其二，不一定利用母公司的技术，而是为了在当地市场开发新产品及改良产品而建立的当地研发机构；

其三，为了开发同时能适用于多个市场的新产品和制造工艺而建立的全球研发机构；

其四，以长期战略为取向，以开发具有原创性技术为目的而建立的全球研发机构。该研究同时还表明，跨国公司的对外研发投资大部分先是从国际技术转移开始的，再逐渐向在东道国的子公司的技术研发部门及全球技术研发机构扩展的，这与国际产品生命周期理论模型相一致[1]。

5. 全球研发风险的控制与管理

尽管全球技术研发有如上所述的各种优点，但是，要真正获得研发成果并不容易，其中失败的事例也不少[2]。究其原因，是因为全球研发活动中存在着特殊的风险，而这种风险主要来自技术的不确定性和市场的不确定性。因此，如何最大限度地规避和降低风险，已成为跨国公司在实施全球技术研发战略时的重要环节。

围绕全球研发风险的控制与管理，跨国公司已积累了一定的经验，并以整理出一套积极应对的战略思路。如图9-2所示，巴克雷（Peter J. Buckley）等根据技术的不确定性和市场的不确定性，将全球研发风险及其应对战略分成四种类型：

第一，当市场及技术的不确定性都较低时，通常可以考虑从本国母公司的研发机构或其他国外子公司的研发部门获取相关的技术；

第二，当技术的不确定性较低，而市场的不确定性较高时，一般可以考虑利用在国外的研发机构，通过采用它们开发的与当地市场及需求方密切相关的应用技术，以降低自身研发这些技术的市场风险；

第三，当市场的不确定性较低，而技术的不确定性较高时，国外研发机构的主要任务是究明技术不确定性产生的原因，并通过技术信息网络请求母公司及其他子公司提供技术支持，或可考虑通过直接研发来获得这些技术；

---

[1] Ronstadt, R. ,*Research and Development Abroad by US Multinationals* , Praeger, 1977.
[2] Buckley, P. J. and Brooke, M. Z. *International Business Studies: An Overview*, Basil Blackwell, Oxford, UK, 1992.

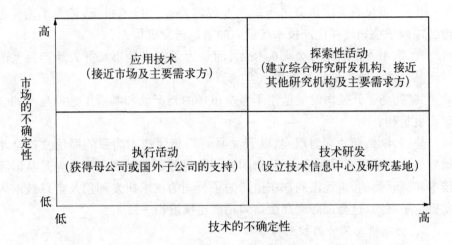

图 9-2 市场及技术的不确定性与全球研究开发

资料来源：根据 Buckley, P. J. and Brooke, M. Z. *International Business Studies: An Overview*, Basil Blackwell, Oxford, UK, 1992, pp. 494-496 内容整理。

第四，当市场及技术的不确定性都较高时，就有必要考虑建立包括基础研究和应用研究在内的综合研发机构，从事创新性的技术研发活动，并主动接近当地重要的研究机构及主要的需求方，了解当地技术研发的现状以及市场对技术的需求。

二、全球研发成果的管理与控制

1. 全球技术环境的评价

全面解读和准确评价全球技术环境及其变化，不仅是跨国公司制定和实施技术战略的重要前提，也是对研发成果进行全球管理与控制的重要基础。因为深入研究和分析全球技术竞争的态势、世界主要科研机构的科学技术发明及主要跨国公司的技术战略，准确评价世界上竞争对手的技术水平、研发投资及申请专利的动向，并在此基础上反复确认自身技术创新及工艺革新的比较优势，正确评估自身已有技术创造商业利润的潜力，积极探索提升持久竞争优势的方式，这对于跨国公司有效管理和控制研发成果，顺利实现技术战略的目标有着极其重要的意义。

跨国公司对全球技术环境的评价一般是围绕以下几方面展开的：

第一，研究全球技术竞争的新趋势。主要研究内容有：一是世界各国科学技术发展的现状、正在从事的前沿研究、可能出现技术突破的主要领域以及对产业结构、产品结构和企业组织结构的影响;二是全球主要跨国公司研发投资的总体规模、主要研发领域、重要研发成果以及技术产业化和产品商业化的趋势;三是各国政府的产业政策取向、重点资助的研发项目及其他支持性政策;四是通过技术创新重构国际产业组织、建立中间产品供需体制及提升核心竞争优势的主要方式;五是发达国家跨国公司的技术交叉许可战略的主要特征、交换新技术的主要领域和对象以及全球技术贸易的趋向等。

第二,分析世界主要竞争对手的技术水平。主要分析内容有:一是竞争对手所拥有的技术资源和现有技术水平在世界同行业中的排名以及潜在的技术研发能力;二是竞争对手的研发投资及其增长率、重点投资领域及其投资效率;三是竞争对手拥有的专有技术的种类、所处生命周期的阶段、在产品生产与服务提供中具体的运用状况;四是竞争对手专利申请的状况、专利数量与所属类别、申请国别、转让对象以及专利费收入的变化;五是竞争对手的产品结构层次、主要生产工艺以及利用技术创新成果进入新领域的可能性等。

第三,评估自身技术在全球竞争中的比较优势。评估内容主要包括:一是自身所拥有的技术资源与技术能力、现有技术水平在世界同行业中的地位;二是总投资中研发投资的比率、研发投资的效率及其在世界同行业中的排名、近期内实现技术创新的可能性;三是已有的专有技术及专利技术在世界同行业中的比较优势、它们处在生命周期的哪个阶段;四是现有产品及其生产工艺的先进性、利用技术创新优势进入新领域的可能性;五是现有的技术比较优势正遭受哪些竞争对手的何种威胁、被它们赶超所需要的时间等。

2. 全球研发成果的集权式管理

在准确评价全球技术环境的基础上,跨国公司对全球研发成果的管理主要是围绕以下几方面展开的,即采取何种管理模式、如何进行分类管理以及选择何种应用方式。在此过程中,跨国公司不单为了防止技术扩散而对研发成果的应用实施各种规制,更重要的是为了使研发成果的应用能提升企业的竞争优势,而不断地对全球研发战略的目标与战略执行的结果进行比较分析,并适时对两者之间出现的偏差进行战略性调整。

关于研发成果的管理模式,跨国公司的基本原则是,全球的研发成果一般由母公司的中央研究机构集中管理,专利通常也以母公司的名义,选择在世界上最合适的国家或地区提出申请并获取(参见图9-3)。其理由是:

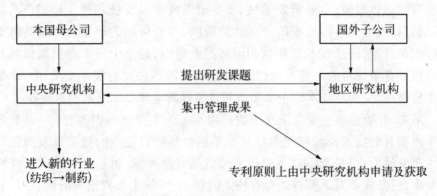

图9-3 跨国公司的全球研发管理与控制

第一,母公司掌握着全球研发信息,可以对研发成果实施更有效的管理,即既能准确地判断研发成果在世界上的地位,也能合理地选择专利的申请时期及申请地;

第二,通过集权式管理可以提高技术的保密性,防止国外子公司研发部门或地区研发机构的研发成果在运用过程中被当地企业模仿或窃取;

第三,母公司通过对国外子公司及地区研究机构的研发成果实施集中管理,可将它们整合成能适用于国外更多子公司的技术体系,以利于其在全球进一步扩大技术优势,并在此基础上实现集成式的技术创新和工艺革新。

关于研发成果的分类管理,跨国公司通常的做法是将其分为专有技术和专利技术,并采取不同的管理方式。对于专有技术,跨国公司更加倾向于采取集权式管理方式,一般把它的使用限定在母公司或国内子公司层面,即使是转移给国外子公司使用,通常也只是选择独资子公司以及部分已成熟的技术或难以系统化的局部技术,目的在于保护专有技术的独占权,以利用其保密性来获取长期的垄断利润。对于专利技术,跨国公司通常是在集权管理的原则下,根据专利有效期的不同阶段实施差异化管理,即一般在有效期的前期通过与使用方签订专利合同,最大限度地获取专利使用费,而在有效期的后期则选择合适的时机和合适的对象出售(转让)专利,并将转让收入用于新技术的开发。

关于研发成果的应用方式,跨国公司通常根据研发成果的性质及外部技

术环境,采用以下三种方式:

其一,对于专有技术及核心专利,跨国公司一般限于在国内的母公司或子公司使用,但也会根据全球经营战略的需要,通过对外直接投资,在国外的独资或过半数所有的子公司使用;

其二,出于全球技术战略的考虑,跨国公司会选择向其他企业转让属于外围的专有技术和专利技术,或与东道国企业签订技术协定,有条件地授予相关技术的使用权;

其三,由于全球技术竞争进一步加剧,因此,尤其是发达国家跨国公司的技术战略趋于保守,它们逐渐减少单方面的对外技术转让,而更多采取交叉许可战略,即与其他企业开发的优秀技术进行交换。

3. 全球专利的申请与管理

(1) 专利申请。

如何选择最合适的时间申请专利,是跨国公司全球技术战略的核心内容,也是能否最有效地利用技术研发成果,实现全球利润最大化的重要环节。如果不是尽可能地将研发成果首先作为专有技术运用,而是过早地去申请专利,那么,就无法获取专有技术带来的超额垄断利润,而只能获得专利技术带来的一般垄断利润或一般利润。因为,申请专利时一般需要公开研发过程及发明内容,这样容易让竞争对手了解更多的技术研发信息,并能在一定程度上制约专利所有者过高的技术定价,也有利于竞争对手在此基础上的技术赶超。相反,在专利授权采取时间优先的原则下,如果首创者在申请时间的选择上稍有怠慢,那么后来者就会因率先申请而获得专利权,而首创者就可能因延误时机而丧失此项权利。

此外,如何进入某一目标市场(国家或地区),并在此后更有效地控制该市场,也是跨国公司全球技术战略的重要内容。为了有效地遏制当地或外来的竞争对手,保证能顺利进入和控制目标市场,跨国公司一般首先从专利布局开始,然后再制定具体进入及扩张的路线图。即首先选择在这些国家或地区申请相关专利,在竞争对手尚未出现之前完成专利布局,以确立其在这些市场上的技术垄断地位;然后,在当地建立独资子公司或多数所有的合资子公司,并转让部分专利使用权,使技术垄断优势转变为市场竞争优势。调查表明,有些跨国公司在目标市场正式开展经营活动的三年之前,就已逐步完成了专利布局,让专利保护先行,从而使此后的市场进入、市场扩张及市场垄断能更加有效地推进①。

毫无疑问,专利申请的时间及国别(地区)选择的有效性,相当程度上取决于跨国公司对全球技术环境的准确评价,尤其是在技术差距较小的领域,准确评价全球技术环境的重要性更加突出。只有充分做到知己知彼,才能把握住最佳的申请时机,进而获得技术领先的优势;也唯有灵活运用专利战略,才能更有效地进入及控制目标市场,并将技术垄断优势转化为全球市场竞争优势。

(2) 专利管理。

专利的全球管理不仅涉及专利的内部化问题,即如何让专利在跨国公司内部更有效地使用,还涉及专利对外许可及转让的决策、对象及方式的选择以及相关法律的保护等问题,后者也是跨国公司全球技术战略管理的重要环节。

专利许可及转让的决策主要是指跨国公司为了最大限度地获取技术垄断优势,确定在何种情况下颁发专利许可证以及在何种场合下转让专利。通常,跨国公司会在以下情况下颁发专利许可证:

第一,由于本企业缺乏将某项专利技术商业化的能力,或竞争对手在该产业领域势力太强,以至于仅靠该项专利无法获取市场竞争优势,而通过发放专利许可证,可以在一个特定的技术领域保持优势;

第二,尽管某项专利技术有一定的商业价值,但本企业无法以此进入新的产业领域,其他竞争对手也不能或不想进入该市场,而向不同领域的企业发放专利许可证,可以从不同行业收取专利使用费;

第三,发放专利许可证可以加速全球技术标准的形成,尤其当世界同行业中不少企业正在选择使用该技术时,向它们发放专利许可证能加快将该项技术确立为世界标准;

第四,假如某项专利技术在本行业中暂时还没有理想的投资价值,与其将它投入到低收益的部门,还不如向其他企业发放专利许可证,以确保此项专利的基本收入;

第五,如果能以本企业的专利许可证换取其他企业的专利许可证,并能

---

① Piero Telesio, *Technology Licensing and Multinational Enterprises*, Praeger Publishers, 1979.

确保此项交易是公平的,那么专利的交叉许可便是一种合适的选择①。

此外,跨国公司一般在以下情况下会选择专利转让:其一,该项专利技术迅速标准化,或该项专利已处于技术生命周期的后期;其二,该项专利不适应在母国或某东道国当地使用,或它的使用无法明显提高国际竞争优势;其三,为了得到其他企业的相关先进技术,有必要与其他企业签订交叉专利合同。

关于专利许可及转让对象的选择,跨国公司通常遵循以下原则:

第一,不向现有的竞争对手以及未来可能成为潜在竞争者的企业发放专利许可证或转让专利,以避免增强竞争对手的实力,防止技术竞争优势的丧失;

第二,如接受专利许可或转让的企业能进一步扩大市场规模,并能将市场扩大效应反馈给专利授权者,那么该企业便是合适的选择对象;

第三,尽管是同行业的竞争对手,但通过专利许可或转让也能从竞争对手那里获得相应的技术,并能较快地增强竞争优势,那么该企业也是可选择的对象。

关于专利许可及转让方式的选择,跨国公司一般按照以下规程:

第一,母公司一般控制基本专利(basic patent),对外许可或转让的专利通常属于增补专利或改进专利,即由母公司控制核心技术,而将有关使用方法、应用技术和改良后的外围技术等转移给其他企业,并通过其所掌控的全球专利网来维持和增强技术竞争优势;

第二,为了防止技术扩散而丧失技术优势或被竞争对手反超,跨国公司在发放专利许可或转让专利时,通常会与接受方签订附加条款,对接受方在授权方专利的基础上实现的发明及改良的使用范围和对外转让等设置一定的限制,甚至约定在此基础上的一切发明和改良必须无偿提供(回授)给专利授权方使用,以此来降低专利许可及转让的风险;

第三,为了防止因转让专利或发放许可可能对授权方的国内外市场造成冲击,跨国公司会要求接受方签订限制性条款,如限制接受方利用该专利或许可所生产的产品数量及价格,或限制该产品的出口数量及出口地区等。

关于专利的法律保护,跨国公司一般建立如下的管理体系:首先,在母公

---

① Michael E. Porter, *Competitive Advantage: Creating and Sustaining Superior Performance*, the Free Press, 1985.

司层面设专利管理的职能部门或在中央研究所内设类似部门,并按地区及国别配置专门的法律专家,及时跟踪调查有关专利在全球的使用情况及其被侵权的案例,并提出及实施具体的应对策略;其次,在国外子公司也设相应的专利管理部门,不仅配备专门的法律专家,还聘请当地的律师作为法律顾问,以应对当地复杂的法律问题。通过这种分层的管理体系,跨国公司不仅能充分掌握其专利在全球遭遇的侵权问题,还能灵活地适应和利用各国的专利制度,对违反专利的行为进行有效的处罚。

第三节 跨国公司的国际技术转移

一、国际技术转移及其主要方式

1. 国际技术转移与转让

国际技术转移(international transfer of technology)通常是指技术从一国向另一国,或从一国企业向另一国企业的转移。综合国际上不同的看法,跨国公司的国际技术转移一般可从以下五个方面来具体定义:

其一,从地点或空间转移的角度,将国际技术转移看作技术跨国境的移动;

其二,从技术所有权或使用权转移的角度,把国际技术转移看作技术权利的跨国境让渡;

其三,从技术转移的全过程,即不仅着眼于技术转移方的行为过程,而且也关注接受方的技术吸收效果,将国际技术转移看作技术的转移、消化、吸收及积累的整个过程[①];

其四,从技术的物质形态和非物质形态转化的角度,把国际技术转移看作技术知识、经验及其载体(人及技术设备等)的跨国境的流动;

其五,从企业及其所有者的国籍属性等角度,也可将国际技术转移看作不同国家企业间的技术流动,如跨国公司的子公司在东道国把相关技术授予当地的企业,而尽管该项技术并没有发生实质性的跨国境的转移。

---

① Asim Erdilek, "Issues in International Technology Transfer", *Economic Impact*, 1986(4), p.51.

综上所述，跨国公司的国际技术转移具有十分明显的两大特征，即地点或空间的转移以及所有权或使用权的转移。在有些场合，跨国公司会将技术的所有权或使用权授予在某东道国的子公司或分公司，甚至转让给东道国的当地企业；但在另一些场合，跨国公司也可能采取仅向国外子公司或分公司转移技术而不让渡所有权，也不明确转让使用权的方式，即采取技术内部化的转移方式。可见，国际技术转让只是国际技术转移中的一种形式，其重要的特征在于技术所有权或使用权的让渡，而国际技术转移的含义及范围则更广泛、内容及过程更复杂。从严格的法律意义上来讲，国际技术转让（international technology assignment）是指国际间法律关系的一方主体将技术的所有权或使用权授予另一法律关系主体的行为。

2. 国际技术转移的主要内容

关于国际技术转移的主要内容，尽管国际上没有太原则的分歧，但也有一定的差异。联合国《国际技术转让行动守则》（草案）对此所作的定义是："关于制造某项产品、应用某种生产方法或提供某种服务的系统知识，但不包括单纯的货物出售或租赁交易"。具体是指以下几种情况：

其一，各种形式的工业产权的转让、出售和授予许可，但不包括单纯的商标、服务标志和商号名称的转让；

其二，以可行性报告、计划书、设计图纸、模型、说明书、指南、配方、基本或具体的工程设计、培训方案及其设备、技术咨询和管理人员服务以及员工培训等方式，提供的专有技术和技术知识；

其三，提供关于工厂和设备的安装、操作和运行以及交钥匙项目所必需的技术知识；

其四，提供关于获取、安装及使用已经以购买、租赁或其他方式取得的机器、设备、中间产品和(或)原材料所需的技术知识；

其五，提供工业与技术合作协议的技术内容①。

根据《中华人民共和国技术引进合同管理条例》及其《施行细则》的规定，技术转让包括以下五方面的内容：

第一，工业产权的转让或许可，即发明专利权、适用新型专利权、外观设

---

① UNCTAD, Draft International Code of Conduct on the Transfer of Technology: as at the Close of the Sixth Session of the Conference on 5 June 1985, United Nations, 1985.

计专利权以及商标权的转让或使用许可(仅涉及商标权的转让除外);

第二,专有技术的许可,即以图纸、技术资料、技术规范等形式提供或者传授未公开过、未取得工业产权法律保护的制造某种产品或者应用某项工艺以及产品设计、工艺流程、配方、质量控制和管理等方面专有技术的许可;

第三,各种形式的技术服务、技术咨询;

第四,含有工业产权的转让或许可、专有技术许可或者技术服务任何一项内容的合作生产和合作设计;

第五,提供含有工业产权的转让或许可、专有技术许可或者技术服务任何一项内容的成套设备、生产线和关键设备[①]。

尽管国际商品贸易通过技术模仿或技术外溢等途径,也能在一定程度上实现国际技术转移,但是,由于国际商品贸易的标的是有形的商品或"硬件",其国际技术转移效应是无意派生的,并非是贸易主体主观行为的结果,所以,一般不将此作为国际技术转移的研究范畴。而作为国际技术转移主要方式之一的国际技术贸易,由于其具有如下特点,因此成为研究国际技术转移的重要对象。

其一,国际技术贸易的标的主要是无形的技术知识和经验的使用权,它并不因形式上的转让而使其所有者失去对它的占有,因为技术受让方不能擅自将该项技术知识再转让或赠送给任何第三方;

其二,国际技术贸易完成交易的过程一般较长,它不仅涉及技术项目的选定、技术先进性及适用性的分析,还涉及所转移的技术与接受方原有生产技术的关系以及所转移的技术有效使用等问题;

其三,国际技术贸易涉及的法律法规方面的问题较复杂,不仅涉及知识产权保护、最终履行转让合同等法律问题,而且还涉及贸易政策、贸易条件、支付方式等贸易方面的问题;

其四,在国际技术贸易中,伴随着无形的技术知识和经验的转移,技术人员的国际交流将更加频繁,即掌握一定技术知识或经验(技能)的技术人员跨国提供技术服务。

3. 国际技术转移的主要方式

国际技术转移的方式多种多样,根据其商业目的大体可分为两种:一种

---

① 国务院《中华人民共和国技术引进合同管理条例》,1985年5月24日颁布和实施;《中华人民共和国技术引进合同管理条例施行细则》,2002年1月1日起实施。

是非商业性的技术转移,即国际间无偿的技术援助;另一种是商业性的技术转移,即按商业条件在市场上进行的有偿的国际技术转移,它是当今国际技术转移最主要的方式。国际间商业性的有偿技术转移又有两种主要方式:一是国际技术贸易;二是国际技术投资(含有技术转移的对外直接投资)。

(1) 国际技术贸易方式。

① 产权转让。

产权转让是指技术所有权的转移,包括专利技术、专有技术等技术所有权的跨国转移。然而,在国际技术贸易中,这种工业产权、尤其是非工业产权所有权的国际转让通常是极少见的,跨国公司一般不会把技术的所有权转让给国外其他企业。

② 许可证贸易。

许可证贸易也称为许可贸易,是技术使用权转移的一种国际交易,即指工业产权或专有技术的所有者(跨国公司)作为许可方,通过与被许可方(接受方或购证方)签订许可合同,将其所拥有的技术使用权授予被许可方,允许被许可方按照许可合同约定的条件使用某项技术制造或销售相关产品,并由被许可方向许可方支付一定数额的技术使用费。

许可证贸易按其标的内容主要可分为三类。一是专利许可证贸易,即指专利的所有者通过与购证方签订许可合同,将专利的使用权有偿转让给购证方的贸易方式。许可合同中包含有关专利的有效性、许可方必须提供的技术资料、购证方使用专利的领域、销售产品的地区、专利的保密义务、专利使用费及其支付方式等条款。二是专有技术许可证贸易,即指专有技术的拥有者通过与购证方签订许可合同,将专有技术的使用权有偿转让给购证方的贸易方式。许可合同除规定专有技术的拥有者必须提供全部的技术资料外,还有关于必须协助购证方掌握该项专有技术的约定条款,同时也有关于购证方必须全面承担专有技术的保密义务、使用该项专有技术的范围、使用费及其支付方式等条款。三是商标许可证贸易,即指商标的持有者通过与购证方签订许可合同,允许购证方使用该商标从事商品生产及销售的贸易方式。许可合同中一般有商标持有者应提供技术指导及产品质量监督、购证方所生产产品须达到的质量标准、商标使用的范围、使用费及其支付方式等条款。

许可合同按其许可程度可分为以下几类:一是独占许可,即在合同规定的地域及期限内,技术转让方及第三方都不能使用同一技术生产和销售产品,技术接受方对该技术拥有独占的使用权;二是排他许可,即在合同规定的地域及期限内,技术转让方仍保留使用该项技术的权利,但技术接受方不得将该技术转让给第三方使用;三是普通许可,即在合同规定的地域及期限内,不仅技术转让方及接受方能同时使用该项技术生产和销售产品,而且技术转让方还拥有能将该项技术转让给第三方的权利;四是可转让许可,即在合同规定的地域及期限内,技术转让方允许接受方将所获得的技术使用权再转让给第三方;五是交叉许可,即拥有技术的双方分别将各自价值相当的技术使用权转让给对方,交叉许可的技术使用权可以是独占的,也可以是非独占的,而且双方互不收取技术使用费。

③ 特许专营。

特许专营是指在国际上有一定知名度的跨国公司将其商标、商号名称、服务标志、专利、专有技术以及经营方法等的使用权转让给其他企业,以扩大经营规模或取得使用费收入的国际技术转移方式,这种方式在零售、快餐、化妆品等行业的跨国公司中尤为流行。对跨国公司来说,特许专营具有投资风险小、进入市场快等优点,但也有技术可能流失、培育竞争对手及最终失去市场等风险。

特许专营主要有三种类型:一是产品专销,即特许专营的接受方只销售专营许可方的产品,而专营许可方一般不收取特许费;二是服务专营,即特许专营的接受方使用专营许可方的商标、商号及标准化的服务方式对外提供服务;三是营销模式特许,即特许专营的接受方在采用专营许可方的商标及商号的基础上,按照许可方规定的技术标准、质量标准及营销模式,生产和销售与专营许可方相同的产品。

④ 技术服务与咨询。

技术服务与咨询通常是跨国公司上述技术转移方式的延伸或继续,其目的是通过提供进一步详尽的技术使用方法,使技术接受方能更有效地使用转让方的技术。

技术服务与咨询的具体形式主要有:一是技术服务,主要包括为技术接受方提供各种技术指导、技术设备的安装、调试、保养及维修、技术及管理人员的培训等;二是管理咨询,主要包括技术引进及产品生产的可行性调查与论证、技术成果及产品质量的评估与分析、市场调研、营销策略及经营管理的咨询与规划等。

⑤ 成套工程承包。

成套工程承包一般是指跨国公司将成套设备的出口与相关技术的传授相结合的技术转让方式,因而也被称为交钥匙项目,是当今国际技术贸易的重要形式。成套工程承包项目通常通过国际间的招投标方式,由中标的跨国公司为招标的东道国企业提供从工程设计、项目评估、成套设备、安装调试到初试生产、技术指导、人员培训、管理咨询等一揽子技术性服务,该方式被广泛运用于石油化工等行业。

⑥ 合作研发。

除了互换技术的交叉许可贸易外,跨国公司还通过建立技术研发型国际战略联盟,在相互提供各自优势技术的基础上,合作研发新的技术(详见第六章第一节)。在这种形式下,跨国公司通常转移的是专有技术或技术知识,此时技术定价不是优先考虑的问题,而最受关注的是通过各自优势技术的整合能否研发出新的集成技术,而且这种新技术有多大的商业价值,能否增强自身的技术竞争优势。

(2) 国际技术投资方式。

① 国际直接投资。

伴随技术转移的对外直接投资是跨国公司国际技术转移的最主要的形式,其转移方式大致有以下三种类型:一是非市场化的内部转移方式,即采用不通过外部市场的内部转移方式,将技术、尤其是专有技术转移给在国外的独资子公司;二是内部化与市场化相结合的转移方式,即在对拥有多数所有权的国外子公司转移技术时,部分专有技术采用内部化的转移方式,部分专利技术则采用市场化的转移方式,并以这些技术作为其出资入股的一部分;三是市场化的转移方式,即在对只拥有少数所有权的国外子公司转移技术时,更多采用市场化的方式转移专利技术。

调查数据表明,在世界主要发达国家跨国公司的技术出口贸易中,母公司对国外子公司的出口比率一般高达 60% 以上;同时,来自国外子公司的专利使用费及许可证使用费等收入通常也占母公司国际技术贸易净收入的 60% 以上(详见第四章第一节)。

② 国际合作经营。

国际合作经营的形式多种多样,其中以技术转移为内容的国际合作经营一般是由跨国公司提供生产设备及相关技术,东道国企业提供厂房设施及劳动力,双方在一定的期限内共同经营企业,并按事先商定的比率分享利润。通过国际合作经营的方式转移技术是跨国公司快速进入东道国市场、或利用当地经营资源的有效手段,也是东道国、尤其是发展中东道国引进跨国公司先进技术的重要方式。

二、国际技术转移的动机及其影响因素

1. 跨国公司技术转移的动机

(1) 维持企业收益率。

维农的产品生命周期理论认为,跨国公司在产品生命周期的不同阶段(新产品阶段、产品成熟阶段、产品标准化阶段),一般会先后采取国内生产及产品出口、对外直接投资及国外生产、产业对外转移及返销进口的国际生产方式。邓宁的国际生产折衷理论认为,当某企业只拥有所有权优势而不同时拥有内部化优势和区位优势时,则表明该企业没有组织和管理国外生产的能力,也不能充分利用东道国的区位优势,那么合理的选择应该是通过对外技术转移来获取所有权优势带来的利益(详见第3章)。

如果综合上述两种理论,并引进预期利润率的话,那么,在现实中上述三种国际生产方式的利润率会随着时间的推移出现如下变化(参见图9-4)。首先,在商品出口阶段的后期,通常由于国内生产成本上升,国际市场竞争加剧,企业的利润率开始逐渐下降,为了维持一定的收益率,在其他条件满足的情况下,企业会选择对外直接投资;其次,当企业通过直接投资的方式进入某东道国的市场后,随着围绕东道国市场的国际竞争加剧,在东道国市场上的利润率会出现下降,为了在东道国维持及扩大市场份额,企业也会选择国际

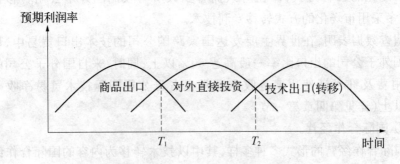

图9-4 三种国际生产方式的收益率变化

技术转移,通过转移必要的技术和产品来增强在东道国市场上的竞争力;再次,当技术转移经过一定时期后,利润率也会出现逐渐下降的趋势,此时就会进入新的一轮产品生命周期,企业的利润率及投资行为便会出现上述的循环变化。

(2) 确立国际垄断地位。

正因为技术竞争是当今跨国公司全球竞争的最重要的形式,所以,尽管对跨国公司来说国际技术转移可能是次优的选择,但是为了确立其在国际上的垄断地位,它们也会把国际技术转移作为重要的竞争手段。

第一,率先在战略上具有重要地位的东道国申请相关专利,用先发制人的手段完成专利布局,以尽早确立其技术垄断地位,从源头上打压竞争对手;

第二,通过直接投资的形式向国外独资子公司转移技术,并通过技术内部化来确立竞争优势,进而实现对世界市场的垄断;

第三,通过向国外合资子公司最低限度地转移技术,从技术上控制其经营,以达到获取垄断利润及垄断该东道国市场的目的;

第四,通过向东道国当地企业转让技术,充分利用相关技术领域的垄断优势,以实现技术利润的最大化;

第五,通过向世界同行业企业发放专利许可证,尽快促使该项技术成为世界标准,从而确立其技术的国际垄断地位。

(3) "以技术换市场"。

不少发展中国家在工业化初期普遍存在较大的技术缺口,即缺乏先进的技术及必需的技术创新能力。为了解决工业化过程中面临的技术缺口,部分发展中东道国通常会采取"以市场换技术"的外资政策,即向跨国公司有条件地开放国内市场,以换取跨国公司的技术转让,由此获得推进工业化所必需的先进技术。相反,跨国公司为了顺利地进入发展中东道国的市场,也会相应地采取"以技术换市场"的战略,通过转让部分成熟的技术,以获取东道国的市场准入及其他优惠条件,并拥有一定的市场占有率。此外,也有的跨国公司通过转让部分技术作为代价,换取发展中东道国丰富的自然资源、廉价的劳动力及各种优惠待遇,以利于降低生产成本和增强国际竞争力。

(4) "以技术换技术"。

"以技术换技术"是20世纪90年代以来发达国家跨国公司技术转移战略的重要特征,主要表现在发达国家的跨国公司逐渐减少单方面的技术转移,而更多地采取与其他跨国公司的先进技术进行交换。其主要原因在于:

第一,由于全球技术竞争进一步加剧,技术的生命周期逐渐缩短,致使跨国公司很难在所有的技术领域都能保持长久的竞争优势,不得不用自己开发的技术去换取其他企业的技术,并在此基础上构建具有竞争力的完整的生产技术体系;

第二,在有些行业(如生物医药等行业),技术研发的周期较长,所需的研发成本较高,总体的研发风险较大,所以,不少跨国公司结成技术研发的国际战略联盟,相互拿出各自优秀的技术参与合作研发,以缩短技术的研发周期,降低研发的成本及风险;

第三,不同行业的技术交叉日益重要(如机械行业与电子行业的技术交叉),通过引进不同行业的技术,可以实现本行业技术体系的重大突破,所以,不同行业的跨国公司愿意进行技术交换,何况这种技术转移在短期内也不会直接培育自己的竞争对手。

(5) 调整国内生产结构。

通过技术转移把部分产品或生产工序转移至国外,已成为跨国公司调整国内生产结构的重要手段。首先,对于国内生产成本不断上升、国际竞争力逐渐丧失的产品或生产工序,跨国公司会采取技术与产品或生产工序一起打包转移的方式,将它们转移到一些发展中国家,这种转移方式对发展中国家的工业化有一定的促进作用,所以比较容易得到发展中东道国政府的欢迎;其次,随着发达国家政府对环境保护的规制日益严厉,跨国公司用于环保的投资压力逐渐增大,有些公害严重的企业甚至难以在国内生存,而一些处在工业化初期的发展中国家对环境保护的规制相对宽松,这就为跨国公司转移环境污染产业提供了可能,于是污染严重的跨国公司纷纷通过直接投资的形式实施产业整体转移,当然在其过程中也伴随着相关技术的转移。

(6) 重构全球经营体系。

随着经济全球化及区域化的发展、国际分工的进一步深化,跨国公司正在调整其全球经营战略,其中重要的一环是通过对外技术转移重构全球经营体系。

其一,采用产品与技术打包转移的方式将丧失竞争优势的经营部门整体转移到发展中国家,而在国内开拓新的技术领域,重构新的竞争力优势;

其二,通过直接投资及技术转让,把部分零部件的生产转移至国外子公司,充分利用东道国的比较优势,在跨国经营中展开生产工序间的分工;

其三,通过技术转让推进"战略性分工",即把零部件等中间产品的生产

及组装全面转移到国外子公司,并将部分制成品返销国内,在企业内部展开"产品差异化分工";

其四,利用直接投资和技术转让推进"区域一体化战略",即在所处的经济合作区域(如自由贸易区等)内建立连续及完整的生产体系,在进行生产和销售的同时拓展研发等业务,利用区域经济一体化的效应进一步确立国际竞争优势。

2. 影响国际技术转移的政策因素

国际技术转移尽管是跨国公司确保全球技术垄断优势的自主行为,但是在转移的过程中也会受到来自母国政府、一些国际机构以及东道国政府等多种政策因素的影响,这些政策因素有时甚至会与跨国公司的利益发生尖锐的冲突,影响到其通过技术转移增强技术垄断优势及实现全球利润最大化的目标。

首先,世界各国政府,尤其是拥有先进技术的发达国家政府通常都对本国跨国公司的对外技术转移实行严格的管理和控制,一般通过设置专门管理机构,制定有关政策法规,使企业的对外技术转移置于政府严格的管控之下,以维持国家在技术领域的优势,最终实现本国经济发展及对外战略的目标。具体方法主要有:一是对技术出口实行全面管理,即由政府直接颁布禁止出口的尖端技术及军事技术的清单(目录),并对清单以外的技术出口实施严格的申报及审批制度,以防止本国技术的流出;二是对技术出口实行登记备案制度,即政府不是逐项审核所有的技术出口,而是对除禁止清单以外的技术出口采取原则上自由的政策,但一旦查实有违反禁止出口规定的行为,则将对此进行严厉的处罚。

其次,由西方主要发达国家联合组成的国际机构在世界范围内监视和控制跨国公司的技术出口,其中巴黎统筹委员会(Coordinating Committee for Export to Communist Countries)曾经担任过重要的角色。第二次世界大战后,为了遏制社会主义国家及部分民族主义国家的经济发展,西方主要发达国家组织了这一名为非官方的,实为有浓厚政府背景的国际机构,其宗旨是限制成员国向社会主义国家及部分民族主义国家出口战略物资及高新技术,列入禁止出口清单的商品有上万种,涉及对象近30个国家。在该委员会存续的几十年中,有不少被认定违反规定的跨国公司受到了严厉的惩罚。尽管随着国际政治经济环境的变化以及发达国家自身利益的需要,该委员会确定的各种限制不断被突破,以至于在1994年4月1日不得不宣告解散,但是西方主要发达国家通过其他方式协调、监视及限制本国跨国公司技术出口的机制仍然在起着作用。

再次,为了使跨国公司转让的技术符合本国产业发展的需要,东道国政府也会制定相关的政策及法规,对拟引进的技术进行审核、许可或限制。其基本的准则:一是引进的技术必须与本国的产业发展水平相匹配,既不能是十分陈旧的技术,以防止由此造成的经济损失,也不应是过于尖端的技术,以避免本国因无法消化吸收而达不到应有的效果;二是为了最大限度地节省技术引进费用,提高技术引进的效率,政府相关部门负责对申请引进的技术进行严格的审查,以防止不同企业重复引进相同的技术;三是以技术引进推动国内的技术研发,严格限制成套技术设备的进口,引导国内企业更多地引进技术图纸、设计方案及技术专利,在消化、吸收及改良的基础上,创建本国独特的技术体系。

三、国际技术转移的战略选择

1. 转移方式的选择

以对外直接投资的方式在国外建立子公司,并向它们转移必要的技术,通常是跨国公司国际技术转移中的首选战略,其目的是要在全球有效地利用自身的技术竞争优势,构建垂直一体化的生产和经营体系,从而最大限度地垄断和控制国际市场。尤其是在技术创新阶段的后期至成熟阶段的前期,跨国公司更是倾向于通过直接投资的方式在国外建立独资子公司,并用非市场化的方式在内部转移技术,以确保技术垄断优势能得到充分的发挥。而在技术成熟阶段的后期及整个标准化阶段,跨国公司既可能通过对外直接投资的方式向子公司转移技术,也可能利用国际技术贸易的方式向国外子公司或东道国企业转移技术,其重要的决定因素是看哪种方式更能使其保持技术垄断优势和提升国际竞争优势[①]。

由于技术尤其是专有技术自身的特性,使得跨国公司在国际技术转移的过程中始终面临着如下的风险:其一,由于专有技术不受法律保护,因此在跨

---

① E. B. Roberts and W. K. Liu, "Ally or Acquire? How Technology Leaders Decide," in E. B. Roberts ed., *Innovation-Driving Product, Process, and Market Change*, Jossey-Bass, 2002.

国转移中或转移后容易发生被剽窃或被扩散的现象,从而使专有技术的拥有者因技术流失而丧失垄断优势;其二,专利技术尽管在理论上受法律的保护,但在国际上也时常发生被模仿或被滥用等侵权行为,进而使专利技术拥有者的利益受到损害;其三,由于技术在国际间的边际扩散成本较小,而为监督和控制技术接受方上述机会主义行为的成本又较高,因此,技术转移的风险及成本通常总是由技术转移方来承担。

为了最大限度地降低技术转移的风险和成本,跨国公司在通过直接投资的方式转移技术时,一般根据技术的特性及其对国外子公司拥有的所有权比率,具体选择如下的转移方式:

第一,对于完全所有的独资子公司,跨国公司通常会采用内部化的转移方式转移部分专有技术,包括部分较新的系统技术,形成技术的转移、应用、反馈、调整等内部化的技术转移系统,因为转移给国外独资子公司的技术一般被剽窃及被扩散的风险较小;

第二,对于拥有多数所有权的国外合资子公司,跨国公司原则上也采用内部化的转移方式转移相关专有技术,包括部分关键技术,因为母公司对多数所有的合资子公司拥有较强的控制权,能在一定程度上防止技术扩散的风险;

第三,对于只拥有少数所有权的国外合资子公司,跨国公司一般更倾向于采用市场化的转移方式,即采用国际技术贸易的方式转移部分标准化的技术,以减轻技术扩散的风险(参见表9-3)。

表9-3 跨国公司国际技术转移的战略选择

技术种类 战略选择	技 术 类 型		生命周期各阶段的技术		
	专有技术	专利技术	创新阶段	成熟阶段	标准化阶段
主要转移方式					
国际技术投资	首选的方式	也选择此方式	首选的方式	也选择此方式	次选的方式
国际技术贸易	一般不选择此方式	通常选择此方式	一般不选择此方式	也选择此方式	通常选择此方式
主要转移对象及内容					
按经济层次分	主要转移给发达国家	转移给发达及发展中国家	主要转移给发达国家	转移给发达及发展中国家	主要转移给发展中国家
按子公司所有权分	主要转移给独资子公司	转移给独资及合资子公司	通常转移给独资子公司	转移给独资及合资子公司	主要转移给合资子公司

(续表)

技术种类 战略选择	技术类型		生命周期各阶段的技术		
	专有技术	专利技术	创新阶段	成熟阶段	标准化阶段
按技术特性分	主要转移单项技术	主要转移非核心技术	主要转移非核心单项技术	主要转移非核心技术	有条件地转移整体技术
主要定价策略					
按交易方式分	内部化交易	内部化及市场化交易	内部化交易	内部化或市场化交易	一般采用市场化交易
定价倾向	倾向于高价	高价或可接受市场价	倾向于高价	高价或接近市场价	可接受市场价

2. 转移内容的选择

在转移内容的选择方面,跨国公司除了根据技术的生命周期,先后选择处在生命周期不同阶段的专有技术和专利技术,并通过不同的转移方式在国际间进行转移外,还根据各国及各地区不同的经济发展水平、各行业不同的特点以及技术自身的特性,选择相应的技术转移内容和方式。

首先,根据各国及各地区的经济发展水平,将技术转移对象分为发达国家和发展中国家,并采用不同的方式转移相应层次的技术。对于发达国家,跨国公司一般会转移处在创新阶段后期或成熟阶段前期的较新的技术,因为转移成熟或标准化的技术无法在发达国家确立技术竞争优势,也很难顺利地进入当地的市场。同时,为了确保自身的技术领先优势,跨国公司通常会选择交叉许可战略,即不是单方面向对方转移技术,而是与对方相互交换层次相同的技术,以从其他跨国公司那里获得某种技术资源,这种技术互换已成为当今发达国家跨国公司之间技术转移的主要方式。对于发展中国家,跨国公司通常转移处于标准化阶段尤其是标准化后期阶段的技术,一方面可以通过国际技术转移延长技术的生命周期,以继续获取技术带来的一般利润,另一方面可以迎合发展中国家"以市场换技术"的政策,以顺利地进入发展中东道国的市场。

其次,根据所属行业的技术特性,选择不同类型的转移内容。如化工、石油以及炼油等行业的技术一般较难分解,通常是一个统一的技术系统,而且更多地表现为较完整的技术设备。因此,这些行业的跨国公司一般以提供成套设备的方式来转移技术,尤其对于发展中国家,跨国公司更是倾向于采取一揽子交钥匙的方式,即除了出售成套设备外,还提供工程设计、安装调试、初试生产、技术指导、人员培训等一系列技术服务,以获取可观的设备销售收入和技术转让费用。而像汽车、电子、机械等行业的技术通常可以分解,即可按生产工序的区段将技术分解为若干个层次或类型,分别转移给在不同东道国的子公司,并在全球一体化生产中整合成为系统技术。因此,这些行业的跨国公司通常对外转移的主要是单项技术,为的是支持特定国外子公司的当地生产,只是在其全球生产网络中,这些单项技术及其生产工序才形成整体。

再次,为了保护自身的技术竞争优势,尽可能对系统技术进行分解,选择分解后的非核心单项技术对外进行转移。因为,跨国转移后的非核心单项技术即使被模仿或被超越,也只能给其他企业带来暂时的或局部的竞争优势,而真正能够给跨国公司带来持久竞争优势的是核心技术以及把核心技术与各个单项技术有机整合的能力,这种能力则是其他竞争者难以模仿或复制的竞争优势。为此,跨国公司在实施技术的国际转移时,首先是对技术系统进行分类,将其区分为核心技术与非核心技术,由母公司持有核心技术,并对其实行特殊的保护;其次是按生产工序对技术系统进行分解,尽可能将其分解成为若干项可相互独立的单项技术,并有选择地转移其中的部分单项技术;再次是提高在全球有效整合单项技术的能力,并与母公司所拥有的核心技术进行有机结合,从而形成其他竞争者难以复制的竞争优势和难以进入的市场壁垒(参见表9-3)。

3. 定价策略的选择

通常,技术转移的价格主要由以下几方面因素构成:第一,技术研发成本的分摊,即技术授受方支付给技术提供方一定比率研发费用的补偿;第二,技术交易费用,即技术提供方为转让技术而花费的成本,如联络沟通、准备资料、设计项目、提供样品、培训人员等费用;第三,市场机会成本,即技术授受方因为提高了生产力和增强了国际竞争力,从而使技术提供方可能丧失部分国内外市场的机会成本;第四;技术保护费用,即技术提供方为监督可能的技术侵权行为,从事信息收集、案件调查及法律诉讼等费用;第五,利润分成,即技术授受方因引进了先进技术而降低了生产成本、提高了劳动生产率及增加了企业利润,技术提供方从中分享到的部分利润。

在现实中,技术转移的定价还要受到以下因素的影响:一是转移技术的特性,尤其是转移技术所处的生命周期的阶段,通常处在标准化阶段的技术价格相对较低;二是技术市场的结构,如该类技术为世界少数企业所垄断,且技术提供方拥有全球竞争优势,则技术定价一般较高;三是交易双方的地位,即技术提供方与授受方相互讨价还价的能力,如前者在双方交涉中占优势,则后者只能接受较高的技术价格;四是费用支付的方式,如技术授受方采取一次性全额支付的方式,则技术定价一般要低于按技术产品净销售额或净利润的一定比率支付的方式;五是责权分担的大小,即在技术转移的整个过程中,如技术提供方需承担的责任大于技术授受方享受的权利,则技术转移的定价将较高。

尽快在全球市场上回收技术研发投资,并实现技术转移收益的最大化,这是跨国公司选择技术定价策略的基本原则。在此原则及其可行的情况下,跨国公司通常会选择如下的定价策略:

第一,通过技术转移的内部化来实现最有利的定价,即在向其国外独资子公司或拥有多数所有权的合资子公司转移技术中采用内部转移的方式,尤其是在转移专有技术时更倾向于选择内部化方式,以提高技术研发成本的分摊比率及利润分成比率等,并克服外部市场不完全造成的高交易成本;

第二,充分利用信息优势来抬高技术的转移价格,因为在国际技术转移中,作为技术提供方的跨国公司始终拥有信息优势,它们不仅控制技术研发的全部成果,而且还垄断所有的技术信息,即使转移的技术也是分解后的单项技术,而技术的授受方则始终处在信息劣势,无法获得准确及完整的技术信息,通常只能被迫接受技术提供方的出价;

第三,通过高估技术转移的市场机会成本来争取较高的利润分成率,即夸大因技术转移造成的市场、利润及竞争力的损失和由此给技术授受方带来的利润,要求技术授受方给予技术提供方较高的利润分成率(licensor's share of licensee's profit)以得到远远超过市场机会成本的利润补偿和利润分享,这等于提高了技术的转移价格,因为技术的转移价格等于技术授受方的利润总额乘以利润分成率;

第四,通过签订限制性条款变相提高技术定价,如要求技术授受方签订生产限制、销售限制、采购限制等条款,限制技术授受方用转移技术所生产的产品数量及价格、出口的数量、价格和地区以及指定采购设备、原材料及零部件的对象企业等,以最大限度地降低技术转移产生的利润损失,或要求技术授受方在较严厉的限制性条款和较高的技术定价之间进行选择(参见表9-3)。

关　键　词

技术研发战略　技术标准化战略　专有技术　专利技术　国际技术转移

思　考　题

1. 跨国公司技术战略的目标与主要内容。
2. 跨国公司全球技术研发的管理模式。
3. 跨国公司技术保护战略的基本内容。
4. 法定的全球标准与"事实上的全球标准"的异同。
5. 跨国公司国际技术转移战略选择的主要内容。

第十章
跨国公司的跨文化管理

第一节 跨国经营中的文化因素

一、文化的含义及其特性

1. 文化的概念及属性

文化(culture)是一个内容极其广泛的概念,它涵盖了哲学、文学、人类学、民族学、社会学、历史学、语言学等多个学科的内容;又由于各个学科的研究对象不尽相同,所以对文化的定义也存在一定的差异。美国著名的人类学家克鲁伯(A. L. Kroeber)和科鲁克洪(Clyde Kluckhohn)在分类整理了1871年至1951年有关164种不同的文化概念、包括被称为人类学之父的英国学者泰勒(E. B. Talor)的定义后提出,文化是一个复杂的综合体,包括知识、信仰、艺术、法律、道德、习俗以及社会成员所拥有的能力和习惯等,它是人类的一种生活方式及行为方式,并通过语言、模仿以及借助符号的运用得以学习、传播和传承的思想观念和价值观[1]。可见,他们把文化解释为社会发展过程中人类创造物的总称,包括物质技术、社会规范和观念精神。由于克鲁伯和科鲁克洪吸收了不同学科众多学者的研究精华,所以他们关于文化的定义为世界上多个学科的许多学者所接受。

之后,经过半个多世纪多学科的反复研讨,逐渐就文化的构成要素及一般特征取得了基本一致的看法。其中,文化的构成要素主要有:

---

[1] Kroeber, A. L. & Kluckhohn, Clyde, *Culture: A Critical Review of Concepts and Definition*, Harvard University Press, 1952, p.181.

第一,精神要素或精神文化,包括哲学等学科以及宗教、艺术、伦理道德和价值观念等,其中价值观念是精神文化的核心,它们是人类创造活动的动力,是社会成员评价行为和事物的标准,并通过人的态度、行为以及所创造的一切物质和非物质产品而具体地表现出来;

第二,语言和符号,它们既是人类从事生产和社会活动时进行沟通的工具,也是传授和创造文化的手段;

第三,社会规范,包括风俗习惯、法律条文、规章制度等,它是价值观念的具体体现,是规范社会成员的行为方式、调整各种社会关系的准则,也是了解一个社会或群体文化的视窗;

第四,社会关系及社会组织,其中社会关系既是文化的一部分,又是创造文化的基础,而社会组织则是保证各种社会关系得以实现、运行和整合的实体;

第五,物质要素或物质文化,它是指人在物质生产活动中所创造的全部物质产品以及创造这些物品的手段、工艺、方法等,这些物质要素中也凝聚着人的观念、需求和能力。

此外,文化的一般特征主要表现在:

第一,文化是由人类进化过程中衍生出来或创造出来的,它带有生物学、环境科学、心理学以及历史学的成分;

第二,文化是后天学而得之的,如语言、习惯、风俗、道德以及科学技术知识等都是后天学习得到的;

第三,文化是共有的,是人类共同创造的社会性产物,它必须为一个社会或群体的全体成员共同接受和遵循;

第四,文化是动态的和可变的,既是一定社会及一定时代的产物(或称为社会遗产),又是一个连续不断被传承及动态积累和创造的过程;

第五,文化具有地域性和民族性,因为具体文化受到自然环境和社会物质生活条件的制约,所以通常会以地域或民族的形式表现出来,诸如东方文化和西方文化等,一个民族也会使用共同的语言,遵守共同的风俗习惯,具有共同的心理素质和性格;

第六,文化具有一定的规律性,它既是个人适应其生存环境的工具,也是表达其创造性的手段,而且这些可以借助科学的方法加以分析。

2. 文化的各种区分

第一,文化可以区分为广义文化和狭义文化。广义文化是指人类创造的一切物质产品和精神产品的总和,即不仅包括物态文化,还包括人类在社会实践中建立的经济、政治、法律、宗教等制度文化,民风民俗等行为文化以及价值观念、思维方式等心态文化。历史学、人类学和社会学通常在广义上使用文化的概念。狭义文化一般专指语言、文学、艺术及一切意识形态在内的精神产品,即是排除人类社会、历史生活中关于物质创造活动及其结果的部分,主要侧重于精神创造活动及其结果的心态文化。

第二,文化还可以划分为各种层次结构。常见的主要有以下几种划分法:第一是二层次法,即把文化划分为物质文化和精神文化二层结构;第二是三层次法,即划分为物质、制度及精神,或表层、中层及核心层三层结构;第三是四层次法,即划分为物质、制度、风俗习惯、思想与价值四层结构;第四是五层次法,即划分为物质、制度、风俗习惯、价值观念及组织机构五层结构;第五是六层次法,即划分为物质、社会关系、精神、艺术、语言符号及风俗习惯六层结构。

第三,文化也被划分为显性文化(overt culture)和隐性文化(recessive culture)。显性文化是指那些以精神的物化产品和精神行为为表现形式,通过直观的视听器官能感知的,或可通过文字描述而获得形象感受的文化事实,主要包括语言、服饰、法律法规、行为准则、组织结构等直接、明确和具体的空间物态形式。隐性文化是指纯粹由形式构成、隐含在人的自我意识或物质文化中、并由学者抽象概括出来的某个群体所共有的生活方式、工作态度、心理特征及价值观念等。

第四,文化还有主文化和亚文化或次文化(subculture)之分。主文化是指一个社会中几乎所有的成员都能接受和遵守的生活方式、行为方式、社会规范及价值观念等。亚文化是指一个社会中的部分群体拥有的一种既包括主文化的某些特征,又包括一些与其他群体所不同的行为和信仰。亚文化的形成可能是始于种族或民族的差异,也可能是基于国别或地区的差异,又有可能是由于行业或职业的特性。此外,社会成员生活在一个多元化的社会中,每个人的行为方式通常可能体现多种亚文化的要素。

第五,文化还被归纳为以下两种模式。一种是普遍性模式,即指一切文化尽管都是由各个不同的元素构成的,但这种文化结构适用于任何一个民族的文化,其主要包括语言、物质特质、美术、神话与科学知识、宗教习惯、家庭与社会体制、财产、政府及战争等①。另一种是特殊性模式,即指各民族或国

---

① Wissler, Clark, *Man and Culture*, New York, Thomas Y. Crowell Co. January 1, 1923.

家具有的独特的文化体系,它是由各民族或国家特有的文化元素有机结合构成的,也是与各民族或国家所处的生产力发展的不同阶段及其主流生产方式相适应的,如以农业为主的社会将形成农耕文化模式,工商业发达的社会将形成商业文化模式。

3. 社会的文化取向

综上所述,文化是一个组织、社会及国家等内部成员共同所有且代代相传、并构成社会成员的价值观及行为等的元素。因此,从这个意义上可以说,一个社会的文化取向是各成员的价值观、态度、行为等相互作用的反映。其中,价值观是指符合个人及集体期望的、能影响人的行为方式、目标选择及实现手段等的持久信念;态度是指社会成员在自身价值观基础上对人和物的评价及行为倾向,它由感受、情感及意向三方面的要素构成;行为是指人的一切有目的的活动,它主要受客观存在的社会环境和自然环境等外在因素以及人的各种心理和生理等内在因素的影响①。

文化与人的价值观、态度及行为等会形成如下的循环关系:首先,个人依据对自己的人生及外部世界的认识(价值观),参与各种社会活动,并在其中具体表现其所接受的文化及其规范的特征;其次,这种价值观在一定情况下会影响到个人对事物的态度,进而决定其所采取的行为方式,使行为产生更加合乎理想的效果;再次,不断变化的个人和集体的行为方式最终将会影响到该社会

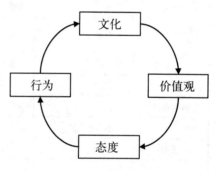

图 10-1 文化对人的行为的影响

资料来源: Nancy J. Adler, *International Dimensions of Organizational Behavior*, PWS-KENT, 1991.

的文化,并使其发生一定程度的动态变化,进而与人的价值观、态度及行为等形成新的一轮循环(参见图 10-1)。

不少研究者还从社会成员对人的本质的普遍看法(是善还是恶)、人与自然的关系(是支配自然还是与自然和谐相处)、人与人的关系(是个人主义还是集体主义)、主要行为方式(是重在执行或变革还是强调存在或控制)、对空间概念的看法(是在乎私人空间还是看重公共空间)、人的时间取向(是关注现在或面

---

① Nancy J. Adler, *International Dimensions of Organizational Behavior*, PWS-KENT, 1991, p.6.

向未来还是重视历史经验)等角度,来观察和研究一个社会的文化取向,并在此基础上对不同群体、民族及国家等进行分类和归纳,进而描述各自的文化特性。

二、经营国际化的发展与文化

1. 经营国际化不同阶段文化的含义

在企业经营国际化的不同阶段,经营者对文化的敏感度或经营中文化的重要性是不同的,呈现出随着经营国际化及全球化程度的提高,跨国经营中文化因素的重要性逐渐增强的趋势(参见表10-1)。

表10-1 经营国际化与文化

	第一阶段(国内)	第二阶段(国际)	第三阶段(跨国)	第四阶段(全球)
主要经营取向	产品与服务	市场	价格	战略
竞争战略	国内	多国	跨国	全球
跨国经营的重要性	不重要	重要	非常重要	极其重要
产品与服务	新颖独特	标准化	完全标准化	大量的客户
技术	专有	少量共有	广泛共有	迅速的广泛共有
竞争企业	没有	少数	较多	少数或较多
市场	较小(国内)	较大(多国)	很大(跨国)	最大(全球)
生产场所	国内	国内及主要市场	跨国(最小成本)	全球(最小成本)
组织结构	职能制事业部(集权组织)	包括国际事业部在内的职能组织(分权组织)	跨国业务直线制(集权组织)	跨国联盟、动态分层结构(可调整的分权组织)
经营视角	本国主导	当地及地区主导	跨国主导	全球及跨国主导
文化敏感度	略微重要	非常重要	比较重要	极其重要
对象	无	客户	员工	员工及客户
阶层	无	员工及客户	管理者	经营层
战略思考	一种方案、唯一的最好方案	多种好的方案(与各东道国相适应)	一种成本最小的方案	同时拥有多种好的方案

资料来源:根据 Nancy J. Adler, *International Dimensions of Organizational Behavior*, PWS-KENT, 1991, 表1-1及表1-2整理。

在跨国经营正式开始之前(第一阶段),企业的经营活动一般都在国内,产品除了有少量的出口外,绝大部分面向国内市场;国内几乎没有竞争企业,国际上竞争者也很少;企业组织内的成员主要来自国内,员工及经营者的文化差异较小。因此,在该阶段的企业经营活动中文化的重要性较低,经营者对文化的敏感度也不高,即使需要对文化方面略作考虑,至多也是关于出口对象国的风俗习惯、消费嗜好、市场形态以及消费倾向等,以使少量的出口产品或服务能尽可能地适应当地的市场需求。

在经营国际化阶段(第二阶段),企业的经营取向逐渐从产品与服务的出口转向直接在国外生产和经营,为此必须直面各东道国的国内市场,将竞争战略从以产品技术为主的本国导向型转向以东道国市场为主的当地及地区主导型,并需要探索构建与各东道国社会文化相适应的组织结构及经营方式。为了有效地实施经营战略并获得成功,敏感地应对各国的不同文化就显得非常重要。不仅要在产品设计、生产及营销活动中进一步提高对当地市场的适应性,以提高产品在当地市场的占有率,而且在组织内部不能强行要求东道国员工接受母公司(国)文化,必须学习和掌握与当地文化相适应的管理方法,适当修正母公司的经营方式,以适应当地员工及客户的文化特殊性。

在经营跨国化阶段(第三阶段),许多企业开始用标准化的技术生产标准化产品,经营战略的重点转向价格竞争方面,如何在世界上有效地配置生产资源,通过扩大当地生产来最大限度地降低成本,成为企业跨国经营的重要课题。从跨国公司对价格敏感及扩大海外生产的角度来看,跨国经营中对不同文化的认识更加重要。然而,由于在该阶段跨国公司的经营战略主要是通过扩大规模来降低成本,即以成本最小化的方案来获得成本优势,而并不是通过提高对不同文化的敏感度来获得竞争优势,因此在一定程度上削弱了跨国经营中文化的影响力。而且,在这种经营战略下,跨国公司一般采用集权式的组织结构,母公司控制的管理模式使组织内部的文化敏感度相对下降。

在经营全球化阶段(第四阶段),跨国公司的竞争优势主要来自战略思考及大量获取客户,产品的创意也与生产要素及生产场所一样来自全球,市场细分化的重要构成要素是基于对不同文化的认识。在该阶段成功的跨国公司通常能理解客户的潜在需求并迅速地将此反馈到产品与服务上,以最低成本提供产品和服务,且让客户容易接受它们。此阶段跨国公司的组织结构出现多层次化的趋势,组织内部各种形式的跨国团队及与其他跨国公司结成的战略联盟不断增多,分权并可整合的全球管理模式成为主流,其目的在于有效利用不同文化的相互作用来提高组织的弹性及实现技术和产品的创新。

同时，从另一个层面提高组织的文化敏感度也变得极其重要，因为组织内不同文化的交互也会增加矛盾冲突，需要进行及时的沟通和有效的管理。

2. 文化多样性与跨国经营

如上所述，当跨国公司在全球许多国家直接经营企业时，一定会面临如何认识及应对文化多样性以及由文化差异引发的各种矛盾与冲突等问题。这里的文化多样性是指各群体和社会借以表现其文化的多种不同形式，它不仅体现在人类文化遗产通过丰富多彩的文化表现形式来表达、弘扬和传承的多种方式上，也体现在借助各种方式和技术进行的物质和精神产品的创造、生产、传播、销售和消费的多种形式上。文化多样性是人类社会的基本特征，也是人类文明进步的重要动力。跨国公司要在全球化经营中获得成功，必须既要认同本民族及本企业的文化，也要尊重其他民族及企业的文化，做到理解个性、相互尊重、求同存异、和睦相处、互相借鉴。

然而，正是由于文化多样性形成的文化差异，即不同文化背景下特定人群之间遵循着不同的价值评判标准和行为准则，从而对特定事物具有不同的态度和行为，因而使得跨国公司在世界上经营企业会遇到种种文化上的摩擦与冲突。对于跨国公司来说，文化差异至少存在于以下四个层面：一是民族层面上的文化差异，如各民族不同的发展历史、宗教信仰、生活方式、风土人情及语言习俗等而形成的差异；二是国家层面上的文化差异，如各国不同的发展阶段、政治制度、法律体系、教育水平及价值观念等所导致的差异；三是企业层面上的文化差异，如各企业不同的成长轨迹、经营理念、企业制度、沟通方式及文化氛围而带来的差异；四是员工层面上文化差异，如企业内来自不同民族、国家和组织的员工因价值观念、行为方式及道德规范等各异而引发的差异。

跨国公司所面对的文化差异是上述文化差异的集合体，即它在跨国经营中必须同时面对这四个层面的文化差异，其复杂性将会对它的经营决策、决策实施、组织设置、人事管理、沟通交流等方面带来相当大的难度。而且，尽管各个层面的文化差异并不是永恒的，但具有相对的稳定性，即在一定范围内将长期存在。因此，对跨国公司来说，如何在文化的差异性中寻找普遍性，以发挥其已有的经营优势，并有效地利用文化差异来激发经营活力，是其跨国经营面临的重要课题。而所谓文化的普遍性是指各类文化由于人性的一致性而有着共同的发展规律和基本形态，即在人的价值观、态度及行为中存在普遍适用的原则。从文化的普遍性出发，跨国公司就可以在不同民族、国家及企业中去寻找任何文化中普遍存在的特性,有选择地在国外采用适合任何文化的经营管理方式,以最大限度地降低经营成本。同时,既然文化差异将长期存在,跨国公司就没有必要、也不可能去消除组织内的文化差异。相反,如能有效地利用文化差异,就能将这种差异转化为企业的经营资源,就能激发组织的活力,并通过跨文化的碰撞,在组织内形成创新思维,以促进技术、产品和组织的创新。

第二节 跨国经营中的文化差异与跨文化冲突

一、文化差异及其表现形式

1. 文化差异的内涵

在跨国公司内部,文化差异具体表现为来自不同文化背景的成员各自遵循着不同的价值标准和行为准则,从而使他们对于特定事物具有不同的态度和行为。20世纪70年代后期,荷兰学者霍夫斯泰德(Geert Hofstede)先后两次对IBM公司分布在全世界的子公司进行了有关文化差异的调查,第一次所调查的子公司遍布40个国家和地区(参见表10-2),第二次调查的子公司扩大到50个以上的国家和地区,接受调查的管理层及一般员工涉及16万人。通过调查霍夫斯泰德发现,组织内管理层及一般员工的价值观、态度及行为的国(地区)别差异较大,远远超过职位、职种、年龄及性别带来的差异,而且这些差异并不会随着时间的推移而发生很大的变化[1]。这种文化差异具体表现在权力距离(power distance)、个体主义或集体主义(individualism or collectivism)、不确定性规避(uncertainty avoidance)、男性化或女性化(masculinity or femininity)四个方面(参见图10-2、图10-3及图10-4)。后来,霍夫斯泰德又增加了长期或短期取向(long-term or short-term orientation)这一因素,从而构成了研究文化差异的五个文化维度[2]。

---

[1] Hofstede, G., *Culture's Consequences: International Differences in Work Related Values*, Beverly Hills: Sage Publications, 1980.

[2] Hofstede, G., and Bond, M. H. "Confucius and Economic Growth: New Trends in Culture's Consequences", *Organizational Dynamics*, Vol. 16, No. 4 (1988), pp. 4-21.

表10-2　图10-2、图10-3及图10-4中40个国家(地区)的英文缩写

ARG	阿根廷	FRA	法国	JAP	日本	SIN	新加坡
AUL	澳大利亚	GBR	英国	MEX	墨西哥	SPA	西班牙
AUT	奥地利	GER	德国	NET	荷兰	SWE	瑞典
BEL	比利时	GRE	希腊	NOR	挪威	SWI	瑞士
BRA	巴西	HOK	香港地区	NZL	新西兰	TAI	台湾地区
CAN	加拿大	IND	印度	PAK	巴基斯坦	THA	泰国
CHL	智利	IRA	伊朗	PER	秘鲁	TUR	土耳其
COL	哥伦比亚	IRE	爱尔兰	PHI	菲律宾	USA	美国
DEN	丹麦	ISR	以色列	POR	葡萄牙	VEN	委内瑞拉
FIN	芬兰	ITA	意大利	SAF	南非	YUG	南斯拉夫

资料来源：Geert Hofstede, "Motivation, Leadership, and Organization: Do American Theories Apply Abroad?", *Organizational Dynamics* (Summer 1980), p. 50.

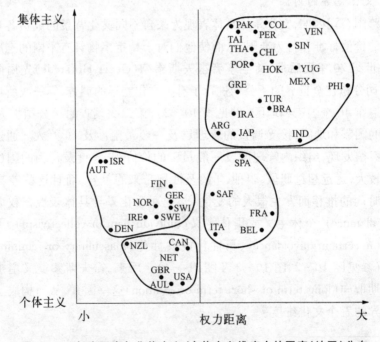

图10-2　权力距离与集体主义/个体主义维度中的国家(地区)分布

资料来源：Geert Hofstede, "Motivation, Leadership, and Organization: Do American Theories Apply Abroad?", *Organizational Dynamics* (Summer 1980), pp. 42-63.

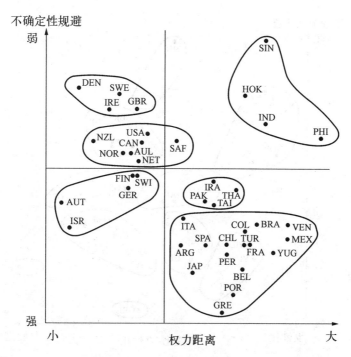

图 10-3　权力距离与不确定性规避维度中的国家(地区)分布

资料来源:同图 10-2。

权力距离这一文化维度是指组织中没有权力的成员对权力不平等分配的基本态度及接受程度,在跨国公司内部表现为管理层与一般员工之间的社会距离。在权力距离大的社会中(如菲律宾、委内瑞拉、印度等),社会倾向于把权力和财富等方面的差异加以制度化和合法化,组织内部层级分明,组织结构呈现集权化,并要求下级对上级的服从和依赖,而且对外交往中也强调身份和级别。而在权力距离小的社会中(如美国、英国、德国等),社会尽可能消除成员之间权力和财富分配与占有方面的不平等,组织结构呈现分权化的倾向,强调成员之间的相互依赖,下级也积极参与和影响组织的决策和管理。

个体主义或集体主义这一文化维度主要是指社会成员对待个体或集体的基本看法和行为方式,即社会活动中究竟是重视个体还是集体。在倾向个体主义的社会中(如美国及部分西欧国家),社会充分保护个人利益和尊重个人隐私,重视目的导向和机会均等,个人根据自身的利益得失来处理与其他社会成员的关系,在企业内一般是通过自我实现来获得相应的职位和报酬。

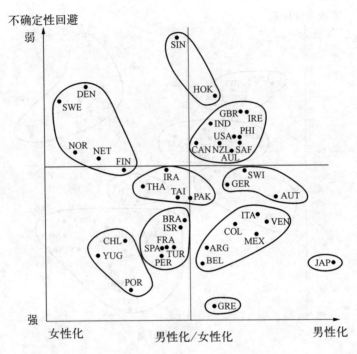

图10-4 不确定性回避与男性化/女性化维度中的国家(地区)分布

资料来源：同图10-2。

而在重视集体主义的社会中(如日本及其他东亚国家)，个人通过血缘等关系与社会建立紧密的联系，个人行为受到社会关系的约束，对组织有心理承诺和忠诚感，集体利益高于个人利益，企业在决策与管理过程中必须兼顾全体员工的利益。

不确定性规避这一文化维度主要是指社会成员倾向于通过技术的、法律的、宗教的等正式的规则和机制，来规避不确定性以及由此带来的威胁。在不确定性规避倾向较强的社会中(如日本、葡萄牙、希腊等)，社会成员有较高程度的安全需求，只能容忍和接受一般熟悉的风险，而对于环境中可能出现的不确定性以及不熟悉的风险，则倾向于建立一个高度正式化、制度化和等级化的组织来加以应对。而在不确定性规避倾向较弱的社会中(如新加坡、中国香港、丹麦等)，社会成员对各种不确定性和各类风险的承受程度较强，或者更加偏好灵活的和不确定的市场和社会结构，因而不喜欢制订详尽的规则来应对不确定性以及由此产生的风险。

男性化或女性化(亦称阳刚性或阴柔性)这一文化维度是衡量社会成员对事业、成就、物质、人际关系及生活质量等的一般看法,体现了一个社会的基本价值取向。在男性化或阳刚性的社会中(如日本、澳大利亚、美国等),社会占支配地位的价值取向是更加重视事业的发展与成功,社会成员在行为上更多地表现为果断、自信以及对物质的追求。而在女性化或阴柔性的社会中(如挪威、瑞典等斯堪的纳维亚国家等),社会占支配地位的价值取向是更加强调良好的人际关系和较高的生活质量,社会成员在行为上更多地表现为重视建立良好的人际关系和提高整体的生活质量,并强调生活是为了工作的概念。

长期或短期取向这一文化维度是表示社会成员对长期目标或短期目标的基本追求,以及是采取长期计划还是短期行为的行为方式。在长期取向的社会中(如日本、韩国等东亚国家),社会成员在权衡现在及未来利益时更加看重长远利益,因此企业注重长期投资和长期利益,个人通常偏好储蓄,社会储蓄率一般较高。而在短期取向的社会中(如美国及部分欧洲国家),人们一般倾向于追求短期利益,其中投资者希望短期的利润回报,消费者的短期消费倾向较高,而社会储蓄率一般较低。

在 IBM 研究的基础上,霍夫斯泰德又做了进一步的扩展性研究,并把研究对象增加到 74 个国家和地区,表 10-3 则是其扩展性研究的结果。从部分国家和地区在各文化维度中的排序及其得分可以看到,各国(地区)所在的位置具有一定的离散性特征,即尽管同为欧洲国家或亚洲经济体,但它们在各文化维度中的分布较广,地域差异的特征并不十分明显[①]。由此可见,很难笼统地将文化差异仅仅理解为是东方和西方之间的差异或者南方和北方之间的差异,而需要从各国(地区)的发展历史、民族特性、宗教信仰、道德习俗、社会制度等角度,更广泛和综合地来定义文化差异。

然而,霍夫斯泰德的"文化维度"分析框架存在的缺陷是显而易见的:

其一,研究对象仅限于一家跨国公司的子公司,所采集的样本数据一定会受到该企业特殊性的影响,至多只能代表一个个案;

其二,"文化五维度"分析框架无法涵盖所有的文化因子,也许在一个特定的国家,其他维度更能代表国别文化差异;

---

① Hofstede, G., *Cultures and Organizations: Software of the Mind*, 2nd Edition, McGraw-Hill, 2005.

表 10-3 五个文化维度中部分国家和地区的排序及得分

权力距离			不确定性规避			个体主义			阳刚性			长期取向		
序号	国家(地区)	得分	序号	国家(地区)	得分	序号	国家(地区)	得分	序号	国家(地区)	得分	序号	国家(地区)	得分
1/2	马来西亚	104	1	希腊	112	1	美国	91	2	日本	95	1	中国大陆	118
6	俄罗斯	93	7	俄罗斯	95	2	澳大利亚	90	7	意大利	70	2	中国香港	96
12/14	阿拉伯国家	80	11/13	日本	92	3	英国	89	8	墨西哥	69	3	中国台湾	87
12/14	中国大陆	80	17/22	法国	86	4/6	加拿大	80	11/13	中国大陆	66	4/5	日本	80
17/18	印度	77	23/25	韩国	85	7	新西兰	79	11/13	德国	66	6	韩国	75
19	新加坡	74	26/27	墨西哥	82	9	意大利	76	11/13	英国	66	7	巴西	65
26	巴西	69	31/32	巴西	76	10	丹麦	74	19	美国	62	8	印度	61
27/29	法国	68	39	中国台湾	69	13/14	法国	71	20	澳大利亚	61	11	新加坡	48
27/29	中国香港	68	40/41	阿拉伯国家	68	18	德国	67	22/24	新西兰	58	13/14	荷兰	44
43/44	中国台湾	58	43	德国	65	19	南非	65	25/27	中国香港	57	19	法国	39
45/46	西班牙	57	44	泰国	64	30	西班牙	51	25/27	印度	56	22	意大利	34
49/50	日本	54	55/56	澳大利亚	51	31	印度	48	28/29	阿拉伯国家	53	23	瑞典	33
52/53	南非	49	58/59	新西兰	49	33/35	日本	46	31/32	加拿大	52	25/27	奥地利	31
57/59	美国	40	58/59	南非	49	37/38	俄罗斯	39	33	马来西亚	50	25/27	澳大利亚	31
60	加拿大	39	60/61	加拿大	48	39/40	阿拉伯国家	38	34/36	巴西	49	28/30	德国	30
62	澳大利亚	36	62	美国	46	39/40	巴西	38	37	中国台湾	45	31	新西兰	29
63/65	德国	35	65	马来西亚	36	52	马来西亚	26	43/45	法国	43	32/33	美国	25
63/65	英国	35	68/69	中国大陆	30	56/61	中国大陆	20	47/50	韩国	39	34	英国	23
71	新西兰	22	70/71	中国香港	29	64	中国台湾	17	59	俄罗斯	36	35/36	加拿大	19
74	奥地利	11	74	新加坡	8	68/69	印度尼西亚	14	74	瑞典	5		西班牙	

资料来源：Geert Hofstede, *Cultures and Organizations: Software of the Mind*, 2nd Edition, McGraw-Hill, 2005.

其三,虽然能在图10-2、图10-3及图10-4看出各维度(变量)之间存在一定的关系,但霍夫斯泰德却没有详细分析它们之间的相关关系及其机理;

其四,没有深入分析国家内部的群体(组织)文化差异与国家文化之间的关系,因而也就无法把握群体(组织)文化差异对国家间文化差异的影响;

其五,虽然其后的扩展性研究参考了其他研究者的调查结果,但更多的只是对IBM研究的检验(validation),而没能超越上述IBM研究的局限性。

尽管如此,霍夫斯泰德的"文化五维度"分析框架从权力距离这一基本概念出发,对不同国家(地区)和民族文化中最主要的五个方面的差异做了定性及定量分析,并在此基础上形成了一个独特的理论体系。尤其是在其后的扩展性研究中吸收了其他研究者的大量实证研究的成果,并对其"文化五维度"分析框架做了更加详尽的诠释和量化,从而进一步提高了其在世界相关研究领域中的影响力,进而也足以说明该分析框架所具有的重要理论意义和实践价值。

在霍夫斯泰德最初提出"文化维度"分析框架后的二十多年时间里,国际学术界关于文化差异的研究有了长足的发展,但不少研究在方法论上并没有超越霍夫斯泰德,更多的是对文化维度做了扩展或给予新的诠释。例如,弗恩斯·特朗皮纳斯(Fons Trompenaars)和查尔斯·汉普登-特纳(Charles Hampden-Turner)从普遍主义与特殊主义(universalism vs. particularism)、个体主义与共有主义(individualism vs. communitarianism)、中立性与情感性(neutral vs. emotional)、专一性与扩散性(specific vs. diffuse)、成就型与归属型(achieved status vs. ascribed status)、顺序性与同步性(sequential vs. synchronic)以及内向型与外向型(internal orientation vs. external orientation)七个文化维度,研究了世界不同民族、国家及企业的文化差异[1]。

2. 跨国经营中的文化差异

上述文化差异在跨国公司的国际经营中主要表现为以下几方面:

(1) 沟通交流上的差异。

首先是语言沟通上的差异,因为语言是人们进行思维表达和意见沟通的

---

[1] Fons Trompenaars and Charles Hampden-Turner, *Riding the Waves of Culture: Understanding Diversity in Global Business*, London: Nicholas Brealey, 1997.

基本工具,更是不同民族或国家成员进行沟通交流的重要基础,而这种沟通交流又是跨国公司从事海外经营的重要管理职能。由于各国的语言及表达方式不同,或尽管语言比较接近但表达的意思相左,因此很容易在沟通交流中产生误解,从而引发不必要的矛盾冲突。所以,在跨国公司内部如何克服语言障碍,用不同的语言或用共通的语言进行准确无误的沟通是其经营能否成功的关键,这就要求母公司及子公司的所有成员必须具备较强的语言沟通能力。其次是非语言交流上的差异,包括表情、手势、动作等肢体语言以及会话距离等所表达的情感和传递的信息等的差异。不同民族或国家成员的肢体语言所表达的意思不尽相同,在特定的情境中所传递的信息也不一样,与会话对象保持的距离也并非越近越亲密。这种存在于不同文化之间的文化差异,深层次地影响着跨国公司内部的人际关系及沟通合作,最终将影响组织效率及经营目标的实现。

(2) 经营理念上的差异。

尽管追求利益的最大化是所有企业的最终目标,但由于各国及民族文化上的差异,它们实现最终经营目标的方式、途径、手段等有所不同。如在倾向于短期取向的文化背景下,企业将会形成如下的经营理念和行为:其一,与长期利益相比,更多追求短期利益,即在短期内实现股东利益的最大化;其二,更加关注资本市场,希望尽可能推高本企业的股价;其三,有较强的风险意识和冒险精神,善于投资研发风险较大的新技术和新产品。而在偏向于长期取向的文化背景下,企业则可能遵循以下的经营理念和行为:其一,倾向于追求长期利益,兼顾投资者、员工、供应商、消费者等企业相关者的利益,为此会从事长期的设备投资;其二,更加关注本企业产品的市场占有率,而非资本市场上企业间的兼并与收购;其三,为了保持经营的稳定性,不会冒进地从事风险很大的基础性研发,而会把重点放在实用性研发上。

(3) 决策方式上的差异。

在以崇尚个人主义等为文化特征的社会中,企业的决策方式一般具有如下特点:其一,董事会代表股东决定企业经营的基本方针;而且决策过程中董事长具有较大的权限,因而决策所需要的时间较短;其二,董事会在进行决策时一般首先考虑企业的利润率和分红率,其次才是企业的长期发展;其三,董事会下的企业管理层则具体负责执行董事会的决策,而且各级管理层的责任和权限十分明确。而在以崇尚集体主义等为文化特征的社会中,企业的决策方式通常具有以下特点：其一，最高决策层与最高管理层（执行层）相互间有一定的交叉，管理层甚至普通员工也应邀参与决策过程，所以决策所需要的时间较长；其二，由于有管理层人员及普通员工参与决策，因此决策中会更多地考虑企业长期的发展及相关者的利益；其三，由于采取集体参与、迂回反复的决策方式，因此决策过程中决策层与管理层事先有充分的意见沟通，所以决策内容一般能准确地执行，也较少出现决策层与管理层的意见对立。

（4）组织架构上的差异。

上述权力距离的大小主要体现在企业的组织结构上，即构建何种经营组织体制和管理控制系统，保持多大的权力距离，以明确个人在组织中的地位和作用，并准确评价个人的努力程度。在权力距离较小的社会或组织中，个人在组织中的作用是主要的，强调的是成员之间的相互依存，等级观念相对淡薄，上下级之间的关系也较为平等，管理控制系统以个人的业绩、成就来进行评估，组织结构呈现扁平化及分权化的倾向。而在权力距离较大的社会或组织中，个人在组织中的作用是次要的，比较强调下级对上级领导的依赖性，每个成员都把自己看成是组织中的一员，与其他成员保持密切合作的关系，管理控制系统考核以集体为单位的团队绩效，激励对象的重点也主要是集体，组织内部层级分明，组织结构呈现集权化和科层式的特征。

（5）管理体制上的差异。

在跨国公司内部，究竟是用分权式的方法管理海外子公司，并用明确的规程来规范员工的行为，还是用集权式的方法控制海外子公司，并用模糊的规则和情感去约束员工的行为，这在不同的文化背景下会有相异的选择。在个人主义倾向较强及规则较明确的社会中，母公司通常是通过制定较详细的规程来指导和管理海外子公司，而不是直接深度地参与海外子公司的经营，对海外子公司的员工一般也通过明确的规则来进行管理，工资水平的设定及职务的安排和晋升都按照个人的能力及绩效来确定。而在集体主义倾向较强及规则较不明确的社会中，母公司一般是通过严格的上下级关系来直接控制海外子公司的经营，对子公司员工的考核一般不是个人为单位，而是以一个团队为单位，并习惯用归属意识、团队精神等情感去激励员工，工资水平的设定及职务的安排和晋升通常也不是完全按照个人的能力及绩效来确定，而是以其连续工作的年限及所在团队的整体表现为依据。

(6) 管理方式上的差异。

社会成员对人的本性的基本理解作为一个社会的文化取向,在一定程度上决定了企业管理方式的差异。在普遍认为人的本性是懒惰的、缺乏进取心、习惯于因循守旧、具有消极的工作源动力的社会中,企业的管理方式通常是制定严密的管理和控制系统,严格监管员工的生产活动,通过控制和调整员工的行为来满足组织的需要,并利用严厉的奖惩手段来实现其管理目标。而在普遍认为人的本性是勤奋的、能够主动承担责任和自我控制、具有积极的工作源动力的社会中,企业的管理方式一般是以信任取代监督,以启发与诱导代替命令与服从,鼓励员工参与自身目标和组织目标的制定,把责任最大限度地交给员工,使他们在努力实现组织目标的同时来实现自身的目标,管理过程主要是一个创造机会、挖掘潜力、鼓励发展的过程[①]。

可见,在不同文化环境中成长起来的企业要从事跨国经营,如果对上述存在的差异没有充分的认识,并采取积极的应对措施的话,必然会与东道国当地的民族、政府、消费者、企业及员工等产生文化摩擦或文化冲突,严重的将会导致跨国经营的失败。

二、跨文化冲突及其原因

1. 跨文化冲突及其主要类型

由上述文化差异所引发的跨国公司与东道国的文化冲突也简称为跨文化冲突(cross-cultural conflict),它是指母国和东道国的不同文化、亚文化或文化的不同元素之间出现的相互影响、相互对立、相互排斥、相互矛盾和相互否定的状态及过程。它既包括跨国公司在海外经营企业时由于母国文化与东道国文化背景不同而产生的冲突,也包括跨国公司内部由于经营管理者及员工的文化背景不同而产生的冲突。其中,前者主要是跨国公司与东道国的政治体制、法律法规、社会团体、其他企业(供应商及销售商等)以及消费者等之间产生的文化冲突,后者主要有跨国公司内部来自不同国家和民族,或具有不同文化背景的员工与经营管理者以及员工之间产生的文化冲突。

基于文化差异及其在跨国经营中的具体表现,跨文化冲突主要有以下几种类型。

---

① McGregor, Douglas, *The Human Side of the Enterprise*, McGraw-Hill, 1960.

（1）语言表达及沟通方式等差异引发的冲突。

不同的语言及其表达方式是跨国公司内部成员间及与外部成员间引起误解、进而产生跨文化冲突的主要原因之一。不少跨国公司内部为了克服语言障碍，一般都设有专门的翻译部门或者是从外部聘请专职的翻译人员，但这些专职的翻译人员如果缺乏对双方文化差异的深刻理解，也就无法准确地传递彼此的语义，还会因语言表达的时间与语境不同而产生误会。同时，文化差异也决定了双方不同的沟通方式，而且文化差异越大，沟通的障碍也就越大。如有的文化注重含蓄委婉、心领神会以及和谐统一，但有的文化则注重直截了当、言语沟通以及对立统一，这种不同的沟通方式及非语言表达的含意，也容易使对方产生歧义或难以接受，继而使双方产生误会和冲突。

（2）价值观及宗教信仰等差异引发的冲突。

价值观是各国及各民族文化的产物，主要包括人们对人性、人与自然的关系、人与人的关系以及人与社会的关系等的看法，文化差异会形成完全不同的价值观，因而对同一事物会有不同认知，进而采取不同的行为，而且价值观一旦形成就不容易改变，具有独特性、稳定性和持久性。宗教信仰更是一个民族在某种文化的长期熏陶下产生的一种稳定且持久的文化现象，它会在很多方面深层次地影响社会成员的生活、观念和行为，而且不同的宗教信仰会产生截然相反的禁忌和行为。因此，跨国公司在海外经营企业时，如果试图以母国或本民族的价值观及宗教信仰去改变其他国家和民族的成员，一定会引发剧烈的文化冲突，最终将导致跨国经营的失败。

（3）社会制度及法律体系等差异引发的冲突。

一个国家的社会制度既是其主要社会成员价值观的具体体现，也是保存、传递和普及人类的发明创造、思想信仰、风俗习惯等文化，并推动社会成员创造新的文化的规范体系。而法律体系则是在此过程中规范人的行为，保证文化的累积、传承和创造得以顺利进行的保障体系。文化差异决定了各国的社会制度及法律体系存在一定的或根本的区别，其中与跨国经营直接相关的有各国不同的产权、财政、金融、税收等经济制度以及与经济和社会相关的法律法规，它们也具有一定的多元复合性和相对稳定性。如果跨国公司忽视各国社会制度及法律体系的差异，执意按照母国的方式在东道国经营企业的话，那一定会与东道国的各种制度和各项法律发生尖锐的冲突。

(4) 企业文化及经营模式等差异引发的冲突。

母国独特的文化环境和企业自身的成长经历会形成特有的企业文化和经营方式,它们在相当程度上决定了该企业的核心价值观、发展目标、经营战略以及管理模式,并具体体现在其技术结构、产品类型、销售方法及服务特色等方面。从企业文化和经营模式的形成背景及过程来看,它们也具有一定的稳定性和持久性,不会因经营的跨国化而有根本的改变。因此,跨国公司的管理层去海外经营子公司时,一般会无意识地设法移植母公司的企业文化和经营模式,派驻国外的一般员工也会习惯性地按照母公司的方式行事,结果不仅会与东道国一般的企业文化和经营模式发生矛盾,而且在与当地合资的企业内部一定会发生跨文化冲突。

(5) 思想意识及行为方式等差异引发的冲突。

除了受国家及民族文化的影响外,在不同的企业文化的熏陶下,员工会形成相异的思想意识和行为方式。如有的企业注重对员工进行企业文化方面的教育,使员工能共享企业的发展目标,对企业有较好的价值认同,并能将本职工作与实现自我价值结合在一起。有的企业注重对员工进行情感方面的诱导,培养员工对企业的归属感、忠诚心及团队精神,使员工不仅忠于职守,而且在感情上也与企业融为一体,并在企业这个共同体中充分体现自身的价值。也有的企业注重制定和实施系统的规章制度,在严格的监管下实现企业的目标管理,从而使员工有较强烈的雇用与被雇用意识,并以完成给定的任务作为工作目标。可想而知,这三类企业的员工如在跨国公司一起工作,一定会由于上述思想意识和行为方式的不同而产生矛盾和冲突。

2. 跨文化冲突的主观原因

综上所述,国家、民族及企业间客观存在的文化差异,会使跨国经营中产生各种文化摩擦,如果跨国公司的管理层或一般员工主观上还拥有如下意识,那么,跨文化冲突就更加难以避免。

(1) 本族(国)中心主义的意识。

如第二章所述,帕尔穆特教授把跨国公司最高经营层的行为特征或战略取向分为以母国为中心(ethnocentric, E)、以东道国为中心(polycentric, P)、以地区为中心(regiocentric, R)及以全球为中心(geocentric, G)四种类型(EPRG profile)。同理,从跨国公司管理层或员工的价值观念及行为方式等角度,也可以把他们的文化取向分为本族(国)中心主义(ethnocentrism, E)、多元(东道国)中心主义(polycentrism, P)、地区中心主义(region centrism, R)和全球中心主义(geo centrism, G)四种类型[①]。其中,本族(国)中心主义即是将本国及本民族的价值观、信仰、行为规范、生活方式等看成是最好的、唯一正确的、优于其他民族的一种主观意识和态度,它在企业开始跨国经营的初期表现得尤为显著。

从这种民族优越感出发,本族(国)中心主义往往以本国、本民族或本群体的文化作为中心或标准来衡量和评价其他文化,甚至怀疑或排斥自己所不熟悉的文化模式。应该说,本族(国)中心主义在所有的文化中普遍存在,只是程度有所不同而已,所以要完全消除是不可能的。因此,从某种意义上来说,本族(国)中心主义是社会发展中自然产生的副产品,是自我文化特性的具体反映,它有利于增强同一文化圈内的民族认同感,对文化的稳定和传承有一定的积极作用。然而,本族(国)中心主义在国际间则容易产生偏见,使原有文化差异引发的文化摩擦进一步扩大,进而使跨文化冲突更加容易发生。

本族(国)中心主义对跨国公司的产品开发、营销策略、人事管理等都会产生不良的影响,尤其是会增加国外子公司当地管理的难度,进而将会成为跨国公司维持及增强其竞争力的重要障碍。因为,本族(国)中心主义把国外市场看作国内市场的补充,经营战略也由母公司按照国内相同的政策和手续来制定,一般是把母公司的经营方式移植到在世界各地的子公司,当地的管理人员一般也由母公司直接派遣。由此,不仅不同文化及经营方式的良性互动作用无法实现,而且容易引发不必要的摩擦和冲突。

(2) 自我参照准则的意识。

所谓自我参照准则(self-reference criterion, SRC)是指人在进行价值判断及采取行动时,通常总是以自己所拥有的文化观念、价值体系、思维方式及行为准则等作为看待、理解和判断他人的言行正确与否、合适与否的尺度和标准,或者首先以自我文化的倾向、习性及规范等来定义应解决的问题或应达到的目标,然后再按自己所熟悉的思路和程序采取相应的应对方法和手段。而且,具有这种意识的人通常对自己的判断充满自信,对最终结果有很好的

[①] Heenan, D. A., and H. V. Perlmutter, *Multinational Organization Development*, Addison-Wesley Publishing Company, Inc., 1979, p. 17.

预期。自我参照准则的意识主要来源于本族(国)中心主义,它是民族优越感或文化优越感的具体表现①。

自我参照准则的形成在相当程度上与当事人成长的文化环境(cultural context)有关,即在一个相同的文化环境下,信息发送者和接受者双方有着共同的参照系(frame of reference),彼此养成了以相同的参照准则进行沟通的习惯,而且文化上重要的信息并不需要每次都用语言来说明。而对于来自外界的各种信息,则通过基于自我参照准则的文化过滤过程,不断剔除被认为是无用的信息,而把认为有用的信息记忆和积累下来,并作为今后筛选各种外来信息的重要依据。相反,自我参照准则对文化环境的形成也能产生深刻的影响,并成为形成本族(国)中心主义的文化基础。可见,自我参照准则的意识通过文化过滤或文化筛选排斥不同文化,是产生文化摩擦和文化冲突的重要原因。

在企业的跨国经营中,由自我参照准则引发的文化冲突集中地表现在以下两方面。其一,母公司派遣到海外子公司的经营主管通常习惯于用在母国及在母公司所接受到的文化去看待、理解和判断东道国的文化及其与此相关的一切事物,并设法推行他所熟悉的母公司的经营管理方式;而东道国的员工则本能地用本国的价值观念及行为方式等去接触、认识和衡量外来文化,常常因为跨国公司的经营方式与其民族文化及传统习俗相左,或跨文化沟通存在障碍而相互间产生冲突。其二,由于受到自我参照准则的影响,海外子公司的经营主管往往会以本国的市场特征和消费行为作为参照系来考虑东道国的市场需求,在产品设计、市场开发、营销服务等方面比较容易忽略东道国市场及消费者的特性,使得产品和服务在文化上缺乏与当地市场的适应性,从而成为影响当地消费者购买行为的重要障碍。

(3) 信息沟通中语境无差异的意识。

所谓信息沟通的语境(context),美国著名的人类学家爱德华·霍尔(Edward T. Hall)把它定义为是信息沟通中物理的、社会的、心理的及时空等环境,并根据沟通中信息主要是由语境传达还是由语言编码(information coding)传达,或根据编码需要用语言清晰准确地表达出来的量,把文化分为

---

① James A. Lee, "Cultural Analysis in Overseas Operations", *Harvard Business Review*, March-April, 1966, p.107.

高语境文化(high context，HC)和低语境文化(low context，LC)①。在现实的跨文化沟通中，人们一般会有意识地致力于克服语言障碍，但对信息沟通中语境的意义、作用及其影响往往认识不足，总以为能熟练地用同一种语言进行沟通一般不会产生很大的误解，对于高语境文化与低语境文化之间的交流在一定情况下会产生摩擦的事实则更加难以理解。

高语境文化的基本特征是，人们在进行信息沟通时只有很少一部分信息需要用语言清晰准确地表达出来，而其他大部分信息可以通过肢体、眼神、表情等非语言形式或者内化性来表达。在高语境文化的社会中，人们的联系比较紧密，在信仰、价值观和态度等方面的同质性较高，信息基本为所有成员共有，所需传递的信息大多已纳入语境中，交流时不需要采取十分明确的语言沟通的方式，而对非语言传递的信息则较能敏感地接受，即更加注重"意会"而非"言传"。低语境文化的基本特征是，人们在进行沟通时大部分信息需要通过语言编码来进行传递，而且所需要的信息量必须充分，并尽可能用语言清晰地表达出来，其中非语言或内化性的表达方式并不为一般成员所接受，或只有少量的信息蕴含在隐性环境中。在低语境文化的社会中，人们的合离集散是常态，维系人们的纽带比较脆弱，信息不为社会成员所共有，事前也没有信息共有的基础，而且存在许多相互独立的"亚文化"，在信仰、态度和行为等方面有较大的差异，所以在进行沟通交流时重视的是实际内容，而并非是当时所处的环境，要传递的意思必须用语言清晰、准确地表达出来。也就是说，语境的高低与沟通时所需的信息量成反比率关系，即越是高语境文化，沟通时所需的信息量就越少，反之则反是(参见图 10-5)。

那么，现实世界中高语境文化与低语境文化具体应如何来进行划分？美国学者费拉罗(Gary P. Ferraro)根据对世界部分国家和民族广义文化的长期深入观察，将其信息沟通中所需信息量的多少进行了估算，并对相关国家及民族语境文化的高低做了排序，提出了十分有意义的研究命题(参见图 10-6)。尽管围绕排序的客观依据还存在诸多的争议，但它在一定程度上反映了世界部分国家及民族的基本现实，也被其后续的研究及其他学者的相关研究结果所进一步佐证。

---

① E. T. Hall, *Beyond Culture*, Anchor Preesl Doubleday, 1976.

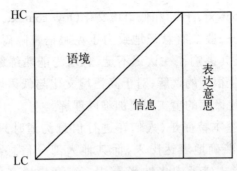

图 10-5　高语境文化(HC)与低语境文化(LC)的信息沟通

资料来源：Hall E. T., *Beyond Culture*, Anchor Preesl Doubleday, 1976.

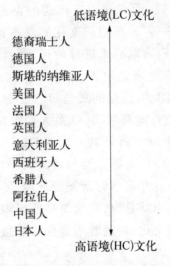

图 10-6　各国的 HC 度和 LC 度

资料来源：Ferraro, G. P., The Cultural Dimension of International Business, Prentice Hall, Inc., 1990.

可见，在跨文化的环境中，低语境文化与高语境文化之间的交流容易产生以下困境：其一，前者因得不到充分的信息传递而无法理解后者的真正意图，或前者只能揣摩后者的意思，因而可能产生误解；其二，后者因接收到过多的信息而必须对此重新进行编排，从而降低信息沟通的效率。在企业的跨国经营中，高语境文化下成长起来的跨国公司经营者习惯像在国内一样，用以心传心的方式来传递经营意图，而低语境文化的东道国员工则常常抱怨跨国公司经营者传递的意思不明确,双方由此可能产生不必要的误解和摩擦。

第三节　跨国经营中的跨文化管理

一、跨国经营与跨文化冲突

1. 文化多样性的优点与缺点

在跨国公司的全球网络中,不仅母公司需要与国外子公司进行业务联系,国外子公司之间也需要保持经常的沟通;而且,在国外子公司的组织中,不仅有母公司派遣的管理团队和技术人员,还有在当地聘用的大量员工,或许还有来自第三国的专业人员;再则,来自各国的员工可能分别属于不同的民族,即使属于同一民族,也会有不同的文化背景和宗教信仰。可见,在跨国公司的组织内部,多元文化(multiculturalism)无时无处不在,因而文化的多样性成为跨国公司最基本的特征之一。

如上所述,文化多样性或文化差异性会引发跨国公司内部各个层面的跨文化冲突,并给整个组织的有效运行带来如下负面的影响。

第一,由于组织内部成员的母语不同及成长的文化环境各异,在信息沟通中容易发生错误;

第二,成员的价值观及宗教信仰等差异会导致信息沟通不畅,从而容易使组织内部发生混乱;

第三,如果组织内部成员还持有本族(国)中心主义或自我参照准则的意识,那将增加组织的暧昧性和复杂性;

第四,在不同社会环境和企业文化下成长起来的员工有一种先天的离散性,从而会使组织的意志和行动难以统一;

第五,在此文化环境下共同工作的组织成员会增加相互不信任及积累矛盾,进而将使组织效率下降。

鉴于文化多样性给国际经营带来的上述负面影响,在很长的一段时间里,跨国公司一直将其经营战略的重点放在如何克服文化多样性带来的跨文化冲突上,以最大限度地降低多元文化对组织构架及效率的影响。然而,随着经营全球化的发展,跨国公司开始逐渐认识到不同文化之间并没有优劣之分,任何文化都有自己的优点和缺点,而且文化多样性也会给其跨国经营带来如下积极的影响,并能提高整个组织的运行效率。

其一,能给组织发展提供多样化的视角,使企业能在激烈的全球竞争中发现新的发展空间和解决问题的方法;

其二,有利于组织成员集思广益和发挥各自的优势,并有增加新的观点、思想及创意的可能性;

其三,有不同文化背景的组织成员会对经营方针提出各自不同的看法,从而能扩大企业决策的可选择性和决策实行的有效性,进而制定出适合当地市场的经营战略;

其四,通过跨文化的交流,能在组织内部培养成员适应不同文化的能力,因而能增强整个组织的柔软性、包容性和创造性;

其五,能使组织成员积累和增强解决复杂问题的能力,进而能使企业提高对全球市场变化的适应性(参见表10-4)。

表10-4 跨国公司文化多样性的优点与缺点

优 点	缺 点
◇ 给组织发展提供多样化的视角	◇ 信息沟通容易产生错误
◇ 增加新的创意的可能性	◇ 容易引起组织内部的混乱
◇ 扩大决策的选择余地	◇ 使组织增加暧昧性和复杂性
◇ 增强组织的柔软性和创造性	◇ 意志和行动难以统一
◇ 积累和增强解决复杂问题的能力	◇ 组织成员会增加不信任及积累矛盾

2. 功能正常的冲突与功能失调的冲突

既然文化的多样性或差异性自身具有优点和缺点,那么,由此引发的跨文化冲突在给跨国经营带来消极影响的同时,一定也会产生积极的作用。问题是这种消极影响和积极作用一般是同时发生或相伴而行的,不存在两者取其一的可能性。所以,对跨国公司来说,如何充分利用跨文化冲突产生的积极作用,并实现消极影响的有效转换和不同文化的协同效应,便成为国际经营管理的重要内容。

能产生积极影响的跨文化冲突也被称为功能正常型冲突(functional conflict),主要表现为组织成员间轻度的意见分歧和误解,具体包括决策时的意见分歧、正常渠道提出的不同意见、组织成员间适度及可调和的矛盾、对解决问题有益的意见对立等。功能正常型的冲突一般以微妙、间接以及有节制等为特点,具有建设性和互动性,能暴露组织中存在的问题,会产生新的正能量和各种可能性,并能在一定程度上提高组织的柔性和效率。也就是说,功能正常型的跨文化冲突能给组织带来革命性的变化,增强组织和群体的有效性,支持组织目标的实现,并能提高企业的凝聚力和经营决策的质量。

会产生消极影响的跨文化冲突也被称为功能失调型冲突(dysfunctional conflict),主要表现为组织成员间严重的意见对立与冲突,通常包括沟通出现的时滞及中断、对成员间矛盾的非理性反应、意见分歧导致的感情对立、组织僵化及凝聚力下降等。功能失调型的冲突一般以显性、直接及激化等为特点,具有破坏性和牵制性,会激化组织中存在的矛盾,从而会降低组织效率及破坏群体团结。也就是说,功能失调型的跨文化冲突将降低经营决策的质量,造成成员间不必要的情感对立,使组织内部发生混乱,破坏员工间团结合作的氛围,进而妨碍组织目标的实现。

然而,在现实的跨国经营中,要从源头上就准确识别究竟是功能正常型的冲突还是功能失调型的冲突是极其困难的,因为两者的界限并不清楚,而且在不同的场合两者的表现形式各异,有时还会发生质的转换。因此,提高冲突管理(conflict management)水平,是现实组织效率和组织目标的关键。为此,首先要提高冲突的识别能力,即要善于观察冲突是否使组织界限越来越清晰、组织目标越来越明确、组织效率越来越提高,如果答案是肯定的,那就应该适度鼓励这种冲突;其次要在组织内建立有效的沟通机制,防止组织成员间因信息沟通不畅而产生过度冲突,以降低内耗性冲突对组织效率的影响;再次要及时改变组织文化和调整组织构架,让有不同意见的成员逐渐认同组织目标和组织原则,绝不能将他们看作异己分子而予以排斥,从而有效转换冲突的消极影响,以实现跨文化冲突的良性协同效应。

3. 跨文化冲突对跨国经营的影响

综上所述,跨文化冲突对跨国经营的正面影响具体表现在以下几方面:

第一,有助于强化跨国公司内部成员对不同文化的敏感性、适应性和包容性,提高对跨文化冲突性质的判断能力及对其负面影响的处理能力,使整个企业能够更加有效地应对复杂多变的海外经营环境;

第二,有助于管理层在决策时能全方位、多角度地审视企业所处的经营环境,在选择管理模式时能更多地考虑其文化的适应性,从而能地降低管理者的决策风险,最大限度地避免文化冲突造成的组织效率的下降;

第三，有助于形成新的企业文化，增强组织成员的价值认同，进而能激发全体员工的主观能动性和创造力，推动企业不断地实现技术创新和组织创新，使企业能长久地保持国际竞争优势。

跨文化冲突对跨国经营的负面影响则主要体现在以下几方面：

第一，可能会加大跨国公司内部各国员工之间以及与管理者之间的沟通障碍，而且各国的文化差异越大，这种沟通障碍也就越大，进而会使跨文化冲突更加难以避免；

第二，可能会在组织内引发不必要的意见对立，破坏组织内部的和谐气氛，从而加大内部的摩擦和冲突，并影响企业的正常决策，最终导致市场机会的丧失，使企业的经营目标难以实现；

第三，可能会破坏各国员工之间以及与管理者之间的相互理解和相互信任，增加产生误解和猜疑的可能性，并引起更大的疏远和距离，从而将会降低企业的凝聚力和员工的向心力，进而产生信任危机，激化矛盾和冲突，使整体的组织效率下降。

二、协调跨文化冲突的策略与目标

1. 克服跨文化冲突的各种因素

（1）克服自我参照准则的意识。

如上所述，自我参照准则（SRC）的意识来源于本族（国）中心主义，但它反过来又成为本族（国）中心主义重要的思想基础，它们是产生跨文化摩擦和冲突的重要原因之一。因此，如能深刻认识自我参照准则产生的根源，并找到有效克服其危害的方式，就能提高灵活应对各种文化的能力，因而也就能摆脱本族（国）中心主义的倾向，减少不必要的跨文化摩擦和冲突。

为此，美国学者詹姆斯·李（James A. Lee）提出了一套克服 SRC 倾向的有效方法，它共分为四个步骤：

第一步，按照自我（本国）文化的特点、习俗和规范来定义应解决的问题或应达到的目标；

第二步，根据当地文化的特点、习俗和规范来定义上述应解决的问题或应达到的目标；

第三步，比较上述两种定义，找出存在的问题中 SRC 的影响，并深入研究 SRC 将如何使问题复杂化；

第四步,逐个排除 SRC 的影响,然后再次定义上述应解决的问题或应达到的目标,在此基础上采取适应当地文化特点的解决方案①。

尽管上述方法在实际应用中还存在着不少问题,但它展示了如何通过跨文化的比较来发现 SRC 影响的可能路径,并为如何排除 SRC 的影响提供了一个有效的分析框架。按照该分析框架的步骤逐一进行,就能在跨国经营中逐渐克服自我参照准则的意识,并能在一定程度上控制本族(国)中心主义的影响力,从而就能主动地去适应不同的文化环境,避免跨文化摩擦和冲突的发生。

(2) 寻找"文化的公分母"。

尽管文化是一个抽象的概念,但作为实际形态的文化体系则具有共同的取向特征、行为准则和价值标准。而且,文化是一个组织、社会、国家等内部成员共有的,所以这种集体文化具有一定的普遍性,其中这种普遍性也适用于其他文化,是理解广义的人的行为特征的基本出发点。而所谓文化的多样性,则被认为是在一定程度上为了达到相同的目标而选择的不同的实现方式。

美国学者默多克(G. P. Murdock)认为,在许多场合,两种文化的差异是为了解决两种文化中共同的社会问题而在两个社会中选择可能的制度的结果。因此,找到产生各种文化差异的母体,即对所有文化来说共同存在的普遍性(cultural universals)就有重要的意义。他通过对由 72 个项目构成的文化项目(culture item)的研究,解析出存在于任何文化及行为方式中的"文化的公分母"(common denominator of culture),如年龄、服饰、分工、教育、梦的解释、婚姻等,在此基础上再推导出现实的文化差异。结果表明,各种文化间的实际差异通常会比人们一般的认识要小,即"文化的公分母"体现了文化具有的普遍性,将其除以各种文化中人们行为方式的差异,所得的实际差异就会有一定程度的缩小。于是,默多克进一步提出,基于上述的结果,就能对文化差异拥有如下的认识:

第一,就能理解文化的差异点和共同点有时是基于相同的原因,因而就不会对文化差异采取不必要的狭隘态度;

---

① James A. Lee, "Cultural Analysis in Overseas Operations", *Harvard Business Review*, March-April, 1966, p. 107.

第二,就能理解文化相对主义,即文化之间的差异并不表示文化的优劣,而是另外一个层面的问题,由此就能摆脱本族(国)中心主义或消除民族优越感;

第三,就能在不同文化动态的相互作用中获得合理的、建设性的信息沟通的技巧,而不单纯是有关特定文化圈行为方式的一般知识[1]。

跨国公司在制定产品开发计划及广告宣传计划时,如能认识到各国市场的"文化的公分母",那就能在一定程度上实现生产及营销方式的标准化。如随着国际旅游及信息交流的增加,消费者对时装、音乐及饮食的文化态度迅速趋同,这就为服装、饮料、食品等行业的跨国公司进入全球市场提供了更多的可能,由此也能大幅度节省产品开发及营销成本。此外,如能理解文化的普遍性并找到"文化的公分母",就能选择适合当地文化的经营管理方式,并在跨国经营中减少跨文化的摩擦和冲突[2]。

(3) 认识高、低语境文化各自的优缺点。

在企业的跨国经营中,不仅需要充分认识低语境文化与高语境文化之间的沟通障碍,并在低语境文化环境下的沟通交流中适当地增加信息量,在高语境文化环境下的沟通交流中尽可能减少不必要的信息,以提高信息沟通的效率,避免跨文化的摩擦和冲突,而且也必须充分认识高语境文化和低语境文化各自的优缺点,并在跨文化的沟通交流中扬长避短,从而获得文化多样性以及跨文化冲突带来的积极效应[3]。

高语境文化的优点在于:第一,信息交流时所必需的信息量较少,所以沟通较为便捷、迅速且有效,容易形成一致的认识和行为;第二,维系人们的纽带较为牢固,组织内的各种关系比较稳定,所以通常组织效率较高;第三,在同一文化系统中,人们一般善于合作共事,有时会有一定的创新。

然而,高语境文化的缺点也是很明显的:其一,由于这种文化的形成需要较长的时间,而且一旦形成就不容易改变,因此每当成员遇到新的事物时,就可能出现必须下移到语境标的最低点的现象,由此可能会影响沟通交流的时效;其二,正是由于这种文化环境下成员的关系比较紧密,因此组织内部的调

---

[1] G. P. Murdock, "The Common Denominator of culture", in *The Science of Man in the World Crisis*, edited by Ralph Linton, New York: Columbia University Press, 1945.
[2] W. J. Keegan, *Multinational Marketing Management*, Prentice-Hall Inc., 1974, p.78.
[3] E. T. Hall, *Beyond Culture*, Anchor Preesl Doubleday, 1976.

整速度相对缓慢,对环境变化的适应性会受到一定的影响;其三,组织文化更多体现的是团队合作精神,个人主义受到一定程度的约束,所以有时不利于创新。

低语境文化的优点在于:第一,维系人们的纽带比较脆弱,成员通常更加容易预知可能产生的风险,并采取迅速的应对行为;第二,组织内的各种关系比较松散,成员的聚散离合是常态,因而组织结构相对容易调整;第三,文化体系内部具有一定的复杂性,在这种复杂环境中成长起来的人比较容易接受新事物,更富有想象力和创造力。

同样,低语境文化的缺点也是一般所公认的:其一,沟通交流所必需的信息量较多,一旦信息量不足或理解有偏差,组织内部就容易产生误解或分歧;其二,当组织成员增加之后,就会变得尾大不掉,这种情况在复杂的社会中尤其显著;其三,生活在低语境文化体系中的人容易受操纵,其结果往往是那些有权力的人极有可能通过该体系去影响和控制对方。

可见,两种语境文化并不存在孰优孰劣的问题,在高语境文化和低语境文化的沟通交流中,跨国公司应该充分认识它们各自的优缺点,在实践中逐步掌握在两种不同文化下的沟通方法,最大限度地发挥它们的优点,把缺点带来的负面影响降低到最低限度,并有效地利用两种文化冲突产生的积极效应,以实现组织内部的创新。

2. 寻求文化协同与自我革新

(1) 在跨文化沟通中寻求协同效应。

文化协同效应是指不同文化在接触、沟通、摩擦和冲突中产生的相互影响、渗透、扩散、补充和同化的现象,它是把多元文化作为资源和优势加以利用,最终提高组织整体素质和效率的结果。它一般具有如下特性:

第一,协同效应是以文化差异性作为前提的,不管是何种文化环境中的成员,基本上都面临相似的社会问题,都必须通过文化学习过程来掌握解决问题的方法,只是由于学习过程的内容不同,因而就产生了相互间的文化差异;

第二,在产生协同效应的过程中,文化相似性和差异性都很重要,不能人为地排斥差异性,因为有相似性就可以提高组织效率,有差异性就可能产生新的思想,文化差异性对双方来说也许是外部创新的有益推动力;

第三,协同效应来源于文化的平等主义原则,要实现最终的目标一般有多种相似的方法,本质上并不存在任何一种文化方法比其他方法更加优秀的现象,所谓文化的适境性(cultural contingency),即何种文化方法在什么情景或者环境下最为有效,是由组织成员的文化背景来决定的[①]。

可见,有效利用跨文化冲突的积极因素,在跨文化沟通中寻求协同效应,是跨国公司国际经营的重要战略目标之一。作为实现该战略目标的手段,是要创造条件加强跨文化沟通(cross-cultural communication),避免不必要的跨文化冲突。即具有不同文化背景的组织成员应摒弃民族或文化优越感,寻求文化的普遍性和直面文化的多样性,能动地去适应对方的文化环境,并为营造新的文化环境而不懈努力。

(2) 在文化学习过程中实现自我革新。

文化人类学家认为,文化与其说是遗传的,还不如说是通过学习传承的,或在学习过程中逐渐获得的[②]。这样的理解和认识对于跨国公司来说非常重要。原因在于:

第一,有了这种理解,就能对不同文化的存在采取更加宽容的态度,因为市场本质上是当地人的市场,跨国公司应当尽量能动地去适应当地文化,并在跨国经营中有效地获得不同文化相互作用产生的效应;

第二,有了这种理解,就能像掌握自己文化一样积极地学习其他文化,就能从不同文化中学到更多的知识、规范及思考方法,从而成为能动地适应当地文化的出发点;

第三,有了这种认识,跨国公司也许就会逐渐发现,并不是所有经营环节都必须单方面与当地文化相适应,还存在文化逆适应的可能性,即通过推进文化学习和交流,让当地逐渐理解跨国公司的文化,从而使跨国公司有可能同时推进地方化与全球化,进而就有可能实现具有全球效率的组织运行。

于是,在文化学习与交流过程中,跨国公司完全有可能把各种文化所具有的不同特性作为外部革新的因素,并通过国外子公司在全球进行传播和普及,从而将整个学习过程内部化。也就是说,跨国公司不仅可以在东道国通过学习过程掌握和积累其他文化的精髓,还能向当地社会提供新的文

---

① Nancy J. Adler, *International Dimensions of Organizational Behavior*, PWS-KENT, 1991, p. 6.
② V. Barnouw, *Cultural and Personality*, The Dorsey Press Inc., 1963.

化环境因子,并进一步融合到当地文化之中,从而就能在组织内部实现自我革新。

三、跨文化管理的主要内容

1. 跨文化管理的含义与目标

可见,所谓跨文化管理(transculture management)或称交叉文化管理(cross-cultural management)是指在不同文化环境下,跨国公司通过设计合理的组织结构和运行有效的管理机制,在国际经营中克服跨文化冲突,在跨文化沟通与合作中实现文化兼容,并在管理过程中寻求超越跨文化冲突的企业目标,规范具有不同文化背景的员工共同的行为准则,以最大限度地提高全球经营的效率。具体来说,跨文化管理要研究和解决以下问题:一是企业行为如何随着文化环境的不同而发生变化;二是跨国经营摩擦有多少产生于文化差异;三是在世界范围内,企业行为的差异是在扩大、缩小、还是保持不变;四是如何在东道国的文化环境中实现有效管理;五是如何确定本企业的跨文化管理策略;六是如何将文化差异转化为企业的资源,并融入自身企业文化中。

跨文化管理的重要环节之一是跨文化沟通(cross-cultural communication)与合作。所谓跨文化沟通,通常是指不同文化背景的人之间发生的沟通行为。如上所述,由于不同文化在语言表达及交流方式、季节观念及时空意识、宗教信仰及生活习俗、价值观念及行为规范、学习方法及思维过程、社会制度及法律体系、企业文化及经营模式等方面存在众多差异,所以难免会产生跨文化矛盾。假如组织成员主观意识中还存在本族(国)中心主义、自我参照准则以及语境无差异等倾向的话,那就更加容易引发跨文化冲突。因此,跨文化沟通的关键是尊重和理解多元文化,努力克服本族(国)中心主义及自我参照准则等主观意识,选择合适的沟通方式,并积极地去适应和融入当地文化。

在跨文化有效沟通的基础上实现跨文化合作,并最大限度地获取文化协同效应,这是跨文化管理的最终目标。跨文化合作是以文化差异性为前提,不仅重视不同文化的差异性,也重视它们之间的共通性,并努力去了解和学习对方文化,做到相互理解、相互学习、相互尊重、相互包容及求同存异。因为如上所述,文化多样性会给跨国公司的全球经营带来正反两方面的影响,既会因跨文化冲突而使整体的组织效率下降,也能在跨文化碰撞中提高组织成员适应不同经营环境的能力,激发他们的主观能动性和创造力,实现技术和组织的创新。可见,跨文化合作的核心就是最大限度地降低跨文化冲突的负面影响,把文化多元化的力量转化为企业发展的动力,从而推动企业内部各个层级的创新活动。

2. 组织结构与跨文化管理

跨国公司内部的跨文化沟通与合作能否有效地进行,很大程度上取决于其对文化多样性影响的认识以及所构建的组织结构(参见表10-5)。诚然,在当今跨国公司的国际及全球经营中,认为文化多样性对组织没有影响,进而采用偏执狭隘的组织结构,完全忽视跨文化管理的企业可能已为数不多。但是,仍有不少跨国公司仅仅认识到文化多样性会使组织内部产生问题,因而采用以母国(母公司)为中心的组织结构,并尽可能谋求文化差异的最小化,抑或采用多中心或地区为中心的组织结构,过分注重地区适应性而忽略本企业的文化特点,因而也就无法实现跨文化合作所能产生的文化协同效应[1]。

表10-5 文化多样性对组织的影响:认识及其管理

组织类型	认 识	战 略	预想的结果
	如何认识文化多样性对组织的影响	应该如何管理文化多样性对组织的影响	这种认识和战略将带来怎样的结果
偏狭主义:本企业经营方式是唯一正确的	无影响:认为文化多样性对组织没有影响	忽视文化差异:忽略文化多样性对组织的影响	发生问题:会产生问题,但不在文化中找原因
以母国为中心:本企业的经营方式为最优	有负面影响:文化多样性使组织内部产生问题	将文化差异最小化:将文化多样性的原因及其对组织的影响最小化;如有可能,选择拥有单一文化的员工	既会产生问题,也几乎没有利益:随着多样化的减少问题也会减少,但创造利益的可能性将被忽略或排除;从文化中找问题的原因
有协同效应及创造性的:本企业与东道国企业经营方式的结合为最优	具有正面及负面双重影响:文化多样性同时给组织带来问题和利益	管理文化差异:培训组织成员,使其认识文化差异,并给组织创造利益	会产生问题,但也有很大的利益:认识和实现文化多样性给组织带来的利益,同时管理不断产生的问题

资料来源:根据 Nancy J. Adler, "Organizational Development in a Multicultural Environment", *Journal of Applied Behavioral Science*, Vol. 19, No. 3 (Summer 1983), pp. 349-365 内容整理。

正如第七章所述,全球组织结构下的跨国公司追求的经营目标是全球规

---

[1] Nancy J. Adler, "Organizational Development in a Multicultural Environment", *Journal of Applied Behavioral Science*, Vol. 19, No. 3 (Summer 1983).

模效率，所以一般倾向于采用以母国或母公司为中心的经营模式，即在国外子公司尽可能推行母国或母公司的文化理念，企业内的沟通和交流通常采取自上而下的方法。为了使上传下达能有效进行以及各项指令能迅速落实，母公司尽可能选择有相同文化背景的人员担任国外子公司的各级管理职位，或由母公司直接派遣本国的管理人员，以此来减小文化多样性对组织的负面影响。在这样的体制下，由于文化多样性受到一定的抑制，组织内部的跨文化冲突似乎会相应减少，但实际上只是表面上掩盖了固有矛盾，不但不利于问题的解决，反而会使国外子公司无法能动地吸收当地的文化资源，并影响其实现组织内部学习与创新的战略目标。

多国组织结构下的跨国公司追求的经营目标是地区适应性，为此通常倾向于采用多中心或地区为中心的经营模式，即让国外子公司尽可能地去适应东道国的文化环境。为此，母公司赋予子公司较大的自主权，使子公司能在充分考虑当地市场的基础上从事经营。为了减少文化多样性对组织的负面影响，母公司更会采用文化差异最小化的策略，即为了保证整个组织和谐稳定的发展，在允许多种文化并存的同时尽可能地将其相互隔离。具体做法是尊重子公司的自主选择，较少直接参与子公司的经营决策，相互之间的沟通与交流通常采取自下而上通报的形式。在这样的体制下，尽管国外子公司似乎可以能动地适应当地文化环境，避免跨文化摩擦和冲突的频繁产生，但长期来看这种文化差异最小化的策略不仅无法消除跨文化冲突，反而可能会抹杀母国及母公司的文化优点，错失双方潜在可能的合作与创新。

跨国组织结构下的跨国公司是要同时实现全球规模效率、适应当地环境、全球学习与创新等多个战略目标，因此通常需要采用以全球为中心的经营模式，即超越国家和地区的文化范畴，在不同文化的交融中实现文化协同效应。为此，母公司不是简单地回避文化差异，或设法将文化差异最小化，而是正视文化差异可能给组织带来的负面影响，在此基础上积极有效地管理和利用文化差异，充分发掘文化差异给组织学习与创新带来的积极影响。这样，跨国公司就能很好地通过对国外子公司实施双向的全球整合来实现全球效率，就能在尊重子公司经营自主权的基础上进行组织整合，就能与国外子公司共享全球技术和知识来促进全球学习与创新（参见第七章第三节）。

然而，跨国组织模式的结构复杂，对信息的高效传递和各部门的明确分工等方面都有很高的要求，因而组织内部的协调成本和控制成本一般也较高。尤其是跨文化冲突的存在将会产生信息传递的滞后和失真、各部门分工界限的模糊以及员工心理预期得不到满足等问题,从而将加大跨国公司实现多重战略目标的难度。因此,跨国组织结构下的跨国公司同样面临如何进行跨文化管理以及如何降低管理成本的问题,只是跨国组织模式与其他传统的组织结构相比,事前构筑了一个较容易进行文化沟通和交流的平台。

从全球范围来看,跨国公司组织结构的相似性有增加的趋势,但组织层面上的文化差异究竟是在收敛还是在扩散,这一直是国际直接投资与跨国公司研究领域的争论焦点。认为收敛的观点通常来自对跨国公司组织模式的宏观分析,即把研究重点放在跨国公司组织结构的演进趋势及技术变化上;而认为扩散的观点一般出自对跨国公司组织模式的微观研究,即把分析重点放在组织内人的行为方式及其文化取向上。然而,跨国公司近年来的实践表明,组织形态及企业文化的演进并没有缩小国家或民族之间的文化差异,而跨国公司内部成员不同的行为方式依然在很大程度上取决于国家或民族的文化差异,其程度远远超过由职业、年龄、性别甚至人种的不同而引发的差异①。

3. 跨文化管理的模式选择

可见,在现有任何一种组织结构下,跨国公司内部的文化差异都不会轻易地缩小,为了减少跨文化冲突给跨国经营带来的负面影响,跨文化管理一定会面临如何选择管理模式的问题,即在母国(母公司)文化和东道国(海外子公司)文化之间找到一个平衡点。在此,假设把跨国公司母公司的管理模式定义为 A 国模式,东道国的管理模式定义为 B 国模式,那么,对于该跨国公司海外子公司来说,就有以下四种可选模式(参见图 10-7)。

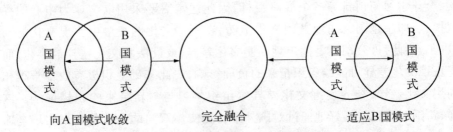

图 10-7 管理模式的收敛、适应与融合

---

① Hofstede, G., *Culture's Consequences: International Differences in Work Related Values*, Beverly Hills: Sage Publications, 1980.

其一,移植模式,即向东道国移植母公司的经营理念和方法,完全以母公司模式来管理当地子公司;其二,收敛模式,即用母公司的经营理念和方法逐渐同化当地子公司,使其收敛于母公司方式;其三,适应模式,即逐渐适应当地的文化环境,尽可能采用东道国的经营方式来管理当地子公司;其四,融合模式,即将母公司模式与当地经营方式有机地结合起来,相互借鉴、取长补短(折衷),在此基础上形成一种全新的管理模式。

然而,迄今为止跨国公司的实践表明,除了在特定时期或一些特殊行业外,采用移植模式通常容易产生跨文化冲突,因为母公司的经营理念和方法一般与东道国的文化环境与人的行为方式不相容;而融合模式仅仅是一种理想化的状态,在现实中两种不同的管理模式一般很难完全融合,最多只是两种模式无限接近的理论模式。而收敛模式和适应模式要到达一定的接近状态,其过程不仅需要很长的时间,而且经营理念及方法的收敛和融合并不能完全消除异质文化带来的误解和摩擦。因此,有必要从"文化的公分母"的角度,动态地来考虑管理模式的选取问题。

既然跨国经营活动是在异质文化背景下进行的,那么,在此过程中一定会发生文化冲撞,从而会引起文化交融(acculturation)的现象。即在文化接触的过程中,两种不同的文化相互交流和碰撞,经过调整、适应、再调整的连续过程,原有文化结构将会发生相对的变化,进而使双方的文化包容性不断增强。可见,所谓文化融合就是指不同文化相互接触、调整和适应的方式和过程,尽管现实中管理模式很难实现完全的融合,但交融变化将增加文化之间的包容性,最终将使融合区域(即图10-8中右图的阴影部分)不断扩大。跨文化管理的有效性,来自对不同文化的相互尊重和相互理解,并在求同存异中寻求相似点。而文化的有机联系的性质,则为各种文化的相互调整、相互

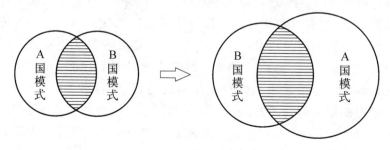

图10-8 管理模式的动态变化

吸收、相互渗透和相互适应提供了可能,进而使跨国公司可以有效地选择管理模式,以最大限度地降低跨文化冲突带来的负面影响。

4. 处理跨文化冲突的策略选择

(1) 南希的三种策略。

既然跨国公司组织内的跨文化冲突不可避免,那么,为了尽可能消除功能失调性冲突的消极影响,就需要根据不同情况寻求一种有效缓解这种冲突的管理策略。对此,加拿大学者南希·爱德勒(Nancy. J. Adler)根据不同文化在组织内的差异程度、影响力的大小以及跨文化的管理的有效性,提出了以下三种策略。

第一种是凌越(dominance)策略,即利用在组织内占支配地位的文化来对海外子公司进行控制。也就是说,如果组织内存在两种或者两种以上不同类型的文化,但其中有一种文化的影响力要大于其他文化,整个组织内的决策及行为都受这种文化的支配和影响,其他文化几乎完全可以被忽略,于是处于文化支配地位的跨国公司便可以利用这种文化优势来控制海外子公司的经营,在短期内避免组织内部出现剧烈的文化冲突。但是,组织内的成员会因自己的文化受到压抑而对这种"侵占式"的外来文化产生怀疑和抵触情绪,长期来看可能反而将会加剧文化冲突,最终导致跨国经营的失败。

第二种是妥协(compromise)策略,即利用组织内的文化折衷(妥协)方式来管理海外子公司。也就是说,如果组织内两种或者两种以上文化的差异很小,或几种文化势均力敌,其中没有一种文化处在可支配地位的话,那么,对于跨国公司来说,就有必要采取文化规避、妥协、退让和折衷等方式来求同存异,尽可能回避由文化差异产生的文化冲突,以确保海外子公司和谐稳定的发展。

第三种是协同(synergy)策略,即正视组织内两个或多个文化之间存在的文化差异,通过有效利用文化差异的协同效应来提高海外子公司的经营效率。所谓文化协同是指组织中的多种不同文化间相互补充、相互合作、相互融合,在此基础上形成一种新的组织文化的过程;协同效应就是指在跨文化沟通与合作中实现的多种文化间的协调、整合与共存,以及由此产生的组织内的学习与创新效应。尽管这种策略被认为是跨文化管理中最理想的方式,但要组织成员自觉地尊重和认同文化差异,并善于进行跨文化的沟通与合作绝非易事,需要持之以恒地在组织内对所有成员进行相关意识的培养。

(2) 托马斯-基尔曼的五种策略。

美国的行为科学家托马斯(Thomas)和基尔曼(Kilman)根据组织成员的心理状态和基本态度,从坚持己见及与对方合作的程度这两个维度,提出了在组织中处理文化冲突的五种策略①。

第一种是竞争策略(competing),也称为强制策略,一般是高度坚持己见并持不合作态度的人通常采取的策略。这种策略被认为是武断式的或对抗性的,是以个人意志替代组织内其他成员意志,或是以牺牲他人的利益来实现个人利益最大化的行为,因而容易引发组织内部的矛盾与冲突。然而,在以下特殊情况下,这种策略有一定的存在理由:一是当遇到紧急情况,必须采取快速、果断的决策时;二是面对市场上的不正当竞争行为,必须采取特殊应对措施时;三是出现严重违反组织规则,必须照章进行严肃处理时(参见图10-9)。

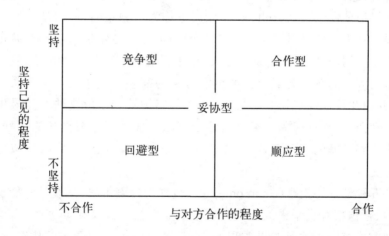

图 10-9 组织中处理冲突的策略

资料来源: Kenneth W. Thomas and Ralph H. Kilman, Thomas Kilmann Conflict Mode Instrument, CPP, Inc. May 1, 2008.

第二种是回避策略(avoiding),通常是坚持己见程度较弱而且合作意愿也较低的人容易选择的策略。面对文化冲突的存在,之所以采取放弃自我但也

---

① Kenneth W. Thomas and Ralph H. Kilman, *Thomas Kilmann Conflict Mode Instrument*, CPP, Inc. May 1, 2008.

不与对方合作的态度,是因为他们认为这种策略既不会激化冲突,也能在一定程度上维护自身利益。不过,在一些特定的条件下,回避策略有时可能会取得预想不到的效果:一是当冲突程度轻微、不至于影响组织整体利益,或问题严重到暂时无法解决时;二是当冲突产生的原因十分复杂,究明主要缘由比立刻采取解决措施更重要时;三是估计如给双方一定的思考时间,冲突就会自动平息时。

第三种是顺应策略(accommodating),也称为迁就策略,一般是坚持己见程度较弱但合作意愿较强的人偏好采取的策略。这种策略表现为愿意遵从他人的观点或意志,放弃个人的目标或利益,以抚慰冲突的另一方。选择这种策略通常是基于以下考虑:一是维护组织内部的和谐关系,对于企业的长远发展更为重要时;二是为了让组织成员从错误中学习,给予其改正错误的机会更重要时。当然,当发现自己在冲突中处于劣势,可能会产生更大风险或损失时,选择上述策略也不失为上策。

第四种是合作策略(collaborating),也称为协调策略,通常是坚持己见程度较强且富于合作精神的人倾向于采取的策略。合作是指双方开诚布公地交换意见,寻找互惠互利的解决方案,而不需要任何一方作出让步,就能使双方利益最大化的解决方式。当冲突双方认为需要通过达成共识而获得相互信任,并由此可以实现自身目标时,合作策略被认为是解决冲突的最理想的方法。然而,合作一般需要经过对话、认知、达成共识等较漫长的过程,对于急需决策和实施的事项来说,合作策略并非是最佳的选择,此时采取竞争策略可能更合适。

第五种是妥协策略(compromising),也称为折衷策略,一般是坚持己见程度居中、合作精神也平平的人偏向采取的策略。在跨文化冲突中,看似完美的处理方式有时往往是难以实现的,与其坚持己见不如退而求其次,迅速找到一个双方都可以接受的解决方案。尤其在如下情况下,妥协策略尤为有效:在双方势均力敌,各自坚持自己的目标时;当问题极其复杂,意见很难在短时间内达成一致时;当双方最基本的目标相当接近,不存在原则性问题时。当然,妥协策略多半属于权宜之计,是对不适宜状态下的竞争策略和合作策略的一种补充。

可见,尽管上述模式是基于组织成员的心理状态和基本态度构建的,因而被广泛运用于测试组织成员在面对文化冲突时可能采取的行为方式,但是,由于该模式同时考虑到了人的行为的文化差异和应对不同环境的行为特征,因而也日益成为跨国公司处理跨文化冲突时的可选策略和评估方案。

5. 跨文化管理人才的培养

综上所述,对跨国公司的全球经营来说,跨文化管理极其重要,其中跨文化管理人才的培养更是重中之重。要通过组织内的各种培训项目,至少培养管理层及其相关组织成员具备以下素质:

第一,能主动接受不同的文化及其价值观。为此,首先要学习和掌握东道国的语言和文化,懂得跨国经营各个环节中文化因素的作用,充分尊重各民族的宗教信仰及各国的社会制度,提高对不同文化及其价值观的认同感,力戒不同文化交流中的本族(国)中心主义及自我参照准则等主观意识。

第二,能在跨文化环境中与组织内外的成员进行有效的沟通。为此,首先要了解和掌握该国文化背景下人们的沟通方式,既要准确理解对方通过语言及行为表达的意思,也要想方设法准确地传递他人都能够充分理解的信息,如果彼此之间出现理解上的偏差,一定要有通过调整语言或非语言交流的方式来纠偏的耐心,切忌把自己的意志强加于他人。

第三,能在跨文化环境中对文化冲突的性质作出准确的判断。为此,首先要积极地正视而不是消极地回避文化冲突,并在实践中逐渐提高对文化冲突的识别能力。在组织内信息交流和沟通充分的条件下,如果文化冲突使组织目标更加明确、组织效率进一步提高的话,那就应该适度地鼓励和有效地利用,使之能对全球化经营产生积极的影响。

第四,能在母国(母公司)文化和东道国(海外子公司)文化之间找到融合点。为此,首先既要熟知自身文化的长处和短处,也要了解他人文化的优势和劣势,在跨文化的沟通中取长补短,并最大限度地扩大跨文化的融合,而不应该在与东道国文化的接触中丧失自我、放弃自身的基本目标,抑或完全抹杀他人文化的精华,从而失去跨文化合作的机会。

第五,能将文化的多元性转化为跨国经营的资源和优势。为此,首先要在跨文化沟通与合作中最大限度地获取文化协同效应,即让组织成员在跨文化碰撞中能共享企业的发展目标,不断提高适应不同经营环境的能力,激发他们的主观能动性和创造力,把文化冲突中产生的积极作用转化为企业发展的动力,并进一步运用于全球化经营之中。

关　键　词

文化差异　文化多样性　跨文化冲突　跨文化管理　文化协同效应

思　考　题

1. 跨国经营中文化差异的主要表现形式。
2. 跨文化冲突及其主要类型。
3. 如何克服跨文化冲突的主观因素。
4. 跨文化冲突对跨国经营的影响。
5. 跨文化管理的目标与主要内容。

参 考 文 献

[1] 保罗·克鲁格曼(Paul R. Krugman)等,《国际经济学》,海闻等译,中国人民大学出版社,2002年。

[2] 查尔斯·W. L. 希尔(Charles W. L. Hill),《国际商务》(第5版),周健临等译,中国人民大学出版社,2005年。

[3] 吉尔·C. 佩甘(Jill C. Pagan)等,《全球经济中的转让定价策略》,国家税务总局译,中国财政经济出版社,1997年。

[4] 克里斯托弗·巴特利特(Christopher Bartlett)、休曼特拉·戈歇尔(Sumantra Ghoshal)等,《跨国管理》,赵曙明译,东北财经大学出版社,2010年。

[5] 联合国贸易与发展组织(UNCTAD),《世界投资报告》,各年度,中国财政经济出版社。

[6] 迈克尔·R. 钦科陶(Michael R. Czinkota)等,《国际商务》(第5版),刘寅龙等译,机械工业出版社,2004年。

[7] 迈克尔·波特(Michael E. Porter),《国家竞争优势》《竞争优势》《竞争战略》;华夏出版社,2002年、2005年、2005年。

[8] 切奥尔·S. 尤恩(Cheol S. Eun)等,《国际财务管理》,赵银德等译,机械工业出版社,2011年。

[9] 滕维藻等,《跨国公司概论》,人民出版社,1991年。

[10] 小岛清,《世界贸易与跨国公司》,日本创文社出版,1973年;《日本的海外直接投资》,日本文真堂出版,1985年。

[11] Allen, T. J. *Managing the Flow of Technology*, MIT Press, 1977.

[12] Bartlett, C., S. Ghoshal and Beamish, P., *Transnational Management:*

Text, Cases, and Readings in Cross-Border Management, 5th Edition, McGraw-Hill, 2008.

[13] Brooke, M. Z. and Remmers, H. L. *The Strategy Multinational Enterprise: Organization and Finance*, Longman, 1970.

[14] Buckley Peter J. *New Directions in International Business: Research Priorities for the 1990s*, Aldershot, Hants, England, 1992.

[15] Buckley, P. J. and Casson, M. *The Future of the Multinational Enterprise*, London: Macmillan, 1976.

[16] Cantwell, John & Tolentino, Paz Estrelia E. "Technological Accumulation and Third World Multinationals", Discussion Paper in International Investment and Business Studies, 1990, No. 139, University of Reading.

[17] Carroll, Archie B., "A Three-Dimensional Conceptual Model of Corporate Social Performance", *Academy of Management Review*, Vol. 4, No. 4, 1979.

[18] Charles W. L. Hill, *International Business: Competing in the Global Marketplace*, 8th Edition, McGraw-Hill, 2010.

[19] D. F. Abell & J. S. Hammond, *Strategic Market Planning*, Prentice-Hall, Inc, 1979.

[20] Dunning, J. H. "The Electric Paradigm of International Production: a Restatement and Some Possible Extensions", *Journal of International Business Studies*, (Spring), 1988; "Location and Multinational Enterprise: A Neglected Factor", *Journal of International Business Studies*, 1998.

[21] Dunning, J. H. *International Production and the Multinational Enterprise*, London: Allen and Unwin, 1981.

[22] E. T. Hall, *Beyond Culture*, Anchor Preesl Doubleday, 1976.

[23] Eiteman, D. K. and Stonehill, A. I., *Multinational Business Finance*, 4th ed., Addison-Wesley Publishing Company, 1986.

[24] F. R. Root, *Foreign Market Entry Strategies*, AMACOM, 1982.

[25] Heenan, D. A., and H. V. Perlmutter, *Multinational Organization Development*, Addison-Wesley Publishing Company, Inc., 1979.

[26] Hofstede, G., *Culture's Consequences: International Differences in Work Related Values*, Beverly Hills: Sage Publications, 1980.

[27] Hofstede, G., *Cultures and Organizations: Software of the Mind*, 2nd Edition, McGraw-Hill, 2005.

[28] Hymer, S. H. *The International Operations of National Firms: A Study of Direct Investment*, Cambridge Mass MIT, Press 1976.

[29] J. Fayerweather, *International Business Strategy and Administration*, Ballinger Publishing Company, 1978.

[30] Kenneth W. Thomas and Ralph H. Kilman, *Thomas Kilmann Conflict Mode Instrument*, CPP, Inc. May 1, 2008.

[31] Lall, S. *The New Multinationals: The Spread of Third World Enterprises*, New York: John Wiley & Sons, 1983.

[32] Lorange, P. and J. Roos, *Strategic Alliance*, Cambridge, Mass.: Blackwell, 1992.

[33] Murray, R., *Multinationals beyond the Market: Intra-firm Trade and the Control of Transfer Pricing*, Han-ester Press, 1981.

[34] Nancy J. Adler, *International Dimensions of Organizational Behavior*, PWS-KENT, 1991.

[35] Nevaer, L. & Deck, S., *Strategic Corporate Alliances: A Study of the Present, a Model for the Future*, Quorum Books, 1990.

[36] OECD, *New Patterns of Industrial Globalization: Cross-Border Merger and Acquisitions and Strategic Alliances*, 2001.

[37] OECD, *Transfer Pricing Guideline for Multinational Enterprises and Tax Administrations*, 1995.

[38] Peter J. Buckley & Michael Z. Brooke, *International Business Studies: An Overview*, Basil Blackwell Limited in Oxford, UK., 1992.

[39] Piero Telesio, *Technology Licensing and Multinational Enterprises*, Praeger Publishers, 1979.

[40] Richard D. Robinson, *Internationalization of Business: An Introduction*, Holt, Rinehart and Winston, New York, 1984.

[41] Richard L. Daft, *Organization Theory and Design*, 7th Edition, Southwestern College Publishing Company, 2001.

[42] Robbins, S. M. & Stobaugh, R. B. *Money in Multinational Enterprise*, N. Y. Basic Books, 1973.

[43] Rolfe, S. E. and Damn, W. ed., *The Multinational Corporation in the World Economy*, Praeger, New York, 1970.

[44] Ronstadt, R., *Research and Development Abroad by US Multinationals*, Praeger, 1977.

[45] Rugman, A. M. et al., *International Business-Firm and Environment*, McGraw-Hill, 1985.

[46] Rugman, A. M. *Inside the Multinationals*, Croom Helm, 1981.

[47] S. Ghoshal and E. Westney, *Organizing Theory and The Multinational Corporation*, Macmillan, 1993.

[48] Sethi, S. Prakash. *Setting Global Standards: Guidelines for Creating Codes of Conduct in Multinational Corporations*, John Wiley & Sons, Inc., 2003.

[49] Stopford, J. M. and L. T. Wells, *Strategy and Structure of the Multinational Enterprise*, Basic Books, 1972.

[50] United Nations, "Code of Conduct on Transnational Corporations", New York, 1986.

[51] United Nations, *Transnational Corporations in World Development: A Re-Examination*, New York, 1978.

[52] Vernon, R. "The product cycle hypothesis in a new international environment", *Oxford Bulletin of Economics and Statistics*, Nov. 1979.

[53] Vernon, R. *Sovereignty at Bay*, London: Longman, 1971.

[54] Vernon, R. *Storm over the Multinationals: the Real Issues*, Harvard University Press, 1977.

[55] W. J. Keegan, *Multinational Marketing Management*, Prentice-Hall Inc., 1974.

[56] Wells Louis T. *Third World Multinationals: The Rise of Foreign Investment from Developing Countries*, Cambridge: The MIT Press, 1983.

[57] William Dymza, *The Multinational Business Strategy*, McGraw-Hill Book Company, 1972.

图书在版编目(CIP)数据

国际直接投资与跨国公司的全球经营/陈建安编著.—上海:复旦大学出版社,2016.9
(复旦博学·经济学系列)
ISBN 978-7-309-12500-9

I.国… II.陈… III.①国际直接投资②跨国公司-企业经营管理 IV.①F831.6②F276.7

中国版本图书馆 CIP 数据核字(2016)第 194550 号

国际直接投资与跨国公司的全球经营
陈建安　编著
责任编辑/徐惠平　姜作达

复旦大学出版社有限公司出版发行
上海市国权路 579 号　邮编:200433
网址:fupnet@fudanpress.com　http://www.fudanpress.com
门市零售:86-21-65642857　团体订购:86-21-65118853
外埠邮购:86-21-65109143
江苏省句容市排印厂

开本 787×960　1/16　印张 23.5　字数 354 千
2016 年 9 月第 1 版第 1 次印刷

ISBN 978-7-309-12500-9/F·2298
定价:45.00 元

如有印装质量问题,请向复旦大学出版社有限公司发行部调换。
版权所有　侵权必究